作者近照

陈瑜，男，汉族，河北乐亭人。毕业于北京大学经济系，经济学教授。现任世界新经济研究院院长、北京原点文化经济创新基金会理事长、中国信用经济发展学会名誉会长，无锡市、聊城市、泰州市等地方政府高级经济顾问，北京大学、南开大学、哈尔滨工业大学等高校客座教授。

主要论著：《资本主义经济计划化经济计量理论》、《新编政治经济学》、《消费资本论》、《英汉国际金融和贸易词典》等十六种。

荣获中国十大财智英才奖、中国当代思想成就奖，中国管理大奖“终生成就奖”、中国十大创新科技人物奖、世界城市发展贡献奖、联合国千年发展目标——人类经济社会进步奖等奖项。

陈瑜文选

◎陈瑜 著

中国十大财智英才
消费资本之父
世界杰出华人
影响中国经济改革的十大思想者

中国统计出版社
China Statistics Press

图书在版编目(CIP)数据

陈瑜文选 / 陈瑜著. —— 北京：中国统计出版社，2013.12

ISBN 978-7-5037-7033-3

Ⅰ. ①陈… Ⅱ. ①陈… Ⅲ. ①经济学—文集 Ⅳ. ①F0—53

中国版本图书馆 CIP 数据核字(2013)第 302739 号

陈瑜文选

作　　者/陈　瑜
责任编辑/张　赏
封面设计/黄　晨
出版发行/中国统计出版社
通信地址/北京市丰台区西三环南路甲 6 号　邮政编码/100073
电　　话/邮购(010)63376909　书店(010)68783171
网　　址/http://csp. stats. gov. cn
印　　刷/河北天普润印刷厂
经　　销/新华书店
开　　本/787×1092mm　1/16
字　　数/520 千字
印　　张/22.75
版　　别/2014 年 1 月第 1 版
版　　次/2014 年 1 月第 1 次印刷
定　　价/45.00 元

内容简述

陈瑜教授的演讲、报告、文章多见诸于国内外知名的论坛、报告厅、报刊杂志，深受听众读者喜爱，往往使人如沐春风，思想眼界豁然开朗。本文选收集整理50余篇文章，可以使读者比较系统地了解陈瑜教授的思想理论体系。文选富有深意而又浅显易懂，是一本经济学大师的力作，是一部系统的中国原创经济学论著，将为中国社会主义市场经济的理论建设、发展与完善奠定基础。

本书分为五大部分，包括《社会主义市场经济理论建设》、《中国经济发展模式：新经济运行体系》、《金融危机和世界经济发展之路》、《消费资本在实践中的应用》及《社会、民生、养老》。文选详细地分析了消费资本在国民经济中各行业的应用。全书从思想原理到方法论、从方法论再到实践应用阐述了一个完整的经济学理论体系和实践路线。这是理论联系实际，解决中国经济和世界经济发展问题的具有重大理论价值和实际意义的一本好书。

陈瑜教授第一次提出：市场经济根据其资本构成分为完全的市场经济和不完全的市场经济。当前，西方经济发展困难重重，举步维艰，面临前途未卜的严峻形势的根本原因在于：传统的市场经济是单一货币资本支持经济发展的不完全的市场经济。而完全的市场经济，其资本构成应包括三种资本，即货币资本、知识资本、消费资本，换言之，是三种资本共同推动社会经济的发展，而不是一种资本。

陈瑜教授提出的新经济运行体系，对中国经济和世界经济的发展具有重大理论导向的意义；提出的新企业制度——“综合资本股份有限公司”，将结束1602年荷兰始建的、沿袭几百年的单一货币资本股份公司的传统企业制度，开启企业制度发展的新纪元；提出的新分配制度，将从源头上为社会贫富悬殊、两极分化问题提出根本的解决办法；文选阐述的知识资本量化管理，是全球瞩目的、世纪性的前沿课题，是管理科学的一场深刻的革命。关于消费养老的构思，为我国解决养老难问题寻找到了一条切实有效的出路；陈瑜教授指出：文化创意产业是人类社会经济发展动力转型的重大的历史性标志，是社会知识产品生产过程规模化的历史性开端。

从通篇来看，陈瑜教授的新资本理论改写了东西方教科书内容，是理论工作者、高等院校广大师生以及政府主管经济部门的领导必读的一本经济学论著，也是国家大中型图书馆必备的馆藏书。

自序

我们的经济学现状

建国六十多年来，我国出现过两个一边倒，一个是建国初期即提出的"向苏联一边倒"，在理论界到处都充斥着苏联学者的观点和计划经济理论。读的书，主要是苏联出版的第二版政治经济学教科书。这种一边倒的倾向，从建国初期，一直延续了三十年。结果，我国的计划经济未能取得成功。另一个是我们开始搞市场经济时的"向欧美一边倒"。在理论界，特别是经济和金融领域的一部分专家和学者，言必称欧美，数典忘祖。在理论界到处充斥着西方经济学家和金融专家的观点和西方经济学理论。读的书，主要是亚当·斯密的《国富论》、马歇尔和曼昆的《经济学原理》、以及凯恩斯和萨缪尔逊的"经济学教程"，一直延续至今。

这两种倾向，造成的直接后果就是多年来我们没有着力创建从我国经济和金融发展实际出发的、本土的、民族的、切合中国经济发展实际需要的理论。一个国家、一个民族没有自己的经济理论，就等于没有主见，只好总是听别人的话，跟别人走。这就是我国经济学领域和金融领域在较长一段时期内的现状。

理论创新的阻力

多年以来直到目前，在我国同时存在着三种教条主义，这对今天的理论创新、科学地继承和发展马克思主义都是极为不利的。一是"食经不化"的老教条主义，或称之为东教条主义；二是"食洋不化"的洋教条主义，或称之为西教条主义；三是"食古不化"的旧教条主义，或称之为古教条主义。这三种教条同创新是背道而驰的，因为它们让人们丧失独立思考的精神和自主创新的能力。

老教条主义的基本特征，是一切从定义和公式出发，而不是从实际出发，不与时俱进，把某些具体结论当作万古不变的教条。它轻视实践，割裂理论与实践、理论与时代的联系。洋教条主义是迷信西方，崇洋媚外，抄袭和套用西方的学术思想和模式，削中国实践之足，去适应西方经济模式之履。古教条主义是不能做到古为今用、推陈出新，一味地强调古代的、自然经济的观点和模式，教条主义地对待历史文化传统，不能区分历史文化传统中的精华与糟粕，主张全面继承，试图从古代社会形态中寻求现代社会发展的途径。“东”、“西”、“古”教条主义的共同特点是思想僵化，一切从书本、定义和公式出发，不从实际出发，不顾及时代的特征，隔断理论与实践、理论与时代的联系，否认思想和理论要随着实践的发展而不断发展，从而成为我们理论创新的严重阻力。

我们必须以马克思列宁主义为指导，消除“东”、“西”、“古”三种教条主义的影响，克服理论创新道路上的阻力。

我们尤其应以科学的态度对待马克思主义，正确地继承和创新马克思主义。为此，我们必须彻底肃清老教条主义的影响。因为，老教条主义窒息了马克思主义理论的生机和活力，从根本上封闭了马克思主义发展的道路。马克思、恩格斯一贯把实践看作是自己理论产生、存在和发展的基础，强调与时俱进，强调自己理论的运用随时随地都要以当时的历史条件为转移。同时，马克思主义创始人反复强调要把他们的理论与各国具体实践相结合，提醒人们“必须考虑到各国的制度、因素和传统”。也正是在与各国具体实际相结合的过程中，马克思主义日益民族化和世界化。列宁把具体情况具体分析视为马克思主义的灵魂，把这些原则在某些细节上加以改变，正确适应于民族的和国家的差别，针对这些差别正确的加以运用。

本文集将以马克思主义和中国实践相结合，从实现马克思主义中国化的角度，来诠释和总结中国社会主义市场经济发展的经验，对中国今后的经济发展和世界经济发展产生积极地影响，逐步形成科学的、系统的和完整的社会主义社会经济建设理论。这也是我出版本文集的初衷。

新时代基本特征

当前，世界经济正处于一个大发展、大变革、大调整的新的历史发展时期。在世界性金融危机影响的形势下，世界各个国家、地区和企业面临一个共同的任务，就是寻找新的经济发展方式和新的经济增长极。这是因为，进入新世纪，世界经济形势发生了深刻的变化。国家、地区和企业发展的经济背景较之上个世纪有了本质的不同。世界经济的发展，呈现出三个崭新的特征。

第一，进入新世纪，市场经济已经完成了由卖方市场向买方市场的过渡。市场经济已经进入以买方为主的发展阶段，这标志着卖方占主导地位的时代已经结束，买方占主导地位的时代已经到来。在这一发展阶段里，作为买方的消费者，成为市场竞争的最终决定性力量。因为消费者既是市场经济的主人，又是给经济发展注入新的资本动力的源泉。谁能够赢得最多的消费者，谁就拥有最大的市场和巨额资金的注入。在以买方为主的发展阶段，消费对生产和经济发展的制约作用日益突显。换言之，消费和消费资本成为新世纪经济发展的关键资源和主导力量。因此，国家、地区和企业在今后的经济发展过程中，必须高度重视消费和消费资本的重大作用。

第二，国民经济知识化水平越来越高。每个经济元素包含的知识和科技含量的比重越来越大，知识和科技成果对社会经济发展的作用日益突显，这标志着世界经济已经进入知识经济发展阶段。在这一阶段里，知识生产率日益成为国家、地区和企业竞争的关键要素，而不再是以体力劳动为主的劳动生产率。在新世纪，人们深刻地认识到：人类社会生产过程包括两个过程，即物质生产过程和知识生产过程。知识生产过程的产品，有力地推动着国家、地区和企业的经济发展，成为一种崭新的资本力量，形成一个新的资本形态，即知识资本。而且，与传统的货币资本不同，知识资本是一种清洁的、无污染的资本，它可以无限的复制，对货币资本发挥着点石成金的倍加效应，它将创造出比货币资本更高的利润率。所以，在新世纪，国家、地区和企业的经济发展，必须高度重视知识和知识资本的重大作用。

第三，长期以来坚持单一依靠货币资本发展经济的传统的市场经济理论已经过时，已经不能充分适应新时期经济发展的需要。同时，也标志着单一货币资本主宰经济发展的时代已经结束，而消费资本发挥主导作用、多种资本共同推动经济发展的时代已经到来。人们可以清楚的看到，依靠单一货币资本发展经济，忽视知识资本，特别是忽视消费资本作用的传统经济发展方式存在着严重的欠缺和弊端。也充分说明，传统的经济发展方式，连同它的金融模式、企业制度和商业模式，在流行几个世纪之后，已经走到尽头，已经难以为继，它已不适应今后世界经济发展的需要。

建设原创理论

中国和世界各国的经济发展的实践都已充分说明：用单一货币资本发展经济，以牺牲资源和环境为代价换取经济发展的经济增长方式已经走到尽头。还不仅如此，伴随这种经济增长方式所形成的传统的市场经济理论也已进入终结时期。如果继续沿用过去的市场经济理论诠释今天的经济，分析今后的发展，并以此为基础规划今后的经济运行，显然是不适宜的。那将会使我们犯一种人们常说的时代错位和适用理论不当的错误，会导致今后的经济运行走回头路、停滞不前，甚至会误导今后的经济发展。

市场经济已经进入新的发展阶段。我们应当用新的市场经济理论，尤其应当用自主创新的经济理论，作为今后经济发展的理论导向。在这里，我还要强调指出，在以买方为主的市场经济发展阶段里，消费资本论应当是首要的和最重要的资本理论，也是市场经济理论的重大创新。消费资本论，是新的市场经济理论形成的标志。新的市场经济理论认为，完整的市场经济的资本构成应包括货币资本、知识资本和消费资本三种资本，而不是唯一的货币资本。因此，解决国家、地区和企业经济发展所需要的资金问题，总的思路应当是：(1)继续充实货币资本，(2)高度倚重知识资本，(3)大力开拓消费资本。同时，经济发展方式也应该是多元的。由单一的货币资本发展经济的传统发展方式，转化为货币资本和知识资本相结合的发展方式，再转化为“消费资本导向、知识资本创新、货币资本推动”的三种资本融合、联动的新型发展方式，是全世界各个市场经济国家经济发展所必然遵循的总的趋势，也是国家、地区和企业经济发展方式的选择方向。

经济科学是一门历史科学。每个时期都会出现新的代表人物，根据时代的进步和实践的发展，对以前的经济理论进行创新，提出新的理论作为新时期经济发展的理论导向。在世纪之交，在新旧历史交替时期提出新的市场经济理论来代替旧的传统的市场经济理论，用新的经济发展方式和新的商业模式代替旧的经济发展方式和旧的商业模式，以新的市场经济理论作为国家、地区和企业经济发展的理论导向，这是历史的必然。

中国话语权

促进世界经济发展是世界各国的共同责任，每个国家都有责任把本国发展经济的成功经验贡献出来。我们中国也不例外。我们也要把中国经济发展的成功经验的理论总结贡献给世界，对世界经济的发展产生积极影响。

改革开放30多年来，我国取得了举世瞩目的成就，这本身就是对世界经济的重大贡献。很多有识之士认为中国经济发展是世界经济发展的引擎。中国的国际地位在迅速提升，我们要珍惜我们取得的成就，看到它对推动世界经济发展的积极作用。同时，在世界上要有我们自己的话语权。就世界经济如何发展问题应该有各种不同的声音，也应该有中国的声音和话语权。中国成功经验的理论表述，就是中国的声音和话语权，代表着中国的主张。

同时，我们必须认识到话语是形式，是表现；思想是内容，是实质。话语体系是伴随思想理论体系的确立而形成的。在打造中国话语权和中国话语体系时，我们应当坚持继承和创新，不断地把马克思主义基本原理同我国的实际和时代特征相结合，才能使我们站在理论研究的制高点。

本文选将从中国经济发展取得成功经验的实际出发，用中国的理论研究成果解读中国实践和中国道路，表述中国本土化的、原创的市场经济理论，提出中国的理论主张，体现中国的话语权和具有中国特色、中国风格和中国气派的语言体系。

新世纪以来，我写了不少有关新市场经济理论和新市场经济发展模式的文章。选出了集中体现最新经济理论研究成果的59篇文章，编成文选，做出我们自己的理论总结，并上升到理论的高度，向全世界进行阐述。

在本书的编纂过程中，得到各界人士的大力支持。我国著名经济学家、全国人大第九届、第十届常务委员长成思危、其他有关专家和领导方嘉德、杨福昌、赵登举、白文庆、桓玉珊、国林、郑志鹏以及我的同事刘振堂、初炳英、冯玉林、杨谨鸿、孙尚斌、马仲良、温崇珍、曲玉琳、许榕生、由长科、陈和权等，青年学者李元元、于磊、陈洵、李璐、李春佳、丁书杰、李桂玲等也参与了文章的搜集与编撰整理工作，在此一并致以谢忱。

陳瑜

2013年3月　于北京

目录

第一部分　社会主义市场经济理论建设

第二部分　中国发展模式:新经济运行体系

第三部分　金融危机和世界经济发展之路

第四部分　消费资本在实践中的应用

第五部分　社会、民生和养老

附录一　部分媒体采访

附录二　部分专家评论

附录三　《知识资本宣言》和《消费资本宣言》

第一部分

社会主义市场经济理论建设

第一篇

关于社会主义市场经济理论建设的思考

在2013年世界新经济研究院新春年会上的讲话

【内容提要】 中国应该拥有自己的话语权，提出适合我国市场经济发展的、本土化的、原创的市场经济理论，来指导今后我国社会主义市场经济建设，并引领世界各国市场经济进入一个崭新的发展阶段。

尊敬的方主席：

尊敬的各位贵宾、各位科学家、企业家：

在十八大胜利召开不久，世界新经济研究院和北京原点文化经济创新基金会举行新春年会，老领导、老科学家和老朋友欢聚一堂，畅谈以往，展望未来，交流学习十八大各项决议的体会，这是一件很有意义的事情。我们的新春年会实际上是一种别开生面的、共叙友谊、交流经验、交流学习体会的学习型年会。在这里，我代表研究院和基金会对各位的光临再一次表示热烈的欢迎和衷心的感谢！

下面，就当前的经济形势和社会主义市场经济理论建设问题，同在座的各位进行有益的交流。

五年前，由美国始发迅速向全球蔓延的世界性金融危机，高潮虽然已经过去，但危机并没有真正结束，还在继续影响着世界各国经济的发展，各国实体经济也深受影响。去年达沃斯会议秘书长在会后讲话中指出，当前西方市场经济困难重重、走投无路，最严重的是没有找到解法，没有找到消除危机、走出困境的途径。金砖各国和各发展中国家的经济发展也受到严重的影响。传统的市场经济确实面临前途未卜的严峻形势。因此，在世界性金融危机影响下，各个国家、地区和企业面临着一个共同的任务，就是寻找新的经济发展方式和新的经济增长极。

在我国，中共十八大的胜利召开和提出的各项决议开启了中国经济发展的新局面，为中国今后的经济发展指出了前进的方向，进一步提出建设具有中国特色社会主义的历史任务。我们组织研究院和基金会的同仁们，对中国特色社会主义和社会主义市场经济进行了深入的学习。通过学习，我们认识到：中国特色社会主义是中国社会经济发展的一面旗帜，是中国现代历史的主题。它是理论的主题也是实践的主题。我们的理论创新和经济发展实践创新，都要围绕着这一主题展开。

中国特色社会主义，不同于传统的社会主义，也不同于西方学者提出的民主社会主义。它在经济、政治、文化和社会四个方面都具有独有的特征，其中经济特征具有基础和根本性质。

我们在学习过程中，逐步认识到从社会经济形态的角度看，中国特色社会主义实际上是人类社会发展到今天才会出现的、有别于以往社会经济形态的一种最新的、先进的社会经济形态。从这个意义上来说，它不仅对我国而且对世界今后的发展都具有深远的历史意义。

另外，从经济发展的角度看，它又是一种新的经济运行体系。它是以发展速度适宜、经济效益显著、可持续发展为特征，以实现社会全体成员共同富裕、建成和谐社会为目的的新经济运行体系。

社会主义市场经济是中国特色社会主义的载体和基本经济内容。历史已经证明，沿用西方传统的经济理论，不可能建设成社会主义市场经济。建设社会主义市场经济的科学理论依据，是包括货币资本、知识资本和消费资本三种资本在内的新资本理论，新资本论是新的市场经济理论完成的标志。

新的市场经济理论认为，完整的市场经济的资本构成应包括货币资本、知识资本和消费资本三种资本，而不是唯一的货币资本。换言之，是三种资本在拉动着国家、地区和企业的经济发展，而不是一种资本。因此，解决国家、地区和企业经济发展所需要的资金问题，总的思路应当是：(1)继续充实货币资本；(2)高度倚重知识资本；(3)大力开拓消费资本。同时，经济发展方式也应该是多元化的。由单一货币资本发展经济的传统发展方式，转化为货币资本和知识资本相结合的发展方式，再转化为“消费资本导向、知识资本创新、货币资本推动”的三种资本融合、联动的新型发展方式，是全世界各个市场经济国家经济发展所必然遵循的总趋势。这是社会主义市场经济发展的基本经济规律。

改革开放30多年来，我国的市场经济建设取得了举世瞩目的成就，国民经济迅速发展，综合国力不断提升。回顾我国经济发展的实践过程，我们清晰的看到：在改革开放之初，我国十分重视充实货币资本，通过各种优惠政策进行招商引资，引入大量货币资本，推动我国改革开放事业和经济发展。货币资本推动经济增长的速度是巨大的，但是，单纯依靠货币资本发展经济很快就遇到了瓶颈。货币资本的不断增长，带来的是资源消耗的不断加速。因此，很快就出现了有限的资源无法继续支撑经济高速增长需要的局面。尤其是，随着科学技术的迅速发展和新时代的到来，已经显示出货币资本支持经济发展的局限性和不充分性。我国政府不失时机的在全国设立了53个国家级高新技术产业区和54个经济技术开发区，用货币资本和知识资本相结合的增长方式引导经济发展。实践证明，这些地区的经济都得到了突飞猛进的发展。作为国民经济的重要组成部分，它们也有力的带动了整个国家的经济高速增长。

但是，充实货币资本、倚重知识资本，还不能完全解决经济持续发展和持续增长的难题。消费不足日益成为经济持续发展的瓶颈。正是在这种形势下，中央在1998年，又适时提出了扩大内需的重大战略方针，着手大力开拓消费资本，为进一步完善经济增长方式迈出了重要一步。

在党中央和国务院领导下，中国在经济发展的实践过程中，逐渐摆脱了传统市场经济理论的束缚，克服了单一货币资本支持经济发展的增长方式的缺陷，不断调整和优化经济增长方式，实现了三种资本融合联动推动经济发展的模式，成功地走出了一条具有中国特色的市场经济发展道路。

中国市场经济发展的实践充分证明，建立在新资本理论基础上的社会主义市场经济是新时期完整的市场经济，而西方传统的市场经济，用单一货币资本支持经济发展，知识资本和消费资本长期被边缘化，处于缺失状态，存在着诸多的弊端和缺陷，是不完整的市场经济。它已经不适应新时期世界经济发展的需要。

我们从我国经济发展取得成功经验的实际出发，对中国市场经济发展所取得的实际经验进行总结，上升到理论的高度，提出社会主义市场经济建设的新理论和新模式，并向全世界进行阐述，而不再是重复和照搬传统的市场经济理论。中国应该拥有自己的话语权，提出适合我国市场经济发展的、本土化的、原创的市场经济理论，来指导今后我国社会主义市场经济建设，并引领世界各国市场经济进入一个崭新的发展阶段。

长期以来，中国经济高速增长，曾经使外国学者感到迷茫和困惑。海外专家、学者至今尚未能从理论上说清楚中国经济高速增长的原因。西方经济学家的困惑，实际上不是经济学家本身的困惑，而是西方经济学理论的困惑。这是因为中国改革开放过程中，所遵循的发展规律，是西方经济学家所没有意识到的，中国学者也尚在总结过程之中。

中国特色社会主义市场经济在发展过程中将逐渐形成自身建设的基本内容和特征，充分体现了它的科学性、优越性和先进性。

首先，在社会主义市场经济条件下，国家、地区和企业的资本构成，将逐步转变为由三种资本构成。

第二，社会主义市场经济将建立新企业制度。即建立包括货币资本、知识资本和消费资本三种资本的"综合资本股份有限公司"制度。

第三，社会主义市场经济将建立适合以买方市场为主的创新商业模式。

第四，社会主义市场经济将实行全民共富的新分配制度。

以上是我们学习十八大决议，对中国特色社会主义和社会主义市场经济的理解和思考，对社会主义市场经济发展提出的初步构想和设计。作为我们学习十八大决议的体会。

最后，祝各位来宾新年快乐，身体健康，阖家幸福，蛇年吉祥！

谢谢大家！

第二篇

社会主义市场经济发展的理论与实践

2013年2月22日在北京座谈会上的讲话

【内容提要】 中国特色社会主义，是中国社会经济发展的一面旗帜，是中国现代历史的主题。它是理论的主题也是实践的主题。我们的理论创新和经济发展实践创新，都要围绕着这一主题展开。

社会主义市场经济是中国特色社会主义的载体和基本经济内容。历史已经证明，沿用西方传统的经济理论，不可能建设成社会主义市场经济。建设社会主义市场经济的科学理论依据，是包括货币资本、知识资本和消费资本三种资本在内的新资本理论。

社会主义市场经济的资本构成包括三种资本，由单一货币资本发展经济的传统发展方式，转化为货币资本和知识资本相结合的发展方式，再转化为“消费资本导向、知识资本创新、货币资本推动”的三种资本融合、联动的新型发展方式，是全世界各个市场经济国家经济发展所必然遵循的总的趋势，也是社会主义市场经济发展的基本经济规律。

中国特色社会主义市场经济，同西方传统的市场经济有着本质的区别，是一种全新的经济运行体系。这种全新的经济运行体系包括：新的经济发展方式、新的商业模式、新的分配制度和新的企业制度。

中共十八大的胜利召开和提出的各项决议，开启了中国经济发展的新局面，也开启了理论创新的新局面，为中国今后的经济发展，同时也为世界经济今后的发展指出了前进的方向。十八大进一步提出建设具有中国特色的社会主义的历史任务。中国特色社会主义，是中国社会经济发展的一面旗帜，是中国现代历史的主题。它是理论的主题也是实践的主题。我们的理论创新和经济发展实践创新，都要围绕着这一主题展开。

一、中国特色社会主义是一种新的社会经济形态

中国特色社会主义，它不同于传统的社会主义，也不同于西方学者提出的民主社会主义。它在经济、政治、文化和社会四个方面都具有独有的特征，其中经济特征具有基础和根本性质。

从社会经济形态的角度看，中国特色社会主义实际上是人类社会发展到今天才会出现

的、有别于以往社会经济形态的一种最新的、先进的社会经济形态。

从它的经济特征和内容来看,对这一新的社会经济形态,可以做如下描述:它是以发展速度适宜、经济效益显著、可持续发展为特征,以实现社会全体成员共同富裕为目的、经济基础和谐的社会。它在马克思主义归纳的人类社会经济发展阶段的序列中,应是社会主义初级阶段之后的社会主义高级阶段。因此,它既是中国将进入的社会经济发展阶段,同时,也是世界各国今后将进入的社会经济发展阶段。

从这个意义上来说,它不仅对我国,而且对世界今后的发展都具有深远的历史意义。

二、社会主义市场经济的理论基础、基本内容和基本经济规律

社会主义市场经济是中国特色社会主义的经济载体和基本经济内容。历史已经证明,沿用西方传统的经济理论,不可能建成社会主义市场经济。建设社会主义市场经济的科学理论依据是包括货币资本、知识资本和消费资本三种资本在内的新资本理论,而新资本理论是新的市场经济理论完成的标志。

(一)我国经济发展实践经验的总结

长期以来,中国经济高速增长,曾经使外国学者感到迷茫和困惑。海外专家、学者至今尚未能从理论上说清楚中国经济高速增长的原因。西方经济学家的困惑,实际上不是经济学家本身的困惑,而是西方经济学理论的困惑。这是因为中国改革开放过程中,所遵循的发展规律,是西方经济学家所没有意识到的,中国学者也尚在继续总结的过程之中。社会主义市场经济在发展过程中将逐渐形成和完善自身建设的理论基础、基本内容和基本特征,充分体现中国特色社会主义市场经济的科学性、优越性和先进性。

改革开放 30 多年来,我国的市场经济建设取得举世瞩目的成就,国民经济迅速发展,综合国力不断提升。回顾我国经济发展的实践过程,我们清晰的看到:在改革开放之初,我国十分重视充实货币资本,通过各种优惠政策进行招商引资,引入大量货币资本,推动我国改革开放事业和经济发展。大量的资金积累和巨额的外资注入,是推动中国经济高速增长的巨大动力之一。但是,在积极充实货币资本的过程中,我们也发现单一货币资本支持经济发展的方式还存在一些问题。第一,随着科学技术的迅速发展和新时代的到来,已经显示出这一传统的经济增长方式的局限性和不充分性。这种局限性和不充分性主要表现在依靠货币资本这一单一要素发展经济,经常会出现资本短缺、创新乏力和消费萎缩等问题,从而形成经济发展的瓶颈。第二,通过对国际经济发展经验的研究和对本国经济发展经验的总结,我们发现,货币资本对经济的发展并不总是正面效应,有时它会造成经济过热,有时又会造成经济发展迟缓。导致过热或迟缓的原因,并不是缺少货币资本,而是由于资本相对过剩、投资过热,造成生产相对过剩和资本利用率的普遍低下。第三,货币资本推动经济增长的速度是巨大的,但是,单纯依靠货币资本发展经济很快就遇到了瓶颈。货币资本的不断增长,带来的是资源消耗的不断加速。因此,很快就出现了有限的资源无法继续支撑经济高速增长需要的局面。由此看来,货币资本是必不可少的,但却不是支持经济发展的唯一动力。

由此,我们认识到还必须倚重知识资本的力量。知识资本对经济发展的作用具体表现为:当货币资本不能充分满足一个国家、一个地区、一个企业经济发展需要的时候,知识资本

起到一种点石成金的作用。它可以几倍、十几倍的扩大现有货币资本的实力，推动国家、地区和企业的经济发展。

党中央和国务院高度重视知识资本对国家经济发展的重大作用，结合新经济时代的宏观大背景，把科教兴国作为重要的发展战略，在全国设立了53个国家级高新技术产业区和54个经济技术开发区，用货币资本和知识资本相结合的增长方式引导经济发展，走出了一条货币资本和知识资本相结合的发展道路。实践证明，货币资本和知识资本相结合的发展方式有力地推动了社会主义市场经济的发展，带动了整个国家经济高速增长。

但是，充实货币资本、倚重知识资本，还不能完全解决经济持续发展和持续增长的难题。消费不足日益成为经济持续发展的瓶颈。到了20世纪末和21世纪初，人们发现了消费资本的存在。人们发现：消费不仅决定货币资本能否实现其最终价值，而且还是给经济发展注入新的资本动力的源泉。正是由于其在生产过程中和社会经济发展过程中的巨大作用，而成为一种新的资本形态。它为国家、地方和企业的经济发展找到一条生生不息、源源不断、永续不竭的资金源泉和资金流。消费转化为资本，打通了消费和扩大再生产的通道，它可以每月每周每天向地方和企业注入新鲜资本。这是人类一个划时代的发现。资本就在我们身边，只要有消费，就可以实现消费向资本的转化。

正是在这种形势下，中央又在1998年适时地提出了扩大内需的重大战略方针，着手大力开拓消费资本，为进一步完善经济增长方式迈出了重要一步。

消费资本同货币资本、知识资本一起联动，进一步完善了社会主义市场经济的发展方式，有力地推动了国民经济的迅速发展。中国是一个有近14亿消费人口的大国，这是世界上独一无二的巨大消费市场，蕴藏着巨额消费资本存量，激活并启动消费资本，给国民经济持续高速增长注入了巨大的新的资本动力。改革开放以来，中国居民消费迅速增长。1994—2003年平均增长速度高达7.8%，即使在增速略低的2000—2003期间也在7.0%左右，远远高于其它名列前十的国家同期的消费增长速度，显示了中国消费市场的巨大潜力，有力地拉动着中国经济的高速增长。

在党中央和国务院领导下，中国在经济发展的实践过程中，逐渐摆脱了传统市场经济理论的束缚，克服了单一货币资本支持经济发展方式的缺陷，不断调整和优化经济发展方式，实现了三种资本融合、联动推动市场经济发展的模式，成功地走出了一条具有中国特色的社会主义市场经济发展道路。

我们从我国经济发展成功经验的实际出发，对中国市场经济发展所取得的实际经验进行总结，上升到理论的高度，提出适合社会主义市场经济发展的新理论和新模式，并向全世界进行阐述，而不再是重复和照搬西方传统的市场经济理论和传统模式。中国应行使自己的话语权，提出适合我国市场经济发展的、本土化的、原创的市场经济理论，来指导今后我国社会主义市场经济的发展，并引领世界各国市场经济进入一个崭新的发展阶段。

（二）社会主义市场经济发展的理论基础和基本经济规律

新经济呼唤新的资本理论，新经济是二十世纪末出现的极为重要的经济现象和经济形态，新经济不仅体现了以网络技术为核心的产业提升，与产业形态的急剧变化，也从根本上改变了经济生活的运行方式和部分重要规则。在新经济中，科技创新进一步成为企业的发展动力。在这种情况下，传统的货币资本理论已经难以描述经济发展的“秘密”，于是出现了知识资本的新概念。但人们也看到，知识资本的理论也只能部分地解释新经济现象，从而提出了资本理论需要进一步创新的重大历史课题。

以往的经济学家，包括获得诺贝尔奖的经济学大师们，他们在理论上一个共同的缺陷是重生产轻消费。他们从资本的高度分析生产对社会经济发展的重要作用，而没有一位经济学家从资本的高度分析消费对社会经济发展的重大作用。其实，社会经济发展的最终目的是为了消费，消费是生产的动力，消费是生产的市场，消费是生产的目的。只有从生产和消费两个方面并同时从资本的高度分析社会经济发展的动力，才是全面、科学的分析。

在产品短缺时代，消费者处于被动地位，消费的价值仅在哲学家的眼里绽放异彩，而到了产品相对过剩时代，任何人都不能再忽视消费的力量。消费者成为市场经济的主人，消费已成为市场的主导力量。消费决定着生产的成败，决定着每一张货币选票的投向，关系到每一个企业、家庭和个人。每个社会细胞的经济行为的终极目标都可归结为消费，任何产品的最终指向也都是消费。因而一切的社会活动都是在围绕消费而展开，消费也决定着货币资本和知识资本能否实现其最终价值。

因此，消费已经不仅仅是一个过程，而是有足够的力量形成能够和货币资本、知识资本并驾齐驱的一种影响一切的资本——消费资本。

实际情况说明，消费资本真正发挥作用是在产品相对过剩之后，而其作用是随着商品供求格局的变化而变化。和货币资本、知识资本一样，消费资本一直是存在的。只不过在产品短缺时代，它的作用长期处于被淡化、被掩盖、被忽视的状态，当时也没有一种理论把它的力量系统地揭示出来。

随着市场经济的不断发展，人们深刻地认识到：消费者才是市场竞争的最终决定性力量。因为消费者既是市场的主人，又是给经济发展注入新的资本动力的源泉。谁能赢得最多的消费者，谁就能拥有最大的市场和巨额的资本注入。消费资本由此而生，消费资本化理论的构建也以此为基础。

消费资本理论的核心内容，是将消费向生产领域和经营领域里延伸。当消费者购买企业的产品时，生产厂家和商业企业应把消费者对本企业产品的采购视同是对本企业的投资，并按一定的时间间隔，把企业利润的一定比例返给消费者。此时，消费者的购买行为，已不再是单纯的消费，这种消费行为同时变成了一种储蓄行为和参与企业生产的投资行为。实际上是把消费者从产品链的末端以投资者的身份提升到前端，使消费者在购买产品时，分享企业成长的成果，使消费和投资有机结合。从而使买卖双方在这种条件下合二为一，成为一体。于是消费者同时又是投资者，消费转化为了资本。

消费资本理论丰富并创新了传统的资本理论体系，是新经济发生、发展的必然理论产物，是当前我国扩大内需的重要的理论支撑，也是从根本上解决资本短缺，促进国民经济平稳较快发展的理论依据。

消费资本的产生，将进一步完善市场经济发展方式。它将同货币资本、知识资本一起联动，推动市场经济发展。在当前，尤其要重视和发挥消费资本对经济发展的拉动作用。因为，我国有世界上最大的消费市场。我国是有近 14 亿消费人口的大国。在地方和企业资金短缺的同时，银行的城乡居民存款却一直居高不下，目前已经突破 34 万亿大关。这是一笔数额巨大的消费资本存量。在消费资本化理论的作用下，我国消费资本的力量将得到最充分的释放，给市场经济发展带来的推动力量是难以估量的。

消费资本论是扩大内需的理论支撑。当前，扩大内需已经成为我国经济发展战略的重要着力点。扩大内需需要从多方面入手，更需要从消费理论上给予引导，而中国的国情也决定了我们需要一种与社会主义市场经济相适应的、本土化的、新的资本理论体系。

同时，在对消费资本论的深入研究中，我们还进一步分析了人力资本，把人力资本提升到知识资本，从而进一步完善了市场经济资本构成体系。这是对市场经济资本理论的重大突破。据此提出三种资本相互结合，共同推动经济社会发展的新的经济发展方式，从而奠定了新的社会主义市场经济的理论基础。

消费资本论，是新市场经济理论形成的标志。新市场经济理论认为，完整的市场经济资本构成应包括货币资本、知识资本和消费资本三种资本，而不是唯一的货币资本。换言之，是三种资本在拉动着市场经济的发展，而不是唯一的一种资本，这是社会主义市场经济发展的科学性和先进性的集中表现。

由于社会主义市场经济的资本构成包括三种资本，因此，解决国家、地区和企业经济发展所需要的资金问题，总的思路应当是：(1)继续充实货币资本，(2)高度倚重知识资本，(3)大力开拓消费资本。同时，经济发展方式也应该是多元化的。由单一的货币资本发展经济的传统发展方式，转化为货币资本和知识资本相结合的发展方式，再转化为“消费资本导向、知识资本创新、货币资本推动”的三种资本融合联动的新型发展方式，是全世界各个市场经济国家经济发展所必然遵循的总趋势，也是社会主义市场经济发展的基本经济规律。

(三)社会主义市场经济的基本内容

中国特色社会主义市场经济，无论是经济发展方式、商业模式、企业制度，还是分配制度都同西方传统的市场经济有着本质的区别，是一种全新的经济运行体系。这种全新的经济运行体系包括：新的经济发展方式、新的商业模式、新的分配制度和新的企业制度。

1. 新的经济发展方式

中央多次提出关于加快实现经济发展方式转型的战略部署，这对于我国今后的长期经济发展具有深远的历史意义。为了进一步完善和更好地实施，我们还需要不断地学习中央决定的精神，还需要进一步深入探讨，并根据实践的发展和认识的深化，不断深化市场经济理论创新。

究竟什么是经济发展方式？我们以前采用的是何种经济发展方式？它为什么需要转型？转型后的经济发展方式是什么？市场经济究竟有几种可供我们选择的经济发展方式？这些问题，都是大家十分关心的问题。不少同志还不是很清楚，还存在着某种困惑。

存在这样一些问题或者说困惑，并不奇怪。其根本原因是旧的传统的市场经济理论已经影响了我们两个世纪之久，而至今还在继续影响着我们的思想、我们的观念，影响着我们的经济发展。我们必须突破旧的传统的市场经济理论的束缚，在总结我国市场经济发展经验的基础上，勇于探索，进行理论创新，才能找到在新的经济条件下，经济发展的正确思路和途径。中央多次强调加强自主创新能力的意义也在于此。

在旧的传统的市场经济理论影响下，对于经济的发展，主要是从投入产出比、粗放到集约、产业结构调整的角度来思考。其实，仅仅做到这一步是不够的。这些，只是对产业的调整和优化，只是在同一发展方式下的演进，只是在同一发展方式下比例和数量的增减，而不是质的变化，还不是中央所期望的经济发展方式的转型。

经济发展方式是指国家、地区和企业经济发展的推动力构成及其发挥作用的形式。经济发展方式的转型，是指经济发展的推动力构成的改变及其发挥作用的形式的变化。只有转变经济发展方式，才能使国家和地区、企业的经济有突破性的发展和质的飞跃，进入一个崭新的发展阶段。

人们通过对市场经济发展史的研究，尤其是对最近二百年的市场经济的研究，逐渐认识到：完整的市场经济应包括货币资本、知识资本和消费资本三个重要组成部分。而不是单一的或者唯一的货币资本。换言之，是三种资本在推动市场经济的发展，而不是一种资本在推动市场经济发展。

三种资本融合联动推动市场经济发展，才能从根本上突破单一货币资本支持经济发展的传统的经济发展方式，实现经济发展方式质的飞跃，实现经济发展方式的转型。

由单一的货币资本发展经济的传统发展方式，转化为货币资本和知识资本相结合的发展方式，再转化为“消费资本导向、知识资本创新、货币资本推动”三种资本融合联动的新型发展方式，应是国家、地区和企业经济发展方式转型选择的方向。

2. 新的商业模式

进入新世纪，世界经济形势发生了深刻的变化。国家、地区和企业发展的经济背景较之以前有了本质的不同。最重要的不同是，市场经济已经完成了由卖方市场向买方市场的过渡，我们现在是处于以买方为主的市场经济发展阶段。而中国和北美、西欧、日本各国的企业现在采用的商业模式，还是上个世纪延续下来的、适合卖方为主的传统的商业模式。因此，采用传统商业模式的企业，一进入新时期就感到非常不适应，主要表现在：(1)卖货难；(2)资本周转不畅；(3)企业运转不灵，而新的适合买方为主的新商业模式还没有提出来。这是中国的企业家和外国企业家对企业当前和以后究竟如何发展感到困惑和迷茫的最深刻的经济背景原因。

传统的商业模式只有一个内容和一个过程，即商品的交易内容和与之相应的商品的销售过程，商家与消费者之间货款两清，这个过程即认为已经完结。而“以消费资本论”为基础的新商业模式则不同，它包含两个内容和两个过程：一是商品的交易内容和与之相应的商品销售过程；二是商家与消费者共同分享利润和与之相应的利润分配过程。新商业模式，把消费者对商家的产品和服务的采购视同是对自己的投资，因为消费者所付货款的大部分都进入到商家的下一个经营过程，并转化为资本。由消费者货款转化为资本也会产生利润，明智的企业家把由消费者货款转成资本所产生利润的一部分返给消费者，这对消费者继续采购本企业产品和服务的积极性是一个极大的调动。这种新商业模式对企业迅速扩大市场份额和解决自身扩大经营所需要的资金问题，将起到巨大的推动作用。

这种新商业模式具有与众不同和独树一帜的特点，它同迄今为止所有经营理念和营销方式不同，具有强烈的新鲜感和独特的魅力。它将对广大消费者的消费心理产生巨大的影响，形成一种宝贵的积极参与尝试的心理，以及愿意长期合作的巨大的吸引力和凝聚力。由于它的与众不同和独特新意，将会产生极大的轰动效应，即“注意力经济学”效应，或者说“眼球经济学”效应，也就是说广大消费者的眼光将集中在应用消费资本论的企业的产品上。同时因为它不但满足消费者的需求，而且还关心消费者的利益，所以会受到消费者的欢迎。当企业把消费者作为本企业一位投资人和成员时，消费者也会从另一端做同样的考虑，即广大消费者也愿意成为企业长期的合作者，因为他们可以从企业中长期获益。

新商业模式具有崭新的组织形式特征，它吸收并发挥了电子商务、物流和订单经济的重大作用，并同其他相关市场要素主体密切合作。因此，新的商业模式实际上是有形市场（地网）、无形市场（天网）、虚拟经济（订单经济）、物流业等诸多经济要素组成的有机综合体。是一个以生产企业、供应商、物流企业、商业企业、消费者等相互合作为基础，以消费资本论为核心，以产品和服务为纽带，以利润共享为特征，以合作共赢为目标的行业产业链的有机的综合体。

新商业模式在其实际运作过程中，将形成一个长期的、深层次合作的，甚至是互为股东、利润共享的、紧密型的利益共同体。这种新的商业模式是世纪之交更新换代，具有划时代意义的商业模式。一方面消费者在购买商品的过程中有回报预期，从而深受广大消费者的欢迎；另一方面又由于把大批规模订单交给供应商，使供应商扩大了市场，从而深受广大供应商的欢迎。还不仅如此，由于产品是由供应商直接供给消费者，没有通过中间商和销售代理等中间环节，从而使商家可以从中间有很大的利润空间。它一改以往旧商业模式的诸多弊端，更加方便、快捷、高效的为消费者服务。它从根本上改变了完全无视消费者利益的旧商业模式，而开启了消费者参与企业利润分配的新纪元。

在世纪之交提出新商业模式，无疑将具有更新换代和划时代意义。相信这一创新商业模式对中国企业的发展，乃至全世界企业的发展，都将具有重大的现实意义和深远的历史意义。

首先，新商业模式对促进企业的发展，对净化和规范市场经济秩序，有着十分重要的意义，它将使我国企业的发展纳入良性、有序和可持续发展的轨道。

第二，新商业模式将有力地推动我国企业进行深度调整，实现企业发展动力的升级，提升企业的核心竞争力，增强对市场经济的适应能力和驾驭能力，以适应形势发展变化的需要。

第三，新商业模式对于贯彻落实中央提出科学发展观的战略部署具有重大的实际意义。它将有可能使我们最终摆脱西方传统市场理论的束缚，实现我国企业期盼已久的经济发展方式的质的飞跃，完成企业经济发展方式的转型。

3.新的分配制度

几个世纪以来，社会分配不公问题一直困扰着各国政府领导人和经济学家。这一问题，也是全世界人民共同关注的问题，因为它关系到他们的切身利益。分配不公并不只是在哪一个国家才存在的现象，而是全世界各市场经济国家普遍存在的现象，并且是各国政府和经济学家“久治不愈”的问题。

我们必须找出产生这一问题的历史背景和原因，并寻找出科学的解决办法。

为了寻找分配不公的根本原因，必须对分配制度本身进行深入的分析，必须从源头上对不公平分配制度藉以形成的理论基础进行深层次的考察。我们只能从经济的角度而不是从行政的角度去思考。各国政府举措不当，只会加大收入差距，但这并不是分配不公的根本原因。其根本原因是目前在世界各国流行的、现行的分配制度本身是不公平的。进一步说，现行分配制度藉以形成的理论依据是失衡的，从而导致了分配格局的不公。

在现行分配制度所形成的分配格局下，货币资本所有者几乎独享企业所有利润，知识资本所有者只享有少许利润，而消费资本所有者长期以来甚至处于缺位状态，完全不参与分配，无利可获。这是社会分配不公的源头和始发原因，是社会分配不公的根本原因。

那么这种不公平的分配制度是如何形成的呢？这是因为，传统的市场经济理论认为，推动经济发展的只有一种资本，即货币资本。但市场经济发展的实践证明，事实并非如此。如前所述，完整的市场经济资本构成应包括货币资本、知识资本和消费资本三个重要组成部分。换言之，市场经济的发展是由三种资本推动，而不是一种资本推动的，是三种资本共同创造了社会财富和企业利润。因此应由三种资本所有者共同参与社会财富和企业利润的分配，而不应由货币资本所有者独享企业利润。

因此，我们必须突破旧的传统的市场经济理论的束缚，在总结市场经济发展经验的基础上，尤其应在总结我国社会主义市场经济发展经验的基础上，勇于探索，进行理论创新，才能找到新的公平的分配模式，建立起新的公平制度和分配格局。

由三种资本共同创造企业利润，因而应由三种资本所有者共同参与利润分配的理论，将是确立新的公平分配制度的理论基础。这种新的公平分配制度，将从根本上打破流行已久的不公平的分配格局，而从源头上解决分配不公的问题。真正实现了马克思主义学者提出的"各尽所能、按劳分配"制度。

4. 新的企业制度

在新资本论基础上可以确立一种新型的、由三种资本参与的综合资本股份有限责任公司，作为支持新的公平分配格局的企业制度。由单一货币资本股份有限公司体制向综合资本股份公司体制转化，是市场经济发展所必然遵循的总的趋势，建立新的企业制度既是我国市场经济发展的迫切需要，也是我国经济体制深化改革的要求。

根据消费资本论，货币资本所有者、公司员工和消费者为企业的发展分别提供了货币资本、知识资本和消费资本三种资本动力，成为创造企业财富的有机组成部分。因此，应当综合考虑货币资本、知识资本和消费资本三种资本力量，建立"综合资本股份有限公司"。

"综合资本股份有限公司"三种股东形式分别是：(1)货币资本股东。货币资本股东为企业的创建和发展提供了必要的货币资金，使得企业的生产有了最初的资本来源，其重要地位不容忽视。(2)知识资本股东。知识资本股东即员工股东代表了知识资本的力量，公司不同岗位的员工都为公司知识的积累作出了自己的贡献，尤其是专家技术人员和管理人员。技术人员和专家通过改善经营方式提高了劳动生产率或者开发了新产品，成为企业竞争优势的重要来源；而管理人员优化了企业的资源配置，为企业的长远发展指明了方向，并通过有效组织企业的资源(包括有形资产和无形资产)使得企业能够在竞争中得以胜出。所以，专家和管理人员作为股东是对他们发挥出来的知识资本的肯定，也是对知识资本发挥作用的有效激励。(3)消费资本股东。企业应该把大客户、大买家吸收进来，按消费额度给与一定的股份，使其成为消费股东。消费股东是"综合资本股份有限公司"的重大特色，它不同于以往任何的企业制度，将消费者视为股东，真正将消费者从产品链的末端提到前端，使得消费者在消费过程的同时还能从企业的长期发展中获利。这是一种全新的视角，使生产和消费真正结合了起来，大量消费资本的注入使得企业发展获得了不竭的动力。

通过建立综合资本股份公司，使三种资本所有者的权益都得到保障，使三种资本的作用都能得到最大限度的发挥，这样推动企业经济增长的方式由单一货币资本推动转化为“消费资本导向、知识资本创新、货币资本推动”的三种资本融合、三种资本联动的经济发展方式。这样不仅能够解决企业资本短缺的问题，而且能够解决企业以往存在的创新乏力和市场萎缩等问题。

这种新型的企业制度将结束1602年建立的单一货币资本股份有限公司以来的企业制度的历史。这种在新的资本理论基础上建立的新企业制度是一种以人为本的企业制度，它将为我们构建一个共赢的社会。这个共赢的社会必然是一个和谐的社会，一个真正繁荣幸福的社会。

三、消费资本和知识资本的重大意义

(一)消费资本的重大意义

消费资本论的提出，是社会经济发展观的重大革命。它以崭新的视角和思维模式，分析了消费同生产一样，是推动社会经济发展的动力。

消费资本论，是突破西方传统经济学理论的局限，而提出的新的资本理论。它科学地论证了消费转化为资本的过程，提出消费即是投资。从而在世界经济学说史上第一次提出消费资本这一新的资本形态，并以完整的理论体系把社会经济发展中消费和消费资本的力量系统地揭示出来。

消费资本论又是资本理论新的里程碑。发现消费资本这一新的资本形态，是21世纪资本理论的重大突破，是资本理论的第三次革命，是资本理论史上新的里程碑。它对于经济学的意义，不亚于发现元素周期表对化学的意义。它重建了到目前为止的完整的新的资本理论体系。消费资本论是新的资本理论体系完成的标志。

消费资本论将从最终分配的角度入手，实现了生产资料的社会化和全民化。从而将从根本上解决马列主义经典作家在分析资本主义社会经济时指出的基本矛盾，即生产社会化和生产资料私人占有制之间的尖锐矛盾。这不仅是对社会主义市场经济的理论建设做出的重大贡献，而且也为西方市场经济提出了他们走出困境的根本途径。

消费资本论充分揭示了商品经济的全部真实过程，进一步深刻地、具体地揭示了企业利润形成的秘密，指出企业利润是由三种资本共同创造的。这一发现从根本上动摇了流行几个世纪之久的货币资本所有者独享企业利润的不公平的分配制度。为彻底打破社会分配不公的格局奠定了坚实的理论基础。这是人类社会一次伟大的发现，它将会真正地、彻底地实现马克思主义经典作家提出的“各尽所能、按劳分配”制度，由此将揭开人类社会生活和经济发展崭新的一页。

消费资本论是中国社会主义市场经济发展经验的理论总结，是源自中国本土的、原创的、体系性的理论创新，也是世界范围的理论创新。它同历史上其它重要理论成果一样，将载入世界经典经济学的理论宝库。

(二)知识资本的重大意义

知识资本理论与应用研究，特别是知识资本量化研究是目前全球瞩目的、世纪性的前沿课题，具有极其重要的科学价值和实际意义。它不但是重大科技创新，同时还将对国家、地区和企业的经济发展产生不可估量的作用。

首先知识资本量化，是衡量一个国家创新能力最重要的标准和最精确的指标。而且也是测量和激活国家、地区和企业知识资本存量，并使之最充分发挥作用的最重要的前提和最关键的条件。

第二，知识资本量化研究，将有助于准确量化国家、地区和企业在发展过程中运行着的资本总量；为国家、地区和企业经济成长从资本构成方面提供非常精确的量化说明，对于解决国家、地区和企业经济发展提速、优化资本结构、充分发挥知识资本的作用具有重大意义。

第三，知识资本量化研究将有助于国家、地区和企业建立新经济运行体系、新企业制度、新分配制度，实现国家、地区和企业经济发展方式转型和升级。

第四，知识资本量化是计量知识产权价值，实现知识产权流通，完善知识产权制度的关键因素。因为知识产权反映的是知识资本的成果，只有解决了知识资本量化问题，才能够精确计算出知识产权的价格，才能形成被国内外普遍接受的客观的、科学的、统一的衡量标准，从根本上解决国内各地区之间、内地和港澳台之间、国与国之间知识产权难以流通、无法流通、甚至不能流通的瓶颈。

知识资本量化研究能够为我国在世界最前沿的重大科研课题上争取话语权。目前，我国对知识资本量化的研究已处于世界领先水平，并得到世界各国专家的广泛认同。

这里要着重指出，世界新经济研究院同中加新世纪（北京）科技开发有限公司和中国科学院联合研发的世界第一套《知识资本量化长效激励机制管理系统》软件，具有重大的理论意义和实践意义。这套软件的诞生，标志着知识资本研究取得了重大突破，使世界知识资本量化研究进入一个新的阶段。

在知识经济时代，科学管理知识资本是企业发展的必由之路。知识资本量化软件，是新时期企业实现科学管理的必备工具，是知识经济时代企业发展的迫切需要。

以往由于受传统理论和管理方法的局限，企业的管理模式是建立在单一货币资本管理体系基础上，企业知识资本管理长期处于缺位状态。因此，长期依靠货币资本单一要素发展经济，资本短缺、创新乏力、市场萎缩、员工跳槽、薪酬分配矛盾等突出等问题难以避免。

几乎所有类型的企业和社会组织，都需要对知识资本进行管理，以解决这些企业和机构长期以来存在的人才流失、市场流失、技术纠纷、劳资矛盾等一系列妨碍发展的难题。因此，探索和应用新的更加科学的知识资本管理体系、薪酬体制和新的激励机制，成为企业发展的迫切需求。

知识资本量化管理软件应运而生。它针对企业面临的实际问题，提出了一整套科学、有效的管理办法，对员工为企业服务所投入的知识资本进行科学、准确的量化，建立具有长效激励机制的薪酬体系。这对于稳定企业的员工队伍，增强员工的主人翁意识和员工的忠诚度，迅速提升企业的综合管理能力，增强企业的凝聚力、创新能力和核心竞争力，实现企业经济效益大幅增长，具有十分重要的意义。

《知识资本量化长效激励机制管理系统》软件，将帮助企业建立基于知识资本量化管理基础上的薪酬体系和激励机制，实现对企业知识资本的高效和科学管理。它突破了传统人力资源管理软件的局限性，提出了一套对企业员工进行科学管理的量化方法和激励机制，特别是为企业高管人员、科技人员和业务骨干制定了科学的薪酬绩效和激励机制，真正具有了公平性、客观性和激励性。这套软件可以帮助企业在新的市场经济环境下取得更好更快的发展，实现其经济发展方式的转型。

知识资本量化软件帮助企业构建知识资本体系，充分重视员工知识水平提高和知识资本的积累，并通过制定科学的计量方法，准确的计算出企业员工为企业投入的知识资本量和所投入知识资本量为企业创造的价值，参与到企业利润的分配。企业员工拥有的知识资本量越多，为企业所做的贡献越大，则可以分配到越多的企业利润。

由于充分的尊重知识资本，调动知识资本的所有者即企业员工工作的积极性，激励他们为企业贡献更多的知识资本，激活企业的知识资本存量，从而为企业创造更大的经济效益。知识资本能够解决企业发展过程中所面临的资本短缺问题，知识资本不仅可以弥补货币资本的不足，甚至带来比货币资本更高的利润率，解决货币资本所不能解决的问题。

同时，知识资本量化管理软件针对企业面临的实际问题，提出了一整套科学、有效的管理办法，对员工为企业服务所投入的知识资本进行科学、准确的量化，建立具有长效激励机制的薪酬体系。弥补了多年以来企业只有货币资本基础上的薪酬体系的不足，而没有建立以知识资本为基础的薪酬制度的问题，从根本上完善了知识经济时代企业的薪酬制度，使企业的分配制度真正具有了公平性、客观性和激励性，全面妥善地解决了企业的薪酬制度和分配问题，这是企业制度和管理制度的一项重大基本建设。这对于稳定企业的员工队伍，增强员工的主人翁意识和员工的忠诚度，迅速提升企业的综合管理能力，增强企业的凝聚力、创新能力和核心竞争力，实现企业经济效益大幅增长，具有十分重要的意义。

因此，可以说知识资本量化方法开启了企业管理知识资本的先河，是目前企业管理知识资本最先进的办法，是所有现代企业必备的管理工具，是所有现代企业家必备的管理宝典，是企业核定员工基本工资、绩效工资、发放奖金、利润分红和股份分配的最重要的科学依据。它将帮助企业成为真正的实现现代化管理的企业，走上知识经济时代迅速、健康发展之路。

第三篇

对市场经济发展资本动力的重新思考

——论消费资本化理论与实践

发表于《中国市场》2006 年 12 月增刊

【内容提要】 传统的市场经济理论认为，推动经济发展的只有一种资本，即货币资本。但市场经济发展的实践说明，事实并非如此。人们通过对市场经济发展史的研究，尤其是解析最近二百多年的市场经济发展史，我们逐渐认识到：完整的市场经济资本构成，即市场经济发展的资本动力，应包括货币资本、知识资本和消费资本三个重要组成部分，而不是单一的货币资本。换言之，市场经济的发展，是由货币资本、知识资本和消费资本，三种资本共同推动的，而不是单一的货币资本推动的。

在产品短缺时代，消费者处于被动地位，消费的价值仅在哲学家的眼里闪烁异彩；而到了产品相对过剩时代，任何人都不能再忽视消费的力量。消费已成为市场的主导力量，消费决定着生产的成败，决定着每一张货币的投向，关系到每一个企业、家庭和个人。每个社会细胞的经济行为的终极目标都可归结为消费，任何产品的最终指向也都是消费。因而一切的社会活动都在围绕消费而展开。消费决定生产，也决定货币资本和知识资本能否实现其最终价值。

因此，消费已经不仅仅是一个过程，而是有足够的力量形成影响一切并且能够和货币资本、知识资本并驾齐驱的一种资本——消费资本。

消费资本真正发挥作用是在产品相对过剩之后，而其作用是随着商品供求格局的变化而变化的。和货币资本、知识资本一样，消费资本一直是存在的。只不过在产品短缺时代，它的作用长期处于被淡化、被掩盖、被忽视的状态，当时也没有一种理论把它的力量系统地揭示出来。

前　言

我对最近二百年的市场经济进行探索分析时发现，在第一个一百年，世界各地大都是单一地依靠货币资本来扩展和发展经济。当进入最近一百年的时候，在发达的市场经济国家，人们逐渐意识到还有另外一种资本在推动经济发展，这就是后来在二十世纪八十年代逐渐明晰起来的知识资本。随着经济的不断发展和理论研究的不断深入，在二十世纪末和二十一世纪初，人们又逐渐意识到还有一种巨大的资本存量即消费资本也是推动国家、地区和企业经济发展的直接动力，因为消费者才是市场竞争最终的决定性力量，他们既是市场的主人，又是给企业注入新的资本动力的源泉。因此谁能赢得最多的消费者，谁就能拥有最大的市场和巨额的资本注入，消费资本由此而生，"消费资本化理论"的构建也以此为基础。

与中国经济学的两大支脉马克思主义政治经济学和西方经济学完全由西方舶来不同，消费资本化理论以中国古典哲学为基础，借鉴西方经济学的理论成果，立足于中国当代经济和社会实际，是中国社会经济发展到一定阶段之后的必然创新，是中国知识分子结束缺乏本土经济学理论现状的大胆尝试。

中国古典哲学是世界科学思想宝库的重要组成部分。自十五世纪以来，通过西方传教士，如意大利的利马窦、德国的汤若望、法国的金尼阁、葡萄牙的徐日升、比利时的南怀仁的翻译和介绍，中国的古典哲学、自然神学观和重农思想传到西方并产生了重要影响。据文化史家的研究，中国的古典哲学曾经帮助德国哲学家莱勃尼创立德国古典思辩哲学，并经由其学生沃尔夫的进一步系统化，为沃尔夫的学生康德所吸收，从而创立了德国古典哲学，一直影响到黑格尔和马克思。在法国，则为"百科全书派"的哲学家所吸收，以其无神论、唯物论和民本思想，成为法国大革命的哲学思想基础，而中国的重农思想，则影响了著名经济学家魁斯奈"重农学派"的创立，以其关于中国重农学说的论著，感动了英国伟大的经济学家亚当·史密斯，在其代表作《国富论》中抨击了当时流行欧洲的重商主义。

在中国的古典哲学中，中国传统消费思想不但富有特色，而且深深影响着中国人的生活方式。中国传统消费思想以儒家的等级消费观为主流，其代表人物为孔子。孔子是儒家学派的创始人，他维护等级制度，提倡道德教化，认为人有名分之分，社会有等级差别，名分、等级决定一个人的政治地位、经济利益和消费状况，并由此提出贵贱有序，贫富有差，消费有别的等级消费观。同时，他主张节用、宁俭，强调对消费行为进行必要的道德约束。《国语·晋语》中有"公食贡，大夫食邑，士食田，庶人食力，工商食官，皂隶食职，官宰食加。"其基本消费思想是：不同阶级、不同阶层的消费具有严格的等级差别。同时，孔子把人们的消费行为与道德追求结合在一起，认为"合于义，至乎礼，虽苦亦乐"，比如在《论语·述而》中强调"饭疏食饮水，曲肱而枕之，乐亦在其中矣。不义而富且贵，于我如浮云。"对于颜回的安贫乐道，孔子大加赞扬，《论语·雍也》记载的孔子对颜回的评价是"贤哉，回也！一箪食、一瓢饮，在陋巷，人不堪其忧，回也不改其乐。贤哉，回也！"

由此看来，今天指导生产和消费的消费级差理论以及管理学和营销学中的客户定位理论无非是2500多年前孔子思想的具体应用而已，而今天人们对消费的理解则远远没有达到孔子的境界。在孔子的眼中，消费关乎道德，关乎政治，关乎生产、关乎分配，关乎治国、修身、平天下。

中国传统消费思想中道家的无为消费观占有重要地位，其代表人物为老子。老子尊道贵德，提倡顺应自然，无为而治。从物极必反的哲理出发，认为经济发展、财富增长和社会进步所带来的必然结果是人的物欲膨胀，社会矛盾尖锐，这不利于人的身心和谐与国家的长治久安。因而，在消费上他主张返璞归真，去奢从俭，提倡清心寡欲，俭朴自持和知足常乐。应该说知足常乐不乏生活的哲理，它对于人的身心和谐，对于调节消费需求与消费能力的矛盾有积极意义。

而墨子则提倡消费上的公平,《墨子·辞过》中说"富贵者奢侈,孤寡者冻馁、虽欲无乱,不可得也"。假如在一个消费悬殊的社会,一部分人挥金如土以填欲壑,而另一部分人却求温饱而难得,和谐的社会和安定的社会秩序将无法实现。而现代社会中,如若商家和厂家如果都把服务的目标群体定位于富裕客户,而忽略大众消费,将不可能获得稳定的利润,政府官员如果仅关心高收入阶层的消费利益,国计民生将无从谈起。

消费资本化理论吸收借鉴中国古典哲学的消费思想,扬弃节俭消费观、侈靡消费观和适度消费观三种消费观点,重视和强调消费的力量,把保护消费者的利益、利用消费对社会生产、社会道德和价值观念的影响力,使消费作为一种社会资本的力量充分发挥出来,从经济学和管理学的角度挖掘消费作为一种资本的价值和在市场中实现其价值的路径,是对中国古代消费思想的继承、延伸和发展,对当代中国社会经济的发展,具有重大的实践指导价值。

中国有着13亿人口,有着世界上最大的消费市场,有着丰厚的文化底蕴、有着传统的人文精神,有着强劲的发展动力,也有着世界独一无二的国情,有着从中央计划经济向市场经济的渐进性改革,有着城乡分治下的9亿农民,有着世界上潜力最大的消费市场,有着以中国共产党为领导的多党合作的民主政治体制,有着全球化背景下国际货币资本、劳动者和消费者的矛盾和冲突,因此,立足于中国现实,创建能够指导中国经济发展实践的本土经济理论,是知识分子的责任和使命。

一、总论

(一)市场经济的资本构成

完整的市场经济应包括货币资本、知识资本和消费资本三个重要组成部分。但是多年以来,由于货币资本可以迅速化解行业和企业发展过程中因资本短缺所造成的各种问题,从而迅速推动经济发展,它的作用受到人们的高度重视。货币资本拥有者的权益也得到了最充分的保证。

纵观世界经济发展史,可以发现,在相当长的一个历史时期,世界各地都是单一依靠货币资本来推动和发展经济的。一直到今天,货币资本仍然是一些企业发展的主要动力。但是随着科学技术迅速发展和新经济时代的到来,已经显示出这一传统经济发展的局限性和不充分性。与此相对应的是,知识资本和知识资本的拥有者、以及消费资本和消费资本的拥有者长期处在被淡化甚至缺位的状况,从而使他们处于被动的消极状态,这就大大影响了市场经济的发展。在这种情况下,就形成了多年来甚至几个世纪以来,许多国家和地区包括我们中国和中国的许多地区和企业,一直处在单一地依靠货币资本来扩展和发展自身经济的局面。虽然经济取得了一定程度的发展,但是由于长期地、单一地依靠货币资本这一传统的形式发展经济,常常会出现资本短缺的瓶颈问题。这一问题也一直困扰着我们的经济领导人和企业家,因为它严重地阻碍着经济的发展。

随着科学技术的迅猛发展,生产力水平的不断提高,人们逐渐认识到还有另外一种资本推动经济发展,这就是知识资本。随着经济的实践和与之相应的经济理论研究的深入,在二十世纪末和二十一世纪初,需求对生产的拉动和制约作用日益凸显,人们又逐渐认识到还有一种巨大资本存量，就是第三种资本即消费资本，也是推动行业和企业经济前进的直接动力。

随着市场经济的不断发展，人们进一步深刻认识到消费者才是市场经济的真正主人和竞争最终决定性力量，他们既是市场主人，又是新的资本的源泉，因此谁能赢得最多的消费者就能赢得巨大的市场和巨额的资本注入。消费资本化的理论构建也以此为基础，消费资本化理论核心内容，是将消费向生产领域延伸。最简单的一个例子，当消费者购买产品的时候，生产厂家记录在案，在年底的时候，根据央行国际存款利率，把企业利益一部分返给消费者。这样消费者的购买行为已经不再是单纯的消费，它的消费行为同时变成一种储蓄行为和参与企业经营的投资行为，既是消费者，又是投资者。把消费者从产品链的末端以投资者的身份提升到前端，使消费者在购买产品时，既能分享企业成长的成果，也能给企业注入新的动力，从而使买卖双方在这种条件下，合二为一，完成消费转化为资本的过程。这样消费作为一种资本完成了它的转换。它同货币资本知识资本一样，成为企业发展的直接动力。

1. 货币资本——资本的第一形态

《辞海》上关于"资本"的定义有三个：1. 带来剩余价值的价值；2. 投于企业的固定资产和流动资产的价值形态；3. 会计学上，企业主投到企业的资本金以及由此形成的资本公积，即企业所有者权益。上述定义概括起来有两大特点：其一，资本是一种价值的表现形态；其二，这种价值的表现形态必须参与生产、经营活动。

货币资本是资本的最初表现形态。在马克思主义政治经济学中，货币资本是产业资本的一种，是和生产资本与商品资本相对应的概念。货币资本在生产过程中通过生产资料的购买先转化为生产资本，生产资本再通过产品的成型转化为商品资本，在市场上，商品资本通过交易完成"惊险的一跳"带来更多的货币资本。三种资本转换的过程也就是资本主义生产的整个过程。获得剩余价值是资本的根本属性。这就是辞海中关于资本的第一个定义。

在西方经济学中，资本不再带有鲜明的政治经济色彩，是资本生产和交换过程中的一种投入要素〔Input〕，货币资本仅仅是货币形态的投入而已，而且它也仅仅在产出〔Output〕中获得相对应的回报，不考虑资本雇佣劳动，还是劳动雇佣资本的问题。这契合辞海中的第二种定义：是"投于企业的固定资产和流动资产的价值形态"。

长期以来，人们把资本等同于货币资本，因此，货币资本是资本的第一形态。

2. 知识资本——资本的第二形态

人力资源是货币资本投入教育后转化而成的由人的个体所承载知识和技能，人力资源作为资本投入到生产和流通领域，创造价值，即转化为人力资本。

人力资本概念兴起于20世纪60年代初。第一个明确将人力看作资本的人是亚当·斯密，他在《国富论》中区分了四种资本，其中第四种就是由"一个社会全体居民或成员所具有的有用的能力"所构成。经济学家萨伊指出，由于人的技艺和能力的形成需要花费成本，并可以提高工人的劳动生产率，因此可以把其视为资本。穆勒〔Mill，J. S.〕、罗雪尔〔Roscher，William〕、塞德威克〔Sidgwick，Henry〕和白哥豪特〔Bagehot，Walter〕等人也持相同的观点。西尼尔（Senior，N. W.）明确指出，人的健康、体能和知识，以及其先天和后天获得的体能与智能也是财富。瓦尔拉斯（Wallace，Leon）认为，从事专业工作的人，如律师、医生和艺术家等，他们拥有的技术也是现实的资本，可称之为个人资本。马歇尔（Marshall，Alfred）则强调，所有资本中最有价值的是对人本身的投资，认为知识是我们生产的最有力的发动机。

20世纪60年代，西奥多·舒尔茨（Schultz，Theodore W.）明确地提出了人力资本的概念，即人力资本是指凝结于劳动者身上，通过投资费用转化而来，表现为劳动者技能和技巧的资本。莱斯特·瑟罗（Thurow，Lester）则将人力资本定义为个人的生产技术、才能和知识。麦塔（Mehta，M. M.）从人口全体的角度给出了人力资本的定义：居住于一个国家内人民的知识、技术及能力总和；更广义地讲，还包括：首创精神、应变能力、持续工作能力、正确的价值观、兴趣、态度以及其它可以提高产出和促进经济增长的人的质量因素。

人力资本的概念进一步演进，到20世纪末，人力资本中知识技能的重要性越来越突出，知识资本的概念因此也逐渐成型。美国学者加尔布雷思（J. K. Galbrainth）第一个明确提出了知识资本（intellectual）的概念。埃德森和沙利文则将知识资本划分为人力资源（human resource）和结构资本（structure capital），提出了知识资本的组成公式：知识资本＝人力资源（未编码知识）＋结构性资本（已编码的知识资产和经营性资产）。斯图尔特提出了知识资本的H－S－C结构，认为知识资本包括人力资本（human capital）、结构性资本（structural capital）和顾客资本（customer capital），三者构成了知识资本体系。人力资本指员工各种技能与知识，是知识资本的重要基础。结构性资本是企业组织结构、制度规范、组织文化等。顾客资本指市场营销渠道、顾客忠诚、企业信誉等经营性资产，实际上这就是消费资本，只不过加尔布雷思还没有充分认识到消费资本的作用，而把它与人力资本和结构性资本区分并提炼出来。

还有学者把知识资本分为人力资本、产权资本和结构资本。人力资本指蕴藏于员工身上的各种技能与知识；产权资本是企业经国家获准拥有排他性专有权的资本，涵盖专利权、著作权、商标权、专有技术权、土地使用权等；结构资本是不附属于企业人力资源、不能外化的组织的其他所有能力，如企业的组织结构和管理规范、企业精神和企业文化、商誉、分销网络和供应网络等。人力资本是知识资本的重要基础，它是附属于个人的，未编码的。产权资本则是编码化的知识，知识一旦编码化，就易被模仿，所以要大力申请和保护知识产权。在人力资本和产权资本以及物质资本运作的过程中，结构资本将企业的各种重要资源整合在一起，形成生产能力、技术创新能力、和市场开拓能力。正如哈耶克所说，即使是没有一个人对整个操作有详细的了解，组织的日常工作也可能有效地进行。这不但说明组织能够使个体参加者的知识有效地汇总，而且反映出组织本身“拥有”超越于个人层次之上的知识。这种知识正是结构资本。知识资本的三个组成部分密切配合，共同提高资本的增殖能力。

目前，作为资本的第二形态，知识资本的重要性已经得到人们的广泛认同，在知识经济时代，知识资本已取代货币资本而成为最重要的资本形态。实践证明，知识资本可以起到点石成金的作用。它可能几倍，十几倍地扩展货币资本的使用价值。

3.消费资本——资本的第三形态

消费资本是货币资本和知识资本之外的第三种资本形态。在短缺经济时代，消费者处于被动地位，消费的价值仅在哲学家的眼里绽放异彩；而到了过剩经济时代，任何人都不能再忽视消费的力量。消费成为市场的主导，消费决定生产的成败，消费决定每一张货币选票的投向，消费关系到每一个家庭、个人和企业。每个社会细胞的经济行为的终极目标都可归结为消费，任何产品的最终指向也都是消费，因而一切的社会活动都在围绕消费而展开，消费决定生产，也决定货币资本和知识资本能否实现其最终价值。

由此，消费已经不仅仅是一个过程，而是有足够的力量形成能够和货币资本、知识资本并驾齐驱的一种影响一切的资本——消费资本。

实际上，消费资本一直是存在的，但它真正发挥作用却是在商品过剩之后，而其力量也随着商品供求格局的变化而变化。

（二）三种资本形态的发展和演进

1. 资本的定义

给资本以明确定义的是马克思主义政治经济学："掌握在资本家手里的生产资料和用来剥削工人的货币"。"当货币变成剥削的手段时，即转化为资本"①，这个定义是在资本主义这个特定历史阶段的特殊定义，它强调的是"阶级剥削"的概念。

19 世纪苏格兰著名经济学家麦克鲁德曾经对资本作了这样的概括："资本是用于增值目的的经济量，任何经济量均可用为资本，凡可以获取利润之物都是资本。"可见在古典经济学家眼里，资本是一种可增值的经济形式，资本的定义不带有任何政治色彩，其涵盖的范围非常广阔。

而在现代西方经济学中，资本反而没有太严格的定义。即使是西方最流行的经济学教科书给资本下的定义也很简单，曼昆（N. Gregory Mankiw）所定义的资本是"用于生产物品与劳务的设备和建筑物存量，即现在正在用于生产新物品和劳务的过去生产的物品的积累"②。这个概念多少有点含糊，它似乎把除劳动和土地这两个投入要素之外的生产要素都划入了资本的范畴，但又把资本与物品联系起来。

资本的概念随着社会、经济的发展而发展，有着鲜明的时代特征。为构建消费资本化理论体系，需要对一些基本概念进行重新界定。首先，我们不妨删繁就简，给资本下一个返璞归真的定义：

资本是人们可配置于生产或交换领域，用以创造产品和服务，以获得经济利润的各种资源，是一种对社会生产和交换进行配置的力量的价值反映。

资本具有以下五个基本特征：

其一，资本可以是有形的，也可以是无形的，既可以是物质层面的，也可以是精神层面的；

其二，资源必须投入到生产或交换领域，用以创造产品和服务时，才称其为资本；

其三，资本投入的目标是获得经济利润；

其四，资本是决定社会生产和交换的原动力。

其五，资本具备两个基本性质：一是"运动"，资本只有在运动中才能增殖，不投入生产过程、不运动，即无所谓资本的存在；二是资本能带来价值增殖，即带来比自身更大的资本回报。

2. 资本形态及其演进

商品生产是资本的起点，商品流通即贸易是资本实现的条件。货币是商品流通的最后

---

① 均见《资本论》第一卷，第一篇，第三章。

② 〔美〕曼昆：《经济学原理》〔梁小民译〕，三联书店及北京大学出版社，下册，第 15 页。

产物,也是资本的最初表现形式——货币资本。

货币资本:货币资本是以货币形态表现的资本,包括在产品和服务的创造过程中,可以用货币购入的所有物质性的投入。

货币资本在商品经济的最初阶段,发挥着绝对主导作用。货币资本推动着人类对自然力的征服和使用,成为工业革命的基本经济动力:机器的制造和使用,化学在工业和农业中的应用,轮船的建造和行驶,铁路的建设和通行,电报的使用,整个大陆的开垦,河川的通航,军工产品的泛滥,货币资本把社会劳动里蕴藏的生产力迅速激发出来,整个世界的面貌为之改变。

直至今天,货币资本的威力仍然强劲,依然是经济发展不可或缺的力量源泉。

知识资本:知识资本是以知识形态表现的资本。包括在产品和服务的创造过程中,所有知识性、技术性的投入。

知识资本由人力资本和制度资本两个部分构成。人力资本是以作为单个的人的技术和知识为载体的资本;而制度资本则是作为群体的人在一定的制度下所形成的资本,最浅显的例子是一个群体的每一个人都是创造性人才,但一旦形成一个团队,该团队的绩效则取决于团队内部的各种制度特别是激励和约束机制是否有效,是否能够激发每个成员的创造性和积极性。

人们对知识资本的认识也经过了一个从人力资源、到人力资本、再到知识资本的逐渐深入的过程。

人力资源是货币资本投入教育后转化而成的由人的个体所承载知识和技能,人力资源作为资本投入到生产和流通领域,创造价值,即转化为人力资本。

人力资本概念兴起于 20 世纪 60 年代初。但第一个明确将人力看作资本的人却可以前推到亚当·斯密,他在《国富论》中区分了四种资本,其中第四种就是由"一个社会全体居民或成员所具有的有用的能力"所构成。其后,萨伊指出,由于人的技艺和能力的形成需要花费成本,并可以提高工人的劳动生产率,因此可以把其视为资本。穆勒〔Mill, J. S.〕、罗雪尔〔Roscher, William〕、塞德威克〔Sidgwick, Henry〕和白哥豪特〔Bagehot, Walter〕等人也持相同的观点。西尼尔(Senior, N. W.)明确指出,人的健康、体能和知识,以及其先天和后天获得的体能与智能也是财富。瓦尔拉斯(Wallace, Leon)认为,从事专业工作的人,如律师、医生和艺术家等,他们拥有的技术也是现实的资本,可称之为个人资本。马歇尔(Marshall, Alfred)则强调,所有资本中最有价值的是对人本身的投资,认为知识是我们生产的最有力的发动机。

20 世纪 60 年代,西奥多·舒尔茨(Schultz, Theodore W.)明确地提出了人力资本的概念,即人力资本是指凝结于劳动者身上,通过投资费用转化而来,表现为劳动者技能和技巧的资本。莱斯特·瑟罗(Thurow, Lester)则将人力资本定义为个人的生产技术、才能和知识。麦塔(Mehta, M. M.)从人口全体的角度给出了人力资本的定义:居住于一个国家内人民的知识、技术及能力总和;更广义地讲,还包括:首创精神、应变能力、持续工作能力、正确的价值观、兴趣、态度以及其它可以提高产出和促进经济增长的人的质量因素。

人力资本的概念进一步演进,到 20 世纪末,人力资本中知识技能的重要性越来越突出,知识资本的概念因此也逐渐成型。美国学者加尔布雷思(J. K. Galbraith)第一个明确提出了知识资本(intellectual)的概念。埃德森和沙利文则将知识资本划分为人力资源(human resource)和结构资本(structure capital),提出了知识资本的组成公式:知识资本=人力资源(未编码知识)+结构性资本(已编码的知识资产和经营性资产)。斯图尔特提出了知识资本的 H—S—C 结构,认为知识资本包括人力资本(human capital)、结构性资本(structural capital)和顾客资本(customer capital),三者构成了知识资本体系。人力资本指员工各种技能与知识,是知识资本的重要基础。结构性资本是企业组织结构、制度规范、组织文化等。顾客资本指市场营销渠道、顾客忠诚、企业信誉等经营性资产,实际上这就是消费资本,只不过加尔布雷思还没有充分认识到消费资本的作用,而把它与人力资本和结构性资本区分并提炼出来。

还有学者把知识资本分为人力资本、产权资本和结构资本。人力资本指蕴藏于员工身上的各种技能与知识;产权资本是企业经国家获准拥有排他性专有权的资本,涵盖专利权、著作权、商标权、专有技术权、土地使用权等;结构资本是不附属于企业人力资源、不能外化的组织的其他所有能力,如企业的组织结构和管理规范、企业精神和企业文化、商誉、分销网络和供应网络等。人力资本是知识资本的重要基础,它是附属于个人的,未编码的。产权资本则是编码化的知识,知识一旦编码化,就易被模仿,所以要大力申请和保护知识产权。在人力资本和产权资本以及物质资本运作的过程中,结构资本将企业的各种重要资源整合在一起,形成生产能力、技术创新能力和市场开拓能力。正如哈耶克所说,即使是没有一个人对整个操作有详细的了解,组织的日常工作也可能有效地进行。这不但说明组织能够使个体参加者的知识有效地汇总,而且反映出组织本身“拥有”超越于个人层次之上的知识。这种知识正是结构资本。知识资本的三个组成部分密切配合,共同提高资本的增殖能力。

目前,作为资本的第二形态,知识资本的重要性已经得到人们的广泛认同,在知识经济时代,知识资本已取代货币资本而成为最重要的资本形态。实践证明,知识资本可以起到点石成金的作用。它可能几倍,十几倍地扩展货币资本的使用价值。

消费资本:消费资本是以消费形态表现的资本。包括在产品和服务的消费过程中,所有由消费者创造的市场力量及其价值表现。

尽管从上个世纪 20—30 年代的“大论战”时代,哈耶克就强调消费主权,但消费资本的价值并没有得到人们的足够重视。直到今天,在一个普遍的过剩经济背景下,企业也好,政府也罢,没有人可以忽视消费的力量,但仍然很少有人把消费上升到资本的高度。

当今时代,消费成为市场的主导,消费决定生产的成败,消费决定每一张货币选票的投向,消费关系到每一个家庭、个人和企业。每个社会细胞的经济行为的终极目标都可归结为消费,任何产品的最终指向也都是消费,因而一切的社会活动都在围绕消费而展开,消费决定生产,也决定货币资本和知识资本能否实现其最终价值。

由此,消费已经不仅仅是一个过程,而是有足够的力量形成影响一切的、能够和货币资本、知识资本并驾齐驱的一种资本——消费资本。

和货币资本、知识资本一样,消费资本一直是存在的,只不过在商品短缺时代,它的作用被掩盖、被长期忽视,更没有一种理论把它的力量系统地揭示出来。

消费资本化理论就是要完成这样一个历史使命,以中国社会经济的巨变为背景,立足于世界最大的潜在消费市场,构建消费资本化理论大厦,为消费者利益、为生产和交换的资本积聚提供坚固的理论基石。

3. 消费资本化理论的创立

随着经济的发展，越来越多的企业家逐步认识到消费者才是市场竞争的最终决定力量，谁赢得了最多的消费者，谁就能在市场的博弈中最终胜出——消费资本化理论的构建即以此为基础。

(1)消费资本化的理论渊源与理论内核

消费资本化理论突破了古典和新古典经济学的园囿，在理论上和实践中将消费者从产品链的末端以投资者的身份提升到前端，使消费和投资有机结合，既让消费者分享企业成长的成果，同时也为企业的发展注入新的动力。

消费资本化理论与诺贝尔经济学奖得主哈耶克(*Friedrich A. Hayek*)的"消费者主权理论"一脉相承，但又突破了其理论局限，是通货和消费紧缩时代理论上的创新和发展。

a. 消费者主权理论

"消费者主权(Consumers paramountcy)"最早见于现代经济学之父亚当·斯密的《国富论》中，后来的奥地利学派和剑桥学派都把"消费者主权"看成是市场关系中的最重要原则。所谓"消费者主权"，是诠释市场上消费者和生产者关系的一个概念，即消费者根据自己的意愿和偏好到市场上选购所需的商品，这样就把消费者的意愿和偏好通过市场传达给了生产者，于是所有生产者听从消费者的意见安排生产，提供消费者所需的商品。这就是说生产者什么、生产多少，最终取决于消费者的意愿和偏好。消费者主权可以用一个比喻来说明，消费者在市场上每花一元货币就等于一张选票，消费者喜欢某种商品，愿意花钱去买它，就等于向这一商品的生产者投了一票。生产者只有使自己的商品适合消费者的需要，消费者才会投他的票，也就是愿意购买他的商品，否则商品就会滞销、生产者就会亏本。各个生产者就是通过消费者在市场上"投货币票"，了解到社会的消费趋势和消费者的动向，从而以此为根据，安排劳动力和生产资料，改进技术、降低成本，增加品类，以满足消费者的要求，从而最终达到利润最大化的目的。

消费者主权理论也曾引起争议，比如另一位获得诺贝尔经济学奖的经济学家加尔布雷思曾根据大公司垄断市场的现实提出过"生产者主权(Producer paramountcy)"的概念，但哈耶克认为，即使是完全的市场垄断，生产者的生产也必须遵从消费者的意愿，否则大公司将失去最终的发展推动力，生产就会处于受限制的状态中，终将失去已有的垄断地位，这对公司和整个社会经济都是有害的。而上个世纪 80 年代以来苹果计算机公司、麦道公司、康柏公司等等大公司的兴衰在实践中多次验证了消费者主权理论的正确性。

b. 消费资本化理论

消费资本化理论是消费者主权理论的创新和发展。消费者主权理论仅阐明了消费者的重要性，仅解决了"是什么"的问题，没有解决"怎么办"的问题，即没有探讨生产者应在"消费者主权"的前提下，如何获得消费者支持。此外，在理论模型上，消费者主权理论认为生产者和消费者是对立的，消费者的主权对应的是生产者的服从，它没有认识到生产者与消费者可以在一定的机制下有机结合，在市场上实现消费的资本化。

而消费资本化理论主要针对的问题是在新经济的条件下，如何实现生产者与消费者的有机结合，通过构建各种类型的市场制度，使生产和消费从对立走向统一，在使消费者的主权得到最大化满足的同时，通过消费的资本化，实现企业利润在更高层面上的最大化。

消费资本化理论在实践中可以有多种实现形式。比如：消费者投资、消费者参股、消费者期权，消费者选择权等等，通过这些方式将消费向生产领域延伸，以在不同的层次上实现消费的资本化。

消费资本化理论资本构成的表达简式与转化过程：

转化

$$CA = CU + KN + CO \quad (1)$$

其中：CA：资本

CU：货币资本

KN：知识资本

CO：消费资本

(2)消费资本化理论的理论价值

根据西方古典经济学理论，在严格的市场完全竞争假设条件下，市场这只"看不见的手"能够使资源配置效率最大化，同时社会福利达到最大化，即达到所谓的"帕累托最优状态"。但在西方国家，大企业的垄断和过度的市场竞争同时并存，使社会资源的配置失去了效率，社会消费的公正原则也遭到破坏，即微观经济学中通常所说的"市场失灵"（Market failures）。

公共利益理论认为放任市场会出现低效率和不公平，政府管制的实际成本为零。政府代表的是公共利益。所以，应该由政府采取管制行动来弥补市场低效率和不公平的缺陷。按公共利益理论，市场监管的首要目的是矫正市场失灵，促进市场的公平竞争，提高市场效率。而市场失灵的原因有三：

其一，不对称信息与不存在的信息

市场的信息不对称问题非常严重，既包括隐藏信息问题（Hidden information problem），也包括隐藏行为问题（Hidden action problem）。因为信息的不对称，市场失灵不可避免。

其二，外部性

"外部性"是指当个人和厂商对一种行为直接影响到他人，却没有给予支付或得到补偿。其中支付实质上就是指外部成本内部化，得到补偿实质上就是指外部收益内部化。外部性有正的外部性和负的外部性之分。但支付和补偿一般需要有权力集中的一个部门来主导完成。

其三，市场势力

垄断行为会对消费者利益造成损害，因此需要政府的市场监管来减少垄断行为的出现。如果政府监管可以矫正市场失灵，那么只要政府插手，市场也将不会有任何运行上的问题。但现实中，并不是这样，市场经济至今仍有许多无法克服的顽疾。

首先政府监管需要承担监管成本，并有一定的局限性。因此，一些经济学家认为，市场的失灵却未必一定需要政府监管来矫正，就因为政府监管也有其自身的成本和局限。而成本最终还是会转嫁到消费者身上，造成一定的福利损失。此外，政府监管过严会影响企业的创新活力，最终不利于市场机制的运作。

监管的成本包括：人力资本的投入、国家税收的支出、管理机构的投入、管制规则制定与实施，监管中的设租与寻租、监管制度的路径依赖。

除了要支付市场监管的成本，政府还应意识到监管的失灵，即与市场失灵相对应的所谓政府失灵。分析监管失败原因的理论主要有俘获理论〔Capture Theory〕和新经济自由主义论。

“俘获理论”(capture theory)的基本思想是：某产业中的企业希望政府对该行业实施管制，原因在于它们可以通过俘获管制者而使其按照自己的利益行事。该理论认为，所有的管制者最终都被一些被管制者以各种方式俘获了。管制的结果实际上是管制者利用管制机制在为某些特别的利益集团提供服务。

俘获理论认为，进入管制要求越严，国家收入和产业竞争性越低，腐败也越严重；管制越多的国家，其产品质量越低，环境越差。监管部门官员出于对自身利益的考虑，利用监管部门与公众之间的信息不对称，与被监管者利益团体形成利益共同体，对消费者利益的保护和维护市场的公平竞争成为得不到执行的口号。

新经济自由主义论从另一个侧面对政府监管的效率提出了质疑，认为支持政府监管的三个基础假设都不存在。因此，政府监管是没有必要的。

首先，对于管制者会追求社会福利最大化。新经济自由主义论认为，假定监管者的目标是社会利益最大化，并认为它们有能力实施各种监管工具是错误的。首先，在政治制度不完善的情况下，人们无法确定什么是社会利益，因为社会群体的利益往往是相互冲突的，对一个群体有利的事，可能恰恰是对另一个群体利益的损害。其次，政府和政治家并非像人们所想象的那样是社会利益的代表，他们有自己的利益和自己的效用函数，并且与社会利益有着很大的差异。监管者对保险业进行管制，其直接的目标不是要控制各种市场失灵、保护被保险人的利益、保证保险体系的健康和资源配置效率的最优；而首先是是保证自身收益，包括政治收益和经济收益的最大化。

其次，关于管制者拥有完全信息的假设。新经济自由主义论认为，实践证明，监管者所拥有的信息远远少于市场看不见的手所掌握的信息，否则中央计划经济就不用改革了。特别是在一个官僚体制下，整日坐在办公室里自以为是地发号施令的监管人员可能是最无知、对市场最具破坏力的。

最后，关于管制者具有公信力的假设。新经济自由主义论者列举了世界各国管制者缺乏公信力的大量例证，这些例证不论是在发达国家还是在发展中国家，也不论是在市场经济国家，还是在计划经济国家都是存在的。

既然支持政府监管的三个假设条件都被新经济自由主义论所否定，那么在新经济自由主义论者看来，政府监管也就失去了意义。

市场失灵和政府失灵的双重矛盾是目前的市场经济模式所无法解决的根本矛盾，而消费资本化理论则可以对这种矛盾进行有效化解。按照消费资本化理论的经济运行模式，消费成为资本以后，消费者同时也作为投资者，可以大大降低市场上信息不对称的问题，正外部性的收益和负的外部性成本已经在消费转化为资本的过程中内部化了，同时，企业的市场势力转化为广大消费者的利益，市场失灵将得到极大缓解。政府将从繁重的市场经济监管中解脱出来，将监管过渡到为社会服务。腐败和官僚资本将失去最深厚的土壤。消费资本化理论是经济领域的崭新理论，它不同于亚当·斯密及萨缪尔森等工业经济时代形成的经济理论，必将对传统经济学理论产生挑战，同时对传统经济学理论的许多重大方面都提出修改、补充或完善的需求。消费资本化理论在保险业中进行应用推广，一方面将产生巨大经济效用，同时也将对实业经营中的现行做法、管理体系等产生重大影响，并引发专家学者的深入思考。

Ⅰ.收益分配理论。传统经济学涉及到对公司收益及其它盈利所得进行分配时，往往只考虑投资人或发起股东的收益分配问题，消费者一般不参与企业的利益分配。而消费资本化理论强调的是消费者因消费资本化的缘由能够以某种方式参与分享企业经营成果，这必然使收益分配主体、收益分配循序、收益分配的结构及分配的方式等发生重大改变。

Ⅱ.收益递减规律。传统经济学存在收益递减规律，但消费资本却使企业成本随其增加而下降，消费资本积淀越多，生产者的收益不是递减而是递增，或许经济正反馈理论可以补充收益递减规律。

Ⅲ.增长极限论。工业经济主要依靠稀缺的物资资源，其发展存在增长的极限；消费资本化的确立则大大延长了经济增长的限度，企业更有条件实现可持续增长，而增长极限的悲观论因此得到削弱。

Ⅳ.资本决定论。货币资本长期以来主宰经济发展，尔后知识资本的确立丰富了经济发展的动因，而消费资本地位一旦确立，必将对货币资本和知识资本的主宰地位形成冲击甚至取代二者的地位。

Ⅴ.税收理论。消费资本化过程中由于消费者将参与企业的利益分配，这必然对企业经营收入、经营成本和利润结果产生影响。对保险企业而言，其营业税和所得税的核算口径也可能因此发生新的变化。

Ⅵ.产权理论。消费资本化过程中由于消费者的消费行为被视同为投资行为，消费和投资成为一体，这将对传统的产权理论形成挑战，产生一种新的"超产权论"。

以上事例说明，消费资本化已从多方面对传统经济学构成挑战，其中一定会对诸多法律法规也产生重要影响，这更是值得有关理论学者深入研究的课题。

(3)消费资本化理论的现实意义

a.市场经济发展模式的创新

消费资本化理论明确提升消费资本在市场经济中的地位，使市场经济中被长期忽略的消费资本能量得到释放，可以改变市场经济的发展模式：从粗放经营到集约经营；从简单的资本雇佣劳动或劳动雇佣资本的简单对立走向投资者、生产者、经营者、消费者四种利益的统一。

b.保护消费者和劳动者、提升中国的整体国际竞争力

目前中国的国际竞争力主要源于两个方面，其一是廉价的劳动力，其二是巨大的潜在市场，这是吸引大量国际资本在中国投资的原因。但目前两个要素的功能并没有发挥出来并带有比较严重的负面影响。比如，廉价的劳动力在构建了中国产品世界市场竞争实力的同时，却是以牺牲劳动者的利益为代价的，一些外国资本的所有者通过延长劳动时间、降低福利、压低工资、拒绝提供劳动保护等手段，利用在中国开始的工厂压榨普通中国劳动者的血汗，已经成为一个不易解决的社会问题。消费资本化理论为解决这一问题提供了思路：把消

费的力量凝聚为资本，使人力资本和消费资本都获得应有的回报的同时，把作为消费者主体的劳动工人凝聚起来，利用消费市场和劳动力市场对货币资本形成制约。对劳动者和消费者的保护，受益的是人民大众，提升的是国家的整体实力。

c.最大限度启动民间资本和国内需求

消费资本是最大量的资本，而这样的资本则散落于民间，消费资本化理论通过消费者投资、消费者参股、消费者期权，消费者选择权等等形式，将消费向生产领域延伸，以在不同的层次上实现消费的资本化，从而最大限度地启动沉淀下来的民间资本。

d.引发深层次的经济体制改革

一般认为，国有企业的所有者缺位所造成的委托—代理问题是目前导致国有企业通病的根本原因。而按照消费资本化理论，当把消费者从市场的末端提到市场的前端的时候，消费资本参与到生产中来，国有企业的所有者缺位问题将得到很大程度的缓解，作为国家公民，消费者已经成为国有企业实实在在的所有者，委托—代理问题将变得相对简单。

e.推动西部大开发战略和农村经济的发展

因为消费没有形成资本，消费资本就无法获得相应的回报，这对最缺乏资本的中国西部和8亿农村居民是最不利的。消费资本化理论关注最广大的社会群体，为西部开发战略和农村经济发展提供聚集资本的新思路。

二、消费资本化理论在实践中的具体应用

消费资本化理论在实践中应用的最简单形式是“消费者投资”，即生产者将单位销售收入的一定比例注入为消费者在本企业开设的个人投资账户，然后根据企业的盈利状况，将个人投资账户的累计额和企业利润的一定比例按一定的时间间隔分期返还给消费者，使消费者参与企业投资、分享企业发展成果，从而达到吸引消费者，实现消费资本化的目的。

此时，消费者的购买行为，已经不再是单纯地为了获取商品从而满足偏好，他的消费行为同时变成了一种储蓄行为和参与企业生产的投资行为，这就可以在一定程度上消除买卖双方的对立，化解消费者和生产者之间的根本矛盾。

1.消费资本化在实践中的社会经济效应

消费资本化理论在实践中的应用是多方面、多角度、多层次、高效益的，一个企业即使是采用“消费者投资”这种最初级的消费资本化形式后，企业也可以获得如下的预期效应：

(1)规模经济效应。

消费资本化可以为企业带来范围经济效应和地域经济效应，这是规模经济最重要的两个组成部分。消费资本化在理论和实践上的创新，本身会在学界、商界和新闻界产生很大的“注意力经济学”效益，消费资本化同迄今为止的所有企业经营理念和销售方式不同，具有强烈的新鲜感和魅力，它对广大消费者的心理会产生很大的影响——积极参与尝试的心理和亲和力以及愿意长期合作的巨大的吸引力和凝聚力——追赶时代潮流的消费者的眼光在新闻媒体的引导下将凝聚在最初尝试消费资本化的企业和产品上。企业将因此被赋予尊重消费者主权、关心消费者利益的形象，而受到消费者的欢迎，一个地方性的企业的知名度可以借此迅速扩展到全国范围，同时被更多的行业所熟知，有利于企业经营的产品范围和地域范

围的扩张,规模经济效应将非常明显。

(2)消费聚拢效应。

当企业通过消费资本化将消费者作为本企业一位投资人和成员时,消费者也从另一端做着同样的思考,因为消费资本化过程可以使消费者从企业长期获益,分享企业的发展成果,消费者已经不再是单纯的消费者,亲和力将使消费者聚拢到这样的企业周围,并对企业的经营和发展保持长期的关注。若以此为基础,企业再通过优质的产品、细致周到的服务将更多的消费者吸引过来,在消费者心目中奠定信誉良好、亲和力强的企业形象,并逐步加强互动联系,通过完整的信息流通渠道,用诚意和周到的服务来培养消费者忠诚度,企业的发展将得到消费聚拢效应的大力推动。

(3)资本沉淀效应。

企业的发展离不开资本,或者说在短期内,资本是企业发展最重要的决定因素。而消费资本化的一个重要功能就是为企业创造出一个可以是十分庞大资本存量。以"消费者投资"这种最初级的消费资本化形式为例,当企业将消费者购买产品的消费额的一定比例(等于销售净收入)以记账形式记入消费者在本企业的个人投资账户(实际资金已经投入到企业的再生产之中),在一段时间之后(比如1年),企业才开始按账户余额和企业盈利情况按比例以资金或产品的形式分期返还给消费者,企业的收和支之间存在一个时间差,这就使得企业完全可以靠后加入的消费者的投入来支付先加入的消费者应当获得的回报,企业自始至终都保留了一个资本存量,而随着消费规模的扩大,这个沉淀下来的资本存量将以算数或几何基数递增,企业的发展因此而得到了另一个渠道的资金支持。

(4)社会资本效应。

尽管"社会资本"作为一种不同于经济学和人口学定义的资本概念在1977年的有关文献中才出现,但在经济学界和社会学界却有着广泛而深远的影响。社会资本理论又叫社会网络理论,特点是从人际网而不是从技术网角度解读信息化。哈佛政治学家罗伯特·普特南(Robert D. Putnam)是社会资本理论的创始人,他在其著作《让民主运作》一书中明确阐明,社会资本诞生并且体现于民众交往网络之中,由于民众对社会经济的参与,社会资本逐渐演进成一种能够使人们互相信赖并恩恩相报的经济资源,人们为了共同的利益而相互合作。普特南还认为,社会资本是经济发展的先决条件,社会资本的强弱决定了经济发展水平的差异。普特南之后,国外社会学者对社会资本的认识以科尔曼(James Coleman)和布尔迪厄(Pierre Bourdieu)为代表。科尔曼认为,社会资本是个人拥有的表现为社会结构资源的资本财产,它们由构成社会结构的要素组成,主要存在于人际关系和社会结构之中,并为结构内部的个人行动提供便利;而布尔迪厄认为,社会资本是一种通过对"体制化关系网络"的占有而获取的实际的或潜在的资源集合体。社会资本的拥有者可以是个人、群体、组织、社区、企业等,其表现形式为社会结构资源,但社会结构资源本身不是社会资本,只有经过动员才能成为社会资本,行动主体对社会资本持有回报预期,社会资本与其他资本一样具有工具性效应。企业社会资本是指企业通过纵向联系、横向联系和社会联系摄取稀缺资源的能力,一个企业社会资本量的大小,受经济结构和企业家能动性两大要素影响;社会资本对企业的经营能力和经济效益有直接的提升作用。中国社会科学院数量经济所课题组对于1998年广州市188家企业调查的数据分析证明了上述假设。

消费资本化理论应用于实践可以丰富企业的社会资本量，整合市场资源，形成以企业为核心、由消费者推动的强势市场。

(5)市场压力效应。

消费资本化使企业在获得货币资本和社会资本等市场动力的同时，也受到更多的具有建设性的市场压力，消费者对企业的投资和对企业生产销售的浅层参与也有利于提高企业的质量管理意识、有利于更大范围、更加深入地收集和处理市场需求信息、在这种市场压力下，企业最终会在提高产品质量和降低生产成本方面，甚至在产权改革、现代企业制度建设方面发生根本性的变革。

以上仅是对消费资本化理论最初级形式即消费者投资的效应分析，更高层次的消费资本化形式则对应着更广泛、深远的社会、经济、政治和文化效应。

第四篇

市场经济三种资本的形成和演进史

2005年9月16日在北京大学CIO开学典礼上的演讲

【内容提要】 随着市场经济的发展，依序呈现出三种资本：货币资本→知识资本→消费资本。人们有理由预计，随着市场经济进一步深入发展，还将会有更新的资本形态呈现在我们面前。

发现资本的三种形态，对于经济学的意义，不亚于发现元素周期表对化学的意义。在消费资本及其相关理论的指导下，人类社会必然会发生一场翻天覆地的变化，将迎来一个全新的世界！

尊敬的会议主席：

尊敬的各位专家、各位同学和企业家：

十分感谢北大CIO论坛对世界新经济研究院和我本人的盛情邀请，使我有机会在阔别母校多年之后，同各位老师和同学相聚，并进行有益的交流。

今天是母校首届CIO班开学典礼，我首先代表世界新经济研究院和中国国际交流促进会并以一个校友的身份表示热烈的祝贺！

这一活动，也让我想起美国社会预测学家约翰·奈斯比特，在1982年所写的《大趋势》一书中要求人们做好思想准备，迎接未来的全面信息化时代。

今天，这一时代正在向我们走来。我们已经开始置身于信息和知识的网络之中，开始向信息和服务相结合的网络经济时代过渡。现在，我们还没有完全摆脱过去，我们也还没有完全接受未来。我们所面临的最为紧迫的任务是如何迅速地培养出一大批训练有素的专业人才，为信息化社会服务。因此，我认为，北京大学信息管理系开办CIO班，尽快培养一批又一批的信息化专家，对于我国的经济发展具有十分重要的意义。

就研究有关新经济和消费资本化问题，谈谈自己的一些见解，供各位专家和同学们研究参考。

这里我要说明的是，在这里要我用三十分钟的时间完成这一理论的证明，是十分困难的。

我只有先开个头，好在我们处在信息时代，联系十分方便。如需要，可再来，也可以从网上查阅。

为了配合大家研究消费资本化理论，我们首先需回顾一下人类社会资本发展的历史。考察人类社会资本发展的历史。我们可以大致将人类社会资本发展的历史，分为以下几个阶段：

一、资本的萌芽阶段

从人类社会出现商品经济开始之初，资本的三种形态就已经存在了。因为在进行生产之前，人们必须准备原材料和生产场地——这是货币资本的投入；其次，在生产进行的过程中，人们必须通过设计和劳动，把原材料转化为产品——知识资本正是在这一环节发挥作用；最后，生产的产品销售给消费者——消费者通过其购买行为，完成消费资本的权利和义务。于是一个独立的生产过程完成了。但是，在那个时期，由于人们的生产能力还相当有限，无论是货币资本还是消费资本，都不存在短缺的压力。同时，由于生产力水平低下，知识资本能够起到的作用也相当有限。因此，在当时这一切都被看作是自然而然的、习以为常的事。无论是哪一种资本，都没有被人们发现并很好的利用。

二、货币资本地位的确立

到了产业革命前后，货币资本逐渐被人们认识并开始受到重视。这时，生产力的发展已经具备了一定的水平，通过大量消耗资源来换取经济增长的时代开始了。由于此时资源的投入在生产中占据了相当重要的位置，因此货币资本的作用和重要性逐渐凸显出来，成为推动经济发展的主力。

发生在这一时期的一个特别重要的事件，是有限责任公司制度的确立。为了通过降低投资风险来鼓励投资，人们建立了有限责任公司制度。投资者可以享受公司带来的全部利润，但只需要以投资额为限来承担公司责任。这种有限责任公司制度，极大地调动了货币资本的积极性，有力的推动了经济的增长。在这种有限责任公司制度下，货币资本获得了对企业的控制权，并且独家享有企业全部最终收益。而知识资本和消费资本的利益却没有得到保障。虽然，在那个时期知识资本和消费资本的作用还比较小，这种制度的推行还不会造成严重的负面效应，但是随着经济的发展，这种制度的缺陷则越来越明显。

三、知识经济的产生

资本推动经济增长的速度是惊人的。但是，单纯依靠货币资本发展经济很快就遇到了瓶颈。货币资本的不断增长，带来的是资源消耗的不断加速。因此，很快就出现有限的资源无法继续支撑经济高速增长需要的局面。

为了人类社会进一步的发展，人们发现了新的支柱——知识经济。通过知识的投入代替资源的投入，来支撑经济的快速增长。人们制定了知识产权制度，将知识的成果以货币资本的形式进行量化之后在市场上流通。

在这个时期，知识还未能成为真正的资本。因为知识产权是知识资本的成果，而不是知识资本本身。知识资本的很多成果,是无法完全用知识产权的方式表现的。它所能表现的只是一部分成果,即可以购买和流通的那些成果。在知识产权制度下,更大程度上是由货币资本代行知识资本的职责,而不是让知识资本本身参与管理并承担责任。在人们根深蒂固的传统思想之下,货币资本仍然是企业的控制者、企业责任唯一的承担者和企业利润的唯一享有者。

但在经济发展过程中,知识资本的作用已经是十分重要,能够承担企业更多的责任和义务,也要求在企业中获得更大的权益。但是,所有的人,包括货币资本的所有者和知识资本的所有者自己都还没有充分认识到这一点,而把知识资本的所有者仅仅看作是货币资本的代理人。而对知识资本尚未能发挥重大作用的原因,却认为应由代理人负责。人们想了很多办法,试图解决代理人问题,但是,由于缺乏清晰的科学理论支撑,人们无法抓住问题的实质,不能真正将知识资本的活力解放出来。我们认为必须将知识产权体制进而转化为知识资本体制,才能充分发挥知识资本的作用,才能使市场经济真正迅速的发展起来。

四、消费资本的产生

随着经济持续的高速增长,消费逐渐成为一种紧缺的资源,消费资本开始发挥越来越大的作用。

最初,人们还没有真正认识到消费资本的存在。直到后来由于消费资本缺位引发了几次大规模的经济危机,才最终使人们认识到消费资本的重大作用。即使如此,经济学家依然没有从资本的高度认识消费资本缺位给经济造成的巨大损失,而只认为是消费不足。

到了 20 世纪末和 21 世纪初,人类终于做出了一个划时代的伟大发现,人们发现了消费资本的存在。人们发现:消费不仅决定货币资本能否实现其最终价值,而且是给经济发展注入新的资本动力的源泉。正是由于其在生产过程中和社会经济发展过程中的巨大作用,而成为一种新的资本形态。打破了人们长期以来认为货币资本是资本唯一形态的传统观念。

消费资本的发现,也引发了人们对知识资本的重新思考。人们认识到:市场经济的发展,是由货币资本、知识资本和消费资本,三种资本共同推动的,而不是单一的货币资本推动的。

发现资本的三种形态,对于经济学的意义,不亚于发现元素周期表对化学的意义。在消费资本及其相关理论的指导下,人类社会必然会发生一场翻天覆地的变化,将迎来一个全新的世界!

第五篇

新资本论——消费资本论

2007年10月11日在美国麻省理工大学斯隆商学院的演讲

【内容提要】 以往的经济学家，包括一些获得诺贝尔经济学奖的经济学家，他们理论上一个共同的缺陷，是重生产轻消费。他们从资本的高度分析生产对人类社会经济发展的重大作用，但却没有一位经济学家从资本的高度分析消费对社会经济发展的重大作用。

随着市场经济的不断发展，人们深刻地认识到：消费者才是市场竞争的最终决定性力量。因为消费者既是市场的主人，又是给经济发展注入新的资本动力的源泉。因此，谁能赢得最多的消费者，谁就能拥有最大的市场和巨额的资本注入。消费资本由此而生，“消费资本化理论”的构建也以此为基础。

消费资本化理论是资本理论新的里程碑，是新的资本理论体系完成的标志。它是突破西方传统市场经济理论的局限，而提出的新的资本理论。它科学地论证了消费转化为资本的过程，指出消费即是投资。从而在世界经济学说史上第一次提出消费资本这一新的资本形态，并以完整的理论体系把社会经济发展中消费和消费资本的力量系统地揭示出来。它重写了经济学第一理论——资本理论的内容，也改写了东西方经济学教科书的内容。

消费资本化理论完善和发展了市场经济理论，是新的市场经济理论形成的标志，为新世纪世界经济的发展提供了科学的理论导向。

尊敬的麻省理工大学斯隆学院的各位教授及师生们，

尊敬的各位经济学家，

尊敬的新闻界朋友们：

首先，十分感谢美国麻省理工大学及其斯隆学院对中国世界新经济研究院及我本人的盛情邀请，使我有机会就新世纪经济学理论，尤其是消费资本化理论，同在座的各位进行有益的交流。

今天，我在世界最高学府之一——美国麻省理工大学神圣的讲坛上，向全世界各国经济学家、政府领导人和企业家，提出我的新的资本理论、新的经济运行体系和新的企业制度。

一、在市场经济发展过程中，依次呈现出三种资本形态

传统的经济学理论认为：推动经济发展的只有一种资本，即货币资本。但市场经济发展

的实践说明，事实并非如此。人们通过对市场经济发展史的研究，尤其是对最近二百年的市场经济的研究，逐渐认识到：完整的市场经济的资本构成应包括货币资本、知识资本和消费资本三个重要组成部分，而不是单一的或者唯一的货币资本。换言之，是三种资本共同推动着市场经济的发展，而不仅是单一的货币资本。

但多年以来，我们的市场经济一直是货币资本一枝独秀，它的作用受到人们的高度重视，货币资本所有者的权益也得到充分的保证。而知识资本和知识资本的所有者，特别是消费资本和消费资本的所有者，却长期处在被淡化甚至缺位的状况，从而使他们长期处于被动的消极状态，形成单一地依靠货币资本发展经济的局面。虽然经济也能取得一定程度的发展，但是由于长期地依靠货币资本这一单一要素发展经济，资本短缺、创新乏力、消费萎缩的问题不可避免。

近年来，知识资本的作用开始受到人们的重视。人们认识到，新的科学技术即人类知识的结晶，对所创造的财富起着重大的作用。也就是说，除货币资本以外，还有一种形式的资本即人类的知识结晶——高新技术也是推动经济发展的直接动力。这就是后来人们清晰地认识到的第二种形式的资本即知识资本。它的具体的作用表现为：当货币资本不能充分满足一个国家、一个地区、一个企业经济发展需要的时候，知识资本就起到一种点石成金的作用，它可以几倍、十几倍的扩大现有货币资本的实力，推动地区和企业自身的经济发展，创造更大量的财富。这种货币资本同知识资本相结合的经济增长方式，比之依靠单一货币资本的经济的增长方式，为市场经济的发展提供了更大的支持力和推动力。

随着市场经济的不断发展，人们进一步深刻地认识到：消费者才是市场竞争的最终决定性力量。因为消费者既是市场的主人，又是给经济发展注入新的资本动力的源泉。因此，谁能赢得最多的消费者，谁就能拥有最大的市场和巨额的资本注入。消费资本由此而生，“消费资本化理论”的构建也以此为基础。

消费资本化理论的核心内容，是将消费向生产领域和经营领域延伸。当消费者购买企业的产品时，生产厂家和商业企业应把消费者对本企业产品的采购视同是对本企业的投资，并按一定的时间间隔，把企业利润的一定比例返给消费者。此时，消费者的购买行为，已不再是单纯的消费，他的消费行为同时变成了一种储蓄行为和参与企业生产的投资行为。于是消费者同时又是投资者，消费转化为资本。

这实际上，是把消费者从产品链的末端以投资者的身份提升到前端，使消费者在购买产品时，既能分享企业成长的成果，同时也为企业发展注入新的动力，使消费和投资有机结合。从而使买卖双方在这种条件下合二为一，成为一体，完成消费转化为资本的过程。这样，消费作为一种资本，它同货币资本、知识资本一样，成为企业和地方经济发展的直接动力。

二、消费资本化理论是资本理论新的里程碑，是新的资本理论体系完成的标志

消费资本化理论，是突破西方传统市场经济理论的局限，而提出的新的资本理论。它科学地论证了消费转化为资本的过程，指出消费即是投资。从而在世界经济学说史上第一次提出消费资本这一新的资本形态，并以完整的理论体系把社会经济发展中消费和消费资本

的力量系统地揭示出来。消费资本化理论的提出，是人类社会经济发展观的一次重大革命。它以崭新的视角和思维模式，分析了消费同生产一样，是推动社会经济发展的动力。

以往的经济学家，包括一些获得诺贝尔经济学奖的经济学家，他们理论上一个共同的缺陷，是重生产轻消费。他们从资本的高度分析生产对人类社会经济发展的重大作用，但却没有一位经济学家从资本的高度分析消费对社会经济发展的重大作用。他们对生产和生产资本进行了十分深入的研究，详细地阐述了生产资本的属性、作用和意义。而从没有提出一种理论把消费和消费资本的力量系统地揭示出来。

其实，人类社会发展的最终目的是为了消费。生产和消费是一个问题的两个方面，只从生产的角度分析社会经济的发展，是单方面的、局部的分析。唯有从资本的高度并同时从生产和消费两个方面分析社会经济发展，才是全面的、科学的分析。

以往的经济学家在理论上存在这一共同缺陷的原因在于他们理论研究的前提失衡。因为他们研究的前提是“商品的生产过程”，而不是“商品经济全过程”。以“商品生产过程”为前提，其研究的重点是“生产的准备环节”和“生产环节”，而不是消费环节，或者说主要是“商品生产的准备过程”和“商品的生产过程”，而忽视了对“商品的消费过程”及其重大作用的深入研究。

因此，市场经济理论研究的前提应是“商品经济全过程”，而不只是“商品的生产过程”。否则，其研究及研究成果必然是不充分的。传统的市场经济理论的缺陷恰恰出在这里。

消费资本的确立和消费资本理论体系的建立，是21世纪资本理论的又一重大突破，是资本理论的第三次革命，是资本理论史上又一个新的里程碑。

至此，人们认识到在市场经济发展的过程中存在着三种资本形态。其实，三种资本形态在人类经济发展的初期就已经存在了，它是随着经济发展的不同阶段而依次呈现出来。我的贡献在于，对已经呈现出的三种资本形态的内涵进行界定，并根据三种资本的内在联系以及它们运行的特点和规律，对新的资本理论的结构和内容以完整的理论系统地揭示出来，重建到目前为止完整的新的资本理论体系，消费资本化理论则是新的资本理论体系完成的标志。

三、消费资本化理论完善和发展了市场经济理论，是新的市场经济理论形成的标志

在对消费资本化理论的深入研究中，进一步分析了人力资本，并把人力资本提升到知识资本，从而进一步完善了市场经济资本构成体系，这是对市场经济资本理论的重大突破，并据此提出三种资本相互结合，共同推动社会经济发展的新的经济增长方式，从而完成了新的市场经济理论体系的建设。

我们可以看到，新的市场经济理论具有两个最基本的特征：一是完整的市场经济的资本构成是由货币资本、知识资本和消费资本三种资本构成；二是经济增长方式是由多种资本要素共同作用推动社会经济的发展。

知识资本的确立和消费资本化理论的提出，是市场经济理论不断发展的重大成果。它不仅有力地推动了各国市场经济的发展，而且由于它从市场经济资本构成和经济增长方式

两个方面突破了原有的市场经济理论体系，从而使市场经济理论本身也发展到一个新的阶段。可以说，消费资本化理论的提出是新的市场经济理论形成的标志。

四、消费资本化理论揭示了企业利润形成的秘密——人类社会一次伟大的发现

新的资本理论体系的建立，特别是消费资本理论的提出，向人们揭示了商品经济全部的真实过程，从而揭示了并科学地论证了以往经济学家予以回避的、没有揭示出来的社会财富和企业利润形成的秘密。

这是由于，新时期市场经济理论研究的前提是“商品经济全过程”，而不只是“商品的生产过程”。

商品经济全过程包括如下三个环节或者说三个阶段：

生产资本由于购买了生产场地、原材料和零部件，而完成了自己的责任和义务——这是商品生产的准备过程。

工程师、科技人员和能工巧匠（工人们）利用已有的生产场地，把原材料和零部件转化为产品——这是知识资本发挥作用的过程，即商品的生产过程。

产品只有在进入市场并由消费者购买之后，才能实现其价值和利润——这是商品的消费过程，这一过程是消费资本的载体——消费者完成的。

由此可以直接引申出如下几个结论：

1. 市场经济的资本构成应包括生产资本、知识资本和消费资本三个部分，而不是唯一的生产资本；

2. 社会财富，当然也包括企业利润，是由生产资本、知识资本和消费资本共同创造的。

3. 三种资本的载体即三种资本所有者，应当共同参与社会财富和企业利润的分配。

对商品经济过程的分解，充分揭示了商品经济的全部真实过程，也深刻地揭示了企业利润形成的秘密，这一发现，从根本上动摇了流行几个世纪之久的不公平的分配制度。为彻底打破社会分配不公的格局奠定了坚实的理论基础。这是人类社会一次伟大的发现，由此将揭开人类社会生活和经济发展的新的一页。

五、消费资本化理论——一种新的经济运行体系

从市场经济发展史来看，到目前为止依次出现过两种经济运行体系，一是以亚当·斯密经济学为理论基础的“自由放任”的经济运行体系；一是以凯恩斯经济学为理论基础的经济运行体系，强调政府在经济运行中的作用。

但是从本质上看，这两种经济运行体系都是建立在生产本位理论基础上的经济运行体系，前者强调自由放任发展；后者则强调调控，以使生产处于有序的发展状态。而二者在经济增长方式、商业模式、企业制度以及分配制度上并没有本质区别。

而消费资本化理论认为：社会生产的最终目的是为了消费，生产和消费是一个问题的两个方面。只从生产的角度分析社会经济发展的动力是单方面、局部的分析，只有从生产和消

费两个角度分析社会经济发展的动力，才是全面的、整体的分析。

我们以消费资本化理论为基础建立起的经济运行体系，无论是经济增长方式、商业模式、企业制度，还是分配制度都与旧的经济运行体系有着本质的区别，因此，它是一种全新的经济运行体系。

新的经济运行体系包括新的经济增长方式、新的商业模式、新的企业制度和新的分配制度。新的经济运行体系的要点是人类社会通过不断调整和完善经济增长方式来实现加速经济发展的目的；新经济运行体系的基本模式是由单一货币资本支持经济发展转化为货币资本和知识资本共同推动经济发展，进而转化为三种资本融合共同推动经济发展；而以“消费资本导向、知识资本创新、货币资本推动”的经济发展模式为新的经济运行体系的精髓、灵魂。

(一)新的经济增长方式

经济增长方式是指国家、地区和企业经济发展的推动力构成及其发挥作用的形式。经济增长方式的转型，是指经济发展的推动力构成的改变及其发挥作用的形式的变化。只有转变经济增长方式，才能使国家和地区(包括企业)的经济有突破性的发展和质的飞跃，进入一个崭新的发展阶段。

在新的经济运行体系下，推动经济增长的原动力为生产资本、知识资本和消费资本三种资本，其经济增长方式也是多元的。由单一的货币资本发展经济的传统增长方式，转化为货币资本和知识资本相结合的增长方式，再转化为三种资本联动的新型增长方式，是全世界各市场经济国家经济发展实践所必然遵循的总的趋势，也是市场经济一条非常重要的经济发展规律。

(二)新的商业模式

进入新世纪，市场经济已经完成由卖方市场向买方市场的过渡。它标志着市场经济由卖方(厂家、商家)占主导地位的时代已经结束。以买方(消费者)占主导地位、买方(消费者)同卖方(厂家、商家)平等合作的时代已经开始。适应卖方市场时期的商业模式已经陈旧，新时期需要提出创新的商业模式推动市场经济发展。

新的商业模式与旧的商业模式不同，以往的商业模式只包含“一个内容和一个过程”，即单一的商品交易内容和过程，买卖双方货款两清，即完成了销售的全部过程。而新的商业模式则包括“两个内容和两个过程”，即商品交易内容和过程，以及买卖双方利润分配的内容和过程。因为消费者的货款大部分进入下一个经营过程和生产过程，转化为资本，产生利润，因此商家和厂家应当将其中利润的一部分返给消费者。

新的商业模式的操作程序是：通过地网(门店连锁)和天网(电子商务)把消费者分散的、零星的、无计划的消费需求经过整理变成有计划的规模的分类需求，提供给供应商，供应商按照分类需求供货，通过物流送到消费者手中。这可以使整个交易过程变得高效、便捷，同时又提供了一个巨大的利润空间。在商品交易过程完成之后，卖方根据消费者需求额度的大小，把企业的利润按一定比例分配给消费者。

(三)新的企业制度和新的分配制度

由三种资本共同创造企业利润，因而应由三种资本所有者共同参与利润分配的理论，将是确立新的公平分配制度的理论基础。这种新的公平分配制度，将从根本上打破流行已久的不公平的分配格局，而从源头上解决分配不公的问题。

在这种理论基础上可以确立一种新型的、由三种资本共同参与的综合资本股份有限责任公司，作为支持新的公平分配格局的企业制度。这种企业制度由三种资本共同推动企业的发展，并将保障三种资本所有者的权益。作为一种新型的企业制度将结束1602年开始建立的单一货币资本股份有限公司以来的企业制度的历史，而开创世界企业发展史的新纪元。

六、消费资本化理论将完成知识资本量化和消费资本量化——世界性的重大前沿课题

新的资本理论体系的建立，特别是消费资本理论的提出和知识资本的重新界定，使消费资本量化和知识资本量化成为可能，并将完成这一世界性的重大前沿课题。对三种资本的规模进行计量，以及对它们所发挥的作用进行评估，将为国家、地区和企业的经济增长所投入的资本做出十分精确的量化说明。这对国家、地方和企业的经济发展具有十分重大的现实意义。

而且消费资本量化和知识资本量化还将有力地推动各经济学科，如计量经济学、统计学、会计学以及其他相关经济学科的深入研究和发展，

中国世界新经济研究院对消费资本量化和知识资本量化进行了长期深入的研究，已经取得了实质性的进展，研制成第一个建立在知识资本量化基础上的人力资源管理信息系统。消费资本化理论提出后，受到世界各国经济学家的高度关注和充分的认同。

我们研究院，愿意同美国麻省理工大学斯隆学院和美国其他高等院校和研究机构的专家，进一步加强交流与合作，以便对新世纪人类社会经济发展提供新的理论导向。

最后，关于消费资本化理论，我最想说的一句话是：全世界消费者联合起来！

第六篇

消费资本化理论与应用

——国家、地区和企业在经济发展过程中面临的资金和市场问题及解决方法[①]

2005年3月11日在多哈国际会议上的演讲

【内容提要】 进入新世纪，各国政府、地区领导人、市长和企业家将面临并且可以拥有三种资本，即货币资本、知识资本和消费资本，而不是单一的或者唯一的货币资本。这一理论将化解城市和企业发展过程中的资本短缺问题，而有力地推动经济发展。

货币资本在知识资本的作用下，增长了几倍甚至十几倍，而消费资本使前者的总量又翻了一番。因此，这种理论将使许多政府领导人、地区领导人和企业家笑逐颜开。因为他们由于拥有了这种理论而拥有了巨大的资本来推动本国和本地区的经济发展。

尊敬的卡塔尔国第一副首相兼外交部长阁下：

尊敬的会议主席：

尊敬的各位政要、贵宾、经济学家、企业家：

尊敬的新闻界的朋友们：

女士们、先生们：

十分感谢卡塔尔国第一副首相兼外交部长阁下、卡塔尔国外交部大会组委会、卡塔尔大学和卡塔尔贸易和工业社团对中国世界新经济研究院和我本人的盛情邀请，使我非常荣幸地出席这届庄严的、认真务实而富有重要意义的大会。

根据大会的主题，我谈以下两项内容。

首先，我们应当在和平的环境中，在互惠、互利的条件下，加强在经济、贸易和技术方面的合作。因为任何一个国家、一个民族、一个地区都不具备发展自身经济所需要的全部条件。要么拥有资源，但是缺少资金和技术；要么拥有资金和技术，但是缺乏资源等等。因此，加强国与国之间、地区与地区之间的经济合作是必然的、正常的和自然而然的事情。当然，

① 于2005年9月1日在《理论前沿》全文发表。

合作只能是在和平环境下才能拥有。

其次，在经济发展过程中，要科学地、合理地解决资金和市场问题。

下面，就国家、地区和企业在经济发展过程中面临的资金和市场问题及其解决方法，我向世界各国经济学家、政府领导人、企业家提出我的新的理论见解。我认为，在新的世纪里，各国政府领导人、市长和企业家将面临并且可以拥有三种资本，即货币资本、知识资本和消费资本，而不是单一的或者唯一的货币资本。这一理论将化解城市和企业发展过程中的资本短缺问题，而有力地推动经济发展。

为了便于说明问题，对最近二百多年的市场经济做一个简要的分析可以看出：在最近的二百年中的第一个一百年，世界各地大都是单一地依靠货币资本来扩展和发展经济。在经过一百多年的发展历程之后进入最近一百年的时候，在发达的市场经济国家，人们逐渐意识到还有另外一种资本在推动经济发展，这就是后来在二十世纪八十年代逐渐明晰起来的知识资本。随着经济发展的实践和与之相应的经济理论研究的深入，在二十世纪末和二十一世纪初，人们又逐渐意识到还有一种巨大的资本存量——第三种形式的资本，即消费资本，它同货币资本和知识资本一样，是推动国家、地区和企业经济发展的直接动力。

一、货币资本

几个世纪以来，一直到今天，货币资本依然是一个国家、一个民族、一个地区和企业经济发展的直接动力，在今后一个相当长的时期里，它依然会发挥着重要作用，这是毫无疑义的。我们可将它称之为生产资本和金融资本混合成长的时代，即地区和企业经济主要是依靠银行所提供的货币资本来发展。这一发展经济的基本方式已持续了几个世纪之久。直到今天，也依然是一些国家和地区所依赖的一种发展方式。这一发展经济的方式也曾造就了人类的历史文明。

但是随着科学技术的飞速发展和新的时代的到来，已经显示出这一传统的发展经济的基本方式的局限性和不充分性。它的局限性和不充分性主要表现在：单一地依靠货币资本这一传统的发展经济的形式，常常会出现资本短缺的现象，并形成为地区和企业经济发展的瓶颈。这一问题一直困扰着一些国家、一些地区和企业的领导人，阻碍着经济发展。我们面临的研究任务就是：一方面继续发挥货币资本对经济发展的作用，同时又要化解这种传统的单一地依靠货币资本来扩展和发展经济经常面临的货币资本短缺的瓶颈问题。

二、知识资本

前面讲过，在第一个一百年里，人们一直以为是资本和劳动创造财富。但是这个一百年之后，人们逐渐发现，有相当一部分财富并不单是资本加劳动创造的。人们认识到，新的科学技术即人类知识的结晶对所创造的财富起着重大的作用，也就是说，除货币资本以外，还有一种形式的资本即人类的知识结晶——高新技术也是推动经济发展的直接动力。这就是后来人们清晰地认识到的第二种形式的资本即知识资本。它的具体的作用表现为：当货币资本不能充分满足一个国家、一个地区、一个企业经济发展需要的时候，知识资本就起到一种点石成金的作用，它可以几倍、十几倍的扩大现有货币资本的实力，推动地区和企业自身的经济发展，创造更大量的财富。这种货币资本联合知识资本推动经济发展的模式，在一些发达国家已经有了一段时期的尝试和实践，并收到很好的成效。但是在市场经济不发达的发展中国家和地区尚未充分展开，不少地区依然是单一地依靠货币资本，还没有充分意识到知识资本对经济发展的重要作用。

我认为，发展中国家应当深入地研究和思考这个问题，大力发展本国的科学技术，把本国的科学技术成果迅速地转化为生产力，尽快地走上一条货币资本和知识资本联合发展经济的新途径。找出适合于本国、本地区、本企业的货币资本和知识资本结合的适宜形式，完成货币资本和知识资本的联合。这对国家、地区和企业的经济发展将具有不可估量的重大意义。发展中国家应当逐步走上知识经济引领未来发展的道路。

三、消费资本和消费资本化理论

几个世纪以来，随着经济的不断发展，越来越多的企业家深刻地认识到消费者才是市场竞争最终的决定性力量。因为他们既是市场的主人，又是给企业注入新的资本动力的源泉，因此谁能赢得最多的消费者，谁就能拥有最大的市场和巨额的资本注入。消费资本由此而生，“消费资本化理论”的构建也以此为基础。

消费资本化理论的核心内容，是将消费向生产领域延伸，当消费者购买企业的产品时，生产厂家和商业企业应把消费者对本企业产品的采购视同是对本企业的投资，并按一定的时间间隔，把企业利润的一定比例返给消费者。此时，消费者的购买行为，已不再是单纯的消费，他的消费行为同时变成了一种储蓄行为和参与企业生产的投资行为。于是消费者同时又是投资者，消费转化为资本。

这实际上，是把消费者从产品链的末端以投资者的身份提升到前端，使消费者在购买产品时，既能分享企业成长的成果，同时也为企业发展注入新的动力，使消费和投资有机结合。从而使买卖双方在这种条件下合二为一，成为一体，完成消费转化为资本的过程。这样，消费作为一种资本，它同货币资本、知识资本一样，成为企业和地方经济发展的直接动力。

消费资本化理论与哈耶克的“消费者主权理论”不同。诺贝尔经济学奖得主哈耶克曾提出“消费者主权理论”。“消费者主权”最早见于现代经济学之父亚当·斯密的《国富论》中，后来的奥地利学派和剑桥学派都把“消费者主权”看成是市场关系中的最重要原则。所谓“消费者主权”，是诠释市场上消费者和生产者关系的一个概念，即消费者根据自己的意愿和偏好到市场上选购所需的商品，这样就把消费者的意愿和偏好通过市场传达给了生产者，于是所有生产者听从消费者的意见安排生产，提供消费者所需的商品。这就是说生产什么、生产多少，最终取决于消费者的意愿和偏好。消费者主权可以用一个比喻来说明，消费者在市场上每花一元货币就等于一张选票，消费者喜欢某种商品，愿意花钱去买它，就等于向这一商品的生产者投了一票。生产者只有使自己的商品适合消费者的需要，消费者才会投他的票，也就是愿意购买他的商品，否则商品就会滞销、生产者就会亏本。各个生产者就是通过消费者在市场上“投货币票”，了解到社会的消费趋势和消费者的动向，从而以此为根据，安排劳动力和生产资料，改进技术、降低成本，增加品类，以满足消费者的要求，从而最终达到利润最大化的目的。

消费者主权理论也曾引起争议，比如另一位获得诺贝尔经济学奖的经济学家加尔布雷思曾根据大公司垄断市场的现实提出过“生产者主权”的概念，但哈耶克认为，即使是完全的市场垄断，生产者的生产也必须遵从消费者的意愿，否则大公司将失去最终的发展推动力，生产就会处于受限制的状态中，终将失去已有的垄断地位，这对公司和整个社会经济都是有害的。而上个世纪80年代以来苹果计算机公司、麦道公司、康柏公司等等大公司的兴衰在实践中多次验证了消费者主权理论的正确性。

消费资本化理论与消费者主权理论一脉相承，但又突破了古典和新古典经济学的园囿以及哈耶克理论的局限，是通货和消费紧缩时代理论上的创新和发展。消费者主权理论仅阐明了消费者的重要性，仅解决了“是什么”的问题，没有解决“怎么办”的问题，即没有探讨生产者应在“消费者主权”的前提下，如何获得消费者支持；此外，在理论模型上，消费者主权理论认为生产者和消费者是对立的，消费者的主权对应的是生产者的服从，它没有认识到生产者与消费者可以在一定的机制下有机结合，在市场上实现消费的资本化。而消费资本化理论主要针对的问题是在新经济的条件下，如何实现生产者与消费者的有机结合，通过构建各种类型的市场制度，使生产和消费从对立走向统一，在使消费者的主权得到最大化满足的同时，通过消费的资本化，实现企业利润在更高层面上的最大化。

消费资本化理论具有与众不同和独树一帜的特点。它同迄今为止所有经营理念和营销方式不同，具有强烈的新鲜感和独特的魅力。它将对广大消费者的消费心理产生很大影响——一种宝贵的积极参与尝试的心理和亲和力、以及愿意长期合作的巨大的吸引力和凝聚力。由于它的与众不同和独特新意，将会产生很大的“轰动效应”，即“注意力经济学”效应，或者说“眼球经济学”效应，也就是说广大的消费者的眼光将凝聚在应用消费资本化理论的企业的产品上。同时因为它不但满足消费者的需求，而且还关心消费者的利益，所以会受到消费者的欢迎。当企业把消费者作为本企业一位投资人和成员时，消费者从另一端也会做同样的考虑，即：广大的消费者愿意成为我们企业一名长期的合作者，因为他（她）可以从我们的企业中长期获益。

消费资本化理论在实践和应用中可以有多种实现形式，比如，消费者投资、消费者参股、消费者期权、消费者选择权等等，通过这些方式将消费向生产领域延伸，以在不同的层次上实现消费的资本化。其中最简单的一种形式是“消费者投资”，即生产者将单位销售收入的一定比例注入为消费者在本企业开设的个人投资账户，然后根据企业的盈利状况，将个人投资账户的累计额和企业利润的一定比例按一定的时间间隔分期返还给消费者，使消费者参与企业投资、分享企业发展成果，从而达到吸引消费者，实现消费资本化的目的。

此时，消费者的购买行为，已经不再是单纯地为了获取商品从而满足偏好，他的消费行为同时变成了一种储蓄行为和参与企业生产的投资行为，这就可以使一个国家、一个地区、一个企业通过一个巨大的消费聚拢效应而拥有一个新的巨大的资本注入，创造出一个十分庞大的资本存量来发展经济。

综上所述，货币资本在知识资本的作用下，增长了几倍甚至十几倍，而消费资本使前者的总量又翻了一番。因此，这种理论将使许多政府领导人、地区领导人和企业家笑逐颜开。因为他们由于拥有了这种理论而拥有了巨大的资本来推动本国和本地区的经济发展。

第七篇

中国需要原创的经济学理论

2005年9月21日在中央财经大学的学术演讲

【内容提要】 在今天,无论是中国经济学家还是西方经济学家及其理论,都处在面对今后如何发展的十字路口。

如何对我国持续二十多年的经济增长作出科学的解释,这是摆在中国经济学家面前的一项重大课题。多年以来,我们的经济学理论引进的多,重复的多。而来自总结自身实践经验的理论几乎没有。这一缺憾,事实上即将或者说正在影响到中国未来的经济增长。因为未来的中国经济增长能否持续,取决于中国的经济学界能否提出科学的理论指导和有效的实际方案。以往那种引进理论和重复论述的作法,已经捉襟见肘。它们既不能概括和总结中国经济发展这种大规模的社会实践,也不能把它提升到一个新的阶段。

时代发展和中华民族的伟大复兴,需要经济学家们创造出来自我们自身的实际经验和本国国情的原创经济学理论。

各位老师,

各位专家:

下面就有关经济学发展和资本理论谈谈我个人的见解,供各位专家研究参考。

我认为,当今,无论是中国经济学家还是西方经济学家及其理论,都处在面对今后如何发展的十字路口。

首先,从中国方面看,如何对中国持续二十多年的经济增长作出科学的解释,这是摆在中国经济学家面前的一项重大课题。多年以来,我们的经济学理论引进的多,重复的多。而来自总结自身实践经验的理论几乎没有。这一缺憾,事实上即将或者说正在影响到中国未来的经济增长。因为未来的中国经济增长能否持续,取决于中国的经济学界能否提出科学的理论指导和有效的实际方案。以往那种引进理论和重复论述的作法,已经捉襟见肘。它们既不能概括和总结中国经济发展这种大规模的社会实践,也不能把它提升到一个新的阶段。

因为,再也没有比中国更复杂的经济发展国情了。从中长期看,中国经济及潜在规模之大,虽美国亦不能比。中国不同地区的地理环境、语言文化、经济状况千差万别,这是排在世界经济前几名的国家所无法比拟的。中国的生产方式和所有制状况的复杂程度亦为世界之冠,既有19世纪的农业生产,也有现代新经济;既有市场经济和民营企业的体制和空间,又不具备西方经济学教科书上所列的经济增长的必然条件:完备的市场、私有产权以及有效的法治。可是就是这样一个矛盾体,却创造了25年经济以世界最快速度增长的奇迹。

时代发展和中华民族的伟大复兴,需要经济学家们创造出来自我们自身的实际经验和本国国情的原创经济学理论。

其次,从西方来看,西方经济学正面临对上个世纪五十年代以来西方经济迅速发展难以解释和说清的困境。他们正面临八大经济之谜和理论之谜。比如:

1."现代经济增长之谜"。20世纪50年代,一些美国经济学家在对美国经济增长的研究中发现了一个令人困惑的现象,即美国的产出增长率远远超过了生产要素的投入增长率,但根据传统的增长理论,两者应该相等,因为产出的增长只取决于资本和劳动力数量的增加。那么,是什么导致了产出增长超过投入增长的这部分"余值"(residual)?在经济增长之源中究竟漏掉了什么?面对这种现象,传统的增长理论走入了困境,因为它不能对此做出合理的解释。

2."库茨涅茨之谜"。美国的著名经济学家库茨涅茨在对美国的资本形成的研究中发现,在美国经济增长的同时,其资本形成的速度却下降了。这意味着相对于国民收入的增长,美国的净资本形成却在减少。这一发现与美国这个历来被认为是资本高度密集的国家的储蓄与资本的作用相矛盾,从而使传统的资本理论再次受到质疑。

3."马尔萨斯困惑之谜"。马尔萨斯19世纪出版的《人口原理》指出:在一定的技术和资源条件下,世界人口按几何级数增长,而食物等生活资料则按算术级数增长,故将导致人们生活水平的不断下降。事实是,20世纪人口比19世纪增长了好几倍,人们的生活水平不仅没有下降,反而大为提高。这是为什么?

4."资源短缺型国家现代化之谜"。物质是发展的基础。一般认为,资源短缺国家是难以实现现代化的。但是像没有煤炭、石油、铁矿石的日本、丹麦、瑞士,也都实现了现代化,这又是为什么?

这些经济发展之谜,形成了对西方经济学的严重挑战和冲击。

综上所述,新的世纪,人类社会经济的发展,正在呼唤新的经济理论出现。

这是世界各国经济学家的共同任务。也是包括在座各位在内的中国经济学家的历史任务。这里,我想对中国经济学界的现状,作一简要描述。

二十年前,我曾写过一篇文章,讴歌中国经济学界的大好局面。文章的题目是《寂寞的哲学,活跃的经济学》。当时,改革之初,百业待兴,经济学也从冷门变成显学,推动我国经济体制一步步从计划经济走向社会主义市场经济。老一代经济学者以自己的知识、智慧和社会责任感,锲而不舍地献言献策、研究引导,功不可没。但是,在这之后的时期,特别是最近几年,经济学界的现状存在一些不太令人满意的情况。

首先,是理论创新不足。二十多年来,我们一直借用发达国家现成的经济理论来指导经济运行,但对事关亿万民生的国有企业改革问题,学者们并没有给出源自于我们自身历史与现实的解决之道。一些知名学者开出的药方竟然是"一私到底"、"一卖了之"、"靓女先嫁",一些地方领导受此诱导,将大批国有企业急速卖出,导致国有资产流失,大批职工下岗,造成了严重的社会问题,背离了改革的目的和共同富裕的社会理念。

其次，是学界的浮华与浮躁。随着社会对经济学的需要，经济学家开始走红。一些经济学家随着名声的鹊起，俨然成为明星，到处赶场。众所周知，理论的创新是一件非常艰苦的学习思考过程，需要时间与专心。由于不能沉淀下来生发新的见解，就只好吃老本，今天重复昨天的，张三重复李四的，对鲜活的现实生活不能给予令人信服的解答。还有些学者耐不住寂寞，放弃了学者客观公正的学术立场，成为个别企业家的食客。这种浮华作风导致中国经济学整体学术水平的下降。

再次，经济学界目前缺乏以人为本的情怀。这一情怀应该建立在学术的专业化和学者的社会责任感上。

我们必须提出基于我国经济发展实际需要的本土的、原创的、体系性经济学创新理论。消费资本论的提出，就是一次很有意义的探索。消费资本论是突破西方传统市场经济理论的局限，而提出的新的资本理论。它科学地论证了消费转化为资本的过程，指出消费即是投资。从而在世界经济学说史上第一次提出消费资本这一新的资本形态，并以完整的理论体系把社会经济发展中消费和消费资本的力量系统地揭示出来。

消费资本论提出的时代背景，它的意义和作用以及基本内容。（以下内容略去，可参见文选中其他相关文章的内容）

第八篇

新经济呼唤新的资本理论

发表于《证券日报》2006年5月25日第124期

【内容提要】 消费资本理论突破了古典经济学和新古典经济学的局限,也突破了现代西方经济学家理论的局限,是通货和消费紧缩时期理论上的创新,是新经济发生、发展的必然理论产物,是当前我国扩大内需的重要的理论杠杆,也是从根本上解决资本与资金短缺,促进国民经济平衡较快发展的理论思考。

消费资本理论丰富并创新了传统的资本理论体系,是新经济发生、发展的必然理论产物,是当前我国扩大内需的重要的理论杠杆,也是从根本上解决资本与资金短缺,促进国民经济平衡较快发展的理论思考。

20世纪末期,人们发现了新的"资本"支柱——知识,并通过知识的投入部分代替资源的投入,支撑经济的快速增长。人们制定了知识产权制度,将知识成果以货币的形式进行量化之后在市场上流通,起到点石成金的作用。知识资本可以几倍、十几倍地扩大现有货币资本的使用价值,带来的经济效益是惊人的。但是,进入新世纪,随着经济持续的高速增长,人们也发现,在买方市场普遍出现的条件下,各种市场大战、价格大战层出不穷,生产发展更多地要受消费的制约,而消费事实上正在成为一种新的紧缺"资源"。也就是说:消费不仅决定货币资本能否实现其最终价值,而且由于其在生产过程中和社会经济发展过程中的新的作用,正在使原来单一的资本形态黯然失色。人们认识到:经济的发展,实际上是由货币资本、知识资本和消费资本,三种资本共同推动的。换言之,消费也是一种资本,它同货币资本、知识资本一样,是经济发展的直接动力,通过消费资本导向、知识资本创新和货币资本投入这种三者联运才能形成新的经济发展的推动力量。消费资本理论突破了古典经济学和新古典经济学的局限,也突破了现代西方经济学家理论的局限,是通货和消费紧缩时期理论上的创新。消费资本理论把目光投向了更广大的消费者和商品市场,并使消费成为增量资本的新载体。

消费资本理论的核心内容,是将消费向生产领域和经营领域延伸。当消费者购买企业的产品时,生产厂家和商业企业应把消费者对本企业产品的采购视同是对本企业的投资,并按一定的时间间隔,把企业利润的一定比例返给消费者。此时,消费者的购买行为,已不再是单纯的消费,他的消费行为同时变成了一种储蓄行为和参与企业生产的投资行为。也是把消费者从产品链的末端以投资者的身份提升到前端，使消费者在购买产品时，分享企业成长的成果，使消费和投资有机结合。从而使买卖双方在这种条件下合二为一，成为一体，完成三种资本联动的过程。

此单一的依靠货币资本发展经济的传统的经济增长方式，转化为货币资本同知识资本相结合的经济增长方式，再转化为消费资本导向、知识资本创新、货币资本推动三种资本联动的新型的经济增长方式，是世界经济实践所必然要遵循的趋势，是新旧经济的根本区别，也是市场经济发展的必由之路。同时，也为我国"十一五"期间实现经济增长方式转型提供了科学的理论依据。

传统的经济学理论中，有一个共同的缺陷是，只重视对生产的研究，而轻视对消费的研究。他们从资本的高度分析生产对社会经济发展的重要作用，而没有从资本的高度分析消费对社会经济发展的重大作用，或者只是把消费作为整个社会经济运行的一个附属部分来看待，最多提出了消费主权论。事实上，社会经济发展的最终目的是为了消费。生产和消费是一个问题的两个方面。只从生产的角度分析社会的发展是单方面的分析、局部的分析，不是全面的、整体的分析。消费资本理论着眼于从生产和消费双向看问题，并形成消费者的消费行为同时也是一种投资行为的全新视角，消费既是市场的主人，又给经济发展注入新的资本动力。消费资本理论将实现生产者、经济者、消费者和全社会的共赢，从而有力地推动社会经济持续发展。

消费资本理论的提出，尤其是三种资本的联运丰富和完善了资本理论体系，是新的市场经济理论形成的标志。它将为新经济未来的蓬勃发展提供理论支持。

当前，扩大内需已经成为我国经济以展战略的重要启动点。扩大内需需要从多方面入手，更需要从消费理论上给发引导，而中国的国情也决定了我们需要一种与社会主义市场经济相适应的本土化的新的资本理论体系。

第九篇

消费资本论:扩大内需的理论支撑

2006年6月在香港《亚洲国际金融论坛》上的演讲

【内容提要】 扩大内需已经成为我国经济发展战略的启动重点。扩大内需需要从多方面入手,更需要从消费理论上给以引导。

消费资本论的核心内容,是将消费向生产领域和经营领域延伸。从而,将会使全社会的消费能力和社会零售额大大提高。只要是存在产品买卖关系的行业的企业,都可以利用消费资本理论来寻求新的发展空间。同时,消费资本论也给银行、信贷、保险、证券、期货等各经济部门扩大了新的运作视野,使他们重新审视各自的定位和运营方式,对已有的商业模式进行创新。也将使日用家电、食品、生活用品的生产和销售不断扩大市场规模,推动相关产业迅速发展。

消费资本理论丰富并创新了传统的资本理论体系,是新经济发生、发展的必然理论产物,是当前我国扩大内需的重要的理论杠杆,也是从根本上解决资本与资金短缺,促进国民经济平稳较快发展的理论思考。

一、新经济呼唤新的资本理论

新经济是二十世纪末出现的极为重要的经济概念和经济形态,新经济不仅体现了以网络技术为核心的产业提升与产业形态的急剧变化,也从根本上改变了经济生活的运行方式和部分重要规则。在新经济中,科技创新进一步成为企业的发展动力,风险投资应运而生,价格被“净化”,所有的产品一问世就处于最低的价格水平。在这种情况下,传统的货币资本理论已经难以描述经济增长的“秘密”,于是出现了知识资本的新概念,但人们也看到,知识资本的理论也只能部分地解释新经济现象,从而提出了资本理论进一步创新的重大历史课题。

新旧两种经济的区别不仅在于产业形态上有所不同,资本形态也有所不同。在传统经济中,货币资本在完成原始积累中被人们认识并成为产业发展的第一要素,但生产力发展达到一定水平后通过大量资源消耗来换取经济增长的时代也同时开始了。但单纯依靠货币资本发展经济又很快遇到了瓶颈,很快就出现有限的资源无法继续支撑经济高速增长需要的局面。

二十世纪末期,人们发现了新的“资本”支柱——知识资本,通过知识的投入部分代替资源的投入,支撑经济的快速增长。人们制定了知识产权制度,将知识成果以货币资本的形式进行量化之后在市场上流通,起到点石成金的作用。知识资本可以几倍、十几倍地扩大现有货币资本的使用价值,带来的经济效益是惊人的。但是,进入新世纪,随着经济持续的高速增长,人们也发现,在买方市场普遍出现的条件下,各种市场大战、价格大战层出不穷,生产发展更多地要受消费的制约,而消费事实上正在成为一种新的紧缺“资源”。也就是说:消费不仅决定货币资本能否实现其最终价值,而且由于其在生产过程中和社会经济发展过程中的新的作用,正在使原来单一的资本形态黯然失色。人们认识到:经济的发展,实际上是由货币资本、知识资本和消费资本,三种资本共同推动的。换言之,消费也是一种资本,它同货币资本、知识资本一样,是经济发展的直接动力。通过“消费资本导向、知识资本创新和货币资本推动”三者联动才能形成新的经济发展的推动力量。消费资本理论突破了古典经济学和新古典经济学的局限,也突破了现代西方经济学家理论的局限,是通货和消费紧缩时期理论上的创新。消费资本理论把目光投向了更广大的消费者和商品市场,并使消费成为增量资本的新载体。

消费资本理论的核心内容,是将消费向生产领域和经营领域延伸。当消费者购买企业的产品时,生产厂家和商业企业应把消费者对本企业产品的采购视同是对本企业的投资,并按一定的时间间隔,把企业利润的一定比例返给消费者。此时,消费者的购买行为,已不再是单纯的消费,他的消费行为同时变成了一种储蓄行为和参与企业生产的投资行为。也是把消费者从产品链的末端以投资者的身份提升到前端,使消费者在购买产品时,分享企业成长的成果,使消费和投资有机结合。从而使买卖双方在这种条件下合二为一,成为一体,完成三种资本联动的过程。

由单一的依靠货币资本发展经济的传统的经济增长方式,转化为货币资本同知识资本相结合的经济增长方式,再转化为消费资本导向、知识资本创新、货币资本推动的三种资本联动的新型的经济增长方式,是世界经济实践所必然要遵循的趋势,是新旧经济的根本区别,也是市场经济发展的必由之路。同时,也为我国“十一五”期间实现经济增长方式转型提供了科学的理论依据。

传统的经济学理论中,有一个共同的缺陷是,只重视对生产的研究,而轻视对消费的研究。他们从资本的高度分析生产对社会经济发展的重要作用,而没有从资本的高度分析消费对社会经济发展的重大作用,或者只是把消费作为整个社会经济运行的一个附属部分来看待,最多提出了消费主权论。事实上,社会经济发展的最终目的是为了消费。生产和消费是一个问题的两个方面。只从生产的角度分析社会的发展是单方面的分析和局部的分析,不是全面的、整体的分析。消费资本理论着眼于从生产和消费双向看问题,并形成消费者的消费行为同时也是一种投资行为的全新视角,消费者既是市场的主人,又给经济发展注入新的资本动力。消费资本理论将实现生产者、经营者、消费者和全社会的共赢,从而有力地推动社会经济持续发展。

消费资本理论的提出,尤其是三种资本的联动丰富和完善了资本理论体系,是新的市场经济理论形成的标志。它将为新经济未来的蓬勃发展提供理论支持。

二、扩大内需的理论支撑

当前，扩大内需已经成为我国经济发展战略的重要启动点。扩大内需需要从多方面入手，更需要从消费理论上给以引导，而中国的国情也决定了我们需要一种与社会主义市场经济相适应的、本土化的、新的资本理论体系。

西方经济学家凯恩斯也讲扩大内需，但不是从消费者本身来讲的，而是以减少税收、增加贷款等手段来刺激需求，是外界对消费者的刺激。也就是说，消费者是被动的，不是主动的。这种刺激有效但作用有限。采取降低银行利息并征收利息税来促使消费者减少存款，甚至期待消费者从银行取出存款来进行消费，效果并不明显，银行城乡居民存款一直居高不下，已经突破15万亿大关。如果使消费由消极被动走向积极主动，并认识到消费也是一种资本的载体，扩大内需也就更容易实现。

传统经济学还认为，随着科学技术进步，对劳动力的需求相对减少，失业难以避免。实际并非如此。知识经济时代科学技术进步更快，但失业最终并不会越来越多。因为知识产业是新兴产业和主导产业，能创造大量就业机会，吸纳更多的劳动力。而消费资本理论的出现，则会进一步推助市场的导向作用，扩大企业的生产和供给，从而吸纳了更多人的就业。凯恩斯就业理论认为，总就业量是由总需求量决定的，总需求增加，总就业量就增加；反之，总就业量减少。而在现实经济中存在有效需求不足，这是边际消费倾向递减、资本边际效率递减、流动偏好等三大基本心理规律作用的结果。在凯恩斯看来，解决失业问题的一般政策就是设法提高资本的边际效率或设法降低利息率以刺激投资，因此必须依靠国家对经济生活进行直接的干预，运用宏观经济政策来调控社会就业状况。也就是说，在经济不景气，企业开工不足和失业率居高不下时，政府可以采用扩张性的财政政策，来增加国民收入，从而促进企业增加投资提高总需求和就业水平，促进经济快速增长。货币政策主要是央行通过调整货币供给量，从而影响就业量。而消费资本理论的出现有利于减轻对政府财政和货币等宏观经济政策的唯一依赖性，对有效解决就业问题产生不可低估的积极影响。

三、消费资本理论促进行业均衡发展

消费资本理论尤其是三种资本联动理论在经济生活中的应用是多方面的。它可以丰富企业的社会资本量，使企业摆脱通货紧缩的被动局面，保持企业不断发展的势头。

消费资本理论除了带来巨大的经济效益之外，对其它领域的影响也不能低估。

首先关系到社会主义经济理论的系统创新。创新不仅是经济体制的创新，更重要的是经济基础理论创新和与时俱进的问题。社会主义生产的目的是不断满足人民群众的物质文化需求，把以人为本看作是出发点和落脚点，消费者才是市场经济的真正主角和市场竞争最终决定性力量。生产者首先应当尊重消费者的人格和权益，善待一切消费者，为他们提供优质的产品服务，全面保障他们的利益，进而不断扩大内需，不断启动市场，使经济生活进入可持续发展的良性循环。

其次是行业运营模式的创新。消费资本理论给银行、信贷、保险、证券、期货等各经济部门扩大了新的运作视野，让他们在重新审视各自的定位和行为方式中革新已有的商业模式。在日用家电、食品的生产商务领域里，企业在其营销过程中可以大大节约销售成本，提高利润率。不断扩大企业规模，推动产业平衡发展。

再次，消费资本理论也会给其他领域带来新的积极影响，将会使全社会的消费能力和社会零售额大大提高。只要是存在产品买卖关系的行业企业，都可以利用消费资本理论来寻求新的发展空间。甚至可以设想，三种资本联动也可以为开发性的扶贫注入新的活力。

消费资本理论在实践和应用中可以有多种实现形式，如：消费者参股、消费者期权、消费者选择权等等，通过这些方式将消费向生产领域延伸，以在不同的层次上实现消费的资本化。

作为一种创新型的发展模式，消费资本理论可以为企业带来经济效应和地域经济效应，是一种可以将消费者手中的资本转化为国家、地区和企业发展资本的理论模型，对于增强部门经济和地方经济的核心竞争力，解决部门行业和企业在经济发展过程中的资本和市场问题具有重大作用。

第十篇

消费资本是扩大内需的原动力

2008年11月24日在《广西自治区政协第八期"同心"讲座》上的专题演讲

【内容提要】 长期以来我国内需消费受到诸多不利因素的影响而严重不足，各级政府对于如何扩大内需也缺乏适当的理论指导和相应的政策措施，因此，需要以全新的视角来看待扩大内需的问题。

要想从根本上解决内需不足的问题，则应以消费资本化理论为指导，彻底改变经济运行中生产者和消费者之间的关系，调动消费者内在的驱动力，使消费转化为资本，成为经济发展的一种推动力量。

由美国始发、迅速向全世界各国蔓延的世界性金融危机，对各国经济发展造成了严重的危害。我国国民经济也受到了此次金融危机的影响，出现了出口贸易增速下降和经济增速放缓等问题。为抵御国际经济环境对我国的不利影响，党中央和国务院决定，对宏观经济政策做出重大调整，提出进一步扩大内需，这是促进经济增长的重大举措。

在以前，我国国民经济的高速增长主要是依靠三驾马车中的投资和净出口来推动，消费对推动经济增长的贡献并不显著。但是，随着我国市场经济的不断发展，改革开放的不断深入，从内外两个方面都要求我们重视消费，扩大内需，将人民生活水平的大幅度改善作为推动我国经济增长的原动力。一方面，随着我国社会主义市场经济体系的不断完善，本质上要求广大普通消费者能够进一步分享我国经济高速增长的丰硕成果。另一方面，为应对当前金融危机对我国所产生的影响，在对外贸易推进困难，政府投资推动弊端丛生的背景下，必然要求将扩大内需作为摆脱世界金融危机影响的一个重要手段。然而，长期以来我国内需消费受到诸多不利因素的影响而严重不足，各级政府对于如何扩大内需也缺乏适当的理论指导和相应的政策措施，因此，需要以全新的视角来看待扩大内需的问题。

我国的消费需求之所以没有得到充分的释放，主要原因有三个方面。

首先是生产和消费的对立。在传统经济模式下，生产与消费的对立导致消费者不愿意轻信任何一家企业。在这种情况下，市场的交易成本很高，消费者需求的释放也十分有限。正是由于生产和消费的对立，企业生产的产品总是很难充分符合市场的需要。消费者对产品的需求，经常低于企业的产品产量，从而使经济发展处于困难境地。

其次，在旧的习惯思维模式下，消费者把消费行为看作是自身拥有价值的降低，因此消费者进行消费的积极性不高。虽然消费资本原本就存在于经济运行的实践中，但是消费者并没有认识到消费资本的存在。在消费者的传统观念中，投资是消费者个人拥有价值的提高，而消费是个人拥有价值的降低。消费者并没有意识到，消费也是一种投资行为，进行消费同样会带来消费者拥有价值的提高。于是，人们总是倾向于更多的进行储蓄而减少消费。这种惯性思维，在我国还有很大的影响力，是造成我国内需不足的重要原因之一。

再次，消费者在进行消费时还存在很多顾虑。在现代社会中，每个消费者都有失业、生病等种种风险。消费者为了应对这些可能发生的风险，不得不进行储蓄，限制自身的消费。其实，规避风险本身也是一种需求。如果消费者能够充分认识到自己是消费资本的载体，是经济发展的重要推动力量，那么就会主动的利用消费资本的力量参与金融和保险业的发展。于是消费者规避风险的需求自然能够得到满足，同时金融保险业也能够得到更充分的发展。当消费者对风险的顾虑将得到消除，则消费者的需求将能够得到更充分的释放。

当前，政府采取扩大内需的手段，主要是货币政策和财政政策。这些政策措施的理论依据都是一些传统经济学家对扩大内需问题的解读，他们以生产本位的视角，妄图从外部刺激入手扩大内需，没有找到扩大内需的根本途径和有效办法。

在货币政策方面，主要是降低利率。通过降低利率，降低储蓄的收益来刺激居民增加消费。这种办法很难有效地解决社会需求不足的问题。因为对于那些不信任企业而拒绝消费的消费者，这种政策基本无效。由于货币政策不能改善企业的产品和服务，消费者并不会因此改变对企业的看法而提高自己的消费。而对于那些试图提高自身拥有价值的消费者，这种政策的作用则十分有限。降低利率意味着储蓄收益的下降，这可能使一部分居民的注意力转移到消费领域。但是只要居民仍然认为消费是自身拥有价值的下降，大部分居民就不会选择消费，而选择回报更高的投资。对于那些考虑规避风险的居民，这种政策只会起相反的作用。因为储蓄的收益率降低了，居民会被迫进行更多的储蓄，以应付未来可能发生的风险。因此，这部分居民的消费反而会下降。

在财政政策方面，主要方法有三个：增加政府投资、降低税收和增加转移支付。增加政府投资虽然在短时间能够有效地拉动经济增长，但是却不可能长期持续，这就人为地增加了经济波动的风险。而且，增加政府投资的其他方面弊端也很多，如投资中的行贿受贿问题，产能盲目扩大的问题等都是难以克服的。降低税收，从另一个角度看就是在一定程度上提高居民的收入。对于对企业不满意的消费者来说，这种手段同样不会起到明显作用。对于希望提升自身拥有价值的居民来说，降低税收往往意味着投资收益的提高。这些居民，有可能反而增加投资。对于那些考虑规避风险的居民，这种手段可以起到一定的作用。不过，在所降低的税收总额中，往往只有有限的一部分进入消费领域。增加转移支付如发放消费券等形式，因受地方政府财力的限制，这种刺激消费的方式力度有限，仅限于日用生活必须品方面，对其他广泛商品消费的刺激作用不大。而且，发放消费券带有恩赐的和强制消费的含义，是对消费者权利的剥夺和贬低，也并不是刺激内需的有效手段。

这些手段之所以无法取得明显的效果，主要是因为西方传统的经济学理论有很大的局限性，很难解释和指导今天的市场经济的发展。

以凯恩斯为代表的西方传统经济学家讲扩大内需，不是从消费者本身来讲的，而是以减少税收、增加贷款等手段来刺激需求，是外界对消费者的刺激，而不是消费者本身的内在动力。在这种刺激下，消费需求的增加是被动的，而不是主动的。需求增加的幅度将十分有限。

要想从根本上解决内需不足的问题，则应以消费资本化理论为指导，彻底改变经济运行中生产者和消费者之间的关系，调动消费者内在的驱动力，使消费转化为资本，成为经济发展的一种推动力量。

消费资本论的核心内容，是将消费向生产领域和经营领域延伸。当消费者购买企业的产品时，生产厂家和商业企业应把消费者对本企业产品的采购视同是对本企业的投资，并按一定的时间间隔，把企业利润的一定比例返给消费者。此时消费者的购买行为，已不再是单纯的消费，他的消费行为同时变成了一种储蓄行为和参与企业生产的投资行为。于是消费者同时又是投资者，其消费转化为资本。

首先，在消费资本化的条件下，生产和消费将得到统一，生产者和消费者的冲突将不复存在，生产者和消费者成为平等的合作者，生产者和消费者之间的信息不对称的状况将得到很大改观。消费者将能够充分了解生产者的信息，从而建立对生产者的信任。生产者也将得到充分的需求信息，从而有效地安排生产，向消费者提供最能满足需求的产品和服务。社会生产的效率将空前提高，生产量高于消费需求的情况将得到很大的缓解。

其次，消费资本论将使消费者意识到，消费行为将是自身拥有价值的提高。因为消费也是一种投资行为，消费者拥有的价值能够在消费活动中得以增加，而不是通常认为的所拥有价值的降低。一旦消费者被消费资本论所吸引，认识到进行消费同样是自身拥有价值的提高，他们就不会再刻意压缩消费，从而使这部分被压抑的需求得到充分的释放。

最后，在实行消费资本化之后，那些考虑规避风险的消费者将认识到消费资本同样是经济增长的推动力量，从而消费者会积极行动起来，充分发挥消费资本的作用，推动金融和保险市场的发展，同时也化解了自身抵御风险的压力。为了防范风险而压抑的需求，将得到充分的释放。

而对于各位企业家而言，最为关心的是如何通过转变经营思路，改变商业模式，顺应中央扩大内需的政策导向，渡过当前的困难时期。我们认为在新时期、新经济条件下，应当以新的商业模式来引领我国企业经营理念和思路的转变，实现将危机转变为机遇的过程。

我国乃至世界的企业也将企业生存的着眼点放在如何与同行业竞争、与供应商竞争、与消费者竞争、与潜在进入者竞争，以及如何与替代产品竞争上。而新的商业模式是以消费资本论为基础的一种企业既竞争又合作的新型模式，重点在于合作，是企业与供应商、消费者进行合作共赢的重要平台。

以消费资本论为基础构建的创新商业模式包含两个过程：一是买卖双方的销售过程；二是买卖双方之间的利润分配过程，这不同于以往的商业模式。以往的商业模式只有一个销售过程，买卖双方货款两清，销售过程即认为已经完结，但创新的商业模式认为买卖双方之间的经济过程不只是单一的商品交易过程，而且还有一个买卖双方的利润分配过程。因为，建立在消费资本化理论基础之上的新的商业模式，把消费者对商家、厂家的产品和服务的采购过程视同是对自己的投资，因为消费者所付货款的大部分都进入到商家和厂家的下一个经营过程和生产过程，转化为资本，因此这笔资金产生的利润应该返给消费者。

新的商业模式对于商家、厂家迅速扩大市场份额和补充企业自身扩大经营和扩大再生产所需要的资金补充具有重大意义。而且，对于消费者的购买积极性是一个巨大的激励。因此，它将有力地推动市场繁荣和市场经济发展。其次，新商业模式的销售过程，也与旧的商业模式完全不同。它吸收并发挥了订单经济、电子商务和物流的重大作用，因此，新的商业模式同旧的商业模式相比，具有鲜明的、根本不同的特征。

综上所述，消费资本论的实施，将从根本上改变生产相对过剩，消费相对短缺的情况。消费资本化将成为扩大国内消费需求的原动力，它将使市场经济走出需求不足的"瓶颈"，实现经济发展新的飞跃。

第十一篇
消费资本化提速经济管理与创新

发表于《商务时报》2007年1月3日第1期总第269期

【内容提要】 传统市场经济管理理论认为推动经济发展的力量只有一种,即货币资本。而新的市场经济理论具有两个最基本特征:一是完整的市场经济是由货币资本、知识资本和消费资本构成;二是经济增长方式是由多种资本要素共同作用推动社会经济发展。

在传统的市场经济管理理论影响下,对于经济的发展,主要是从投入产出比、粗放到集约、产业结构调整的角度来思考。其实,仅仅做到这一步是不够的。这些,只是对产业的调整和优化,是在同一增长方式下的演进,是在同一增长方式下的经济数量增长的延续。

由单一的货币资本发展经济的传统增长方式,转化为货币资本和知识资本相结合的增长方式,再转化为"消费资本导向、知识资本创新、货币资本推动"的三种资本融合、联动的新型增长方式,这是全世界各市场经济国家经济发展实践所必然遵循的趋势。

传统的市场经济管理理论认为推动经济发展的力量只有一种,即货币资本。而新的市场经济理论具有两个最基本的特征:一是完整的市场经济是由货币资本、知识资本和消费资本三种资本构成;二是经济增长方式是由多种资本要素共同作用推动社会经济的发展。

新经济中,科技创新进一步成为企业的发展动力,风险投资应运而生,价格被"净化",所有产品一问世就处于最低的价格水平。在这种情况下,传统的货币资本理论已难以描述经济增长的"秘密",于是出现了知识资本的概念,但知识资本的理论也只能解释部分新经济现象。

生产和消费是一个问题的两个方面。只有从生产和消费两个角度分析社会经济发展的动力,才是全面、整体的分析。消费资本化理论着眼于从生产和消费双向看问题,并形成消费者的消费行为,同时也是一种投资行为的全新视角,即:消费者既是市场的主人,又给经济发展注入新的资本动力。

在消费资本化理论的作用下,我国消费资本的力量将得到最充分的释放,带来的推动力量是难以估量的。此外,扩大内需已经成为我国经济发展战略的重要启动点。可以说消费资本化理论是扩大内需的理论支撑。

今后的经济发展应融合三种资本力量,三种资本联动,共同推动国家、地区和企业的发展。解决经济发展中资金问题总的思路应当是,在充实货币资本的同时,更要倚重知识资本和开拓消费资本。消费资本导向、知识资本创新、货币资本推动将使国家、地区和企业今后经济增长的基本方式。

第十二篇

消费资本论:资本理论史上新的里程碑

2007年1月23日在《消费者也能成为"资本家"》
英文版新闻发布会上的讲话

【内容提要】 在世界经济学说发展史上,第一次提出了"消费资本"这一新的资本形态。同时,也对知识经济和知识资本进行了新的概括。消费资本化理论,是资本理论新的里程碑,也是新的资本理论体系形成的标志。

尊敬的各位来宾,

尊敬的各位新闻界朋友:

作为作者,我对各位的光临表示热烈地欢迎和衷心地感谢!

我国建国五十七年来,曾出现过两个一边倒。一是建国初期,我们向苏联一边倒,完全断绝了同西方的沟通和联系。在学术理论界到处充斥的是苏联学者的观点和计划经济理论。而近些年,在学术理论界,特别是经济学界,一些学者言必称欧美,数典忘祖,西方传统的经济学理论到处盛行。其实,这两种倾向都是不对的。

我在本书中,提出的消费资本化理论,既是对原计划经济理论的扬弃,也是对西方传统的市场经济理论所作的历史性的和批判性的评估。

经济科学是历史科学。每个历史时代都拥有那个时代自己的经济理论。人类历史进入工业经济时代后,由于生产力迅速发展,资本原始积累的条件已经具备,人们的思想活动空前活跃。在这个时期出现了大量的关于市场经济的理论。从工业经济时代初期以亚当·斯密、大卫·李嘉图为代表的古典经济学派,到中期以庞巴维克为代表的边际主义学派,以保罗·萨缪尔森为代表的新古典综合派,再到后期以科斯为代表的新制度经济学派,直到20世纪50年代时加尔布雷思和哈耶克等经济学家的市场经济理论,都属于这一时期的传统的市场经济理论体系。都是十八世纪后期、十九世纪和二十世纪的市场经济理论。它们都有着鲜明的历史特征和时代特征,同样也都有鲜明的历史烙印和时代局限。他们的理论,在他们的那个时代曾经起过重大作用,给予人类社会在那个历史时期的经济发展以正确的理论导向,做出了历史性的贡献,功不可没。

但是,随着这个时代的结束,随着人类社会进入二十一世纪知识经济时代时,上个时代的西方传统的市场经济理论，随着它适应的历史时代的结束而进入终结时期。主要表现在：第一，在市场经济发展的实践面前，它已难以适应今天市场经济发展的需要；第二，从理论上看，流行两个世纪之久的西方传统的市场经济理论，也已充分显示出它的严重的滞后特征和理论缺欠。

中国和世界各国的经济发展实践都已充分证明：以牺牲资源和环境为代价换取经济增长的模式已经走到尽头，伴随这种经济增长模式所形成的工业经济时代的市场经济理论也已经进入终结时期。如果继续沿用过去的旧的市场经济理论来诠释今天的经济，分析今后的发展方向，并以此为基础规划今后的经济发展显然是不适宜的，那将会使今后的经济运行停滞不前或走回头路，甚至会误导今后的经济发展。

当人类社会进入知识经济时代和消费时代时，人们发现了货币资本（实际上是生产资本）以外的知识资本和消费资本两种新的资本形态。

我在本书中，在世界经济学说发展史上，第一次提出了"消费资本"这一新的资本形态。同时，也是对知识经济和知识资本进行新的概括。消费资本化理论，是资本理论新的里程碑，也是新的资本理论体系形成的标志。消费资本化理论的提出，也是社会经济发展的重大革命。

以往的经济学大师们，包括一些获得诺贝尔经济学奖的经济学大师们，他们理论上一个共同的缺陷，是对资本理论研究的失衡。他们从资本的高度分析生产对人类社会经济发展的重大作用，但却没有一位经济学家从资本的高度分析消费对社会经济发展的重大作用。他们对生产和生产资本进行了十分深入的研究，详细地阐述了生产资本的属性、作用和意义，而从没有提出一种理论把消费和消费资本的力量系统地揭示出来。

其实，人类社会经济发展的最终目的是为了消费。生产和消费是一个问题的两个方面。只从生产的角度分析社会经济的发展，是单方面的、局部的分析。只有从资本的高度并同时从生产和消费两个方面分析社会经济发展，才是全面的、科学的分析。

消费资本化理论发展和完善了市场经济理论。从20世纪80年代开始到21世纪初，知识经济的出现和消费资本化理论的提出，是市场经济理论不断发展的重大成果。它不仅有力地推动了各国市场经济的发展，而且由于它从市场经济资本构成和经济增长方式两个方面突破了原有的市场经济理论体系，从而使市场经济理论本身也发展到一个新的阶段。可以说，消费资本化理论的提出是新的市场经济理论体系形成的标志。

消费资本化理论是中国市场经济发展的理论总结，是源自中国本土的、原创的体系性理论创新，也是中国结束缺乏本土经济学理论现状的一项重要理论成果。

消费资本化理论，意在构建一个共赢的社会。消费资本化理论作为一种以人为本的理论，找到了一条符合大多数人利益的经济学途径，因此有人称它为中国的"穷人经济学"。它更是一种"全富"的理论，因为它同时为社会构筑了一个富人、穷人都适用的共赢的经济平台。

这是写给全世界各个阶层人士——政府领导人、企业家、广大公众和消费者的一本书；也是写给我的全球同行们——全世界经济学家的一本书。现在中文版已发行了五万册。我希望本书英文版，也能够迅速在世界范围内传播。这项工作，主要依靠在座各位新闻界、出版界、商界、理论界朋友们的鼎力支持。

谢谢大家！

第十三篇

知识经济时代和知识资本

2009年8月22日在《全球首届知识资本高峰论坛》上的开幕词

【内容提要】 人类从未像现在这样深刻地感受到"知识就是力量"的真正含义。知识的迅速传播和知识资本的广泛应用，为新时代经济发展注入了强大的动力和无限的活力。人们越来越深刻地意识到单一货币资本主宰世界经济发展的时代已经结束，货币资本、知识资本和消费资本共同发挥作用的复合资本时代正在到来。

尊敬的成思危副委员长：

尊敬的诸位大使先生：

尊敬的各位贵宾、各国专家、企业家和新闻界朋友：

女士们，先生们：

经过长时间的酝酿和准备，在中国政府和海内外专家以及社会各界人士的积极参与和大力支持下，全球首届知识资本高峰论坛今天隆重开幕了！

我代表大会组委会，大会各主办单位，对成思危副委员长，各位贵宾，以及来自五大洲的专家，企业家的光临，表示衷心的感谢和最热烈的欢迎！

今天是一个具有里程碑意义的历史性时刻，在中华人民共和国首都——北京举行的全球首届知识资本高峰论坛，云集了数百名来自各国研究知识经济和知识资本的顶尖级专家、企业精英和国家政要。这是一次世界范围的"群英会"，也是世界知识资本一个盛大节日。让我们共同预祝本届大会取得圆满成功。

女士们，先生们

进入新世纪，世界经济发生了深刻的变化，一种全新的经济形式——知识经济正疾步向我们走来。它以其独特的魅力登上了社会经济发展的历史舞台。在知识经济时代，知识资本成为推动各国经济发展的关键资源和主导力量。她一经出现，就展示出她对社会经济发展的巨大威力，并立即向传统经济发展模式发起挑战。引起各国政府领导人，企业家的高度关注，也激发了世界各国专家学者对知识经济和知识资本的研究热情。

人类从未像现在这样深刻地感受到"知识就是力量"的真正含义。知识的迅速传播和知识资本的广泛应用，为新时代经济发展注入了强大的动力和无限的活力。人们越来越深刻地意识到单一货币资本主宰世界经济发展的时代已经结束，货币资本、知识资本和消费资本共同发挥作用的复合资本时代正在到来。

今天，知识经济、知识资本的研究已成为全球范围的世纪性课题。面对世界性金融危机，越来越多的专家正在摆脱传统经济理论的束缚，用一种全新的，更加全面，更加科学的视角和思维，审视当今世界经济发展，积极为自己的国家和全世界尽快化解危机难题寻找新的理论，探索世界经济发展的新途径。

本届论坛是一次高规格的国际性峰会，它具有全球性，学术性和紧密联系实际的特征。因此，本届论坛对于知识资本理论建设和世界经济发展，具有十分重要的意义。

本届峰会为中外知识资本专家搭建了一个广泛的交流平台。专家们集聚一堂，共同探讨，我们充分吸纳和整合世界各国知识资本的研究成果，总结和研究知识资本推动经济发展的经验及其发挥作用的机制。这对知识资本理论建设与实际应用具有十分重要的意义。它标志着关于知识资本理论与应用的研究已经由初期分散的局部研究阶段，进入相对集中的全面系统研究阶段。这是知识资本理论与应用研究的一个飞跃！

其次，这是展示几十年来，特别是近几年知识资本理论与应用最新研究成果的重要平台。它为各个国家、地区和企业分享和应用最新成果提供了便利条件。这对世界经济和各国经济的发展具有重要意义。众所周知，应用知识资本理论研究与应用的最新成果，一方面可以使人们把已经认识到的知识资本迅速而高效地发挥作用，促进国家、地区和企业的快速发展；同时还可以发掘和激活蕴藏在各个国家、地区和企业中的知识资本存量，进一步增强国家、地区和企业的经济发展活力，走出全球金融危机所造成的困境，迎接知识经济时代的新机遇。

第三，本届峰会还将呼唤和推动各国知识资本专家联合起来，组织起来。经济全球化使我们成为"地球村"的近邻，也让我们告别了以往的孤立单兵作战式的研究方法。为了更好的完成我们共同的历史使命，我们应当携起手来，组建一个统一的研究团队，形成知识资本国际联盟。

女士们，先生们

作为知识资本领域规格最高、规模最大、最具权威性和影响最广泛的专业论坛，将充分体现理论与实践相结合的原则，将知识资本的理论研究成果充分应用于国家、地区和企业发展。在本次峰会上，中外专家、企业家将激情对话，尽情展现学术的绚丽思想火花与市场经济的无限活力。本次峰会将设定主题演讲、圆桌会议、分会讨论、精英对话、晚宴、酒会等多种形式全面阐释论坛各项会议议题。

这次论坛是一次推动各个国家、地区和企业开发利用知识资本的盛会。近距离的接触，让我们有了深切的了解，让我们共同面向世界，投入世界，与世界共忧。思人类所共思之题，创人类尚未创之伟业，解人类未解之谜，让知识资本理论的参天巨树，挺拔在世界知识之林。

激情盛夏，共襄盛举。让我们联合起来，共同开辟知识资本理论的新境界，开创知识资本应用的新纪元，谱写知识经济时代的新篇章。

最后，预祝全球首届知识资本高峰论坛取得圆满成功。

谢谢大家！

第十四篇

关于知识资本量化研究

2009年8月22日在《全球首届知识资本高峰论坛》上的演讲

发表于《今日中国论坛》2009年第10期总第58期

【内容提要】 在知识经济时代，知识生产率日益成为国家、地区和企业竞争力的决定性要素。知识资本日益对企业的发展起决定作用。因而确认知识资本，将其引入资本核算是未来经济发展的基本要求。

必须将知识产权体制转化为知识资本体制，才能充分发挥知识资本的作用，才能使市场经济真正迅速地发展起来。而这就需要我们量化全部知识资本，而不仅是一部分知识成果。知识资本量化是市场经济发展到今天必须解决的问题。

知识资本量化研究，有助于准确量化国家、地区和企业在发展过程中运行着的资本总量。为国家、地区和企业经济成长从资本构成方面提供非常精确的量化说明，对于解决国家、地区和企业经济发展提速、优化资本结构、充分发挥知识资本和消费资本的作用具有重大意义。

在探索知识资本量化过程中，各国经济学家、管理专家和财务专家提出了许多富有建设性和具有一定可操作性的核算方法和模式，但也存在某些问题，尚需要深入研究并予以解决。

下面从三个方面分析知识资本量化问题。

一、关于知识产权制度

在经历了约300年的工业经济之后，20世纪80年代以来世界经济进入知识经济时代。知识以其独特的魅力登上经济舞台，成为未来经济发展的主导力量之一。资本的内涵和外延不断更新，知识资本日益对企业的发展起决定作用。因而确认知识资本，将其引入资本核算是未来经济发展的基本要求。

在知识经济时代，知识生产率日益成为国家、地区和企业竞争力的决定性要素。当知识能够生产产品和服务并创造利润时，知识也就成为知识资本。它将与货币资本一起共同推动经济发展。与此相应，知识资本对经济发展的贡献便成为人们关注的焦点，并引发人们对知识资本量化研究的关注。

尽管货币资本推动经济增长的速度是惊人的。但是单纯依靠货币资本发展经济很快就遇到了"瓶颈"。因为货币资本的不断增长，带来的是资源消耗的不断加速。因此，很快就出现有限的资源无法继续支撑经济高速增长需要的局面。

于是，为了人类社会进一步的发展，人们发现了新的支柱——知识经济。通过以知识的投入代替资源的投入来支撑社会经济持续快速增长。

为了发挥知识在经济发展中的作用，人们制定了知识产权制度，将知识的成果以货币资本的形式进行量化之后在市场上流通。然而，在这个时期，知识还未能成为真正的资本。由于知识产权是知识资本的成果，而不是知识资本本身。知识资本的很多成果，是无法完全用知识产权的方式表现的，它所能表现的只是一部分成果，即可以购买和流通的那些成果。在知识产权制度下，更大程度上是由货币资本代行知识资本的职责，而不是让知识资本本身参与管理并承担责任。因此，也就无法真正将知识资本的活力充分解放出来。我们认为必须将知识产权体制转化为知识资本体制，才能充分发挥知识资本的作用，才能使市场经济真正迅速地发展起来。而这就需要我们量化全部知识资本，而不仅是一部分知识成果。所以说，知识资本量化是经济学理论发展到今天必须解决的问题，也是市场经济发展到今天必须解决的问题。

二、关于知识资本内涵的界定

在研究知识资本量化过程中，遇到的第一个问题就是市场经济究竟有几种资本，各种资本的内涵，特别是知识资本的内涵，应如何界定？它究竟有哪些部分组成？既不能遗漏，也不能把非知识资本计入在内。举例来说，我们在计算张三家的资产时，不能把李四家的财产也算在他的名下。

有不少经济学家对经济发展现象有许多迷惑之处，比如说对经济增长速度和资本积累速度不成比例的迷惑。这是因为传统的经济理论认为，推动经济发展的只有一种资本，即货币资本，而没有意识到知识资本和消费资本的存在，没有对这两种资本进行量化，因此，在统计资本总规模时，没有核算出这两种资本的数量，并计入在内。所以才会有资本积累规模增速不大而经济发展速度增幅却很大的这种迷惑。造成这种迷惑的根本原因是原有的资本理论落后于时代，落后于经济发展的实践。

在传统的经济学理论中，认为推动经济发展的只有一种资本，即货币资本。但市场经济发展的实践说明，事实并非如此。人们通过对市场经济发展史的研究，逐渐认识到：完整的市场经济应包括货币资本、知识资本和消费资本三个重要组成部分。而不是单一的或者唯一的货币资本。

根据这一结论，我在 2005 年 3 月底 4 月初，应卡塔尔国第一副首相兼外交部长的邀请，出席在多哈举行的第五届世界民主与国际贸易大会上，曾经指出，进入新世纪，各国政府领导人、市长、企业家将面临并且可以拥有三种资本，即货币资本、知识资本和消费资本，而不是单一的或者唯一的货币资本。这一理论将化解城市和企业发展过程中的资本短缺问题，而有力地推动经济发展。

关于这一理论，在这里我不想做详细阐述。各位专家可参阅我于 2006 年 3 月出版的《消费资本化理论与应用》（中国广西科技出版社出版）和 2006 年 12 月出版的英文版 *Consumption Capitalization Theory and Its' Applications* 以及 2008 年 11 月出版的《消费资本论》（中国国家统计局出版社出版），也可以参阅我在 2007 年 10 月在美国麻省理工大学斯隆商学院所做的关于消费资本论的演讲。

进入新世纪，世界经济发生了深刻的变化。国家、地区和企业发展的经济背景较之以前有了本质的不同。一是市场经济已经完成了由卖方市场向买方市场的过渡，在买方为主的市场经济发展阶段，消费对生产和经济发展的制约作用日益凸显。因此，我们在今后的经济发展中，必须高度重视消费资本的重大作用。二是国民经济知识化程度越来越高，各经济元素中的知识和科技含量越来越大，知识的作用日益凸显。所以，在今后的经济发展中，必须高度重视知识资本的作用。因此，长期以来，强调单一依靠货币资本发展经济的传统的市场经济理论已经过时。

消费资本论的提出，是新的市场经济理论形成的标志。新的市场经济理论认为，完整的市场经济资本构成包括三种资本，经济发展方式也应该是多元的。所以，解决国家、地区和企业经济发展所需要的资金问题，总的思路应当是继续充实货币资本，高度倚重知识资本，大力开拓消费资本。由单一的货币资本发展经济的传统发展方式，转化为货币资本和知识资本相结合的发展方式，再转化为“消费资本导向、知识资本创新、货币资本推动”的三种资本融合、联动的新型发展方式，是全世界各个市场经济国家经济发展所必然遵循的总的趋势，也是市场经济一条非常重要的经济发展规律。在这样的历史背景下，对于知识资本和消费资本的研究显得颇为重要。

三、世界各国知识资本量化研究方法综述

目前，各国专家，包括美国、瑞典、法国、英国等国专家，提出的知识资本量化方法大约有二十几种。

纵观已提出的量化方法，主要沿着两条思路展开。

一是宏观方法。这种方法是把企业的知识资本作为一个整体来估算。如美国斯特尔特先生提出的市场余额法：

无形资产＝公司市值－有形净资产的账面价值

这种方法对企业的知识资本所包括的具体要素未作分类计算和说明，因而无法了解企业知识资本的具体构成，其实用性不是很大。

二是微观方法。把知识资本分为各类独立要素，如美国哈佛商学院诺顿先生提出的平衡记分卡，主要指标包括财务、流程、学习与成长、顾客。

又如瑞典 Edvinsson 和 Malone 提出的斯堪地亚知识资本测评法，包括五个指标：财务、人力、创新、流程、客户。这类量化方法存在越位问题，把非知识资本值计入在内。比如客户或者说顾客，显然属于消费资本，而不是知识资本。

英国布鲁金提出的科技中介法也存在着同样问题，他是把市场资产计入在内。

总体来看，关于知识资本量化方面存在如下几个问题：

一是计算结果不准确，与企业实有的知识资本量不符；二是在量化方法上，缺乏统一的量化标准，因此，其计算结果在不同的国家和地区的可比性不大；三是大多数量化方法都不是从单体知识资本的量化为研究量化的起点，而是从企业组织这种知识资本总体的量化为研究起点，这不是很科学，说明还有待于建立关于知识资本量化的相关理论支持。

首先是知识资本内涵的界定。货币资本实际上是以货币形态表现的生产资本，它包括在产品和服务的创造过程中，可以用货币购入的所有物质性的投入。而知识资本是以知识形态表现的资本。包括在产品和服务的创造过程中，所有知识性、技术性的投入。

知识资本分为广义的知识资本和狭义的知识资本。广义的知识资本是指以人或其知识成果为载体所凝聚的知识总量。它包括人力、管理、技术、经验及其相应的知识与科技成果等要素。狭义的知识资本是指以人或其知识成果为载体的知识总量在工作岗位上一定期间内释放出来的现值。它包括员工积累的知识及其成果的应用，以及正在创造的知识及其相应的成果等。

消费资本是以消费形态表现的资本。包括在产品和服务的消费过程中，所有由消费者创造的市场力量及其价值表现。它是货币资本和知识资本之外的第三种资本形态。

我之所以列出三种资本内涵界定的内容，是因为在进行知识资本量化过程中，有一种广为流传的观点，认为知识资本包括人力资本、结构性资本和顾客资本，其中顾客资本是指市场营销渠道、顾客忠诚度、企业信誉度等经营性资产，实际上这就是一部分消费资本，只不过人们还没有充分认识到消费资本的作用，而未能把它与人力资本和结构性资本相区分并提炼出来。

四、关于世界各国知识资本量化研究方法综述

各国经济学家、管理专家和财务专家提出了许多富有建设性和具有一定可操作性的核算方法和模式。

(一)美国专家的主要研究方法

(1)平衡计分卡(Kaplan(卡普兰)& Norton(诺顿)，1996，哈佛商学院)

主要指标：财务、顾客、流程、学习与成长。

(2)成本法(Stewart(斯图尔特)，1997)

主要指标：历史成本；重置成本。

(3)市场余额法(Stewart(斯图尔特)，1997)

无形资产＝公司整体之市价(MV)－有形净资产之帐面价值(BV)

(4)经济价值增益模式(Stewart(斯图尔特)，1997)

EVA＝税后营业净利－[加权平均资金成本率＊(总资产－流动负债)]，即EVA＝税后营业利润－机会成本。

(5)知识资产价值评测(Sullivan(沙利文)，1998)

以“价值萃取”为中心，有效地运用知识财产来产生价值，各种知识资本最后终将形成知识的结晶就是知识财产，如专利、版权等。

(6)Tobin的Q系数法(James Tobin(詹姆士·托宾),1999,耶鲁大学)

Tobin的Q系数＝市场价值/重置成本(帐面价值)

(7)人力资源损益法(Johanson(强森),1996)

将人力资源对公司的贡献和必须付出的成本转成人力资源损益表,附在一般财报上,提供给利害关系人参考。

(8)Strassmann(斯特拉斯曼,1999)提出管理决策的报酬(ROM)法

(9)Baruch Lev提出知识资本价值(KCV)法

(10)Baruch Lev(巴鲁·列弗),Marc Bothwell(博斯维)提出知识资本赢余法(KCE)

(二)瑞典专家的主要研究方法

(1)斯堪地亚(Skandia)知识资本评测法(瑞典保险金融公司(Edvinsson & Malone,1997))

五大指标:财务、客户、人力、创新、流程;包括112个衡量项目;组织智慧资本＝iC(i:代表效率系数;C:智慧资本绝对测度值)。

(2)无形资产监测法(Sveiby(斯威比,1997))

主要指标:员工胜任能力、内在结构及外在结构;衡量的指标为“成长/更新指标”、“效率指标”以及“稳定指标”。

(三)英国专家的主要研究方法

科技中介法(Brooking(布鲁金),1996)

市场资产、以人为主体的资产、知识财产权资产和基础设施资产;衡量重点稽核,用三种方法来计算知识资本的价值。(1)成本法;(2)市价法;(3)收益法。

(四)中国专家的主要研究方法

2000年,隗斌贤对西方的市场价值进行了修正,认为知识资本的价值应区别不同情况采用不同的方法来核算,在此基础上提出了不同的计算方法;2002年赵建生、李克华探讨了知识密集型企业价值的评价方法,提出了企业创新能力价值的评价方法;2003年湖北经济学院的刘国武提出了基于生产函数模型的知识资本分析,建立了相应的评价模型;2005年重庆大学的张宗益和李金勇采用CIV法对我国钢铁行业上市公司以及医药制造行业上市公司的知识资本水平进行了评价。微观方法研究主要有2000年范徵的指标体系研究,采用了层次分析法。近几年的学者则主要不断改进指标体系,并普遍采用非经典数学中的模糊数学原理进行评价,将知识资本的综合评价方法密切结合了起来,但具体操作步骤,指标选择,权重选择的方法存在差异。

(五)其他一般计算方法

(1)现金流量折现法

$$NPV=(I1-O1)/(1+r)1+\cdots.+(It-Ot)/(1+r)t$$

(2)评价架构—计分卡法(S)

利用衡量知识资本构成要素的重要指标,产生报表或图形,做为传统财报的附件,原则上并不计算金钱价值。

(3)评价架构—直接评价法(DIC)

只要构成要素确认,就可以利用此种方法个体分别直接评价或汇总出整体效益和价值,

可以和计分卡法合并应用。该方法适用于隐藏价值的萃取、智慧资产专利的评价和未来净现值的投资计算。

(4)评价架构—资产效益法(ROA)

利用收益与成本求出资产回收效益。

(5)Ante Public 提出的 VAIC(知识增值系数)法

计算方法为:①计算企业增值,企业增值=企业产出-企业投入;②计算财务资本增值系数,财务资本增值系数=企业增值/所有财务资本之和;③计算智力潜力增值系数,智力潜力增值系数=企业增值/企业智力潜力;④计算企业智力能力,企业智力能力=②+③。

(六)中国世界新经济研究院关于知识资本量化的研究方法

首先,将知识资本量化研究的目标分为四个层次,这四个层次依次是①个人知识资本量化研究;②组织(机构、企业等)知识资本量化研究;③区域知识资本量化研究;④国家知识资本量化研究。

指导思想是新的资本理论体系,即市场经济资本构成是由货币资本、知识资本和消费资本三种资本构成,是三种资本共同作用推动着社会经济的发展。

基本思路基于个人是知识资本的最终载体,以个人知识资本量化研究为出发点,这可以为我们对组织、地区和国家的知识资本量化研究打下坚实的基础。因为只有研究单体的知识资本的量化,才可以进一步研究企业、地区和国家的知识资本总量。

此外,为了对单体知识资本进行量化,首先必须设定知识资本的测评指标体系,以这个指标体系为基础,利用层次分析法进行数学建模,可以求出每个单体的知识资本的含量。这个测评指标系统将由要素系统和指标系统组成。

建立单体知识资本测评体系包括要素系统和指标系统。在此基础上建立知识资本量化模型。①用语义差别隶属赋值法将定性指标量化并赋值。为避免主观判断所引起的失误,增加定性指标的准确性可采用语义差别隶属度赋值方法,将定性指标分成五个档次,并对每个档次内容所反映指标的趋向程度提出明确、具体的要求,建立各档次与隶属度之间的对应关系。②用模糊隶属赋值法将定量指标无量纲化处理,将定量指标原值转换成指标平均值。③用判断矩阵确定评价指标的权数。知识资本评价体系中的每个指标的重要性程度是不同的。知识资本的层次结构建立以后,上下层元素之间的隶属关系就确定了,并对每一层元素的相互之间的重要性给出判断,即确定每一层元素的相对权重。

综上所述,我认为中国世界新经济研究院的关于知识资本量化的研究方法将对于相关单位和学者进一步开展知识资本研究和实践有重要的借鉴意义和现实意义的。

第十五篇

世界各国知识资本量化方法的比较分析

2008年12月8日在《第四届中国—东盟企业家交流研讨会》上的讲话

【内容提要】 在探索知识资本量化过程中，各国经济学家、管理专家和财务专家提出了许多富有建设性的核算方法和模式，但是也存在明显的问题，尚需要深入研究并予以解决。纵观已提出的量化方法，主要存在如下几个问题：一是计算结果不准确，与企业实有的知识资本量不符；二是在量化方法上，缺乏统一的量化标准，因此，其计算结果在不同的国家和地区的可比性不大；三是大多数量化方法都不是从单体知识资本的量化为研究量化的起点，而是从企业组织这种知识资本次总体的量化为研究起点，这不是很科学，说明还有待于建立关于知识资本量化的相关理论支持。

中国世界新经济研究院知识资本量化研究的目标分为四个层次，依次为单体知识资本量化研究；组织（机构、企业等）知识资本量化研究；区域知识资本量化研究和国家知识资本量化研究。

知识资本量化研究将以单体知识资本量化研究为出发点。因为只有研究单体的知识资本的量化，才可以进一步研究企业、地区和国家的知识资本总量。构建了单体知识资本量化的要素系统和指标体系。分别建立单体、企业与组织、地区和城市、国家知识资本量化模型。（单体、企业与组织、地区和城市、国家）。

尊敬的会议主席：

尊敬的王利文秘书长：

尊敬的国内外各位专家：

很高兴同各位专家就知识资本量化问题进行交流。各国专家在发言中，对本次会议的中心议题，有如下几种表述：

知识经济、无形资产、知识产权、智力资本、知识资本及对它们的核算。可以看出，对一个议题有五种表述，这充分说明，我们面对的议题正处于深入研究的过程中，还远没有结束。关于知识产权制度、关于知识资本内涵的界定和知识资本量化方法已成为当前知识资本研究的重要问题。

由于我想简要地谈以下几个问题：一是关于知识产权制度；二是关于知识资本内涵的界定；三是知识资本量化方法。

一、关于知识产权制度

在经历了约300年的工业经济之后，20世纪80年代以来世界经济进入知识经济时代。知识以其独特的魅力登上经济舞台，成为未来经济发展的主导力量之一。资本的内涵和外延不断更新，知识资本日渐对企业的发展起决定作用。因而确认知识资本，并将它引入资本核算是未来经济发展的基本要素。

在知识经济社会，知识生产率日益成为一个国家、一个行业、一家企业竞争的决定性要素，而不再是以体力劳动者为主的劳动生产率。当知识能够生产产品和服务并创造利润时，知识也就成为知识资本。它将与货币资本一起共同推动经济发展。与此相应，知识资本对经济发展的贡献便成为人们关注的焦点，并引发人们对知识资本量化研究的关注。

尽管货币资本推动经济增长的速度是惊人的。但是单纯依靠货币资本发展经济很快就遇到了"瓶颈"。因为货币资本的不断增长，带来的是资源消耗的不断加速。因此，很快就出现有限的资源无法继续支撑经济高速增长需要的局面。

为了人类社会进一步的发展，人们发现了新的支柱——知识经济。通过以知识的投入代替资源的投入来支撑经济继续的快速增长。

为了发挥知识在经济发展中的作用，人们制定了知识产权制度，将知识的成果以货币资本的形式进行量化之后在市场上流通。然而，在这个时期，知识还未能成为真正的资本。由于知识产权是知识资本的成果，而不是知识资本本身。知识资本的很多成果，无法完全用知识产权的方式表现，它所能表现的只是一部分成果，即可以购买和流通的那些成果。在知识产权制度下，更大程度上是由货币资本代行知识资本的职责，而不是让知识资本本身参与管理并承担责任。因此，也就无法真正将知识资本的活力充分解放出来。我们认为必须将知识产权体制转化为知识资本体制，才能充分发挥知识资本的作用，才能使市场经济真正迅速的发展起来。而这就需要我们能够量化全部知识资本，而不仅是一部分知识成果。所以说，知识资本量化是经济学理论发展到今天必须解决的问题，也是社会经济发展到今天必须解决的问题。

二、关于知识资本内涵的界定

（一）关于知识资本理论研究

在研究知识资本量化过程中，遇到的第一个问题就是市场经济究竟有几种资本，各种资本的内涵，特别是知识资本的内涵，应如何界定？它究竟有哪些部分组成？既不能遗漏，也不能把其他资本价值计入在内。举例来说，我们在计算张三家的资产时，不能把邻居李四家的财产也算在他的名下。

有不少经济学家对经济发展现象有许多迷惑之处，比如说对经济增长速度和资本积累速度不成比例的迷惑。这是因为传统的经济理论认为，推动经济发展的只有一种资本，即货币资本，而没有意识到知识资本和消费资本的存在，没有对这两种资本进行量化，因此，在统计资本总规模时，没有核算出这两种资本的数量，并计入在内，所以才会有资本积累规模增速不大而经济发展速度增幅却很大的这种迷惑。造成这种迷惑的根本原因是原有的资本理论落后于时代，落后于经济发展的实践。

在传统的经济学理论中，认为推动经济发展的只有一种资本，即货币资本。但市场经济发展的实践说明，事实并非如此。人们通过对市场经济发展史的研究，逐渐认识到：完整的市场经济应包括货币资本、知识资本和消费资本三个重要组成部分。而不是单一的或者唯一的货币资本。

根据这一结论，我在2005年3月底4月初，应卡塔尔国第一副首相兼外交部长的邀请，出席在多哈举行的第五届世界民主与国际贸易大会上，曾经提出，进入新世纪，各国政府领导人、市长、企业家将面临并且可以拥有三种资本，即货币资本、知识资本和消费资本，而不是单一的或者唯一的货币资本。这一理论将化解城市和企业发展过程中的资本短缺问题，而有力地推动经济发展。

关于这一理论，在这里我不想做详细阐述。各位专家可参阅我于2006年3月出版的《消费资本化理论与应用》（中国广西科技出版社 出版）和2006年12月出版的英文版 *Consumption Capitalization Theory and Its' Applications*. 或者参阅我应邀于2007年10月在美国麻省理工大学斯隆商学院所做的关于消费资本论的演讲。

（二）关于知识资本的量化研究

进入新世纪，世界经济发生了深刻的变化。国家、地区和企业发展的经济背景较之以前有了本质的不同。一是市场经济已经完成了由卖方市场向买方市场的过渡，在买方为主的市场经济发展阶段，消费对生产和经济发展的制约作用日益凸显。因此，在今后的经济发展中，必须高度重视消费资本的重大作用。二是国民经济知识化程度越来越高，各经济元素中的知识和科技含量越来越大，知识的作用日益凸显。所以，在今后的经济发展中，必须高度重视知识资本的作用。因此，长期以来，强调单一依靠货币资本发展经济的传统的市场经济理论已经过时。

消费资本化理论的提出，是新的市场经济理论形成的标志。新的市场经济理论认为，完整的市场经济资本构成包括三种资本，经济发展方式也应该是多元的。所以，解决国家、地区和企业经济发展所需要的资金问题，总的思路应当是继续充实货币资本，高度倚重知识资本，大力开拓消费资本。由单一的货币资本发展经济的传统发展方式，转化为货币资本和知识资本相结合的发展方式，再转化为"消费资本导向、知识资本创新、货币资本推动"的三种资本融合、联动的新型发展方式，是全世界各个市场经济国家经济发展所必然遵循的总的趋势，也是市场经济一条非常重要的经济发展规律。在这样的历史背景下，对于知识资本和消费资本的研究显得颇为重要。

目前，各国专家，包括美国、瑞典、法国、英国等国专家，提出的知识资本量化方法，据不完全统计，大约有二十几种。

纵观已提出的量化方法，主要沿着两条思路展开。

一是宏观方法。这种方法是把企业的知识资本作为一个整体来估算。如美国学者斯图尔特提出的市场余额法：

无形资产＝公司市值－有形净资产的帐面价值

这种方法对企业的知识资本所包括的具体项目未做分类区别和说明。因而无法了解企业知识资本的具体构成,其实用性不是很大。

二是微观方法。把知识资本分为各类独立项目,如美国哈佛商学院诺顿提出的平衡计分卡,主要指标包括财务、流程、学习与成长、顾客。

又如瑞典 Edvinsson 和 Malone 提出的斯堪地亚知识资本测评法,包括五个指标:财务、人力、创新、流程、客户。这类量化方法存在计算约为问题,把非知识资本值计入在内。比如客户或者说顾客,显然属于消费资本,而不是知识资本。

英国布鲁金提出的科技中介法存在这同样问题,他是把市场资产计入在内。

总体来看:一是存在着知识资本计算结果不准确,与企业实有的知识资本量不符;二是在量化方法上,缺乏统一的量化标准,因此,其计算结果在不同的国家和地区的可比性不大;三是大多数量化方法都不是从知识资本单体的量化为研究量化的起点,而是从企业组织这种知识资本总体的量化为研究起点,这是不科学的。我们还没有建立起关于知识资本量化的相关理论支持。

(三)知识资本内涵的界定

货币资本实际上是以货币形态表现的生产资本,它包括在产品和服务的创造过程中,可以用货币购入的所有物质性的投入。而知识资本是以知识形态表现的资本。包括在产品和服务的创造过程中,所有知识性、技术性的投入。

知识资本分为广义的知识资本和狭义的知识资本。广义的知识资本是指以人或其知识成果为载体所凝聚的知识总量。它包括人力、管理、技术、经验及其相应的知识与科技成果等要素。狭义的知识资本是指以人或其知识成果为载体的知识总量在工作过程中岗位上一定期间内释放出来的现值。它包括员工积累的知识及其成果的应用,以及正在创造的知识及其相应的成果等。

消费资本是以消费形态表现的资本。包括在产品和服务的消费过程中,所有由消费者顾客创造的市场力量及其价值表现。它是货币资本和知识资本之外的第三种资本形态。

之所以列出三种资本内涵界定的内容,是因为在进行知识资本量化过程中,有一种广为流传的观点,认为知识资本包括人力资本、结构性资本和顾客资本,其中顾客资本是指市场营销渠道、顾客忠诚度、企业信誉度等经营性资产,实际上是消费资本,而不是知识资本,不过人们还没有充分认识到消费资本的存在,而未能把它从知识资本中分离出来。

三、知识资本量化方法

知识资本量化研究,将有助于准确量化国家、地区和企业在发展过程中运行着的资本总量,为国家、地区和企业经济成长从资本构成方面提供非常精确的量化说明,对于解决国家、地区和企业经济发展提速、优化资本结构、充分发挥知识资本和消费资本的作用具有重大意义。

在探索知识资本量化过程中,各国经济学家、管理专家和财务专家提出了许多富有建设性的核算方法和模式,但是也存在明显的问题,尚需要深入研究并予以解决。

(一)美国的主要研究方法

(1)平衡计分卡(Kaplan(卡普兰)& Norton(诺顿),1996,哈佛商学院)

主要指标：财务、顾客、流程、学习与成长。

(2)成本法(Stewart(斯图尔特)，1997)

主要指标：历史成本；重置成本。

(3)市场余额法(Stewart(斯图尔特)，1997)

无形资产＝公司整体之市价(MV)－有形净资产之帐面价值(BV)

(4)经济价值增益模式(Stewart(斯图尔特)，1997)

EVA＝税后营业净利－［加权平均资金成本率＊(总资产－流动负债)］，即EVA＝税后营业利润－机会成本。

(5)知识资产价值评测(Sullivan(沙利文)，1998)

以“价值萃取”为中心，有效地运用知识财产来产生价值，各种知识资本最后终将形成知识的结晶就是知识财产，如专利、版权等。

(6)Tobin的Q系数法(James Tobin(詹姆士·托宾)，1999，耶鲁大学)

Tobin的Q系数＝市场价值/重置成本(帐面价值)

(7)人力资源损益法(Johanson，(强森)，1996)

将人力资源对公司的贡献和必须付出的成本转成人力资源损益表，附在一般财报上，提供给利害关系人参考。

(8)Strassmann(斯特拉斯曼，1999)提出管理决策的报酬(ROM)法

(9)Baruch Lev提出知识资本价值(KCV)法

(10)Baruch Lev(巴鲁·列弗)，Marc Bothwell(博斯维)提出知识资本赢余法(KCE)

(二)瑞典的主要研究方法

(1)斯堪地亚(Skandia)知识资本评测法(瑞典保险金融公司(Edvinsson & Malone，1997))

五大指标：财务、客户、人力、创新、流程；包括112个衡量项目；组织智慧资本＝iC(i：代表效率系数；C：智慧资本绝对测度值)。

(2)无形资产监测法Sveiby(斯威比，1997)

主要指标：员工胜任能力、内在结构及外在结构；衡量的指标为“成长/更新指标”、“效率指标”以及“稳定指标”。

(三)英国的主要研究方法

科技中介法(Brooking(布鲁金)，1996)

市场资产、以人为主体的资产、知识财产权资产和基础设施资产；衡量重点稽核，三种方法来计算知识资本的价值。(1)成本法；(2)市价法；(3)收益法。

(四)中国的主要研究方法

2000年，隗斌贤对西方的市场价值进行了修正，认为知识资本的价值应区别不同情况采用不同的方法来核算，在此基础上提出了不同的计算方法；2002年赵建生、李克华探讨了知识密集型企业价值的评价方法，提出了企业创新能力价值的评价方法；2003年湖北经济学院的刘国武提出了基于生产函数模型的知识资本分析，建立了相应的评价模型；2005年重庆大学的张宗益和李金勇采用CIV法对我国钢铁行业上市公司以及医药制造行业上市公司的知识资本水平进行了评价。微观方法研究主要有2000年范徵的指标体系研究，采用

了层次分析法。近几年的学者则主要不断改进指标体系，并普遍采用非经典数学中的模糊数学原理进行评价，将知识资本的综合评价方法密切结合了起来，但具体操作步骤，指标选择，权重选择的方法存在差异。

(五)其他一般计算方法

(1)现金流量折现法

NPV＝(I1－O1)/(1＋r)1＋…. ＋(It－Ot)/(1＋r)t

(2)评价架构－计分卡法(S)

利用衡量知识资本构成要素之重要指标，产生报表或图形，做为传统财报之附件，原则上并不计算金钱价值。

(3)评价架构－直接评价法(DIC)

只要构成要素确认，就可以利用此种方法个体分别直接评价或汇总出整体效益和价值，可以和计分卡法合并应用。

适用于隐藏价值的萃取、智慧资产专利的评价和未来净现值的投资计算。

(4)评价架构－资产效益法(ROA)

利用收益与成本求出资产回收效益。

(5)Ante Public 提出 VAIC(知识增值系数)法

计算方法为：①计算企业增值，企业增值＝企业产出－企业投入；②计算财务资本增值系数，财务资本增值系数＝企业增值/所有财务资本之和；③计算智力潜力增值系数，智力潜力增值系数＝企业增值/企业智力潜力④计算企业智力能力，企业智力能力＝②＋③。

四、中国世界新经济研究院关于知识资本量化研究

将知识资本量化研究的目标分为四个层次，这四个层次依次是个人知识资本量化研究、组织(机构、企业等)知识资本量化研究、区域知识资本量化研究和国家知识资本量化研究。

指导思想：本项目开发和研究的指导思想就是新的资本理论体系，由于市场经济资本构成是由货币资本、知识资本和消费资本三种资本构成，是三种资本共同作用推动着社会经济的发展，而个人是知识资本的最终载体，因此，以个人知识资本量化研究为出发点，这可以为组织、地区和国家的知识资本量化研究打下坚实的基础。因为只有研究单体的知识资本的量化，才可以进一步研究企业、地区和国家的知识资本总量。

为了对单体知识资本进行量化，首先必须设定知识资本的指标体系，以这个指标体系为基础，利用层次分析法进行数学建模，可以求出每个单体的知识资本的含量。这个测评指标系统将由要素系统和指标系统组成。

建立单体知识资本测评体系，其中包括：要素系统和指标系统。在此基础上构建知识资本量化模型。①用语义差别隶属赋值法将定性指标量化并赋值。为避免主观判断所引起的失误，增加定性指标的准确性可采用语义差别隶属度赋值方法，将定性指标分成1、3、5、7、9五个档次(同等的、好的、较好的，明显好的、极端好的)，并对每个档次内容所反映指标的趋向程度提出明确、具体的要求，建立各档次与隶属度之间的对应关系。每档根据指标内容的趋向程度对应指标评价值1～9分不等：即第一档(极端好的)对应指标评价值为9分；第二

档(明显好的)为 7 分;第三档(较好的)为 5 分;第四档(好的)为 3 分;第五档(相同的)为 1 分等。②用模糊隶属赋值法将定量指标无量纲处理。按照对评价对象作用方向的不同,定量指标可分为正指标(要求数值越大越好)和适度指标(要求以适中为好)。可以采用模糊数学中的隶属赋值方法,给出正指标与适度指标的无量纲化处理公式。公式中以定量指标所适用的评分制中的最大值、最小值和平均值为标准,进行无量纲化处理,将定量指标原值转换成指标平均值。③用判断矩阵确定评价指标的权数。知识资本评价体系中的每个指标的重要性程度是不同的。知识资本的层次结构建立以后,上下层元素之间的隶属关系就确定了,AHP(层次分析法)还要求分析者对每一层元素的相互之间的重要性给出判断,即确定每一层元素的相对权重。

最后,我的建议。

1. 由与会的各国专家组成一个关于知识资本量化的专家委员会,轮流在个参与国定期举行会议。

2. 建立由参与国专家组成的、联合的知识资本研究中心,进一步全面深入研究知识资本量化,并取得共识,形成世界统一的量化标准和量化方法。

3. 分别在每个国参与过建立知识资本交易中心,以便在实践中推广、运用研究成果,推动经济发展。

4. 加强参与国之间组织和个人的互访,并可以就有关专题项目进行双边或多变合作。

谢谢。

第十六篇

知识资本量化研究的重要意义

2008年4月9日在《澳门特别行政区生产力暨科技转移中心学术报告会》上的演讲

【内容提要】 知识资本量化研究有助于精确量化国家或地区投资规模;有助于国家、地区建立新的经济运行体系和实现经济发展方式转型;有助于建立新企业制度。知识资本量化可以从宏观层面、中观层面、微观层面提高国家、地区和企业的管理水平。同时,为经济学分支学科如计量经济学、会计学和统计学等进一步发展创造了条件。

尊敬的杨俊文主席:

尊敬的刘本立会长:

尊敬的潘婉仪委员:

尊敬的澳门科技大学校长、各位专家、各位来宾:

女士们、先生们:

首先,十分感谢澳门生产力暨科技转移中心对世界新经济研究院和对我本人的盛情邀请,使我有机会就当代新资本理论,尤其是知识资本量化研究,同在座的各位进行有益的交流。

今天,我在中国澳门特别行政区科学与实践相结合的最高组织和管理机构——澳门生产力暨科技转移中心神圣的讲坛上,向澳门各界人士、也向世界各国经济学家、政府领导人、企业家提出我的新的理论见解。

人类社会自20世纪下半叶以来,发生了急剧的变革,一种新的经济形态:知识经济渐渐显露并显示出强劲的发展势头。在知识经济社会,知识的生产率日益成为一个国家、一个行业、一家企业竞争的决定性要素,而不再是以体力劳动者为主的劳动生产率。当知识成为创造产品和服务来获得经济利润的资源时,知识也就成为知识资本;相应的,知识资本对经济发展的贡献成为人们关心的话题,而解决这一问题的关键就是能够量化知识资本。

知识资本量化研究的应用范围非常广泛,不仅可以应用在宏观上,用来统计资本积累总量,还可以应用在微观上,对于企业内部管理也具有重要意义。知识资本量化研究的重大作用具体如下:

第一，知识资本量化研究有助于精确量化国家或地区投资规模，明确国民经济或地区经济中运行着的资本总量；为国家、地区和企业经济成长从资本构成方面提供了非常精确的量化说明，这将发动多种资本效用，推动国家、地区和企业的经济发展。也有利于调整资本构成，为下一个经济发展高峰积累经验，有助于提高三种资本的投资效益。

第二，知识资本量化有助于国家、地区建立新的经济运行体系和实现经济发展方式转型。新的经济运行体系和经济发展方式转型都是以市场经济的三种资本形态即消费资本、知识资本和生产资本为运行载体，因此对知识资本进行量化为国家、地区建立新的经济运行体系和企业实现经济增长方式转型提供了必要条件。

第三，知识资本量化有助于建立新企业制度。我们要建立货币资本、知识资本和消费资本三种资本综合的股份公司，就必须能够用货币资本量化知识资本，这样才能衡量知识资本载体和消费资本载体所占股份比例大小；从而构建三种资本综合股份公司。

第四，知识资本量化可以从宏观层面、中观层面、微观层面提高国家、地区和企业的管理水平。将知识资本所有者拥有的知识资本进行量化，清晰地计算出知识资本值的大小，以便建立明确的知识资本长效激励机制，使知识资本所有者能够参与企业利润分配。这样才能激发知识资本所有者的积极性，使知识资本的创造力充分发挥出来。

以前员工只能作为基层的劳动者，而在知识资本长效激励机制之下，他们可以分享企业长期发展的成果，逐渐成为企业的主人。在这种激励机制下，员工产生一定的回报预期。这在很大程度上，激发了员工的工作热情，彻底改变了被动的工作态度，使员工活跃起来，大大提高了积极性和主动性。此外知识资本长效激励机制会使员工自觉地提升业务水平，不断追求工作的完美和高效，从而提升了企业整体的绩效水平。同时也促进了组织结构的优化，增强了企业凝聚力。员工对企业的忠诚度增强和主人翁意识不断增强。

第五，为经济学分支学科如计量经济学、会计学和统计学等分支学科的进一步发展创造了条件。

总之，知识资本量化研究带来理论上、制度上和思想上的创新，它是世界上最前沿的研究课题之一，它是一个国家或地区的创新亮点，为社会的各个层次和领域都带来了新内容。

第十七篇

知识资本在知识经济时代的应用

2012年1月12日在《知识资本量化长效激励机制管理系统》新闻发布会上的讲话

【内容提要】 知识资本量化研究是目前全球瞩目的、世纪性的前沿课题，具有极其重要的科学价值和实际意义。它不但是重大科技创新，同时还将对国家、地区和企业的经济发展产生不可估量的作用。

《知识资本量化长效激励机制管理系统软件》是我国知识资本量化研究的最前沿和最新成果。它将引领知识资本在世界各个国家、地区、企业中广泛应用；它将引领新世纪管理科学的一场深刻革命。

尊敬的马俊如部长、倪光南院士、郑志鹏教授：

尊敬的各位专家、企业家和新闻界朋友：

我十分荣幸地代表世界新经济研究院、北京原点文化经济创新发展基金会、知识资本国际联盟和中加新世纪公司，对各位贵宾的光临，表示衷心的感谢和热烈的欢迎。

进入新世纪，世界经济发生了深刻的变化，知识经济作为一种全新的经济形式正在疾步向我们走来。它以其独特的魅力登上了社会经济发展的历史舞台。人类从未像现在这样深刻地感受到"知识就是力量"的真正含义。知识的迅速传播和知识资本的广泛应用，为新时期经济发展注入了强大的动力和无限的活力。

在新世纪，人们清晰的看到，各国国民经济知识化水平越来越高。每个经济元素包含的知识和科技含量的比重越来越大，知识生产率日益成为国家、地区和企业经济发展的关键要素和主导力量，而不再是以体力劳动为主的劳动生产率。这标志着世界经济已经进入知识经济发展阶段。人类深刻的认识到，在物质产品生产过程之外，还同时存在着知识产品的生产过程。知识产品，有力地推动着国家、地区和企业的经济发展，成为一种崭新的资本力量和新的资本形态，即知识资本。知识资本与传统的货币资本不同，它是一种清洁的、无污染的资本，可以无限的复制，对货币资本发挥着点石成金的倍加效应，它将创造出比货币资本更高的利润率。它一经出现，就展示出它对社会经济发展的巨大威力，引起各国政府领导人、专家和企业家的高度关注，也激发了世界各国专家学者对知识经济和知识资本量化研究的热情。

知识资本量化研究是目前全球瞩目的、世纪性的前沿课题，具有极其重要的科学价值和实际意义。它不但是重大科技创新，同时还将对国家、地区和企业的经济发展产生不可估量的作用。

首先知识资本量化，是衡量一个国家创新能力最重要的标准和最精确的指标。而且也是测量和激活国家、地区和企业知识资本存量，并使之最充分发挥作用的最重要的前提和最关键的条件。

第二，知识资本量化研究，将有助于准确量化国家、地区和企业在发展过程中运行着的资本总量；为国家、地区和企业经济成长从资本构成方面提供非常精确的量化说明，对于解决国家、地区和企业经济发展提速、优化资本结构、充分发挥知识资本的作用具有重大意义。

第三，知识资本量化是计量知识产权价值，实现知识产权流通，完善知识产权制度的关键因素。因为知识产权反映的是知识资本的成果，只有解决了知识资本量化问题，才能够精确计算出知识产权的价格，才能形成被国内外普遍接受的客观的、科学的、统一的衡量标准，从根本上解决国内各地区之间、内地和港澳台之间、国与国之间知识产权难以流通、无法流通、甚至不能流通的瓶颈。

知识资本量化研究能够为我国在世界最前沿的重大科研课题上争取话语权。目前，我国对知识资本量化的研究已处于世界领先水平，并得到世界各国专家的广泛认同。

对于知识资本量化研究，我国已经具备了理论成果和方法论上的优势。世界新经济研究院研发的《知识资本量化长效激励机制管理系统》软件，充分体现了我国知识资本量化理论研究的成果和水平，具有重大的理论意义和实践意义，这套软件的诞生，标志着知识资本研究取得了重大突破，使世界知识资本量化研究进入一个新的阶段，这套软件提出了知识资本的标准计量单位，标准计量单位的中文名称为“知量”，应为为“KC(Knowledge capital)”，这是在世界知识资本量化研究史上提出的对知识资本标准计量单位。是对知识资本量化研究的重大贡献，提出的标准计量单位(KC)对知识成果、知识产权和专利的量化具有重大的度量意义，通过这一计量标准，我们就可以用数量表示知识资本载体和知识资本所有者的拥有量。

这套软件还科学的界定了知识资本的内涵，在研究知识资本量化过程中，遇到的第一个问题就是市场经济究竟有几种资本，各种资本的内涵，特别是知识资本的内涵，应如何界定？它究竟有哪些部分组成？既不能遗漏，也不能把非知识资本计入在内。知识资本是以知识形态表现的资本。包括在产品和服务的创造过程中，所有知识性、技术性的投入。知识资本分为广义的知识资本和狭义的知识资本。广义的知识资本是指以人或其知识成果为载体所凝聚的知识总量。它包括人力、管理、技术、经验及其相应的知识与科技成果等要素。狭义的知识资本是指以人或其知识成果为载体的知识总量在工作岗位上一定期间内释放出来的现值。它包括员工积累的知识及其成果的应用，以及正在创造的知识及其相应的成果等。

这一研究成果第一次提出了量化知识产权和专利的原理和数学模型，当所有的知识资本所有者及其成果，包括著作、创新、专利都折合成社会平均必要劳动时间的量，就可以使不同领域、不同类型的专家及其成果具有了统一的计量标准，通过对统一的计量标准赋值，就可以具有统一的计价标准，进而计算该项成果的货币值。这对于专家及其成果在市场上流通和应用，激活知识资本存量，并及时充分的发挥作用，具有不可估量的重大意义。另外，确定了知识资本要素量化系统和指标体系。以上成果是中国和世界知识资本量化研究中的最具开拓性的重大成果。

这一研究成果的重大实践意义在于，《知识资本量化长效激励机制管理系统软件》是我国对知识资本管理与量化研究的最前沿和最新成果。它将引领知识资本在世界各个国家、地区、企业发展中广泛应用；它将引领新世纪管理科学的一场深刻革命。

● 以全新的视角，从深层次因素研究和提升企业管理水平，建立知识经济时代企业的现代化管理机制。

● 消除了以往传统的企业管理机制的诸多误区和弊端，是具有划时代意义的、更新换代的管理模式。

● 为企业高管人员、科技人员和业务骨干制定了科学的薪酬绩效和激励机制，真正具有了公平性、客观性和激励性，从而稳定企业队伍、增强企业凝聚力，是增进劳资双方关系的重要纽带。

● 稳定企业队伍，避免人才流失、科技成果流失、顾客流失、市场流失的有效举措，提升企业综合管理水平，提高企业市场竞争力，引领企业成为市场经济的佼佼者。

● 开启了企业管理知识资本的先河，是目前企业管理知识资本最先进的办法。它的运用，将帮助企业踏上管理知识资本的科学道路。

无论从理论意义上讲，还是它的实践意义，都奠定了我国知识资本量化理论与应用在世界上的领先地位。

为了研发本套软件，我们组织了我国一流的专家团队，由著名经济学家、新资本理论奠基人、知识资本国际联盟主席陈瑜教授作为研发人；

科学顾问：倪光南　中国工程院院士，中国科学院计算机研究员

马俊如　国家高科技战略研究组组长、国务院外国专家局原局长

郑志鹏　中国科学院著名科学家、教授、博士生导师

王国军　对外经济贸易大学教授、博士生导师

技术顾问：许榕生　中国科学院研究员博导、软件首席科学家

政策顾问：王斯洪　国家工商总局局级巡视员

法律顾问：徐孟州　中国人民大学法学院副院长、教授、博导

中加新世纪公司、中国科学院优秀青年学者共同参与研发。

我院在研发知识资本量化长效激励机制管理软件过程中，得到了我国政府主管部门的高度重视、关心和大力支持。我们同中国科学院和北京航空航天大学合作开发的《知识资本量化长效激励机制管理系统软件》试用版，受到了社会各界的认同和欢迎。并在 2008 年 11 月“中国民营企业科技产品博览会”上获得了由中国民营科技促进会和中国民营企业科技产品博览会组委会颁发的“科技创新成果金奖”。这次，我和中国科学院合作，在试用版的基础上，进行更深入的研发，

这个软件开启了企业管理知识资本的先河，对于增强企业创新能力，提升企业综合管理水平，稳定企业队伍，避免人才流失、科技成果流失、市场流失；对于改革企业分配制度，增强企业凝聚力，增进劳资双方关系和谐，配合新劳动合同法的实施，都起到了十分重要的积极

作用。

两年来，我们在试用软件的基础上进一步深入研究，在知识资本量化测评方法上有了新的突破，完成了管理软件标准版的可行性报告，即将在政府主管部门的关心和支持下，同投资方合作，研制生产标准版，包括简化体中文版、繁体中文版和英文版，分别在我国内地、港澳台地区、东南亚各国和欧美等应用英语的国家发行。

今天在这里，召开《知识资本量化长效激励机制管理系统》软件新闻发布会，我们衷心的感谢在座各位对我们的帮助和支持。同时，我们要特别感谢国家科技部、国家知识产权局、中国科学院、中国工程院、中关村国家高新技术产业园区和北京市、上海市、天津市科委系统以及社会各界人士的关心和支持。

对标准版软件的研发和生产来说，消费资本导向、知识资本创新、货币资本推动三项基本条件均已具备，我们将向社会奉献最先进、最科学的世界一流科技产品，为我国和世界各国企业踏上知识经济发展的道路做出我们的贡献。

尊敬的各位专家和企业家朋友们，今天我在这庄严的讲台上宣布，世界瞩目的知识资本量化管理软件在中国诞生。在新春来临之际，在中国的首都——北京，迎来了一个历史性的时刻！世界第一套知识资本量化管理系统软件正式问世了！由中国统计出版社和北京数通电子出版社荣誉出品的《知识资本量化长效激励机制管理系统软件》正式出版发行。

谢谢大家。

第十八篇

量化知识资本提升知识产权价值

发表于《中国知识产权报》2012 年 2 月 3 日

【内容提要】 作为知识经济的重要组成部分,知识产权可以实现对知识自身不可替代和无限增值等特征的体现,所以知识产权的出现是人类知识价值认识的深化。知识到底能有多大的力量,知识资本该如何精确计量?这还有待知识资本量化研究这一前沿课题在理论和应用上的进一步创新。

经过多年研究,我院开创性地提出了知识资本的计量单位、知识资本的计量标准以及知识产权等创新成果的量化原理和计量模型,并在理论创新基础上着手创新成果的推广应用。

作为这一创新理论的实际应用成果,目前推出的《知识资本量化长效激励机制管理系统软件》集知识资本量化与管理研究的最新成果于一身,将引导知识资本在世界各个国家、地区、企业发展中广泛应用,使企业的分配制度真正具有公平性、客观性和激励性。

新世纪以来,世界经济发生了深刻的变化。知识经济以其独特的魅力登上了社会经济发展的历史舞台。知识的迅速传播和知识资本的广泛应用,为新时期经济发展注入了强大的动力和无限的活力。作为知识经济的重要组成部分,知识产权可以实现对知识自身不可替代和无限增值等特征的体现,所以知识产权的出现是人类知识价值认识的深化。

然而,知识到底能有多大的力量,知识资本该如何精确计量?这还有待知识资本量化研究这一前沿课题在理论和应用上的进一步创新。世界新经济研究院经过多年研究,开创性地提出了知识资本的计量单位、知识资本的计量标准以及知识产权等创新成果的量化原理和计量模型,并在理论创新基础上着手创新成果的推广应用。

一、知识资本量化迫在眉睫

在新世纪,人们清晰的看到,各国国民经济知识化水平越来越高,每个经济元素包含的知识和科技含量的比重越来越大。知识生产率日益成为国家、地区和企业经济发展的关键要素和主导力量,而不再是以体力劳动为主的劳动生产率。这标志着世界经济已经进入知识经济发展阶段。人类深刻的认识到,在物质产品生产过程之外,还同时存在着知识产品的生产过程。知识产品,有力地推动着国家、地区和企业的经济发展,成为一种崭新的资本力量和新的资本形态，即知识资本。知识资本与传统的货币资本不同，它是一种清洁的、无污染的资本，可以无限的复制，对货币资本发挥着点石成金的倍加效应，它将创造出比货币资本更高的利润率。

正是为了发挥知识在经济发展中的作用，人们制定了知识产权制度，将知识的成果以货币资本的形式进行量化之后在市场上流通。然而，在这个时期，知识还未能成为真正的资本。因为知识产权是知识资本的成果，而不是知识资本本身。知识资本的很多成果，是无法完全用知识产权的方式表现的，它所能表现的只是一部分成果，即可以购买和流通的那些成果。在知识产权制度下，更大程度上是由货币资本代行知识资本的职责，而不是让知识资本本身参与管理并承担责任。在人们根深蒂固的传统思想之下，货币资本所有者仍然是企业的控制者、企业责任唯一的承担者和企业利润的唯一享有者。

然而，在经济发展过程中，知识资本的作用已经十分重要，能够承担企业更多的责任和义务，也要求在企业中获得更大的权益。但是，所有的人——包括货币资本的所有者和知识资本的所有者自己——都还没有充分认识到这一点，而仅仅把知识资本的所有者看作是货币资本的代理人。对知识资本尚未能发挥重大作用的原因，却认为应由代理人负责。人们想了很多办法，试图解决代理人问题，但是由于缺乏清晰的科学理论支撑，人们无法抓住问题的实质，也就无法真正将知识资本的活力解放出来。因此，必须将知识产权体制转化为知识资本体制，才能充分发挥知识资本的作用，才能使市场经济真正迅速地发展起来。而这就需要我们量化全部知识资本，而不仅是一部分知识成果。

知识资本量化是让知识资本在实际运用中真正发挥最大作用的关键性问题，但这一问题目前尚未得到彻底解决，这成为阻碍知识资本进一步促进经济发展的瓶颈。

二、知识资本内涵的界定是量化的基础

货币资本实际上是以货币形态表现的生产资本，它包括在产品和服务的创造过程中，可以用货币购入的所有物质性的投入。知识资本是以知识形态表现的资本，包括在产品和服务的创造过程中，所有知识性、技术性的投入。消费资本是以消费形态表现的资本，包括在产品和服务的消费过程中，所有由消费者创造的市场力量及其价值表现。它是货币资本和知识资本之外的第三种资本形态。

知识资本分为广义的知识资本和狭义的知识资本。广义的知识资本是指以人或其知识成果为载体所凝聚的知识总量。它包括人力、管理、技术、经验及其相应的知识与科技成果等要素。狭义的知识资本是指以人或其知识成果为载体的知识总量在工作岗位上一定期间内释放出来的现值。它包括员工积累的知识及其成果的应用，以及正在创造的知识及其相应的成果等。

事实上，在进行知识资本量化过程中，普遍观点认为，知识资本包括人力资本、结构性资本和顾客资本，其中顾客资本是指市场营销渠道、顾客忠诚度、企业信誉度等经营性资产，实际上这就是一部分消费资本，只不过人们还没有充分认识到消费资本的作用，而未能把它与人力资本和结构性资本相区分并提炼出来。

三种资本内涵的界定，尤其是知识资本和消费资本概念的提出，是对资本理论的又一次

突破。它使人们对于知识资本的认识达到一个崭新的高度，为精确测量每个个体所拥有的知识资本量打下了基础，对我们进行知识资本量化研究具有重要的指导意义。

三、相关标准有待统一

目前，各国专家，包括美国、瑞典、法国、英国等国专家，提出的知识资本量化方法大约有二十几种。

纵观已提出的量化方法，主要有两条思路：一是宏观方法。这种方法是把企业的知识资本作为一个整体来估算。如美国斯特尔特先生提出的市场余额法：无形资产＝公司市值－有形净资产的账面价值。这种方法对企业的知识资本所包括的具体要素未作分类计算和说明，因而无法了解企业知识资本的具体构成，其实用性不是很大。二是微观方法。把知识资本分为各类独立要素，如美国哈佛商学院诺顿先生提出的平衡记分卡，主要指标包括财务、流程、学习与成长、顾客。又如瑞典 Edvinsson 和 Malone 提出的斯堪地亚知识资本测评法，包括五个指标：财务、人力、创新、流程、客户。这类量化方法存在越位问题，把非知识资本值计入在内。比如客户或者说顾客，显然属于消费资本，而不是知识资本。英国布鲁金提出的科技中介法存在着同样问题，他是把市场资产计入在内。

总体来看，关于知识资本量化方面存在如下几个问题：知识资本计算结果不准确，与企业实有的知识资本量不符；在量化方法上，缺乏统一的量化标准，因此，其计算结果在不同的国家和地区的可比性不大；大多数量化方法都不是从知识资本单位的量化为研究量化的起点，而是从企业组织这种知识资本总体的量化为研究起点，这不是很科学，也就是说我们还有待于建立关于知识资本量化的相关理论支持。

四、计量方法更趋优化

世界新经济研究院以新的资本理论体系，即市场经济资本由货币资本、知识资本和消费资本三种资本构成为指导思想，以个人知识资本量化为出发点，开创性地提出了知识资本的计量单位和计量标准。因为个人是知识资本的最终载体，只有研究单体的知识资本的量化，才可以进一步研究企业、地区和国家的知识资本总量。

研究中，我们提出了知识资本计量单位的中文名称为“知量”，英文为“KC(Knowledge capital)”。这是在世界知识资本量化研究史上第一次提出的知识资本的计量单位。由此我们可以准确的计量和表示知识资本成果和知识资本所有者拥有的知识资本的数量。知识资本的计量标准是指知识资本所有者，通过智力劳动，凝结一个标准计量单位的知识资本含量，所需要的社会平均必要劳动时间。社会平均必要劳动时间是指在现有的社会正规的教育和培训条件下，在社会平均的研究水平和研究难度下，形成一个标准计量单位知识资本含量所需要的劳动时间，而不是某个单体知识资本所有者在个别情况下完成研究所需的劳动时间。

在此基础上，我们提出了知识产权和发明专利的量化原理和计量模型。当所有的知识资本所有者及其成果，包括拥有著作权的作品、拥有发明的技术及其他创新成果等都折合成社会平均必要劳动时间的量，就可以使不同领域、不同类型的专家及其成果具有了统一的计量标准赋值，就可以具有统一的计价标准，进而计算该项成果的货币值。

作为这一创新理论的实际应用成果，目前推出的《知识资本量化长效激励机制管理系统软件》集知识资本量化与管理研究的最新成果于一身，将引导知识资本在世界各个国家、地区、企业发展中广泛应用，使企业的分配制度真正具有公平性、客观性和激励性。

第十九篇

知识资本量化研究的重大突破

2012 年 12 月 29 日在《世界城市科学联盟年会》上的讲话

【内容提要】 知识资本量化研究，尤其是《知识资本量化长效激励机制管理系统》软件研发成功具有重大的科学价值，是中国和世界知识资本量化研究中的最具开拓性的重大成果。它在知识资本量化领域，实现了实质性的重大突破。一是提出了知识资本的计量名称，中文名称为"知量"，英文为"KC(Knowledge capital)"。从而使知识成果、知识产权和发明专利的量化有了专用的、具有度量衡意义的计量标准。二是提出了知识资本的计量标准，从而为知识资本量化提供了最关键也是最重要的科学依据。三是提出了知识产权和发明专利的量化原理和计量模型。

进入新世纪，世界经济发生了深刻的变化，知识经济以一种全新的经济形式正在疾步向我们走来。它以其独特的魅力登上了社会经济发展的历史舞台。人类从未像现在这样深刻地感受到"知识就是力量"的真正含义。知识的迅速传播和知识资本的广泛应用，为新时期经济发展注入了强大的动力和无限的活力。

在新世纪，人们清晰的看到，各国国民经济知识化水平越来越高，每个经济元素包含的知识和科技含量的比重越来越大。知识生产率日益成为国家、地区和企业经济发展的关键要素和主导力量，而不再是以体力劳动为主的劳动生产率。这标志着世界经济已经进入知识经济发展阶段。人类深刻的认识到，在物质产品生产过程之外，还同时存在着知识产品的生产过程。知识产品，有力地推动着国家、地区和企业的经济发展，成为一种崭新的资本力量和新的资本形态，即知识资本。知识资本与传统的货币资本不同，它是一种清洁的、无污染的资本，可以无限的复制，对货币资本发挥着点石成金的倍加效应，它将创造出比货币资本更高的利润率。它一经出现，就展示出它对社会经济发展的巨大威力，引起各国政府领导人、专家和企业家的高度关注，也激发了世界各国专家学者对知识经济和知识资本量化研究的热情。

一、知识资本量化研究的最新成果

对于知识资本量化研究，我国已经具备了理论成果和方法论上的优势。由我作为研发人，由倪光南（中国工程院院士）、马俊如（国家高科技战略研究组组长）、郑志鹏（中国科学院著名科学家）、王国军（对外经济贸易大学教授）为科学顾问；由许榕生（中国科学院研究员、软件首席科学家）为技术顾问；中国科学院计算中心和中加新世纪公司的专家学者共同参与研发的世界瞩目的知识资本量化软件《知识资本量化长效激励机制管理系统》，充分体现了我国知识资本量化研究的最新成果，具有重大的理论意义和实践意义。

《知识资本量化长效激励机制管理系统软件》作为我国对知识资本量化与管理研究的最前沿和最新成果；它将引领知识资本在世界各个国家、地区、企业发展中广泛应用；它将引领新世纪企业管理科学的一场深刻革命。

首先，它以全新的视角，从深层次因素研究和提升企业管理水平，建立知识经济时代企业的现代化管理机制，消除了以往传统的企业管理机制的诸多误区和弊端，是世纪之交具有划时代意义的、更新换代的管理模式。

其次，为企业高管人员、科技人员和业务骨干制定了科学的薪酬绩效和激励机制，真正具有了公平性、客观性和激励性，从而稳定企业队伍、增强企业凝聚力，是增进劳资双方关系的重要纽带。是避免人才流失、科技成果流失、顾客流失、市场流失的有效举措，从而提高企业市场竞争力，引领企业成为市场经济的佼佼者。

第三，开启了企业管理知识资本的先河，是目前企业管理知识资本最先进的办法。它的运用，将帮助企业踏上管理知识资本的科学道路。

二、我国知识资本量化研究的重大突破

多年来，我们致力于知识资本量化研究，并取得了一定的成就。我曾多次在国际、国内的学术研讨会上发表关于知识资本量化的演讲，受到国内外专家的认同和好评。在知识资本量化研究的过程中，我们的研究又取得了突破性的进展，主要成果表现在以下几个方面：

第一，首次提出了知识资本的计量单位。计量单位的中文名称为“知量”，英文为“KC（Knowledge capital）”。这是在世界知识资本量化研究史上第一次提出的知识资本的计量单位。由此我们可以准确的计量和表示知识资本成果和知识资本所有者拥有的知识资本的数量。这是对知识成果、知识产权和发明专利的量化具有度量衡标准意义的重大突破，是对知识资本量化研究的重大贡献。

第二，第一次提出知识资本的计量标准。知识资本的计量标准是指知识资本所有者，通过智力劳动，凝结一个标准计量单位的知识资本含量，所需要的社会平均必要劳动时间。社会平均必要劳动时间是指在现有的社会正规的教育和培训条件下，在社会平均的研究水平和研究难度下，形成一个标准计量单位知识资本含量所需要的劳动时间，而不是某个单体知识资本所有者在个别情况下完成研究所需的劳动时间。

知识资本量化标准的提出，为知识资本量化提供了最关键也是最重要的科学依据，为知识资本量化研究奠定了坚实的科学基础，从而使知识资本量化研究进入实质性的发展阶段，开启了知识资本量化研究的新局面。因此，知识资本量化标准的提出，是在世界知识资本理论研究史上，具有鲜明的里程碑意义的重大实质性突破。它将有力地推动知识资本量化研究深入而迅速的发展。

第三，第一次提出了知识产权和发明专利的量化原理和计量模型。当所有的知识资本所有者及其成果，包括著作、创新、专利都折合成社会平均必要劳动时间的量，就可以使不同领域、不同类型的专家及其成果具有了统一的计量标准，通过对统一的计量标准赋值，就可以具有统一的计价标准，进而计算该项成果的货币值。这将使知识资本成果——知识产权和专利发明能够在市场上进行流通，并充分发挥对社会经济发展的重大作用。

以上成果是中国和世界知识资本量化研究中的最具开拓性的重大成果。多年来，由于知识资本没有自身专用的度量标准，只能对知识资本及其成果——知识产权、发明专利和科技成果进行评估。但由于各国各地评估条件不同、评估标准不一，评出的结果没有可比性，使数以万计的知识产权、发明专利和科技成果难以在市场上流通，难以充分发挥作用。但是，在知识资本计量单位和计量标准提出之后，情况发生了根本变化。知识产品通过自身专有的"具有度量衡意义的计量单位"，准确地计算出它的价值和价格，从而使知识产品同物质产品一样，有了自己的"长度"和"重量"。这是知识资本研究史上迈出的关键的一步，是一项重大的突破。这对于专家及其成果在市场上流通和应用，激活知识资本存量，并及时充分发挥作用，具有不可估量的重大意义。

世界瞩目的知识资本量化管理软件在中国的诞生，无论从理论意义上讲，还是它的实践意义，都奠定了我国知识资本量化理论与应用在世界上的领先地位。将是我国向世界各国奉献的最先进、最科学的一流科技产品，也为我国和世界各国企业踏上知识经济发展的道路做出巨大的贡献。

第二十篇

创新推动经济社会的科学发展

2006年6月23日在马克思主义理论研究和建设工程全国第五次研讨会上的讲话

（讲话详细摘要发表于上海《解放日报》2006年6月24日）

【内容提要】 科技创新必须从自然科学和社会科学相结合的角度去理解创新。从自然科学的角度去看，是一项一项的技术革新和科技成果，从作为社会科学的经济学角度去看，则是人类知识资本形成和积累的过程。各项科技成果将以知识资本的形式发挥对社会经济发展的巨大作用。

科技创新包括自然科学的创新和社会科学的创新，它们在实践中也分别转化为具体的技术创新成果、应用的方式和模式创新。因此，提高劳动生产率、研发新产品等作为自然科学意义上的创新固然十分重要，机制体制、管理模式、经济增长方式的创新等社会科学方面的创新也应包含在内。两方面的成果，共同构成了广义的“科技创新”。

以往在偏重自然科学创新的情况下，科技创新常常被视为研发新技术、研发新产品、提高生产率、提高投入产出比。事实上，社会科学的创新成果，作为人类对经济发展规律认识的质的飞跃，对推动经济社会发展至关重要。社会科学的进步和创新，使我们能够获得更加优越的经济发展模式和充分发挥科技成果的优良的社会经济条件。社会科学的创新成果又是自然科学创新成果应用的背景和舞台。

科技创新必须从自然科学和社会科学相结合的角度去理解创新。从自然科学的角度去看，是一项一项的技术革新和科技成果，从作为社会科学的经济学角度去看，则是人类知识资本形成和积累的过程。各项科技成果将以知识资本的形式发挥对社会经济发展的巨大作用。

传统的经济学理论认为，推动经济发展的只有生产资本。由于长期依靠生产资本这一单一要素发展经济，资本短缺、创新乏力、消费萎缩等问题在社会发展中经常出现，成为制约经济发展的瓶颈。近年来，知识资本的作用开始受到人们重视。人们认识到，新的科学技术即人类知识的结晶，对所创造的财富起着重大作用。也就是说，除生产资本以外，还有一种形式的资本，即人类的知识结晶——高新技术也是推动经济发展的直接动力。知识资本起到一种点石成金的作用，它可以几倍、十几倍地扩大现有生产资本的实力，推动地区和企业自身的经济发展，创造更大量的财富。

自然科学的创新表现为新产品的研发、新的科技成果、劳动生产率的提高，而社会科学的创新，则使人们认识到自然科学创新过程就是知识资本形成的过程，它改变了单一生产资本推动经济发展的模式。从这个意义上说，自然科学创新和社会科学创新相结合，才能实现生产资本和知识资本联动推动经济增长的方式。

事实上，人们通过对市场经济发展史的研究，尤其是对最近两百年的市场经济的研究，也逐渐认识到完整的市场经济应包括货币资本、知识资本和消费资本三个重要组成部分。是三种资本在推动市场经济的发展，而不是一种资本在推动经济发展。

在这一新的市场经济理论框架下，市场经济的增长方式需要从单一的形式转化为多种增长方式，即货币资本和知识资本相结合的增长方式，以及“消费资本导向、知识资本创新、货币资本推动”三种资本融合、三种资本联动的经济增长方式。我国的市场经济已经进入新的发展阶段，我们应当运用新的市场经济理论，尤其应当用自主创新的经济理论，作为规划今后经济发展的理论基础。

第二十一篇

社会主义市场经济理论创新

2005 年 11 月 19 日在《2005 年北京市理论创新大会》上的演讲

【内容提要】 中国和世界各国的经济发展实践，都已充分说明：以牺牲资源和环境为代价，换取经济增长的模式，已经走到尽头。伴随这种经济增长模式所形成的工业经济时代的经济理论，也已进入终结时期。

我国的市场经济已经进入新的发展阶段。我们应当用新的市场经济理论，尤其应当用自主创新的经济理论，作为规划今后经济发展的理论基础。

尊敬的会议主席：

尊敬的各位来宾：

各位专家、各位朋友：

十分感谢会议组委会对世界新经济研究院和对我本人的盛情邀请，使有机会就"十一五规划"和市场经济理论创新问题，同在座各位进行交流。今天，我想说两个问题：一是关于市场经济理论创新；二是关于在新时期农业发展的增长方式。

首先，说第一个问题。

一、"十一五规划"和经济理论创新

"十一五规划"时期，是我国经济增长方式的转型期，是向更为完善的市场经济体制和更为优越的经济结构过渡的时期，也是进一步落实科学发展观，使社会经济发展全面进入协调发展和可持续发展的重要时期。

中央在"十一五"期间提出的战略部署，以及有关加强自主创新能力、建设节约型社会和实现循环经济等发展战略，不仅对我国今后的经济发展具有重大的现实意义，而且对我国社会科学的发展，尤其是对经济学理论的发展，也具有十分重要的意义。

我国的市场经济已经进入新的发展阶段。我们应当用新的市场经济理论，尤其应当用自主创新的经济理论，作为规划今后经济发展的理论基础。

中国和世界各国的经济发展实践，都已充分说明：以牺牲资源和环境为代价，换取经济增长的模式，已经走到尽头。伴随这种经济增长模式所形成的工业经济时代的经济理论，也已进入终结时期。如果继续沿用过去的经济理论，来诠释今天的经济，分析今后的发展，并以此为基础规划今后的经济，显然是不适宜的。那将会使今后的经济运行走回头路、停滞不前，甚至会误导今后的经济发展。

通过对市场经济发展史的研究，尤其是对最近近二百年的市场经济的研究，我们认识到：完整的市场经济应包括货币资本、知识资本和消费资本三个重要组成部分。换言之，市场经济的发展是由三种资本推动的，而不是一种资本推动的。就是说，国家、地区和企业将面临并且可以拥有三种资本，即货币资本、知识资本和消费资本，而不是单一的或者唯一的货币资本。

解析最近二百多年的市场经济发展史，我们可以看到：在第一个100年里，世界各国大都是单一地依靠货币资本来扩展和发展经济。在进入最近100年时，人们逐渐意识到还有另外一种资本在推动经济发展，这就是后来在20世纪80年代逐渐明晰起来的知识资本。随着经济发展的实践和与之相应的经济理论研究的深入，在20世纪末和21世纪初，人们又逐渐意识到还有一种巨大的资本存量，即第三种形式的资本，即消费资本。它同货币资本和知识资本一样，是推动国家、地区和企业经济发展的直接动力。

在传统的经济学理论中，推动经济发展的，只有货币资本。而知识资本和消费资本长期处在被淡化甚至缺位的状况，形成单一地依靠货币资本发展经济的局面。虽然经济也能取得一定程度的发展，但是由于长期地依靠货币资本这一单一要素发展经济，资本短缺、创新乏力、消费萎缩的问题不可避免。

近年来，知识资本的作用开始受到人们的重视。人们认识到，新的科学技术即人类知识的结晶，对所创造的财富起着重大的作用。也就是说，除货币资本以外，还有一种形式的资本即人类的知识结晶——高新技术也是推动经济发展的直接动力。这就是后来人们清晰地认识到的第二种形式的资本即知识资本。它的具体的作用表现为：当货币资本不能充分满足一个国家、一个地区、一个企业经济发展需要的时候，知识资本就起到一种点石成金的作用，它可以几倍、十几倍的扩大现有货币资本的实力，推动地区和企业自身的经济发展，创造更大量的财富。这种货币资本联合知识资本推动经济发展的模式收到很好的成效。

随着市场经济的不断发展，人们进一步深刻地认识到消费者才是市场竞争的最终决定性力量。因为他们既是市场的主人，又是给经济发展注入新的资本动力的源泉。因此，谁能赢得最多的消费者，谁就能拥有最大的市场和巨额的资本注入。消费资本由此而生，"消费资本化理论"的构建也以此为基础。

消费资本化理论的核心，是将消费向生产和经营领域延伸。当消费者购买企业的产品时，生产厂家和商业企业应把消费者对本企业产品的采购视同是对本企业的投资，并按一定的时间间隔，把企业利润的一定比例返给消费者。此时，消费者的购买行为，已不再是单纯的消费，他的消费行为同时变成了参与企业运营的投资行为。于是消费者同时又是投资者，消费转化为资本。

消费资本化理论具有与众不同和独树一帜的特点。它同迄今为止所有经营理念和营销方式不同，具有强烈的新鲜感和独特的魅力。它将对广大消费者的消费心理产生很大影响——一种宝贵的积极参与尝试的心理和亲和力、以及愿意长期合作的巨大的吸引力和凝聚力。由于它的与众不同和独特新意，将会产生很大的"轰动效应"，即"注意力经济学"效应，或者说“眼球经济学”效应，也就是说广大的消费者的眼光将凝聚在应用消费资本化理论的企业和它的产品上。同时因为它不但满足消费者的需求，而且还关心消费者的利益，所以会受到消费者的欢迎。当企业把消费者作为本企业一位投资人和成员时，消费者从另一端也会做同样的考虑，即：广大的消费者愿意成为我们企业一名长期的合作者，因为他（她）可以从我们的企业中长期获益。

消费资本化理论在实践和应用中可以有多种实现形式，比如，消费者投资、消费者参股、消费者期权、消费者选择权等等，通过这些方式将消费向生产领域延伸，以在不同的层次上实现消费的资本化。

在当前，尤其要重视和发挥消费资本对经济发展的拉动作用。因为，中国有世界上最大的消费市场。中国是有十三亿消费人口的大国，在地方和企业资金短缺的同时，银行城乡居民的存款却一直居高不下。目前，已经突破 13 万亿大关。在消费资本化理论的作用下，我国消费资本的力量将得到最充分的释放，带来的推动力量是难以估量的。

国家、地方和企业的发展战略应以此为着眼点，跳出传统模式的束缚，才能适应时代潮流，实现稳步快速增长。

综上所述，我国今后经济发展应是融合三种资本力量，三种资本联动，共同推动国家、地区和企业的发展。“消费资本导向、知识资本创新、货币资本推动”将是国家、地区和企业今后经济增长的基本模式。

由单一的依靠货币资本发展经济的传统增长方式，到货币资本同知识资本相结合的经济增长方式，再到“消费资本导向、知识资本创新、货币资本推动”三种资本联动的新型的经济增长方式，是世界经济实践所必然遵循的趋势，也是市场经济一条十分重要的经济发展规律。

二、关于建立农业硅谷试验区的建议

十六届五中全会提出加快“建设社会主义新农村”的目标，胡锦涛总书记以“生产发展，生活富裕，乡风文明，村容整齐，管理民主”20 字全面概括了其深刻内涵，这是在新的历史时期下，中央为解决“三农”问题提出的完整思路。

建设“农业硅谷试验区”是贯彻“建设社会主义新农村”战略的一项新举措。这一模式具有很强的包容性，它既是农业科技的创新，也是农业生产体制、生产机制以及经营方式的创新。它将在实践中不断得到完善提高，将可能产生重大的示范效应。农业硅谷试验区是贯彻落实中央“建设社会主义新农村”战略的一个好方法、好模式。

中国是有九亿农民的农业大国。“三农”问题一直是中国经济发展和政治生活中的首要问题，也是各级政府关心的焦点，是全党工作的重中之重。

我国农业从“十一届三中全会”以来大致经历了数量增长阶段和结构性调整两个阶段。联产承包责任制基本解决全国人民的温饱问题。结构性调整阶段进一步提高了农民的收入水平。但是，农业生产的数量增长和结构性调整均未引发农业生产方式的变革。我国要实现农业大国向农业强国转变，必须依赖农业生产方式的创新。

建立农业硅谷试验区的直接目的，是寻找一种模式，一种可以在全国范围内推广的农业和农村发展模式。

农业硅谷试验区，是在科技是第一生产力的思想指导下，沿着科技推动生产力发展，从而引发农业生产方式创新的思路，提出的一种农业发展的组织体系和运行机制。

农业硅谷试验区由“一个中心（综合协调中心）和两条链（生产链、功能链）”组成，将农村经济发展的所有产业和功能囊括在内。

农业硅谷试验区的特点在于，不是建立一套层层叠叠的行政管理体系，而是组合形成以专业职责划分的、完善的功能网络和生产经营运行体系。

它通过综合协调中心的组织和调控，以及功能链提供的服务，引导和推动生产链，形成一个互动的、良性的农业经济运行体系。

这是我国农业持续发展的一种新型机制。这种机制的创新，将打破目前我国农业生产所呈现的某种程度的停滞和徘徊局面。

值得强调的另一点是，在建设农业硅谷试验区的过程中，将充分发挥农民的积极性和主动性。这将是一个政府引导的、专家指导的、农民自己建设的试验区。农民是农业硅谷试验区的主体，是真正的主人、所有者、实践者、经营者和受益者。

这样的试验区，将十分重视科技成果在农业第一线生产实践中的应用，将十分重视市场化运作的原则。农民在建设试验区的过程中，将推动农业的发展，将改变农村的面貌，同时也将使自己的面貌发生深刻的变化。

农业硅谷试验区将是农民企业家的摇篮和新一代农民的培育基地，也将是我国小康和谐社会的试验基地和雏形。

综上所述，农业硅谷试验区，既是我国农业的发展模式，也是我国农村的发展模式。它将以其科学的内涵、创新的机制和简约的形式而有可能在全国范围内迅速推广。

第二部分

中国发展模式：新经济运行体系

第二十二篇

中国特色社会主义:新经济运行体系

2008年6月21日在国家行政学院讲课

【内容提要】 中国特色社会主义,是中国社会经济发展的一面旗帜。它是中国现代历史的主题,它是实践的主题,也是理论的主题。我们的理论研究和创新,都要围绕着这一主题展开。

中国特色社会主义,它不同于传统的社会主义,也不同于西方学者提出的民主社会主义。它在经济、政治、文化和社会四个方面都具有独有的特征,其中经济特征具有基础和根本性质。

中国特色社会主义实际上是一种新的经济运行体系。它是一种速度适宜、效益显著、可持续发展并且可以实现社会全体成员共同富裕的经济运行体系。换言之,它是以速度适度、效益显著、可持续发展为特征,以实现社会全体成员共同富裕、建设和谐社会为目的的经济运行体系。

当前,全党、全国正在认真学习和贯彻党的十七大决议精神,党的十七大,对于我国今后长期经济发展,具有深远的历史意义。

中国特色社会主义,是中国社会经济发展的一面旗帜;它是中国现代历史的主题,它是实践的主题,也是理论的主题。我们的理论研究和创新,也要围绕着这一主题展开。

中国特色社会主义,它不同于传统的社会主义,也不同于西方学者提出的民主社会主义。它在经济、政治、文化和社会四个方面都具有独有的特征,其中经济特征具有基础和根本性质。

从经济发展的角度看,中国特色社会主义实际上是一种新的经济运行体系。它是一种速度适宜、效益显著、可持续发展并且可以实现社会全体成员共同富裕的经济运行体系。换言之,它是以速度适度、效益显著、可持续发展为特征,以实现社会全体成员共同富裕、建设和谐社会为目的的经济运行体系。

因此,在这种形势下,中国必须提出符合新时期经济发展的新的经济运行体系,重建其核心竞争力。

一、经济发展动力升级

总体上来讲，我建议新的经济发展由单一货币推动转变为货币资本、知识资本和消费资本共同推动，实现经济发展动力升级。进入新世纪，国家、地区和企业经济发展呈现出崭新特征：

一是市场经济已经完成了由卖方市场向买方市场的过渡，生产占主导地位的时代已经结束，消费起主导作用的时代已经到来。市场经济在买方市场发展阶段，消费对生产和经济的制约作用日益凸现。因此，国家、地区和企业在经济发展过程中必须高度重视消费资本的作用。

二是国民经济知识化程度愈来愈高，每个经济元素所含的知识和科技的比重越来越大，知识对国民经济发展的作用日益凸现。因此，国家、地区和企业在经济发展过程中，必须高度重视知识资本的作用。

三是传统的市场经济理论认为，推动经济发展的只有一种资本，即货币资本。实践证明，事实并非如此，市场经济的资本构成，应当是货币资本、知识资本和消费资本，而不是单一的货币资本。换言之，是三种资本共同推动经济的发展。

二、经济增长方式升级

由于不是一种资本推动经济发展，而是由三种资本共同推动经济发展。因此，应该实行多元化的经济增长方式。

由单一的货币资本支持的传统的经济增长方式，转化为货币资本和知识资本相结合的经济增长方式，再转化为"消费资本导向、知识资本创新、货币资本推动"的三种资本融合、三种资本联动的经济增长方式，是全世界各个市场经济国家经济发展实践所必然遵循的趋势，也是市场经济一条非常重要的经济发展规律。

今后，经济发展应是融合三种资本力量，三种资本联动，共同推动经济发展。解决企业经济发展中资金问题总的思路应当是：继续充实货币资本，高度倚重知识资本，大力开拓消费资本。"消费资本导向、知识资本创新、货币资本推动"将是中国民营企业今后经济增长的基本方式。

三、商业模式升级

新的商业模式包含两个过程：一是买卖双方的销售过程；二是买卖双方之间的利润分配过程，这不同于以往的商业模式。以往的商业模式只有一个销售过程，买卖双方货款两清，销售过程即认为已经完结，但创新的商业模式认为买卖双方之间的经济过程不只是单一的商品交易过程，而且还有一个买卖双方的利润分配过程。

新的商业模式产品交易过程同旧模式相比有很大的不同，它加入了虚拟经济（订单经济）、电子商务和物流等内容，使商品的交易过程变得更简洁更有效。新时期的创新商业模式应包含四个要素：电子商务、订单经济、物流和新的理论基础。具体表述为：虚拟经济（订单经济)质的延伸,同电子商务功能的进一步完善相结合,以物流为手段,以消费资本化理论为基础。它的运作程序包括两个过程,一是卖方(厂家、商家)和买方(消费者)的产品销售过程,即产品流;二是卖方(厂家、商家)和买方(消费者)之间的利润分配过程,即价值流。

新的商业模式的具体操作程序为:首先商家通过地网(门店连锁)和天网(电子商务)把消费者分散的、零星的、无计划的消费需求经过整理变成有计划的规模的分类需求并且加以分类做成订单提供给供应商,供应商按照分类需求供货,通过物流送到消费者手中,这可以使整个交易过程变得高效、便捷,同时又提供了一个巨大的利润空间。其次在商品交易过程完成之后,商家把消费者的购买行为视为一种储蓄行为、一种投资行为,按照一定的时间间隔把企业利润的一部分返给消费者。至此,商家完成了产品流(产品销售)和价值流(利润分配)的全部过程,也即完成了创新商业模式的全过程。

四、企业制度和分配制度升级

以往的经济学家,包括一些获得诺贝尔经济学奖的经济学家,他们理论上一个共同的缺陷是重生产轻消费。他们从资本的高度分析生产对人类社会经济发展的重大作用,但却没有一位经济学家从资本的高度分析消费对社会经济发展的重大作用。他们对生产和生产资本进行了十分深入的研究,详细地阐述了生产资本的属性、作用和意义。而从没有提出一种理论把消费和消费资本的力量系统地揭示出来。

以往的经济学家在理论上存在这一共同缺陷的原因,是在于历史和时代的局限性。在那个时代,人类生产力水平低下、社会生产能力十分有限,对社会产品的供给尚不充分,人类的主要注意力在于如何扩大再生产和增加产品供给方面,这个时期所形成的经济理论也是建立在生产本位基础上的经济理论。

商品经济全过程包括如下三个环节或者说三个阶段:

生产资本由于购买了生产场地、原材料和零部件,而完成了自己的责任和义务。这是商品生产的准备过程。

工程师、科技人员和能工巧匠(工人们)利用已有的生产场地,把原材料和零部件转化为产品。这是知识资本发挥作用的过程,即商品的生产过程。

产品只有在进入市场并由消费者购买之后,才能实现其价值和利润。这是商品的消费过程,这一过程是消费资本的载体消费者完成的。

由此可以直接引申出如下几个结论:一是市场经济的资本构成应包括生产资本、知识资本和消费资本三个组成部分,而不是唯一的货币资本;二是社会财富,当然也包括企业的利润,是由生产资本、知识资本和消费资本共同创造的;三是三种资本的载体即三种资本所有者,应当共同参与社会财富和企业利润分配。

三种资本所有者共同参与利润分配的理论,将是确立新的公平分配制度的理论基础。同时,在这一理论基础上可以确立一种新型的、由三种资本参与的综合资本股份有限责任公司,作为支持新的公平分配格局的企业制度。这种新的公平分配制度,也将结束几个世纪以来企业不公平分配制度的历史,开创企业利润公平分配的新纪元。并且将为全社会实施新的公平分配制度,提供一个具有巨大示范作用的范例,进而从源头上解决分配不公的问题。

第二十三篇

构建有中国特色社会主义新经济运行体系

发表于《科学时报》2008年7月7日

【内容提要】 从经济发展的角度看，中国特色社会主义实际上是一种新的经济运行体系。新的经济运行体系包括新经济发展方式、新商业模式、新企业制度和新分配制度。

由中国民营科技促进会、世界新经济研究院联合主办的中国首届企业管理知识资本高峰论坛近日在京举行。论坛通过探讨新时期企业管理知识资本新方法，以促进企业提升人力资源管理水平，增强企业创新能力，为知识经济时代企业管理科学革命提供新思路。

论坛上，世界新经济研究院院长陈瑜教授指出，长期以来，企业面临货币资本和知识资本并存的局面，两种资本对企业发展都发挥了重大作用。但由于没有管理好知识资本，给企业带来了许多问题，如高级管理人员、科技人员跳槽现象十分普遍，员工工作积极性不高等，造成了企业创新乏力并直接削弱了企业竞争力。因此，人力资源管理亟须创新，知识资本亟须量化，必须加强企业管理知识资本的研究。

从经济发展的角度看，中国特色社会主义实际上是一种新的经济运行体系。它是一种速度适宜、效益显著、可持续发展并且可以实现社会全体成员共同富裕的经济运行体系。换言之，它是以速度适度、效益显著、可持续发展为特征，以实现社会全体成员共同富裕、建设和谐社会为目的的经济运行体系。

新的经济运行体系应包括新的经济发展方式、新的商业模式、新的企业制度和新的收入分配制度。

一、新的经济发展方式

进入新世纪，国家、地区和企业经济发展呈现出崭新特征。市场经济已经完成了由卖方市场向买方市场的过渡，生产占主导地位的时代已经结束，消费起主导作用的时代已经到来。市场经济在买方市场发展阶段，消费对生产和经济的制约作用日益凸显。同时，国民经济知识化程度愈来愈高，每个经济元素所含的知识和科技的比重越来越大，知识对国民经济发展的作用日渐突出。因此，国家、地区和企业在经济发展过程中必须高度重视消费资本的作用。

传统的市场经济理论认为，推动经济发展只有一种资本，即货币资本。实践证明，事实并非如此。市场经济的资本构成应当是货币资本、知识资本和消费资本，而不是单一的货币资本。换言之，是三种资本共同推动经济的发展。

由于不是一种资本推动经济发展，而是由三种资本共同推动经济发展。因此，应该实行多元化的经济发展方式。

由单一的货币资本支持的传统经济发展方式，转化为货币资本和知识资本相结合的经济发展方式，再转化为“消费资本导向、知识资本创新、货币资本推动”的三种资本融合、三种资本联动的经济发展方式，是全世界各个市场经济国家经济发展实践所必然遵循的趋势，也是市场经济一条非常重要的经济发展规律。

今后国家、地区和企业的经济发展应是融合三种资本力量，三种资本联动，共同推动经济发展。解决经济发展中资金问题总的思路应当是：继续充实货币资本，高度倚重知识资本，大力开拓消费资本。“消费资本导向、知识资本创新、货币资本推动”将是国家、地区和企业今后经济发展的基本方式。

二、新的商业模式

新的商业模式包含两个过程：一是买卖双方的销售过程；二是买卖双方之间的利润分配过程，这不同于以往的商业模式。以往的商业模式只有一个销售过程，买卖双方货款两清，销售过程即认为已经完结，但创新的商业模式认为买卖双方之间的经济过程不只是单一的商品交易过程，而且还有一个买卖双方的利润分配过程。

新的商业模式产品交易过程同旧模式相比有很大的不同，它加入了虚拟经济（订单经济）、电子商务和物流等内容，使商品的交易过程变得更简洁更有效。新时期的创新商业模式应包含四个要素：电子商务、订单经济、物流和新的理论基础。

新的商业模式的具体操作程序为：首先商家通过地网（门店连锁）和天网（电子商务）把消费者分散的、零星的、无计划的消费需求经过整理变成有计划的、规模的分类需求，并且加以分类做成订单提供给供应商，供应商按照分类需求供货，通过物流送到消费者手中，这可以使整个交易过程变得高效、便捷，同时又提供了一个巨大的利润空间。其次在商品交易过程完成之后，商家把消费者的购买行为视为一种储蓄行为、一种投资行为，按照一定的时间间隔把企业利润的一部分返给消费者。至此，商家完成了产品流（产品销售）和价值流（利润分配）的全部过程，也即完成了创新商业模式的全过程。

三、新的企业制度和新的收入分配制度

以往的经济学家，其理论都是重生产轻消费。他们从资本的高度分析生产对人类社会经济发展的重大作用，但却没有一位经济学家从资本的高度分析消费对社会经济发展的重大作用。他们对生产和生产资本进行了十分深入的研究，详细地阐述了生产资本的属性、作用和意义。而从没有提出一种理论把消费和消费资本的力量系统地揭示出来。

商品经济全过程包括三个环节或者说三个阶段：商品生产的准备阶段、商品生产阶段和

商品的消费阶段。由此可以认为，市场经济的资本构成应包括生产资本、知识资本和消费资本三个组成部分，而不是唯一的货币资本；社会财富，当然也包括企业的利润，是由生产资本、知识资本和消费资本共同创造的；三种资本的载体即三种资本所有者，应当共同参与社会财富和企业利润分配。

生产资本股东即原始股东，为企业的创建提供了必要的货币资金，使得企业的生产有了最初的资本来源。知识资本股东即员工股东，代表了知识资本的力量：公司不同岗位的员工都为公司知识的积累作出了自己的贡献，尤其是专家技术人员和管理人员。消费资本股东把大客户、大买家吸收进来，使其成为消费股东，使得消费者在消费的同时还能从企业的长期发展中获利。

三种资本所有者共同参与利润分配的理论，将是确立新的公平分配制度的理论基础。同时，在这一理论基础上可以确立一种新型的、由三种资本参与的综合资本股份有限责任公司，作为支持新的公平分配格局的企业制度。这种新的公平分配制度，也将结束几个世纪以来企业不公平分配制度的历史，开创企业利润公平分配的新纪元，并且将为全社会实施新的公平分配制度提供一个具有巨大示范作用的范例，进而从源头上解决分配不公的问题。

第二十四篇

中国发展模式:新经济增长极和新经济发展方式[①]

2009 年 12 月 19 日在《全球首届消费资本高峰论坛》上的讲话

【内容提要】 中国发展模式,是我国在新的历史发展时期,提出的一种新的经济运行体系。它同以往传统的发展模式不同,它是以新的市场经济理论为发展导向的经济运行模式。换言之,它是以三种资本为动力、以速度较快,效益显著,可持续发展为特征,以实现社会全体成员共同富裕、构建和谐社会为目的的经济运行体系。新经济运行体系包括:新的经济发展方式、新的商业模式、新的企业制度和新的分配方式。

一、当前世界经济发展的主要特点

当前,世界经济正处于一个大发展、大变革、大调整的历史发展时期的新起点。在世界性金融危机影响的形势下,世界各国面临一个共同的任务,就是寻找一个新的经济增长极和新的经济发展方式。

这是因为,进入新世纪,世界经济形势发生了深刻变化。国家、地区和企业发展的经济背景较之以前有了本质的不同。一是市场经济已经完成了由卖方市场向买方市场的过渡,生产占主导地位的时代已经结束,消费起主导作用的时代已经到来。在以买方为主的市场经济发展阶段,消费对生产和经济发展的制约作用日益凸显。因此,国家、地区和企业在今后经济发展中必须高度重视消费、消费者和消费资本的重大作用。二是国民经济知识化程度越来越高,每个经济元素包含的知识和科技含量越来越大,知识和科技成果对社会经济发展的作用日益凸显。所以,国家、地区和企业在今后的经济发展中必须高度重视知识和知识资本的重大作用。由此看来,长期以来坚持单一依靠货币资本发展经济的传统的市场经济理论已经过时,已经不能充分适应新历史时期经济发展的需要。

大家知道,由美国始发、迅速向全球蔓延的世界性金融危机,严重影响了世界经济的发展,而且对世界各国的实体经济发展,也造成了严重的危害。

这次百年一遇的世界性经济危机,并非是突发的,而是西方传统的经济发展方式和金融

① 发表在《市场论坛》2010 年第 1 期。

发展模式诸多弊端长期积累的必然结果，是一次总爆发。它用自身铁的事实向全世界表明，依靠单一货币资本发展经济、忽视知识资本、特别是忽视消费资本作用的传统经济发展方式存在着严重的缺欠和弊端。也充分说明，西方传统的经济发展方式，连同它的金融模式、企业制度和商业模式，在流行几个世纪之后，已经走到尽头。它已不适应今后世界经济发展的需要。

中国的和世界各国的经济发展实践都已充分说明：用单一货币资本发展经济，以牺牲资源和环境为代价换取经济发展的经济增长方式已经走到尽头。不仅如此，伴随这种经济增长方式所形成的传统的市场经济理论也已进入终结时期。如果继续沿用过去的市场经济理论诠释今天的经济，分析今后的发展，并以此为基础规划今后的经济运行，显然是不适宜的。那将会使我们犯了一种人们常说的时代错位和适用理论不当的错误，会导致今后的经济运行走回头路、停滞不前，甚至会误导今后的经济发展。

二、中国经济发展新的理论导向和多元的经济发展方式

市场经济已经进入新的发展阶段。我们应当用新的市场经济理论，尤其应当用自主创新的经济理论，作为今后经济发展的理论导向。

一年多来，为抵御国际经济环境对我国的不利影响，我国决定对宏观经济政策作出重大调整。提出进一步扩大内需，刺激消费，促进经济增长的重大举措。这实际上是我国在新的历史时期、在新的经济形势下，提出的新一轮宏观调控。

新一轮宏观调控，对我国今后长期的经济发展，具有深远的历史意义和重大的现实意义。我认为，新一轮宏观调控最鲜明的特征，就是高度重视消费对经济增长的作用。并由此会逐步形成一种以消费为主的拉动经济增长的模式。

因此，新一轮宏观调控，将引导我国经济体制改革向纵深层次发展，它标志着我国经济体制改革进入一新阶段。并将引发新一轮的市场经济理论创新。同时也可使我国最终摆脱西方传统经济发展方式的束缚，实现我们期待已久的、经济发展方式的质的飞跃，完成经济发展方式的转型。

在这里，我们必须从根本上改变对消费的观念，消费不仅仅是花钱，而是一种资本投入。因为，消费者货款到了企业家手中之后，大部分都会转入下一个生产过程和经营过程，转化为资本。在这个意义上，消费即是投资，消费就是资本，消费资本论也由此而产生。

消费资本论的核心内容，就是把消费向生产领域和经营领域里延伸，给经济发展不断注入新的资本动力。消费资本论，实际上是打通了消费与企业扩大再生产的一条通道，它有力地拉动了经济发展，成为推动经济发展的重大动力。

消费资本论，是新的市场经济理论形成的标志。新的市场经济理论认为，完整的市场经济资本构成应包括货币资本、知识资本和消费资本三种资本，而不是唯一的货币资本。因此，解决国家、地区和企业经济发展所需要的资金问题，总的思路应当是：(1)继续充实货币资本，(2)高度倚重知识资本，(3)大力开拓消费资本。同时，经济发展方式也应该是多元化的。由单一的货币资本发展经济的传统发展方式，转化为货币资本和知识资本相结合的发展方式，再转化为“消费资本导向、知识资本创新、货币资本推动”的三种资本融合、联动的新

型发展方式，是全世界各个市场经济国家经济发展的所必然遵循的总的趋势，也是市场经济一条非常重要的经济发展规律。

提出新的市场经济理论和新的经济发展方式，不仅对我国当前的经济发展具有重要意义，而且也为世界各市场经济国家今后长期发展提供了科学的理论导向。

三、中国新经济运行体系——中国发展模式

中国发展模式，是我国在新的历史发展时期，提出的一种新的经济运行体系。它同以往传统的发展模式不同，它是以新的市场经济理论为发展导向的经济运行模式。换言之，它是以三种资本为动力，以速度适宜、效益显著、可持续发展为特征，以实现社会全体成员共同富裕、构建和谐社会为目的的经济运行体系。

新经济运行体系包括：新的经济发展方式、新的商业模式、新的企业制度和新的分配方式。

下面以中国改革30年的经济发展实践作具体解说。

中国改革开放30年来，取得了举世瞩目的成就。无论在经济总量，进出口总额和经济增长速度都取得了骄人的成绩，在世界经济发展史上创造了奇迹，这是一个不争的事实。

中国经济发展的实践过程，始终体现着总设计师邓小平关于"解放思想、深化改革"的指导思想、胡锦涛总书记提出的科学发展观和党中央倡导的自主创新精神。这是中国经济高速增长最根本的原因。

在党中央和国务院领导下，中国在经济发展的实践过程中，逐渐摆脱了传统市场经济理论的束缚，克服了单一货币资本支持经济发展的增长方式的缺陷，不断调整和优化经济增长方式，成功地走出了一条具有中国特色的市场经济发展道路。

传统的市场经济理论认为，推动经济发展的只有一种资本，即货币资本，经济增长方式也仅是单一的货币资本支持经济发展的增长方式。但是，市场经济发展的实践，尤其是中国市场经济发展的实践证明：发展中的市场经济资本构成应包括货币资本、知识资本和消费资本，而不是唯一的货币资本。经济增长方式也不是单一的，而是多元化的。换言之，是三种资本和多种经济增长方式在推动和引导着市场经济的发展，而不仅仅是一种资本和一种增长方式。中国市场经济由三种资本推动和多种经济增长方式引导，是中国市场经济发展的经验总结，也是推动中国经济高速增长的最重要的原因。

基于上述认识，中国在市场经济发展过程中解决发展动力总的思路是：继续充实货币资本、高度倚重知识资本和大力开拓消费资本。同时，采用多元化增长方式推动和引导市场经济发展。

首先，我们积极充实货币资本。提出三种资本的思路，并非要否定货币资本的作用，货币资本依然具有不可替代的重要作用。它能够有效地组织劳动力、技术乃至土地和信息等必要的资源和生产要素，能够迅速化解经济发展过程中由于资本短缺所造成的各种问题，从而推动经济高速发展。

从改革开放之初，我国就十分重视货币资本的作用。30年来，我国投资规模迅速增长。从1978年到2004年，资本形成额从1377.9亿元增加到62875.3亿元，年平均增长率约为

15.8%，前27年中资本形成总额达459401.3亿元，有力地支持了国民经济的高速增长。在积极启动内资的同时，政府还通过实行各种优惠政策大规模吸引外资，在招商引资上取得了巨大成果。从1984年到2005年，外商直接投资从14.2亿美元迅速增长到603.25亿美元，年平均增长率达到19.5%，实际占用外资金额名列世界前茅。

大量的资金积累和巨额的外资注入，是推动中国经济高速增长的巨大动力之一。但是，在积极充实货币资本的过程中，我们也发现单一货币资本支持经济发展的方式还存在一些问题。第一，随着科学技术的迅速发展和新时代的到来，已经显示这一传统的经济增长方式的局限性和不充分性。这种局限性和不充分性主要表现在依靠货币资本这一单一要素发展经济，经常会出现资本短缺、创新乏力和消费萎缩等问题，从而形成经济发展的瓶颈。第二，通过对国际经济发展经验的研究和对本国经济发展经验的总结，我们发现，货币资本对经济的发展并不总是正面效应，有时它会造成经济过热，有时又会造成经济发展迟缓。导致过热或迟缓的原因，并不是缺少货币资本，而是由于资本相对过剩、投资过热，造成生产相对过剩和资本利用率的普遍低下。第三，货币资本推动经济增长的速度是巨大的。但是，单纯依靠货币资本发展经济很快就遇到了瓶颈。货币资本的不断增长，带来的是资源消耗的不断加速。因此，很快就出现了有限的资源无法继续支撑经济高速增长需要的局面。由此看来，货币资本是必不可少的，但却不是支持经济发展的唯一动力。

由此，我们认识到还必须倚重知识资本的力量。中国改革开放30年，正值人类新经济时代到来，这是历史的巧合，也是历史的必然。从某种意义上说，正是人类新经济时代这一大背景给中国的经济发展创造了大好机遇，成就了中国经济持续高速增长的奇迹。

新经济是二十世纪末出现的极为重要的经济概念和经济形态。新经济不仅体现了以网络技术为核心的产业提升与产业形态的急剧变化，也从根本上改变了社会经济的运行方式。在新经济的大背景下，人们认识到，人类的知识结晶——高新技术也是推动经济发展的直接动力。这就是后来人们清晰地认识到的第二种形式的资本即知识资本。知识资本对经济发展的作用具体表现为：当货币资本不能充分满足一个国家、一个地区、一个企业经济发展需要的时候，知识资本起到一种点石成金的作用。它可以几倍、十几倍的扩大现有货币资本的实力，推动国家、地区和企业的经济发展。

党中央和国务院结合新经济时代的宏观大背景，把科教兴国作为重要的发展战略，走出了一条货币资本和知识资本相结合的发展道路。

国家设立了14个沿海开放城市、53个国家级高新技术产业开发区和54个经济技术开发区，用货币资本和知识资本相结合的增长方式引导经济发展。实践证明，这些地区的经济都得到了突飞猛进的发展。作为国民经济的重要组成部分，它们也有力地带动了整个国家的经济高速增长。

就知识资本自身而言，最主要的成果是形成了两大产业，一是以IT技术互联网为代表的信息产业，信息产业在丰富和提升了传统的制造业服务业的同时，本身也已经形成了从硬件制造到软件服务的巨大产业群。二是创意产业，一个新型的产业群。以IT产业为例，改革开放以来，IT产业迅猛发展，成为我国的第一支柱产业。2005年，IT行业的产值占GDP近10%。IT业的迅猛发展为中国的就业、税收和吸引投资带来了巨大的增长，成为中国经济高速增长的重要推动力量。

但是，充实货币资本、倚重知识资本，还不能完全解决经济循环和持续增长的难题。消费不足日益成为经济持续发展的瓶颈。正是在这种形势下，中央又适时提出了扩大内需的重大战略方针，为进一步完善经济增长方式迈出了重要一步。

到了20世纪末和21世纪初，人们发现了消费资本的存在。人们发现：消费不仅决定货币资本能否实现其最终价值，而且是给经济发展注入新的资本动力的源泉。正是由于其在生产过程中和社会经济发展过程中的巨大作用，而成为一种新的资本形态。它为国家、地方和企业的经济发展找到一条生生不息、源源不断、永续不竭的资金源泉和资金流。消费转化为资本，打通了消费和扩大再生产的通道，它可以每月每周每天向地方和企业注入新鲜资本。这是人类一个划时代的发现。资本就在我们身边，只要有消费，就可以实现消费向资本的转化。

中央在1998年提出了扩大内需的重大方针，着手大力开拓消费资本。消费资本将同货币资本、知识资本一起联动，进一步完善市场经济发展的增长方式，推动市场经济的发展。中国是一个有13亿消费人口的大国，这是世界上独一无二的巨大消费市场。消费资本的启动，给经济持续高速增长注入新的资本动力是十分巨大的。改革开放以来，中国居民消费迅速增长。1994—2003年平均增长速度高达7.8%，即使在增速略低的2000—2003期间也在7.0%左右，远远高于其它名列前十的国家在同期的消费增长速度，显示了中国消费市场的巨大潜力，有力地拉动着中国经济的高速增长。

通过对中国市场经济发展实践的研究，我国最先提出了消费资本化理论(参见陈瑜《消费资本化理论与应用》2006年3月，广西科技出版社出版)。这一理论是新的市场经济理论形成的标志，是源自中国本土的原创的体系性理论创新，也是中国结束缺乏本土经济学理论现状的一项重要理论成果。

消费资本化理论作为新的市场经济理论，将从根本上改变传统的市场经济制度，从而进一步解放生产力，有效地、自动地转变我们的经济增长方式。使我们的市场经济不仅是规范的法制经济，也成为从资本构成上根本改变经济运行规则的一种崭新的经济。

总之，中国经济高速增长，是迄今为止人类经济发展史上最成功的范例。它的经济成就是对世界经济发展做出的巨大贡献，而对它的理论总结以及所形成的新的市场经济理论，也必将载入世界经典经济学的理论宝库。

第二十五篇

论经济增长方式[1]

2006年5月17日在北京自然科学界与社会科学界联席会议高峰论坛上的演讲

【内容提要】 究竟什么是经济增长方式？我们以前采用的是何种增长方式？它为什么需要转型？转型后的经济增长方式是什么？市场经济究竟有几种可供我们选择的增长方式？这些问题，都是大家十分关心的问题。

经济增长方式是指国家、地区和企业经济发展的推动力构成及其发挥作用的形式。经济增长方式的转型，是指经济发展的推动力构成的改变及其发挥作用的形式的变化。只有转变经济增长方式，才能使国家和地区(包括企业)的经济有突破性的发展和质的飞跃，进入一个崭新的发展阶段。

由单一的货币资本发展经济的传统增长方式，转化为货币资本和知识资本相结合的增长方式，再转化为“消费资本导向、知识资本创新、货币资本推动”的三种资本融合、三种资本联动的新型增长方式，是全世界各市场经济国家经济发展实践所必然遵循的趋势，也是市场经济一条非常重要的经济发展规律。

中央在十一五期间提出的有关转变经济发展方式和加强自主创新能力等战略部署，对我国今后的经济发展具有重大意义。

根据中央的战略部署，各地区和相关单位都已先后完成了“十一五规划”的编制工作，并已开始实施。

但是，为了进一步完善和更好地实施“十一五规划”，我们还需要不断地学习中央决定的精神，对有些问题还需要进一步深入探讨，并根据实践的发展和认识的深化，对已编制的“十一五规划”进行一些补充研究和说明。这对于“十一五规划”的实施和市场经济理论建设，都是很有意义的。

下面，就有关经济增长方式和市场经济理论创新问题，提出我自己的见解，供各位专家、学者研究参考。

---

① 发表于《广西大学学报(哲学社会科学版)2007年6月第29卷第3期》

一、经济增长方式的涵义

究竟什么是经济增长方式？我们以前采用的是何种增长方式？它为什么需要转型？转型后的经济增长方式是什么？市场经济究竟有几种可供我们选择的增长方式？这些问题，都是大家十分关心的问题。不少同志还不是很清楚，还存在着某种困惑。

存在这样一些问题或者说困惑，并不奇怪。其根本原因是旧的传统的市场经济理论已经影响了我们两个世纪之久。而至今还在继续影响着我们的思想、我们的观念，影响着我们的经济发展。我们必须突破旧的传统的市场经济理论的束缚，在总结我国市场经济发展经验的基础上，勇于探索，进行理论创新，才能找到在新的经济条件下，经济发展的正确思路和途径。我认为，中央在"十一五"期间提出加强自主创新能力的意义也在于此。

在旧的传统的市场经济理论影响下，对于经济的发展，主要是从投入产出比、粗放到集约、产业结构调整的角度来思考。其实，仅仅做到这一步是不够的。这些，只是对产业的调整和优化，是在同一增长方式下的演进，是在同一增长方式下的经济数量增长的延续，还不是中央在"十一五"期间战略部署中，所期望的经济增长方式的转型。

经济增长方式是指国家、地区和企业经济发展的推动力构成及其发挥作用的形式。经济增长方式的转型，是指经济发展的推动力构成的改变及其发挥作用的形式的变化。只有转变经济增长方式，才能使国家和地区（包括企业）的经济有突破性的发展和质的飞跃，进入一个崭新的发展阶段。

二、关于经济发展推动力构成及其发挥作用形式的分析

市场经济理论包括资本构成和增长方式两大要素。从资本构成和增长方式这两大要素的内容上看，新旧两种市场经济理论有着显著的不同。

1.关于传统的市场经济理论

在传统的市场经济理论中，认为推动经济发展的力量只有一种，即货币资本。这种理论一直延续了两个世纪之久，一直影响着人们的认识，束缚着人们的思想。

人类历史进入工业经济时代后，由于生产力迅速发展，资本原始积累的条件已经具备，人们的思想空前活跃。在这个时期出现了大量的关于市场经济的理论。从工业经济时代初期以亚当·斯密（Adam Smith）、大卫·李嘉图（David Ricardo）为代表的古典经济学派，到中期以庞巴维克（Bohm－Bawerk）为代表的边际主义学派、以保罗·萨缪尔森（Paul A. Samuelson）为代表的新古典综合派，再到后期以科斯（Coase）为代表的新制度经济学派，直到20世纪中叶加尔布雷思（Galbraith，JK）和哈耶克（Friedrich A. Hayek）等经济学家的市场经济理论，都属于这一时期的传统的市场经济理论体系。

今天看来，这些旧的市场经济理论体系主要有两个特征：一是其资本构成是由单一货币资本构成；二是单一依靠货币资本支持经济发展的经济增长方式。在这种传统的经济增长方式下，国家、地方和企业主要是依靠自身的原始资本积累和银行贷款来支持经济发展。这种增长方式虽然可使经济有一定程度的发展，但是随着社会经济和科学技术的进一步发展，已经显示

出它的局限性和不充分性。这种局限性和不充分性主要表现为,依靠货币资本这一单一要素发展经济,会经常出现资本短缺、创新乏力和消费萎缩等问题,形成经济发展的瓶颈。

2.新的市场经济理论的形成

人们通过对市场经济发展史的研究,尤其是对最近二百年的市场经济的研究,逐渐认识到:完整的市场经济应包括货币资本、知识资本和消费资本三个重要组成部分。而不是单一的或者唯一的货币资本。换言之,是三种资本在推动市场经济的发展,而不是一种资本在推动经济发展。基于以上的见解,去年3月底至4月初,我应卡塔尔王国第一副首相兼外交部长的邀请赴多哈参加第五届世界经济大会。在会议上,我讲了这样一段话:"下面,我就国家、地区和企业在经济发展过程中面临的资金和市场问题及其解决方法,向世界各国经济学家、政府领导人、企业家提出我的新的理论见解。我认为,在新的世纪里,各国政府领导人、市长和企业家将面临并且可以拥有三种资本,即货币资本、知识资本和消费资本,而不是单一的或者唯一的货币资本。这一理论将化解城市和企业发展过程中的资本短缺问题,而有力地推动经济发展。"

随着生产力水平的不断提高和市场经济的不断发展,要求市场经济的理论要有重大突破,需要发现更多的资本形态和经济增长方式,才能适应多元化的现代市场经济发展的需要。

新经济呼唤新的资本理论,新经济是二十世纪末出现的极为重要的经济现象和经济形态,新经济不仅体现了以网络技术为核心的产业提升,与产业形态的急剧变化,也从根本上改变了经济生活的运行方式和部分重要规则。在新经济中,科技创新进一步成为企业的发展动力,风险投资应运而生,价格被"净化",所有的产品一问世就处于最低的价格水平。在这种情况下,传统的货币资本理论已经难以描述经济增长的"秘密",于是出现了知识资本的新概念。但人们也看到,知识资本的理论也只能部分地解释新经济现象,从而提出了资本理论需要进一步创新的重大历史课题。

以往的经济学家,包括获得诺贝尔奖的经济学家,他们在经济理论上一个共同的缺陷是只重视对生产的研究,而轻视对消费的研究。他们从资本的高度分析生产对社会经济发展的重要推动作用,而没有从资本的高度分析消费对社会经济发展的重大拉动作用,或者只是把消费作为整个社会经济运行的一个附属部分来看待。其实,社会经济发展的最终目的是为了消费,生产和消费是一个问题的两个方面。只从生产的角度分析社会经济的发展是单方面的分析、局部的分析,不是全面的分析。只有从生产和消费两个角度分析社会经济发展的动力,才是全面、整体的分析。消费资本理论着眼于从生产和消费双向看问题,并形成消费者的消费行为同时也是一种投资行为的全新视角,即:消费者既是市场的主人,又给经济发展注入新的资本动力。

在产品短缺时代,消费者处于被动地位,消费的价值仅在哲学家的眼里绽放异彩;而到了产品相对过剩时代,任何人都不能再忽视消费的力量。消费者成为市场经济的主人,消费已成为市场的主导力量。消费决定着生产的成败,决定着每一张货币选票的投向,关系到每一个家庭、个人和企业。每个社会细胞的经济行为的终极目标都可归结为消费,任何产品的最终指向也都是消费。因而一切的社会活动都在围绕消费而展开。消费也决定货币资本和知识资本能否实现其最终价值。

因此,消费已经不仅仅是一个过程,而是有足够的力量形成影响一切的、能够和货币资本、知识资本并驾齐驱的一种资本——消费资本。

实际情况说明，消费资本真正发挥作用是在产品相对过剩之后，而其作用是随着商品供求格局的变化而变化。和货币资本、知识资本一样，消费资本一直是存在的。只不过在产品短缺时代，它的作用长期处于被淡化、被掩盖、被忽视的状态，当时也没有一种理论把它的力量系统地揭示出来。

消费资本理论的核心内容，是将消费向生产领域和经营领域里延伸。当消费者购买企业的产品时，生产厂家和商业企业应把消费者对本企业产品的采购视同是对本企业的投资，并按一定的时间间隔，把企业利润的一定比例返给消费者。此时，消费者的购买行为，已不再是单纯的消费，他的消费行为同时变成了一种储蓄行为和参与企业生产的投资行为。实际上是把消费者从产品链的末端以投资者的身份提升到前端，使消费者在购买产品时，分享企业成长的成果，使消费和投资有机结合。从而使买卖双方在这种条件下合二为一，成为一体。于是消费者同时又是投资者，消费转化为资本。

消费资本理论丰富并创新了传统的资本理论体系，是新经济发生、发展的必然理论产物，是当前我国扩大内需的重要的理论杠杆，也是从根本上解决资本与资金短缺，促进国民经济平稳较快发展的理论依据。

消费资本的产生，将进一步完善市场经济发展的增长方式。它将同货币资本、知识资本一起联动，推动市场经济的发展。在当前，尤其要重视和发挥消费资本对经济发展的拉动作用。因为，我国有世界上最大的消费市场。我国是有十三亿消费人口的大国。在地方和企业资金短缺的同时，银行城乡居民的存款却一直居高不下，目前已经突破十六万亿大关。在消费资本化理论的作用下，我国消费资本的力量将得到最充分的释放，带来的推动力量是难以估量的。

消费资本化理论是扩大内需的理论支撑。当前，扩大内需已经成为我国经济发展战略的重要启动点。扩大内需需要从多方面入手，更需要从消费理论上给以引导，而中国的国情也决定了我们需要一种与社会主义市场经济相适应的本土化的新的资本理论体系。

同时，在对消费资本化理论的深入研究中，我们还进一步分析了人力资本，把人力资本提升到知识资本，从而进一步完善了市场经济资本构成体系。这是对市场经济资本理论的重大突破。并据此提出三种资本相互结合、共同推动经济社会发展的新的经济增长方式。从而完成了新的市场经济理论体系的建设。

消费资本理论的提出，尤其是三种资本的融合和联动，丰富和完善了资本理论体系，它将为新经济未来的发展提供理论支持。

今后的经济发展应是融合三种资本力量，三种资本联动，共同推动国家、地区和企业的发展。解决经济发展中资金问题总的思路应当是：在充实货币资本的同时，我们更要倚重知识资本，和开拓消费资本。“消费资本导向、知识资本创新、货币资本推动”将是国家、地区和企业今后经济发展的基本方式。

我们可以看到，新的市场经济理论具有两个最基本的特征：一是完整的市场经济是由货币资本、知识资本和消费资本三种资本构成；二是经济发展方式是由多种资本要素共同作用推动社会经济的发展。所以说，消费资本化理论的提出，是新的市场经济理论体系形成的标志。

3. 可供我们选择的三种经济发展方式

在新的市场经济理论框架下，是三种资本在推动市场经济的发展，而不是单一的资本推动经济发展。从而使市场经济的增长方式由单一的形式转化为多种增长方式，即：货币资本和知识资本相结合的增长方式,以及"消费资本导向、知识资本创新、货币资本推动"的三种资本融合、三种资本联动的经济发展方式。

由单一的货币资本发展经济的传统增长方式,转化为货币资本和知识资本相结合的增长方式,再转化为三种资本联动的新型增长方式,是全世界各市场经济国家经济发展实践所必然遵循的趋势,也是市场经济一条非常重要的经济发展规律。

我国的市场经济已经进入新的发展阶段。我们应当用新的市场经济理论,尤其应当用自主创新的经济理论,作为规划今后经济发展的理论基础。

中国和世界各国的经济发展实践,都已充分说明:以牺牲资源和环境为代价换取经济发展的方式,已经走到尽头。伴随这种经济发展方式所形成的工业经济时代的市场经济理论,也已进入终结时期。如果继续沿用过去的旧的市场经济理论来诠释今天的经济,分析今后的发展,并以此为基础规划今后的经济发展,显然是不适宜的。那将会使今后的经济运行走回头路、停滞不前,甚至会误导今后的经济发展。

因此,新的市场经济理论,不仅对当前的经济发展具有重要意义,而且也是规划今后社会经济运行的理论基础。

第二十六篇

建立新企业制度的必要性和意义

2012 年 8 月 3 日在中国女企业家协会《企业管理论坛》上的讲话

【内容提要】 新企业制度将结束 1602 年建立的单一货币资本股份有限公司以来的企业制度的历史。同时，也将结束几个世纪以来企业不公平分配制度的历史，将开创公平分配的企业制度的新纪元。并且将为全社会实施新的公平分配制度，提供一个具有巨大示范作用的范例。

新企业制度将由货币资本、知识资本和消费资本三种资本共同组建“综合资本股份有限公司”。在“综合资本股份有限责任公司”中，货币资本、知识资本和消费资本将共同发挥作用，真正实现三种资本结合、三种资本联动共同推动企业的发展。

一、建立新企业制度的必要性

(一)它可以有效解决社会分配不公问题

几个世纪以来，社会分配不公问题一直困扰着各国政府领导人和经济学家。这一问题，也是全世界人民共同关注的问题，因为这关系到他们的切身利益。分配不公并不只是在哪一个国家才存在的现象，而是全世界各市场经济国家普遍存在的现象，并且是各国政府和经济学家“久治不愈”的问题。

为了寻找分配不公的根本原因，必须对分配制度本身进行深入的分析，必须从源头上对不公平分配制度藉以形成的理论基础进行深层次的考察。我们只能从经济的角度而不是从行政的角度去思考。各国政府举措不当，只会加大收入差距，但并不是分配不公的根本原因。其根本原因，是目前在世界各国流行的、现行的分配制度本身是不公平的。进一步说，是现行分配制度藉以形成的理论依据是失衡的，从而导致了分配格局的不公。

在目前经济运行体系下，一直是生产资本一枝独秀。它的作用一直受到高度重视，生产资本所有者的权益也得到最充分的保证。而知识资本的作用和知识资本所有者的权益，尤其是消费资本的作用和消费资本所有者的权益，却长期处于被淡化甚至缺位的状态。其结果是生产资本所有者独享企业利润。传统的市场经济资本理论的这种失衡，是形成不公平分配制度的深刻理论根源。而且在这种资本理论影响下，形成了一个支持这一不公平分配制度的企业制度，这就是 1602 年在荷兰成立的第一个单一货币资本的股份有限责任公司所代表的企业制度。这种企业制度只维护货币资本所有者的利益。

而在新的企业制度框架下，是货币资本、知识资本和消费资本三种资本共同创造企业利润，因而应由三种资本所有者共同参与利润分配。这种新的公平分配制度，将从根本上打破流行已久的不公平的分配格局，而从源头上解决分配不公的问题。所以，应当综合考虑生产资本、知识资本和消费资本三种资本力量，建立“综合资本股份有限公司”。

（二）由单一货币资本股份有限公司体制向综合资本股份公司体制转化，是市场经济发展所必然遵循的总的趋势

在传统的市场经济理论中，认为推动经济发展的力量只有一种，即货币资本；并以此为基础建立起来单一货币资本主导的企业制度，在这种旧的企业制度下，企业主要是依靠自身的原始资本积累和银行贷款来支持企业的经营活动，获得利益。这种增长方式虽然可以使企业有一定的程度的发展，但是随着社会经济和科学技术进一步的发展，已经显现出其局限性和不充分性。这种局限性和不充分性主要表现在依靠货币资本这个单一要素发展经济，会经常出现资本短缺、创新乏力和消费萎缩等问题。

货币资本推动企业发展的速度是巨大的，但是，单纯依靠货币资本发展企业很快就遇到了瓶颈。它带来的是原材料消耗的不断加速，生产成本的不断提高，难以维持企业继续高速发展。由此，企业家们开始重视科学技术在生产中的应用，开始重视知识资本在制度创新、科学管理中的应用，这就是后来人们清晰认识到的第二种形式的资本即知识资本。知识资本对企业发展的作用具体表现为：当货币资本不能充分满足企业发展的时候，知识资本能够起到一种点石成金的作用。它可以几倍、十几倍的扩大现有货币资本的作用，推动企业的发展。

随着经济的发展，随着市场经济由卖方市场转为买方市场，人们认识到，仅仅依靠货币资本和知识资本还不能完全解决企业持续发展和持续增长的难题。因为企业的产品只有实现销售才能实现企业货币资本和知识资本的价值。因此，消费资本的价值得到人们的重视。消费转化为资本，打通了企业销售和扩大再生产的渠道，可以向企业注入新鲜资本。

因此，企业发展的源动力构成由单一货币资本转化为货币资本、知识资本和消费资本。相应地，企业制度也应由单一货币资本主导的企业制度转化为货币资本、知识资本和消费资本三种资本联合主导的企业制度。所以说，由单一货币资本股份有限公司体制向综合资本股份公司体制转化，是市场经济发展所必然遵循的总的趋势。

（三）是深化经济体制改革的必然要求

企业改革是经济体制改革的重要内容之一。改革是社会主义制度的自我完善，本身就是以经济发展和共同富裕为出发点和归宿的。改革开放近三十年来，我国国民经济持续快速增长，无论是经济总量、人均收入还是与人民生活直接相关的恩格尔系数，都有极大的改善，人民生活总体上达到小康水平，这是我们三十年前想都没想到的问题。当然，应当看到，在改革和发展过程中出现了地区、城乡、行业之间收入差距的扩大，分配领域还有一些不公问题，一部分人群的生活还存在诸多困难，改革成果的分享上存在一些苦乐不均的问题，这些是我们下一步改革的主要任务。所以说，我们所谓的体制改革，最大的获利群体应该是也必将是广大的人民群众。新企业制度的建立，可以解决分配不公，使广大人民群众更为公平地分享改革和发展的成果，实现改革成果的普惠性目标；因此，建立新的企业制度是我国深化经济体制改革的必然要求。

二、建立新企业制度的依据

(一)建立新企业制度的理论依据

我们建立的新企业制度是以消费资本化理论为基础的。消费资本化理论具有两个最基本的特征:一是完整的市场经济资本构成是由货币资本、知识资本和消费资本三种资本构成;二是经济发展方式是由多种资本要素共同作用推动社会经济的发展。从而使市场经济的增长方式由单一的方式转化为多种增长方式,即货币资本和知识资本相结合的增长方式,以及“消费资本导向、知识资本创新、货币资本推动”的三种资本融合、三种资本联动的经济发展方式。

由单一的货币资本发展经济的传统增长方式,转化为货币资本和知识资本相结合的增长方式,再转化为三种资本联动的新型增长方式,是全世界各个市场经济国家经济发展的必然趋势,也是市场经济一条非常重要的经济发展规律。

在新的市场经济理论的引导下,我们就能够从一个更加宏观的角度来看待企业制度的演进。克服传统企业制度的理论缺陷和内在弊端,结合中国改革开放的经济实践有效实现本土化过程,更好的为中国以后的经济建设服务。

(二)建立新企业制度的现实依据

我们考察企业资本的构成发现:生产资本所有者为企业的建立、发展投入了大量资金,我们可以将之看作为生产资本;而在公司的运营过程中,各个岗位的员工尤其是专家和管理人员为公司技术的开发、知识的积累做出了不同程度的贡献,即为公司积累了大量的知识资本;而消费者尤其是大客户、大买家作为公司最终产品的购买者,作为消费资本使得企业的产品价值得以实现。所以,从企业资本构成的角度来看,生产资本所有者、公司员工、公司的消费者为企业的发展分别提供了生产资本、知识资本和消费资本三种资本动力,成为创造企业财富的各个组成部分。所以,应当综合考虑生产资本、知识资本和消费资本三种资本力量,建立“综合资本股份有限公司”制度。

三、综合资本股份公司的股权构成和具体做法

(一)综合资本股份公司的股权构成

在“综合资本股份有限责任公司”中,三种股东,即原始股东、员工股东、消费者股东分别代表了生产资本、知识资本和货币资本,将同时发挥作用,真正实现三种资本结合、三种资本联动共同推动企业的发展。

三种股东形式分别如下:(1)生产资本股东。生产资本股东即原始股东为企业的创建、发展提供了必要的货币资金,使得企业的生产有了最初的资本来源,其重要地位不容忽视。(2)知识资本股东。知识资本股东即员工股东代表了知识资本的力量:公司不同岗位的员工都为公司知识的积累作出了自己的贡献,尤其是专家技术人员和管理人员。技术人员和专家通过改善经营方式提高了劳动生产率或者开发了新产品,成为企业竞争优势的重要来源,而管理人员优化了企业的资源配置,为企业的长远发展指明了方向,并通过有效组织企业的资源(包括有形资产和无形资产)使得企业能够在竞争中得以胜出。所以,专家和管理人员作为股东是对

他们发挥出来的知识资本的肯定，也是对知识资本发挥作用的有效激励。(3)消费资本股东。企业应该把大客户、大买家吸收进来，按消费额度给与一定的股份，使其成为消费股东。消费股东是"综合资本股份有限公司"的重大特色，它不同于以往任何的企业制度，将消费者视为股东，真正将消费者从产品链的末端提到前端，使得消费者在消费过程的同时还能从企业的长期发展中获利。这是一种全新的视角，使生产和消费真正结合了起来，巨额消费资本的注入使得企业发展获得了不竭的动力。

(二)建立综合资本股份公司的具体做法

建立综合资本股份有限责任公司的具体作法是，根据我国现在市场经济的发育程度和我国企业发展的实际情况实施知识资本股东和消费资本股东预留制。当前还是以货币资本为主，知识资本(高级管理人员、工程技术人员和生产业务骨干)和消费资本分别占一部分股份。

新公司注册时，就把知识资本和消费资本按一定比例预留出来，然后在实际运营过程中逐步到位。知识资本股东股份主要有两部分构成：一是知识资本股东知识资本存量的大小，这主要由员工入职时学历因素、职务/职称因素、创新能力因素、学习能力因素、适应能力因素和业务能力因素等决定；二是知识资本增量的大小，这主要是根据知识资本载体工作对公司的贡献大小来决定的。消费资本股份多少主要由消费资本载体的消费额及其对公司盈利的贡献、公司的盈利水平和经营状况所决定的。

这就给企业高级管理人员、工程技术人员、业务骨干、熟练工人和广大消费者有一个宝贵的参与企业利润分配的机会，这种多样化的股权结构不仅能加强对管理层的监督和管理，更能提高员工的工作积极性，还能激励消费者持续购买企业的产品，并真正的实现了投资主体的多元化，从纵向上实现股份制改造。

四、结论

通过建立综合资本股份公司，使三种资本所有者的权益都得到保障，使三种资本的作用都能得到最大限度的发挥，这样推动企业经济发展的方式由单一货币资本推动转化为"消费资本导向、知识资本创新、货币资本推动"的三种资本融合、三种资本联动的经济发展方式，这样不仅能够解决企业资本短缺的问题，而且能够解决国有企业创新乏力和消费萎缩等问题。

这种新型的企业制度将结束 1602 年建立的单一货币资本股份有限公司以来的企业制度的历史。同时，也将结束几个世纪以来企业不公平分配制度的历史，开创企业利润公平分配的新纪元。并且将为全社会实施新的公平分配制度，提供一个具有巨大示范作用的范例。

第二十七篇

创新商业模式与传统商业模式的比较分析

2007年11月23日在悉尼《澳大利亚新商业模式论坛》上的演讲

【内容提要】 以消费资本化理论构建的新的商业模式包含两个过程：一是买卖双方的销售过程；二是买卖双方之间的利润分配过程，这不同于以往的商业模式。以往的商业模式只有一个销售过程，买卖双方货款两清，销售过程即认为已经完结，但创新的商业模式认为买卖双方之间的经济过程不只是单一的商品交易过程，而且还有一个买卖双方的利润分配过程。

尊敬的会议主席：

尊敬的中国驻悉尼总领馆参赞朱小川先生：

尊敬的澳大利亚金融学会会长曾毅博士：

尊敬的金融界、经济界各位专家、企业家：

尊敬的新南威尔士大学的各位师生：

尊敬的新闻界的朋友们：

十分感谢会议东道主对中国世界新经济研究院和对我本人的邀请，使我有机会就大家十分关注的新资本理论和新商业模式同在座的各位进行有益的交流。

商业模式这个话题在现在的市场竞争中已经变得越来越重要。依靠引入新的商业模式来保持持续的变革和创新能力，对于企业在快速变化的商业环境中生存和发展是极其重要的。我们主张运用消费资本化理论对传统商业模式进行改造，建立“消费资本导向、知识资本创新、生产资本推动”的全新的商业模式。在这种全新的商业模式下，知识资本的运用增强了企业的创新能力，而消费资本的运用增大了市场份额。三种资本共同推动建立的新的商业模式必将带来深刻的历史变革。

一、商业模式的演进和传统商业模式的缺陷

(一)传统商业模式的演进

1. 商业模式概念的界定

著名管理学大师彼得·德鲁克曾经说过：“当今企业之间的竞争，不是产品之间的竞争，而是商业模式之间的竞争”。那么应该如何界定商业模式呢？商业模式是一种包含了一系列要

素及其关系的概念性工具，用以阐明某个特定实体的商业逻辑。它描述了企业所能为客户提供的价值以及企业的内部结构、合作伙伴网络和关系资本等借以实现（创造、推销和交付）这一价值并产生可持续盈利收入的要素。商业模式一般有两个概念：一个是大概念，即企业从事经营活动的所有方式、方法，也称经营模式，如专业化和多元化，产业经营与资本经营等等，人们把这些统称为商业模式。另一个是小概念，即商品流通模式。所谓商业，它相对于工业、农业而言，商业模式，指商品从生产企业进入消费领域的方式。商品的流通过程一般分为批发和零售两个环节。因此商业模式又包括批发业模式和零售业模式。

2. 传统商业模式的演进过程

最古老也是最基本的商业模式就是"店铺模式（Shopkeeper Model）"，具体点说，就是在具有潜在消费者群的地方开设店铺并展示其产品或服务。随着时代的进步，商业模式也变得越来越精巧，二十世纪早期年代出现了搭售模式（Bait and Hook Model）。在这种模式里，基本产品的出售价格极低，通常处于亏损状态；而与之相关的消耗品或是服务的价格则十分昂贵。比如说，剃须刀和刀片，手机和通话时间，打印机和墨盒，相机和照片等等。这个模式还有一个很有趣的变形：软件开发者们免费发放他们的文本阅读器，但是对其文本编辑器的定价却高达几百美金。在50年代，新的商业模式是由麦当劳（McDonalds）和丰田汽车（Toyota）创造的；60年代的创新者则是沃尔玛（Wal—Mart）和混合式超市（Hypermarkets，指超市和仓储式销售合二为一的超级商场）；到了70年代，新的商业模式则出现在FedEx快递和Toys R US玩具商店的经营里；80年代是Blockbuster，Home Depot，Intel和Dell；90年代则是西南航空（Southwest Airlines），Netflix，eBay，Amazon. com和辛巴克咖啡（Starbucks）。

每一次商业模式的革新都能给公司带来一定时间内的竞争优势。但是随着时间的改变，公司必须不断地重新思考它的商业设计。随着（消费者的）价值取向从一个工业转移到另一个工业，公司必须不断改变它们的商业模式。一个公司的成败与否最终取决于它的商业设计是否符合了消费者的优先需求。

（二）传统商业模式存在的问题

虽然各商业企业在已有的商业模式运作下取得了巨大的成绩，同时也根据自身发展需要不断的探索商业模式创新，以符合消费者的优先需求，在激烈的市场竞争中处于有利地位，但是传统的商业模式和营销观念，由于无法摆脱旧的市场经济理论的束缚，其发展仍存在如下四大缺陷：

1. 理论基础滞后

几个世纪以来，传统的市场经济理论认为，推动经济发展的只有一种资本，即货币资本，在此理论基础指导下的传统的商业模式即便表现出多种形式但也只是千孔一面，没有走出单一的依靠货币资本的误区，受这种旧的生产本位时代理论的指导，传统的商业模式不重视除货币资本以外的知识资本和消费资本要素来推动创新；随着买方市场的形成，这种旧的理论以及在旧理论指导下形成的商业模式受到市场经济的严重挑战并严重阻碍了社会经济的发展。

2. 管理水平落后

传统商业模式下企业管理水平的落后主要体现在陈旧的用人标准、落后的薪酬体系以及激励机制。以往企业在招聘人才的时候只重视他的政治要素、学历要素等，却忽视了他作为知识资本载体在具体岗位上作用的发挥，以此制定的薪酬以及激励机制竞争力不足，导致了员工在工作岗位上效力的发挥没有达到最高水平，更为严重的是，落后的员工激励机制往往导致了人才流失，造成企业人才脱节，严重影响到企业持续的创新能力。

3.营销观念落后

传统的商业模式未能从经济发展方式的高度来看待营销，未能把营销过程置于市场经济大背景下来考察，就营销本身谈营销，习惯于就行业本身分析问题并从行业范围内谈解决问题的办法。这种思维导致我们的商业模式营销长期局限在一些操作和技术层面上，难以触及根本性的问题，营销观念和模式难以实现总体的突破，从而未能深入理解企业和消费者的关系，以往这种简单营销模式终究会造成商业模式创新乏力进而不适应社会经济发展。

4.供应商、消费者、物流公司之间浅层次的合作

在传统商业模式下，供应商、消费者、物流公司之间买卖双方货款两清，销售过程认为已经完结。这种浅层次的合作可能会由于各种原因造成三者关系的不稳定，从而会使三角链条中断，影响商品的正常流通以及企业的正常运转。

由此看来，一种既能适应市场经济发展和时代潮流，同时又能满足消费者需求的创新商业模式的提出势在必行。企业只有不断创新自己的商业模式，才能不被市场经济所淘汰，在残酷的竞争中立于不败之地。

二、创新商业模式

在所有的创新之中，商业模式创新是企业最本源的创新，是企业竞争的最高形态，关系到企业生死存亡和兴衰成败。离开创新的商业模式，其他的诸如管理创新、技术创新就都失去了可持续发展可能和盈利的基础。企业要想获得成功就必须从制定成功的商业模式开始，新兴的新企业是这样，传统的老企业更是如此。未来企业的竞争，将是商业模式的竞争，商业模式的创新已成为企业竞争制胜的关键。为此，我们建议在今天实行创新商业模式。

（一）创新商业模式理论基础

进入新世纪，市场经济已经完成由卖方市场向买方市场的过渡。它标志着市场经济由卖方（厂家、商家）占主导地位的时代已经结束。以买方（消费者）占主导地位、买方（消费者）同卖方（厂家、商家）平等合作的时代已经开始。适应卖方市场时期的的商业模式已经陈旧，新时期需要提出创新的商业模式推动市场经济发展。我们在借鉴传统商业规范性操作的基础上提出创新商业模式，它以消费资本化理论为基础，其核心内容是将消费向生产领域和经营领域延伸。当消费者购买企业的产品时，生产厂家和商业企业应把消费者对本企业产品的采购视同是对本企业的投资，并按一定的时间间隔，把企业利润的一定比例返给消费者。此时消费者的购买行为，已不再是单纯的消费，他的消费行为同时变成了一种储蓄行为和参与企业生产的投资行为。于是消费者同时又是投资者，其消费转化为资本。

作为创新商业模式理论基础的消费资本化理论具有两个最基本的特征：一是完整的市场经济资本构成是由货币资本、知识资本和消费资本三种资本构成；二是经济发展方式是由多种资本要素共同作用推动社会经济的发展。从而使市场经济的增长方式由单一的形式转化为多种增长方式，即货币资本和知识资本相结合的增长方式，以及“消费资本导向、知识资本创新、货币资本推动”的三种资本融合、三种资本联动的经济发展方式。

(二)创新商业模式内容

以消费资本化理论构建的新的商业模式包含两个过程:一是买卖双方的销售过程;二是买卖双方之间的利润分配过程,这不同于以往的商业模式。以往的商业模式只有一个销售过程,买卖双方货款两清,销售过程即认为已经完结,但创新的商业模式认为买卖双方之间的经济过程不只是单一的商品交易过程,而且还有一个买卖双方的利润分配过程。因为,建立在消费资本化理论基础之上的新的商业模式,把消费者对商家、厂家的产品和服务的采购过程视同是对自己的投资,因为消费者所付货款的大部分都进入到商家和厂家的下一个经营过程和生产过程,转化为资本,因此这笔资金产生的利润应该返给消费者。

这一举措是新的商业模式重大的创新变革,它对于商家、厂家迅速扩大市场份额和补充企业自身扩大经营和扩大再生产所需要的资金补充具有重大意义。而且,对于消费者的购买积极性是一个巨大的激励。因此,它将有力地推动市场繁荣和市场经济发展。其次,新商业模式的销售过程,也与旧的商业模式完全不同。它吸收并发挥了订单经济、电子商务和物流的重大作用,因此,新的商业模式同旧的商业模式相比,具有鲜明的、根本不同的特征。

(三)创新商业模式交易过程以及操作程序

新的商业模式产品交易过程同旧模式相比有很大的不同,它加入了虚拟经济(订单经济)、电子商务和物流等内容,使商品的交易过程变得更简洁更有效。新时期的创新商业模式应包含四个要素:电子商务、订单经济、物流和新的理论基础。具体表述为:虚拟经济(订单经济)质的延伸,同电子商务功能的进一步完善相结合,以物流为手段,以消费资本化理论为基础。它的运作程序包括两个过程,一是卖方(厂家、商家)和买方(消费者)的产品销售过程,即产品流;二是卖方(厂家、商家)和买方(消费者)之间的利润分配过程,即价值流。

其具体操作程序为首先商家通过地网(门店连锁)和天网(电子商务)把消费者分散的、零星的、无计划的消费需求经过整理变成有计划的规模的分类需求并且加以分类做成订单提供给供应商,供应商按照分类需求供货,通过物流送到消费者手中,这可以使整个交易过程变得高效、便捷,同时又提供了一个巨大的利润空间。其次在商品交易过程完成之后,商家根据消费资本化理论,把消费者的购买行为视为一种储蓄行为、一种投资行为,按照一定的时间间隔把企业利润的一部分返给消费者。至此,商家完成了产品流(产品销售)和价值流(利润分配)的全部过程,也即完成了建立在消费资本化理论基础上的创新商业模式的全过程。

这种新的商业模式是世纪之交更新换代、具有划时代意义的商业模式。一方面消费者在购买商品的过程中有回报预期,从而深受广大消费者的欢迎;另一方面又由于把大批规模订单交给供应商,使供应商扩大了市场,深受广大供应商的欢迎。还不仅如此,由于产品是由供应商直接供给消费者,没有通过中间商和销售代理等中间环节,从而使商家可以从中间有一个很大的折扣,有很大的利润空间。它一改以往旧商业模式的诸多弊端,更加方便、快捷,高效的为消费者服务。它从根本上改变了完全无视消费者利益的旧的商业模式,而开启了消费者参与企业利润分配的新纪元。

第二十八篇

论新时期商业模式的创新

2010年10月6日在台北《第三十六届国际中小企业年会》上的演讲

【内容提要】 进入新世纪，市场经济已经完成由卖方市场向买方市场的过渡。生产占主导地位的时代已经结束，消费起主导作用的时代已经到来。与之相应，旧的商业模式已进入终结时期，而一种新的商业模式将应运而生。

新商业模式是一个以生产企业、供应商、物流企业、商业企业、消费者、银行及保险公司等相互合作为基础，以消费资本论为核心，以产品和服务为纽带，以利润共享为特征，以合作共赢为目标的行业产业链的有机的综合体。

新商业模式在其实际运作过程中，将形成一个长期的、深层次合作的，甚至是互为股东、利润共享的、紧密型的利益共同体。企业在这一利益共同体中发挥核心作用，为各合作单位提供卓有成效的服务，给合作者带来显著的经济效益，同时也给本企业带来巨大的利润。

当前，世界经济正处于一个大发展、大变革、大调整的新的历史发展时期。在世界性金融危机影响的形势下，世界各个国家、地区和企业面临一个共同的任务，就是寻找新的经济发展方式和新的经济增长极。这是因为，进入新世纪，世界经济形势发生了深刻的变化。国家、地区和企业发展的经济背景较之上个世纪有了本质的不同。世界经济的发展，呈现出三个崭新的特征。

第一，进入新世纪，市场经济已经完成了由卖方市场向买方市场的过渡。市场经济已经进入以买方为主的经济发展阶段，这标志着卖方占主导地位的时代已经结束，买方占主导地位的时代已经到来。在这一发展阶段里，作为买方的消费者，成为市场竞争的最终决定性力量。因为消费者既是市场经济的主人，又是给经济发展注入新的资本动力的源泉。谁能够赢得最多的消费者，谁就拥有最大的市场和巨额资金的注入。在以买方为主的发展阶段，消费对生产和经济发展的制约作用日益凸显。换言之，消费和消费资本成为新世纪经济发展的关键性资源和主导力量。因此，国家、地区和企业在今后的经济发展过程中，必须高度重视消费和消费资本的重大作用。

第二个特征是国民经济知识化水平越来越高。每个经济元素包含的知识和科技含量的比重越来越大，知识和科技成果对社会经济发展的作用日益凸显，这标志着世界经济已经进入知识经济发展阶段。在这一阶段里，知识生产率日益成为国家、地区和企业竞争的关键要素，而不再是以体力劳动为主的劳动生产率。在新世纪，人类深刻的认识到，在物质生产过程之外，还存在着知识生产过程。它的产品，有力地推动着国家、地区和企业的经济发展，成为一种崭新的资本力量，形成一个新的资本形态，即知识资本。而且，与传统的货币资本不同，知识资本是一种清洁的、无污染的资本，它可以无限的复制，对货币资本发挥着点石成金的倍加效应，它将创造出比货币资本更高的利润率。所以，在新世纪，国家、地区和企业的经济发展，必须高度重视知识和知识资本的重大作用。

第三，由此看来，长期以来坚持单一依靠货币资本发展经济的传统的市场经济理论已经过时，已经不能充分适应新时期经济发展的需要。同时，也标志着单一货币资本主宰经济发展的时代已经结束，而消费资本发挥主导作用、多种资本共同推动经济发展的时代已经到来。人们可以清楚的看到，依靠单一货币资本发展经济、忽视知识资本、特别是忽视消费资本作用的传统经济发展方式存在着严重的欠缺和弊端。也充分说明，传统的经济发展方式，连同它的金融模式、企业制度和商业模式，在流行几个世纪之后，已经走到尽头，已经难以为继，它已不适应今后世界经济发展的需要。

中国和世界各国的经济发展的实践都已充分说明：用单一货币资本发展经济，以牺牲资源和环境为代价换取经济发展的经济增长方式已经走到尽头。还不仅如此，伴随这种经济增长方式所形成的传统的市场经济理论也已进入终结时期。如果继续沿用过去的市场经济理论诠释今天的经济，分析今后的发展，并以此为基础规划今后的经济运行，显然是不适宜的。那将会使我们犯了一种人们常说的时代错位和适用理论不当的错误，会导致今后的经济运行走回头路、停滞不前，甚至会误导今后的经济发展。

市场经济已经进入新的发展阶段。我们应当用新的市场经济理论，尤其应当用自主创新的经济理论，作为今后经济发展的理论导向。在这里，我还要强调指出，在以买方为主的市场经济发展阶段里，消费资本论应当是首要的和最重要的资本理论，也是市场经济理论的重大创新。消费资本论，是新的市场经济理论形成的标志。新的市场经济理论认为，完整的市场经济资本构成应包括货币资本、知识资本和消费资本三种资本，而不是唯一的货币资本。因此，解决国家、地区和企业经济发展所需要的资金问题，总的思路应当是：(1)继续充实货币资本，(2)高度倚重知识资本，(3)大力开拓消费资本。同时，经济发展方式也应该是多元的。由单一的货币资本发展经济的传统发展方式，转化为货币资本和知识资本相结合的发展方式，再转化为“消费资本导向，知识资本创新，货币资本推动”的三种资本融合、联动的新型发展方式，是全世界各个市场经济国家经济发展的所必然遵循的总的趋势，也是国家、地区和企业经济发展方式的选择方向。

在世纪之交，在新旧历史交替时期，提出新的市场经济理论，来代替旧的传统的市场经济理论，用新的经济发展方式和新的商业模式，代替旧的经济发展方式和旧的商业模式，以新的市场经济理论作为国家、地区和企业经济发展的理论导向，这是历史的必然。

二、建立在消费资本论基础上的新商业模式

人类社会经济进入一个新的发展时期，特别是在世纪之交，市场经济已经完成由卖方市场向买方市场的过渡。生产占主导地位的时代已经结束，消费起主导作用的时代已经到来。

与之相应，旧的商业模式已进入终结时期，而一种新的商业模式将应运而生。

(一)构建新商业模式的理论基础是消费资本论。

传统的市场经济理论认为，推动经济发展的只有一种资本，即货币资本。但市场经济发展的实践证明，事实并非如此。人们通过对市场经济发展史的研究，尤其是对最近二百年的市场经济的研究，逐渐认识到：完整的市场经济对应的资本构成应包括货币资本、知识资本和消费资本三个重要组成部分，而不是单一的或者唯一的货币资本。换言之，市场经济的发展是由三种资本推动，而不是一种资本推动的，是三种资本共同创造了社会财富和企业利润。因此应由三种资本所有者共同参与社会财富和企业利润的分配，而不应由货币资本所有者独享企业利润。

消费资本论的核心内容，是将消费向生产领域和经营领域里延伸。当消费者购买企业和商家的产品和服务时，生产厂家和商业企业应把消费者对本企业产品和服务的采购视同是对本企业的投资，以合同的形式记录在案，一年下来，参照央行活期存款的利率，并按一定的时间间隔，把企业利润的一定比例返给消费者。此时消费者的购买行为，已不再是单纯的消费，他的消费行为同时变成了一种储蓄行为和参与企业生产和经营的投资行为。于是消费者同时又是投资者，其消费转化为资本。这实际上是把消费者从产品链的末端以投资者的身份提升到前端，使消费者在购买产品时，既能分享企业成长的成果，同时也为企业发展注入新的资本动力，使消费和投资有机结合，从而使买卖双方在这种条件下合二为一，成为一体，完成消费转化为资本的过程。这样，消费作为一种资本，它同货币资本、知识资本一样，成为企业和地方经济发展的直接动力。

此时，消费者的购买行为，已经不再是单纯的为了获取商品从而满足意愿和偏好，他的消费行为同时变成了一种储蓄行为和参与企业生产和经营的投资行为，这就可以在一定程度上消除买卖双方的对立，化解消费者和生产者之间的根本矛盾，从而使双方获益，达到消费者、生产者、经营者和全社会共赢的目的。

消费资本论在实践和应用中可以有多种实现形式，如①消费者投资、②消费者参股、③消费者期权，④消费者选择权等，通过这些方式将消费向生产领域和经营领域里延伸，在不同的层次上实现消费的资本化，它对经济发展将产生重大的经济效应。

(二)消费资本论的科学依据

消费资本论揭示了企业利润形成的秘密——这是人类社会一次伟大的发现。新的资本理论体系的建立，特别是消费资本理论的提出，向人们揭示了商品经济全部的真实过程，从而揭示了并科学地论证了以往经济学家予以回避的、没有揭示出来的社会财富和企业利润形成的秘密。

以往的经济学家，包括获得诺贝尔奖的经济学家，他们理论上一个共同的缺陷，是只重生产轻消费。他们从资本的高度分析生产对社会经济发展的重要作用，但却没有一位经济学家从资本的高度分析消费对社会经济发展的重大拉动作用。他们对生产和生产资本进行了十分深入的研究，详细的阐述了生产资本的属性、作用和意义。而从没有提出一种理论把消费和消费资本的力量系统地揭示出来。其实，人类社会发展的最终目的是为了消费。生产和消费是一个问题的两个方面，只从生产的角度分析社会经济的发展，是单方面的、局部的分析。唯有从资本的高度并同时从生产和消费两个方面分析社会经济发展，才是全面的、科学的分析。

以往的经济学家在理论上存在这一共同缺陷的原因，是在于他们理论研究的前提失衡。因为他们研究的前提是“商品的生产过程”，而不是“商品经济全过程”。而忽视了对“商品的消费过程”极其重大作用的深入研究。

因此，市场经济理论研究的前提应是“商品经济全过程”，而不只是“商品的生产过程”。否则，其研究及研究成果是不充分的。传统的市场经济理论缺陷恰恰在这里。

新时期市场经济理论研究的前提应是“商品经济全过程”，而不只是“商品的生产过程”。

商品经济全过程包括如下三个环节或者说三个阶段：

其一：生产资本由于购买了生产场地、原材料和零部件，而完成了自己的责任和义务——这是商品生产的准备过程。

其二：工程师、科技人员和能工巧匠（工人们）利用已有的生产场地，把原材料和零部件转化为产品——这是知识资本发挥作用的过程，即商品的生产过程。

其三：产品只有在进入市场并由消费者购买之后，才能实现其价值和利润——这是商品的消费过程，这一过程是消费资本的载体——消费者完成的。

由此可以直接引申出如下几个结论：

第一，市场经济的资本构成应包括生产资本、知识资本和消费资本三个部分，而不是唯一的生产资本；

第二，社会财富，也包括企业利润，是由生产资本、知识资本和消费资本共同创造的。

第三，三种资本的载体即三种资本所有者，应当共同参与社会财富和企业利润的分配。

通过对商品经济过程的分解，充分揭示了商品经济的全部真实过程，进一步深刻地、具体地揭示了企业利润形成的秘密，指出企业利润是由三种资本——货币资本、知识资本和消费资本共同创造的。这一发现，从根本上动摇了流行几个世纪之久的货币资本所有者独享企业利润的不公平的分配制度，为亿万消费者和知识资本所有者共同参与企业利润分配，提供了极为重要的科学理论依据。为彻底打破社会分配不公的格局奠定了坚实的理论基础。这是人类社会一次伟大的发现，由此将揭开人类社会生活和经济发展的新的一页。

（三）消费资本论的法律依据

以现行的政策和法律为依据，中国企业法、合同法、最高法院司法解释；财政部关于财务会计制度的规定，投资额的确定等。

（四）新商业模式的特征

（1）核心特征是消费者和商家共同分享利润

传统的商业模式只有一个内容、一个过程：即商品的交易内容和与之相应的商品的销售过程，商家与消费者之间货款两清，这个过程即认为已经完结。而“以消费资本论”为基础的新的商业模式包含两个内容、两个过程：一是商品的交易内容和与之相应的商品的销售过程；二是商家与消费者共同分享利润的内容和与之相应的利润分配过程。新商业模式，把消费者对商家的产品和服务的采购过程视同是对自己的投资，因为消费者所付货款的大部分都进入到商家的下一个经营过程，并转化为资本，也产生利润。明智的企业家把由消费者货款转成资本所产生利润的一部分返给消费者，这对消费者继续采购本企业产品和服务的积极性是一个极大的调动。这种新商业模式对于迅速扩大市场份额，和解决企业自身扩大经营范围所需要的资金补充，将起到重大作用和独特的魅力。

这种新商业模式具有与众不同和独树一帜的特点，它同迄今为止所有经营理念和营销方式不同，具有强烈的新鲜感和独特的魅力。它将对广大消费者的消费心理产生极大的影响——一种宝贵的积极参与尝试的心理，以及愿意长期合作的巨大的吸引力和凝聚力。由于它的与众不同和独特新意，将会产生极大的轰动效应，即“注意力经济学”效应，或者说“眼球经济学”效应，也就是说广大消费者的眼光将集中在应用消费资本论的企业的产品上。同时因为它不但满足消费者的需求，而且还关心消费者的利益，所以会受到消费者的欢迎。当企业把消费者作为本企业一位投资人和成员时，消费者也会从另一端做同样的考虑，即广大消费者愿意成为我们企业长期的合作者，因为他们可以从我们的企业中长期获益。

(2)新商业模式还具有崭新的组织形式特征

新商业模式吸收并发挥了电子商务、物流和订单经济的重大作用，并同银行和保险业密切合作。因此，新的商业模式实际上是有形市场(地网)、无形市场(天网)、虚拟经济(订单经济)、物流业、金融业、保险业诸多经济要素组合的有机综合体。是一个以生产企业、供应商、物流企业、商业企业、消费者、银行及保险公司等相互合作为基础，以消费资本论为核心，以产品和服务为纽带，以利润共享为特征，以合作共赢为目标的行业产业链的有机的综合体。

其具体操作程序为：首先，商家和厂家通过地网(门店连锁)和天网(电子商务)把消费者分散的、零星的、无计划的消费需求，经过整理变成有计划的规模的分类需求，并且加以分类做成订单，提供给供应商，供应商按照分类需求供货，通过物流送到消费者手中。这可以使整个交易过程变得高效、便捷，同时又提供了一个巨大的利润空间。其次，在商品交易过程完成之后，商家根据消费资本论，把消费者的购买行为视为一种储蓄行为、一种投资行为，按照一定的时间间隔把企业利润的一部分返给消费者。至此，商家完成了产品流(产品销售)和价值流(利润分配)的全部过程，也即完成了建立在消费资本论基础上的创新商业模式的全过程。

(3)新商业模式是一个崭新的合作平台，是一个深层次的紧密的利益共同体

新商业模式在其实际运作过程中，将形成一个长期的、深层次合作的，甚至是互为股东、利润共享的、紧密型的利益共同体。企业在这一利益共同体中发挥核心作用，为各合作单位提供卓有成效的服务，给合作者带来显著的经济效益，同时也给本企业带来巨大的利润。

这种新的商业模式是世纪之交更新换代、具有划时代意义的商业模式。一方面消费者在购买商品的过程中有回报预期，从而深受广大消费者的欢迎；另一方面又由于把大批规模订单交给供应商，使供应商扩大了市场，从而深受广大供应商的欢迎。还不仅如此，由于产品是由供应商直接供给消费者，没有通过中间商和销售代理等中间环节，从而使商家可以从中间有很大的利润空间。它一改以往旧商业模式的诸多弊端，更加方便、快捷，高效的为消费者服务。它从根本上改变了完全无视消费者利益的旧的商业模式，而开启了消费者参与企业利润分配的新纪元。

综上所述，建立在消费资本论基础上的新商业模式，是在世纪之交提出的一个科学的、严谨的、具有更新换代和划时代意义的商业模式。它将在新形势下使中国企业实现经济发展方式转型和升级，形成企业新的核心竞争力，使企业在激烈的市场竞争中胜出。同时企业作为市场驱动内需的载体将为我国最终需求总量的提升，进而对我国宏观经济发展和稳步回升做出重大贡献。

第二十九篇

货币资本不应独享企业利润

发表于《中国经济周刊》2009 年 4 月第 15 期

【内容提要】 通过对“商品经济全过程”的分析，可以得出：市场经济的资本构成应包括生产资本、知识资本和消费资本三个组成部分，而不是唯一的货币资本；社会财富——当然也包括企业的利润——是由生产资本、知识资本和消费资本共同创造的；三种资本的载体即三种资本所有者，应当共同参与社会财富和企业利润分配，而不应用货币资本所有者独享企业利润。

几个世纪以来，社会分配不公问题不仅困扰着各国政府领导人和经济学家，各国人民对此也是深恶痛绝。同时，作为全世界各个市场经济国家普遍存在的现象，成为各国“久治不愈”的难题之一。

三种资本共同参与企业利润分配

我认为，为了寻找分配不公的根本原因，必须对分配制度本身进行深入的分析，从源头上对不公平分配制度藉以形成的理论基础进行深层次的考察。从经济的角度去思考，各国政府对解决分配不公问题的举措不当，只会加大收入差距，并不是分配不公的根本原因。其根本原因是目前在世界各国流行的、现行的分配制度本身是不公平的。进一步说，现行分配制度藉以形成的理论依据是失衡的，从而导致了分配格局的不公。

在现行分配制度所形成的分配格局下，货币资本所有者几乎独享企业所有利润；知识资本所有者只享有少许利润；而消费资本所有者长期以来甚至处于缺位状态，完全不参与分配，无利可获。这是社会分配不公的源头和始发原因，是社会分配不公的根本原因。

那么，这种不公平的分配制度是如何形成的呢？

传统的市场经济理论认为，推动经济发展的只有一种资本，即货币资本。但市场经济发展的实践证明，事实并非如此。人们通过对市场经济发展史的研究，逐渐认识到：完整的市场经济应包括货币资本、知识资本和消费资本三个重要组成部分。换言之，市场经济的发展是由三种资本推动，而不是一种资本推动的，是三种资本共同创造了社会财富和企业利润。因此应由三种资本所有者共同参与社会财富和企业利润的分配，而不应由货币资本所有者独享企业利润。

但几个世纪以来，在传统的市场经济理论影响下，市场经济一直是货币资本一枝独秀。它的作用一直受到高度重视，货币资本所有者的权益也得到最充分的保证。而知识资本的作用和知识资本所有者的权益，尤其是消费资本的作用和消费资本所有者的权益，却长期处于被淡化甚至缺位的状态。传统的市场经济资本理论的失衡，是形成不公平分配制度的深刻的理论根源。它对不公平分配制度的形成和流行起着最主要的作用。甚至在这种资本理论影响下，形成了一个支持这一不公平分配制度的企业制度，这就是1602年在荷兰成立的第一个单一货币资本的股份有限责任公司所代表的企业制度。这种企业制度只维护货币资本所有者的利益。

因此，必须突破旧的传统的市场经济理论的束缚，在总结市场经济发展经验的基础上，尤其应在总结我国市场经济发展经验的基础上，勇于探索，进行理论创新，才能找到新的公平的分配模式，建立起新的公平制度和分配格局。

市场经济理论前提应是“商品经济全过程”

为此，我们必须找到形成不公平分配制度的理论基础的缺陷，以便找到形成分配不公的最深刻的原因。

以往的经济学家，包括一些获得诺贝尔经济学奖的经济学家，他们在理论上存在一个共同的缺陷，即重生产轻消费。他们从资本的高度分析生产对人类社会经济发展的重大作用，但却没有一位经济学家从资本的高度分析消费对社会经济发展的重大作用。他们对生产和生产资本进行了十分深入的研究，详细地阐述了生产资本的属性、作用和意义，而从没有提出一种理论把消费和消费资本的力量系统地揭示出来。

其实，人类社会经济发展的最终目的是为了消费。生产和消费是一个问题的两个方面。只从生产的角度分析社会经济的发展，是单方面的、局部的分析。只有从资本的高度并同时从生产和消费两个方面分析社会经济发展，才是全面的、科学的分析。

以往的经济学家在理论上存在这一共同缺陷的原因，在于他们理论研究的前提失衡。因为他们研究的前提是“商品的生产过程”，而不是“商品经济全过程”。以“商品生产过程”为前提，其研究的重点是“生产的准备环节”和“生产环节”，而不是消费环节；或者说，主要是研究“商品生产的准备过程”和“商品的生产过程”，而忽视了对“商品的消费过程”及其重大作用的深入研究。

因此，市场经济理论研究的前提应是“商品经济全过程”，而不只是“商品的生产过程”。否则，其研究及研究成果必然是不充分的。传统的市场经济理论的缺陷恰恰出在这里。

实际上，“商品经济全过程”表现为如下3个环节：生产资本由于购买了生产场地、原材料和零部件，而完成了自己的责任和义务。——这是商品生产的准备过程；工程师、科技人员和能工巧匠（工人们），则是利用已有的生产场地把原材料和零部件转化为产品。——这是知识资本发挥作用的过程，即生产过程；产品只有进入市场并由消费者购买之后，才能实现其价值和利润——这是商品的消费过程。这一过程则是消费资本的载体——消费者完成的。

由此可以直接引申出如下几个结论：市场经济的资本构成应包括生产资本、知识资本和消费资本三个组成部分，而不是唯一的货币资本；社会财富——当然也包括企业的利润——是由生产资本、知识资本和消费资本共同创造的；三种资本的载体即三种资本所有者，应当共同参与社会财富和企业利润分配。

市场经济需要新的企业制度

通过对中国市场经济发展实践的研究，我国最先提出了消费资本化理论(参见陈瑜《消费者也能成为资本家消费资本化理论与应用》2006年3月，广西科技出版社出版)。这一理论是新的市场经济理论形成的标志，也是新的资本理论体系形成的标志。其中提出的市场经济资本构成包括三种资本的理论，尤为重要。特别是认为由三种资本共同创造企业利润，因而应由三种资本所有者共同参与利润分配的理论，将是确立新的公平分配制度的理论基础。这种新的公平分配制度，将从根本上打破流行已久的不公平的分配格局，而从源头上解决分配不公的问题。

同时，在这一理论基础上可以确立一种新型的、由三种资本参与的综合资本股份有限责任公司，作为支持新的公平分配格局的企业制度。因为由单一货币资本股份有限公司体制向综合资本股份公司体制转化，是市场经济发展所必然遵循的总的趋势，我国市场经济迫切需要建立新的企业制度，也是我国经济体制深化改革的需要。

这种在新的资本理论基础上建立的新的企业制度是一种以人为本的企业制度，它将为我们构建一个共赢的社会。这个共赢的社会必然是一个和谐的社会，一个真正繁荣幸福的社会。我们认为，新的企业制度使我们找到了一条真正符合大多数人利益的经济学途径。因此，有人称新的资本理论为中国的“穷人经济学”。但我认为，它更是一种“全富”理论，因为它同时为社会构筑了一个富人、穷人都适用的共赢的经济平台。

这种新的企业制度，将结束1602年世界建立的单一货币资本股份有限公司以来的企业制度的历史。同时，也将结束几个世纪以来企业不公平分配制度的历史，开创企业利润公平分配的新纪元。

中国的经济高速增长，是迄今为止人类经济发展史上最成功的范例。它的经济成就是对世界经济发展做出的巨大贡献，而对它理论总结以及所形成的市场经济理论，尤其是确立新的公平分配制度的理论，也必将在世界范围内得到传播和流行，从而造福世界人民。

第三十篇

三种资本助中国企业走出发展困局

2012年12月9日在《2012年度(第十一届)中国企业成长百强颁奖盛典暨第十五届成长中国高峰论坛》上的讲话

【内容提要】 新的市场经济理论认为,完整的市场经济资本构成应包括货币资本、知识资本和消费资本三种资本,而不是唯一的货币资本。换言之,是三种资本在拉动着市场经济的发展,而不是唯一的一种资本。这一理念,即三种资本拉动市场经济发展,可以帮助中国企业走出发展困局。

我很赞成方才姚景源先生的看法,今后企业的发展必须有根本性的、实质性的进步。下面我围绕着困局下的可持续增长的问题谈谈自己的一些看法!还准备提出如何走出困局的一些具体思路供大家参考。

首先,我认为我们企业必须在时代进步和经济发展背景的坐标上准确地找到自己的位置,这样才知道现在要做什么,怎样做,才能找到可持续发展之路。下面围绕着时代经济和经济发展背景提出几条具体的办法。

四年来,由美国始发迅速向全球蔓延的世界金融危机严重地影响了世界经济发展,对包括中国在内的各国实体经济也造成了沉重的打击。在世界性金融危机影响的形势下,各个国家、各个地区和企业面临一个共同的任务是寻找新的经济发展方式和新的经济增长极。这是因为进入新世纪世界经济发生了非常深刻的变化,国家地区和企业发展的经济背景和上个世纪相比有了本质的不同。第一,市场经济完成了由卖方市场向买方市场的过度,现在我们是处在以买方市场为主的阶段。这个阶段上消费资本对生产和经济发展的重要作用日益凸显,所以我们必须给予高度重视。

第一个办法是什么?在座的各位企业家包括各个行业的企业家,包括北美西欧、日本各国的企业家现在采用的商业模式还是上个世纪延续下来的适合卖方为主的商业模式。一进入新世纪进入到以买方为主的市场就非常不适应,主要表现在第一买货难;第二是资金运转差;第三是企业周转不灵。而新的适合买方为主的商业模式还没有提出来,这是中国的企业家和外国的企业家对企业的当前和之后的发展到底如何发展感到最困惑和迷茫的根本原因。我出了一本书叫《消费资本论》,我提出来以买方为主的市场情况下商业模式应该是什么。传统的商业模式适合卖方为主的市场经济发展的商业模式，它的基本特征是买卖双方货款两清，这个经济过程就结束了。现在我国的企业大部分是这样做的。但是，在我看来买卖双方货款两清结束之后经济过程并没有结束，因为消费者的货款到了厂家和商家的手里大部分转到下一个生产和经营过程，也转化为资本。由消费者货款产生的资本也是这样的，企业家把由消费者的货款产生的利润一部分返给消费者，这对继续调动消费者购买企业产品和服务的积极性是一个极大的调动。可以迅速扩大市场份额，而且还能够解决企业自身发展扩大经营所需要的资金补充，因为只要产品是上乘的，每天都有消费者货款进入到企业。所以，适合买方为主的创新的商业模式不应该是一个过程，还要有第二个过程，就是消费者和企业家分享利润的过程。

这是一种新的组织模式，这种模式吸收和发挥了电子商务、物流和订单的优势，并和银行保险业密切合作，这实际上是有形市场、无形市场、金融业、保险业、物流业诸多综合要素的组合体，是以互相合作为基础，以产品和服务为纽带、以利润共享为特征以合作共赢为目标的行业产业链的有机组合体。这个商业模式在运行过程中一定形成一个紧密型的利益共同体，所以我们走出困局，找到出路，首先要转变商业模式和运营模式，这是第一个办法。

另一个重大变化是各个国家的国民经济知识化水平越来越高，每个经济元素包含的知识和科技元素比重越来越大，知识和经济成果对国民经济的发展成果作用日益凸显。知识生产率日益成为国家地区和企业的关键资源和主导力量，而不再是以体力劳动为主的劳动生产率，这标志着世界经济已经进入了知识经济时代。在知识经济时代人们发现在物质产品生产的过程同时，还存在着知识产品的生产过程，它的产品对于经济发展的推动力是非常巨大的，甚至形成了一个独立的资本形态是知识资本。知识资本是一种无污染的、多次复制、多次发挥作用的、甚至比货币资本带来更高利润率的一种资本形态，现在已经引起了各个国家政府、企业、专家、学者的高度关注，也引起了我国政府领导人的高度关注。现在的企业已经进入了知识经济时代，但企业采用的是建立在单一货币基础上的薪酬体系，还没有建立起知识经济的薪酬体系，忽视了员工的重要作用，致使企业的发展面临一系列的问题。

目前企业的发展中多年来存在着诸多的问题，有三个问题是顽症。第一个问题是企业员工的主人翁意识比较弱，离心离德的思想比较普遍。第二，无论是高级管理人员还是科技人员还是普通员工对工资都不满意，认为干的多了拿的少了。第三，跳槽的现象比较普遍。这三个现象一直到 2011 年底这三个问题我们的企业是年年重复、年年存在，这说明什么？说明多年来我国企业采取的管理制度对这三个问题是无效的。第二个结论，必须以更先进的、现代化的管理工具取而代之。最近我和几位专家研发了一个知识资本量化长效机制管理系统，高级管理人员能把企业的各部分元素组织合理、充分发挥作用靠的是管理理论和经验，这是知识资本。工程技术人员有发明专利和知识产权也是知识资本。普通员工和普通工人有技术，员工有办事能力和经验，这也是他的知识资本。这样看来，企业对服务投入的是他们身上所有的知识资本，如果把他们投入到知识资本进行科学的、经济的量化释放出多少就能拿到多少的收入。这个管理系统召开了一个中外新闻记者发布会，各个企业在踊跃的购买，我称之为现代企业必备的管理工具，企业家必备的管理宝典。因为现在企业家发奖金、分红、股份，但依然有意见，他就说为什么张三比我多，原因在于缺乏一个量化。员工心中无数，老板心中也无数。解决这个问题分两步，第一步是测试计量高管科技人员和普通人员拥有多少的知识资本，拥有这样多的知识资本在一年内在企业释放出多少并予以计量，这样把一年的业绩逐一记录在案，逐一转为知识资本量进行分配。

此外，企业要有一个新的理念，市场经济的资本构成不是单一货币资本，而是三种资本，货币资本、知识资本和消费资本，所以 2005 年我应卡塔尔国第一副首相兼外交部长去多哈出席第五届世界经济大会的时候有一个演讲提出来，进入新世纪各国政府领导人、市长和企业家将面临并且可以拥有三种资本，货币资本、知识资本和消费资本。这一见解可以化解国家地区和企业在经济发展过程中经常遇到的资本短缺的问题，有力地推动经济的发展。

新的市场经济理论认为，完整的市场经济资本构成应包括货币资本、知识资本和消费资本三种资本，而不是唯一的货币资本。换言之，是三种资本在拉动着市场经济的发展，而不是唯一的一种资本。因此，解决国家、地区和企业经济发展所需要的资金问题，总的思路应当是：(1)继续充实货币资本，(2)高度倚重知识资本，(3)大力开拓消费资本。同时，经济发展方式也应该是多元化的。由单一的货币资本发展经济的传统发展方式，转化为货币资本和知识资本相结合的发展方式，再转化为“消费资本导向、知识资本创新、货币资本推动”的三种资本融合、联动的新型发展方式，是全世界各个市场经济国家经济发展的所必然遵循的总趋势，也是国家、地区和企业经济发展方式的选择方向。

这一理念，即三种资本拉动市场经济发展，可以帮助中国企业走出发展困局。

谢谢大家！

第三十一篇

破解中国经济高速增长之谜

发表于《金融月刊》2006 年第 10 期

【内容提要】 中国经济高速增长的原因是什么？西方经济学家普遍感到难以理解，认为这是一个“谜”，表现出百思不得其解的困惑。西方经济学家的困惑，实际上是西方经济学理论的困惑。这一问题，也检验着中国经济学家的理论水平和认识能力。

其实，问题并不复杂，关键是应在中国经济高速发展的实践过程中寻找原因，并做出科学的理论说明。

在党中央和国务院领导下，中国在经济发展的实践过程中，逐渐摆脱了传统市场经济理论的束缚，克服了单一货币资本支持经济发展的增长方式的缺陷，不断调整和优化经济增长方式，成功地走出了一条具有中国特色的市场经济发展道路。这是中国经济高速增长最重要的原因。

中国改革开放 27 年来，取得了举世瞩目的成就。2005 年的经济总量已达 2.2 万亿美元，进出口总额达 1.4 万亿美元。中国经济增长速度常年保持在 8%到 9%，甚至超过 9%。到今年上半年，经济增长速度已达 10.9%。中国经济发展速度之快，犹如高速行驶的列车，一路风光无限，快得让人对未来充满了期望，快得让人难以思议。但人们都承认拥有十三亿人口的中国在世界经济发展史上创造了奇迹，则是一个不争的事实。

那么，中国经济高速增长的原因是什么呢？

这是海内外专家、学者至今尚未能从理论上说清楚的问题。

西方经济学家普遍感到难以理解，认为这是一个“谜”，表现出百思不得其解的困惑。西方经济学家的困惑，实际上是西方经济学理论的困惑。

这一问题，也检验着中国经济学家的理论水平和认识能力。

其实，问题并不复杂，关键是应在中国经济高速发展的实践过程中寻找原因，并做出科学的理论说明。

中国经济发展的实践过程，始终体现着总设计师邓小平关于“解放思想、深化改革”的指导思想、胡锦涛总书记提出的科学发展观和党中央倡导的自主创新精神。这是中国经济高速增长最根本的原因。

在党中央和国务院领导下，中国在经济发展的实践过程中，逐渐摆脱了传统市场经济理论的束缚，克服了单一货币资本支持经济发展的增长方式的缺陷，不断调整和优化经济增长方式，成功地走出了一条具有中国特色的市场经济发展道路。

传统的市场经济理论认为，推动经济发展的只有一种资本，即货币资本，经济增长方式也仅是单一的货币资本支持经济发展的增长方式。但是，市场经济发展的实践，尤其是中国市场经济发展的实践证明：发展中的市场经济应包括货币资本、知识资本和消费资本，而不是唯一的货币资本。经济增长方式也不是单一的，而是多元化的。换言之，是三种资本和多种经济增长方式在推动和引导着市场经济的发展，而不仅仅是一种资本和一种增长方式。中国市场经济由三种资本推动和多种经济增长方式引导，是中国市场经济发展的经验总结，也是推动中国经济高速增长的最重要的原因。

基于上述认识，中国在市场经济发展过程中解决发展动力总的思路是：积极充实货币资本、注重倚重知识资本和大力开拓消费资本。同时，采用多元化增长方式推动和引导市场经济发展。

首先，我们积极充实货币资本。提出三种资本的思路，并非要否定货币资本的作用，货币资本依然具有不可替代的重要作用。它能够有效地组织劳动力、技术乃至土地和信息等必要的资源和生产要素，能够迅速化解经济发展过程中由于资本短缺所造成的各种问题，从而推动经济高速发展。

从改革开放之初，我国就十分重视货币资本的作用。27 年来，我国投资规模迅速增长。从 1978 年到 2004 年，资本形成额从 1377.9 亿元增加到 62875.3 亿元，年平均增长率约为 15.8%，27 年中资本形成总额达 459401.3 亿元，有力地支持了国民经济的高速增长。在积极启动内资的同时，政府还通过实行各种优惠政策大规模吸引外资，在招商引资上取得了巨大成果。从 1984 年到 2005 年，外商直接投资从 14.2 亿美元迅速增长到 603.25 亿美元，年平均增长率达到 19.5%，实际占用外资金额名列世界前茅。

大量的资金积累和巨额的外资注入，是推动中国经济高速增长的巨大动力之一。但是，在积极充实货币资本的过程中，我们也发现单一货币资本支持经济发展的方式还存在一些问题。第一，随着科学技术的迅速发展和新时代的到来，已经显示这一传统的经济增长方式的局限性和不充分性。这种局限性和不充分性主要表现在依靠货币资本这一单一要素发展经济，经常会出现资本短缺、创新乏力和消费萎缩等问题，从而形成经济发展的瓶颈。第二，通过对国际经济发展经验的研究和对本国经济发展经验的总结，我们发现，货币资本对经济的发展并不总是正面效应，有时它会造成经济过热，有时又会造成经济发展迟缓。导致过热或迟缓的原因，并不是缺少货币资本，而是由于资本相对过剩、投资过热，造成生产相对过剩和资本利用率的普遍低下。第三，货币资本推动经济增长的速度是巨大的。但是，单纯依靠货币资本发展经济很快就遇到了瓶颈。货币资本的不断增长，带来的是资源消耗的不断加速。因此，很快就出现了有限的资源无法继续支撑经济高速增长需要的局面。由此看来，货币资本是必不可少的，但却不是支持经济发展的唯一动力。

由此，我们认识到还必须倚重知识资本的力量。中国改革开放 27 年，正值人类新经济时代到来，这是历史的巧合，也是历史的必然。从某种意义上说，正是人类新经济时代这一大背景给中国的经济发展创造了大好机遇，成就了中国经济持续高速增长的奇迹。

新经济是二十世纪末出现的极为重要的经济概念和经济形态。新经济不仅体现了以网络技术为核心的产业提升与产业形态的急剧变化，也从根本上改变了社会经济的运行方式。在新经济的大背景下，人们认识到，人类的知识结晶——高新技术也是推动经济发展的直接动力。这就是后来人们清晰地认识到的第二种形式的资本即知识资本。知识资本对经济发展的作用具体表现为：当货币资本不能充分满足一个国家、一个地区、一个企业经济发展需要的时候，知识资本起到一种点石成金的作用。它可以几倍、十几倍的扩大现有货币资本的实力，推动国家、地区和企业的经济发展。

党中央和国务院结合新经济时代的宏观大背景，把科教兴国作为重要的发展战略，走出了一条货币资本和知识资本相结合的发展道路。

国家设立了14个沿海开放城市、53个国家级高新技术产业开发区和54个经济技术开发区，用货币资本和知识资本相结合的增长方式引导经济发展。实践证明，这些地区的经济都得到了突飞猛进的发展。作为国民经济的重要组成部分，它们也有力地带动了整个国家的经济高速增长。

就知识资本自身而言，最主要的成果是形成了两大产业，一是以IT技术互联网为代表的信息产业，信息产业在丰富和提升了传统的制造业服务业的同时，本身也已经形成了从硬件制造到软件服务的巨大产业群。二是创意产业，一个新型的产业群。以IT产业为例，改革开放以来，IT产业迅猛发展，成为我国的第一支柱产业。2005年，IT行业的产值占GDP近10%。IT业的迅猛发展为中国的就业、税收和吸引投资带来了巨大的增长，成为中国经济高速增长的重要推动力量。

但是，充实货币资本、倚重知识资本，还不能完全解决经济循环和持续增长的难题。消费不足日益成为经济持续发展的瓶颈。正是在这种形势下，中央又适时提出了扩大内需的重大战略方针，为进一步完善经济增长方式迈出了重要一步。

到了20世纪末和21世纪初，人们发现了消费资本的存在。人们发现：消费不仅决定货币资本能否实现其最终价值，而且是给经济发展注入新的资本动力的源泉。正是由于其在生产过程中和社会经济发展过程中的巨大作用，而成为一种新的资本形态。它为国家、地方和企业的经济发展找到一条生生不息、源源不断、永续不竭的资金源泉和资金流。消费转化为资本，打通了消费和扩大再生产的通道，它可以每月每周每天向地方和企业注入新鲜资本。这是人类一个划时代的发现。资本就在我们身边，只要有消费，就可以实现消费向资本的转化。

中央在1998年提出了扩大内需的重大方针，着手大力开拓消费资本。消费资本将同货币资本、知识资本一起联动，进一步完善市场经济发展的增长方式，推动市场经济的发展。中国是一个有13亿消费人口的大国，这是世界上独一无二的巨大消费市场。消费资本的启动，给经济持续高速增长注入新的资本动力是十分巨大的。改革开放以来，中国居民消费迅速增长。1994—2003年平均增长速度高达7.8%，即使在增速略低的2000—2003期间也在7.0%左右，远远高于其它名列前十的国家在同期的消费增长速度，显示了中国消费市场的巨大潜力，有力地拉动着中国经济的高速增长。

中国的经济发展实践充分说明：以牺牲资源和环境为代价换取经济发展的经济增长方式已经走到尽头。同时，伴随这种经济增长方式所形成的工业经济时代的传统的市场经济理论也已进入终结时期。继续沿用过去的旧的市场经济理论，来诠释今天的经济，分析今后的发展,已是文不对题。新经济呼唤新的理论。

通过对中国市场经济发展实践的研究,我国最先提出了消费资本化理论(参见陈瑜《消费资本化理论与应用》2006 年 3 月,广西科技出版社出版)。这一理论是新的市场经济理论形成的标志,是源自中国本土的原创的体系性理论创新,也是中国结束缺乏本土经济学理论现状的一项重要理论成果。

由单一的货币资本支持经济发展的传统的经济增长方式,转化为货币资本和知识资本相结合的经济增长方式,再转化为"消费资本导向、知识资本创新、货币资本推动"的三种资本融合、联动的经济增长方式,这是世界所有市场经济国家经济发展实践所必然遵循的趋势,也是市场经济一条非常重要的发展规律。

消费资本化理论作为新的市场经济理论,将从根本上改变传统的市场经济制度,从而进一步解放生产力,有效地、自动地转变我们的经济增长方式。使我们的市场经济不仅是规范的法制经济,也成为从资本构成上根本改变经济运行规则的一种崭新的经济。

总之,中国经济高速增长,是迄今为止人类经济发展史上最成功的范例。它的经济成就是对世界经济发展做出的巨大贡献,而对它的理论总结以及所形成的新的市场经济理论,也必将载入世界经典经济学的理论宝库。

第三十二篇

论分配不公的根本原因及其解决方法

发表于《中国市场》2006 年 12 月增刊

【内容提要】 分配不公并不只是在哪一个国家才存在的现象，而是全世界各市场经济国家普遍存在的现象，并且是各国政府和经济学家“久治不愈”的问题。

现行分配制度所形成的分配格局是：货币资本所有者几乎独享企业所有利润；知识资本所有者只享有少许利润；而消费资本所有者长期以来甚至处于缺位状态，完全不参与分配，无利可获。这是社会分配不公的源头和始发原因，是社会分配不公的根本原因。

由三种资本共同创造企业利润，因而应由三种资本所有者共同参与利润分配的理论，将是确立新的公平分配制度的理论基础。这种新的公平分配制度，将从根本上打破流行已久的不公平的分配格局，而从源头上解决分配不公的问题。

建立新企业，即一种新型的、由三种资本参与的综合资本股份有限责任公司，作为支持新的公平分配格局的企业制度。

几个世纪以来，社会分配不公问题一直困扰着各国政府领导人和经济学家。这一问题，也是全世界人民共同关注的问题，因为它关系到他们的切身利益。分配不公并不只是在哪一个国家才存在的现象，而是全世界各市场经济国家普遍存在的现象，并且是各国政府和经济学家“久治不愈”的问题。

我们研究的任务就是找出产生这一问题的历史背景和原因，并寻找出科学的解决办法。

我认为，为了寻找分配不公的根本原因，必须对分配制度本身进行深入的分析，必须从源头上对不公平分配制度藉以形成的理论基础进行深层次的考察。我们只能从经济的角度而不是从行政的角度去思考。各国政府举措不当，只会加大收入差距，但并不是分配不公的根本原因。进一步说，现行分配制度藉以形成的理论依据是失衡的，从而导致了分配格局的不公。

在现行分配制度所形成的分配格局下，货币资本所有者几乎独享企业所有利润；知识资本所有者只享有少许利润；而消费资本所有者长期以来甚至处于缺位状态，完全不参与分配，无利可获。这是社会分配不公的源头和始发原因，是社会分配不公的根本原因。

那么这种不公平的分配制度是如何形成的呢?

传统的市场经济理论认为，推动经济发展的只有一种资本，即货币资本。但市场经济发展的实践证明，事实并非如此。人们通过对市场经济发展史的研究，逐渐认识到：完整的市场经济应包括货币资本、知识资本和消费资本三个重要组成部分。换言之，市场经济的发展是由三种资本推动，而不是一种资本推动的，是三种资本共同创造了社会财富和企业利润。因此应由三种资本所有者共同参与社会财富和企业利润的分配，而不应由货币资本所有者独享企业利润。

我们必须突破旧的传统的市场经济理论的束缚，在总结市场经济发展经验的基础上，尤其应在总结我国市场经济发展经验的基础上，勇于探索，进行理论创新，才能找到新的公平的分配模式，建立起新的公平制度和分配格局。

为此，我们必须找到形成不公平分配制度的理论基础的缺陷，以便找到形成分配不公的最深刻的原因。

以往的经济学家，包括一些获得诺贝尔经济学奖的经济学家，他们理论上一个共同的缺陷，是重生产轻消费。他们从资本的高度分析生产对人类社会经济发展的重大作用，但却没有一位经济学家从资本的高度分析消费对社会经济发展的重大作用。他们对生产和生产资本进行了十分深入的研究，详细地阐述了生产资本的属性、作用和意义，而从没有提出一种理论把消费和消费资本的力量系统地揭示出来。

其实，人类社会经济发展的最终目的是为了消费。生产和消费是一个问题的两个方面。只从生产的角度分析社会经济的发展，是单方面的、局部的分析。只有从资本的高度并同时从生产和消费两个方面分析社会经济发展，才是全面的、科学的分析。

以往的经济学家在理论上存在这一共同缺陷的原因，是在于他们理论研究的前提失衡。因为他们研究的前提是“商品的生产过程”，而不是“商品经济全过程”。以“商品生产过程”为前提，其研究的重点是“生产的准备环节”和“生产环节”，而不是消费环节；或者说，主要是研究“商品生产的准备过程”和“商品的生产过程”，而忽视了对“商品的消费过程”及其重大作用的深入研究。

因此，市场经济理论研究的前提应是“商品经济全过程”，而不只是“商品的生产过程”。否则，其研究及研究成果必然是不充分的。传统的市场经济理论的缺陷恰恰出在这里。

实际上，“商品经济全过程”表现为如下三个环节或者说三个阶段。

生产资本由于购买了生产场地、原材料和零部件，而完成了自己的责任和义务。——这是商品生产的准备过程；

而工程师、科技人员和能工巧匠（工人们），则是利用已有的生产场地把原材料和零部件转化为产品。——这是知识资本发挥作用的过程，即生产过程；

产品只有进入市场并由消费者购买之后，才能实现其价值和利润——这是商品的消费过程。这一过程则是消费资本的载体——消费者完成的。

我们由此可以直接引申出如下几个结论：

1.市场经济的资本构成应包括生产资本、知识资本和消费资本三个组成部分，而不是唯一的货币资本；

2.社会财富——当然也包括企业的利润——是由生产资本、知识资本和消费资本共同创造的；

3.三种资本的载体即三种资本所有者，应当共同参与社会财富和企业利润分配。

通过对中国市场经济发展实践的研究，我国最先提出了消费资本化理论（参见陈瑜《消费者也能成为资本家——消费资本化理论与应用》2006年3月，广西科技出版社出版）。这一理论是新的市场经济理论形成的标志，也是新的资本理论体系形成的标志。其中提出的市场经济资本构成包括三种资本的理论，尤为重要。特别是认为由三种资本共同创造企业利润，因而应由三种资本所有者共同参与利润分配的理论，将是确立新的公平分配制度的理论基础。这种新的公平分配制度，将从根本上打破流行已久的不公平的分配格局，而从源头上解决分配不公的问题。

同时，在这一理论基础上可以确立一种新型的、由三种资本参与的综合资本股份有限责任公司，作为支持新的公平分配格局的企业制度。因为由单一货币资本股份有限公司体制向综合资本股份公司体制转化，是市场经济发展所必然遵循的总的趋势，我国市场经济迫切需要建立新的企业制度，也是我国经济体制深化改革的需要。

这种在新的资本理论基础上建立的新的企业制度是一种以人为本的企业制度，它将为我们构建一个共赢的社会。这个共赢的社会必然是一个和谐的社会，一个真正繁荣幸福的社会。我们认为，新的企业制度使我们找到了一条真正符合大多数人利益的经济学途径。因此，有人称新的资本理论为中国的“穷人经济学”。但我认为，它更是一种“全富”理论，因为它同时为社会构筑了一个富人、穷人都适用的共赢的经济平台。

这种新的企业制度，将结束1602年世界建立的单一货币资本股份有限公司以来的企业制度的历史。同时，也将结束几个世纪以来企业不公平分配制度的历史，开创企业利润公平分配的新纪元。

中国的经济高速增长，是迄今为止人类经济发展史上最成功的范例。它的经济成就是对世界经济发展做出的巨大贡献，而对它理论总结以及所形成的市场经济理论，尤其是确立新的公平分配制度的理论，也必将在世界范围内得到传播和流行，从而造福世界人民。

第三部分

金融危机和世界经济发展之路

第三十三篇

在金融危机阴影笼罩下的世界经济发展之路

发表于中国进出口银行《海外投资与出口贸易》
2011年第6期总第46期

【内容提要】 世界性金融危机是世界经济深层次问题未能解决而引发的世界范围内出现的尖锐的、激化的经济状态，只要世界经济发展中深层次的问题没有解决，世界性金融危机则难以避免。

世界经济发展中深层次问题，就在于我们多年以来，没有认识到支持世界经济发展的是三种资本，而不是一种资本，我们必须从根本上进行调整。

我们必须摆脱单一货币资本的发展模式，用三种资本推动世界经济发展，才能避免金融危机，才能使世界经济走上协调、稳定、健康发展之路。

如何正确认识和判断当前世界经济、金融、货币、贸易形势，并对出现的诸多严重问题提出解决办法，是全世界各国政府领导人、经济学家、金融家和企业家面临的十分紧迫的问题，也是必须回答和予以解决的问题。

(一)金融危机阴影笼罩下的世界经济

三年前，由美国始发迅速向全球蔓延的世界性金融危机，严重地影响了世界经济的发展，而且对各国的实体经济发展也造成了严重的危害。

时至今日，这场金融危机的高峰期虽然已经过去，但其过程尚远未结束，还在继续影响着世界经济的发展。这是因为，当时人们还没有深刻的认识到金融危机爆发的真正原因，没有认识到金融危机是世界经济深层次问题没有得到解决而引发的一种尖锐的激化的经济状态。

纵观当时各国政府采取的各种举措，都是金融家们从传统思维出发提出的建议。传统的金融家们习惯于就金融谈金融，习惯于从行业内寻找解决问题的办法，而没有把金融危机置于世界市场经济大背景之下去研究和思考。这种思维模式只能引导人们局限在技术和操作层面，难以触及实质性问题。他们所提出的诸如关于增加流动性、加强监管和透明度等措施，都只是一纸退烧的药方，而不是根治金融危机的方案。

几年来，世界经济依然面临的严峻的经济、金融、货币和贸易形势，也充分证明了这一点。当前，世界经济并没有真正走出危机，也没有恢复到正常的发展状态，发展中的深层次的矛盾也远未得到解决，世界经济依然面临着下行的风险。主要表现在：(1)世界经济发展总体趋缓，增速下滑，并呈现出某种程度的下行走势，尤其是一些发达国家经济徘徊不前，甚至出现经济滞涨和负增长现象；(2)许多国家主权债务危机日趋严重；(3)货币危机蓄势待发；(4)全球通胀压力加大；(5)贸易保护主义再次突起，并呈蔓延之势。

美国在遭遇金融危机、国债危机、财政危机之后，也终于感到自身难保。特别是今年普尔评级公司对美国主权债务的信用评级，由 AAA 最高级降到 AA＋级，降低了美国保持达七十年之久的金字招牌 AAA 级别，打破了一直作为零风险标准的美国国债神话，给予美国沉重的一击。再加上通胀和高失业率的压力，美国今年第一、二季度的国内生产总值按年率分别增长 0.4%、1.3%，大大低于去年第四季度 3.1%的水平。欧元区经济 2010 年仅增长 1.7%，总体经济继续放缓，个别国家出现负增长。英国经济也是困难重重，举步维艰。据欧盟委员会的预测，2011 年英国经济预计增长率仅为 0.7%，到 2012 年夏季之前，甚至处于停滞状态。日本经济预计今年经济增长率将下降 0.75 个百分点。2009 年日本经济还曾出现过负增长的情况。

金融危机爆发以来，各国为应对这场金融危机采取的财政支持政策，使各国财政赤字急剧增加，从而使各国主权债务危机日益严重化。据欧盟统计局公布的 2010 年各主要国家公共债务占国内生产总值的比例：德国 83%、法国 82%、英国 80%、意大利 143%，希腊 143%、美国为 84.26%。欧元区经济已经深陷债务危机之中，短期内仍然没有有效的办法从债务危机中解脱出来。陷入主权债务危机的国家，只能勉强维持正增长，从而导致金融市场对其偿还债务能力产生质疑，其债务违约风险将会再度上升。继美国主权债务评级下降以后，欧洲一些国家其主权债务评级也随之相继下降。近一段时期，欧洲主权债务危机在继续发展，有从希腊、葡萄牙、爱尔兰等边缘国家向意大利等大经济体扩散的趋势。由于意大利是欧元区第三大经济体，而且其债务总额是西班牙、爱尔兰和葡萄牙的总和，接近希腊的 5 倍，一旦发生债务违约，将会危及整个欧元体系的安危。世界其他一些国家，也在不同程度上存在主权债务危机。因此，世界范围内的主权债务危机日趋严重。

美国实行货币量化宽松政策引发了全球一系列的连锁反应，拉开了世界货币危机的序幕。近年来，各国出现严重的汇率波动，赤字增加，出口相对下滑，银行坏账相对增多，国际收支失衡，外债迅速增加。由于各国债务增加，使得这些国家已经无法承受巨大债务的压力。在美国货币量化宽松政策的影响下，各国也竞相实行货币量化宽松政策，对市场投入的货币量急剧增加，到今年 9 月底，美国 M2 已增加到 9.591 万亿美元，日本 M2 也已达到 799.8 万亿日元，其他国家情况也极为严重。国际货币体系处于混乱和无序状态，货币危机蓄势待发。这也是我们从现在开始必须高度关注并须加以防范的严重问题之一。

金融危机爆发之后，世界范围的流动性泛滥，导致货币贬值、物价上涨、通货膨胀形势日益严峻，全球通胀呈不断上升之势。美国首当其冲，近年来通胀率逐步升高，美国今年 5 月份 CPI 同比增长 3.6%，创下近三年来最高。欧元区国家的通胀情况也日趋严重。今年 4 月通胀率已达到 2.8%，为 30 个月的最高水平。英国的通胀率今年 4 月份已经达到 4.5%。其他国家通胀情况也十分严重，如印度通胀率超过 8%，巴西为 6.3%。据国际货币基金组织预测，2011 年越南通胀率可能高达 13.5%。全球日益严重的通胀压力，严重地影响了世界经济的发展。

自金融危机爆发以来，各国政府通过采取非常的措施来保护各国经济，采取贸易限制措施日益增多，希望通过贸易保护主义来增加出口、限制进口。特别是美国近年来，先后通过了一系列贸易保护主义政策。今年10月份颁布的《2011年货币汇率监督改革法案》使美国贸易保护主义进一步升温，其它国家也纷纷仿效。全球贸易保护主义压力急剧增强，严重地影响着世界经济贸易的恢复和发展。

（二）新时期世界经济发展之路

世界性金融危机是世界经济深层次问题未能解决而引发的世界范围内出现的尖锐的、激化的经济状态，只要世界经济发展中深层次的问题没有解决，世界性金融危机则难以避免。我们必须认清世界经济发展的本质问题，并从根本上予以解决，才能避免金融危机的发生。为此，我们必须深刻分析当前世界经济发展的时代背景，并从中找出解决世界经济发展过程中深层次问题的途径，为新时期世界经济的发展提出新的理论导向、新的发展思路和新的发展方法。

当前，世界经济正处于一个大发展、大变革、大调整的新的历史发展时期。在世界性金融危机影响的形势下，世界各个国家、地区、行业和企业面临一个共同的任务，就是寻找新的经济发展方式和新的经济增长极。我国和各国的银行业也面临着同样的任务。这是因为：进入新世纪，世界经济形势发生了深刻的变化。国家、地区、行业和企业发展的经济背景较之上个世纪有了本质的不同。世界经济的发展，呈现出三个崭新的特征。

第一，进入新世纪，市场经济已经完成了由卖方市场向买方市场的过渡。世界经济已经进入以买方为主的市场经济发展阶段。在这一发展阶段里，作为买方的消费者，成为市场竞争的最终决定性力量。因为消费者既是市场经济的主人，又是给经济发展注入新的资本动力的源泉。谁能够赢得最多的消费者，谁就拥有最大的市场和巨额资金的注入，消费和消费资本对生产和经济发展的制约作用日益突显。换言之，消费和消费资本成为新世纪世界经济发展的关键性资源和主导力量。因此，国家、地区、行业和企业在今后的经济发展过程中，必须高度重视消费和消费资本的重大作用。当前，银行业尤其要高度重视这一特征。

第二个特征，是国民经济知识化水平越来越高，每个经济元素包含的知识和科技含量的比重越来越大，知识和科技成果对社会经济发展的作用日益突显。这标志着世界经济已经进入知识经济发展阶段。在新世纪，人类深刻的认识到，在物质生产过程之外，还存在着知识产品的生产过程。它的产品，有力地推动着世界经济的发展，成为一种崭新的资本力量，形成一个新的资本形态，即知识资本。而且，与传统的货币资本不同，知识资本是一种清洁的、无污染的资本，它可以无限的复制，对货币资本发挥着点石成金的倍加效应，它将创造出比货币资本更高的利润率。所以，在新世纪，世界经济的发展，必须高度重视知识和知识资本的重大作用。

第三，由此看来，长期以来坚持依靠单一货币资本发展世界经济的传统观念已经过时，已经不能充分适应新时期世界经济发展的需要。同时，也标志着单一货币资本主宰世界经济发展的时代已经结束，而消费资本发挥主导作用、多种资本共同推动世界经济发展的时代已经到来。三年前，由美国始发的那次百年一遇的世界性金融危机，并非是突发的，而是传统的经济发展方式和金融发展模式诸多弊端长期积累的必然结果，是一次总爆发。它用自身铁的事实向全世界表明，依靠单一货币资本发展世界经济、忽视知识资本、特别是忽视消费资本作用的传统发展方式存在着严重的欠缺和弊端。也充分说明，传统的世界经济发展方式，连同它的金融模式，在流行几个世纪之后，已经走到尽头，已经难以为继。

中国和世界各国的经济发展的实践都已充分说明：用单一货币资本发展经济，以牺牲资源和环境为代价换取经济发展的方式已经走到尽头。还不仅如此，伴随这种经济增长方式所形成的传统的市场经济理论也已进入终结时期。如果继续沿用过去的市场经济理论诠释今天的世界经济，分析今后的发展，并以此为基础规划今后的世界经济运行，显然是不适宜的。那将会使我们犯了一种人们常说的时代错位和适用理论不当的错误，会导致今后世界经济运行走回头路、停滞不前，甚至会误导今后的世界经济发展。

市场经济已经进入新的发展阶段。我们应当用新的市场经济理论，作为今后世界经济发展的理论导向。新的市场经济理论认为，完整的市场经济资本构成应包括货币资本、知识资本和消费资本三种资本，而不是唯一的货币资本。换言之，是三种资本在推动世界经济的发展，而不是唯一的一种资本。因此，解决国家、地区、行业和企业经济发展所需要的资金问题，总的思路应当是：(1)继续充实货币资本，(2)高度倚重知识资本，(3)大力开拓消费资本。三者缺一不可，这对解决当前和今后世界经济的发展尤为重要。同时，世界经济发展方式也应该是多元的。由单一货币资本支持经济发展的传统发展方式，转化为货币资本和知识资本相结合支持经济发展的方式，再转化为“消费资本导向、知识资本创新、货币资本推动”的三种资本融合、联动的新型发展方式，是全世界各个市场经济国家经济发展的所必然遵循的总的趋势，也是世界经济今后发展必须遵循的基本模式。

世界经济发展中深层次问题，就在于我们多年以来，没有认识到支持世界经济发展的是三种资本，而不是一种资本，我们必须从根本上进行调整。几个世纪以来，世界市场经济发展，一直是货币资本一枝独秀，它的作用受到人们的高度重视。而知识资本和消费资本的重要作用，却长期被淡化、甚至缺失的状况，从而使二者长期处于被动的消极状态，形成依靠单一货币资本发展世界经济的局面。虽然世界经济也能取得一定程度的发展，但是由于长期地依靠货币资本这一单一要素发展世界经济，资本短缺、创新乏力、消费萎缩问题不可避免。所以，知识资本、特别是消费资本缺位造成的市场萎缩和总需求不足，才是世界经济发展不协调、不稳定，不断发生周期性经济危机和金融危机最深刻的原因。我们必须摆脱单一货币资本的发展模式，用三种资本推动世界经济发展，才能避免金融危机，才能使世界经济走上协调、稳定、健康发展之路。

(三)一个崭新时代的历史开端

我们通过调整资本结构化解世界经济发展深层次问题的基础上，进一步调整相关的涉及世界性事务的体制和规则，包括国际金融体制和规则，我们就可以把“焦点”变成世界经济发展的转折点和新起点，变成一个改变世界经济发展模式的机遇，让世界经济和国际金融进入一个健康发展的新纪元。

中国改革开放 30 多年来，我国的经济发展取得了举世瞩目的成就，对世界经济的发展做出了巨大贡献。我国国际地位和影响力显著提高。我们对世界性事务的话语权和影响力正在迅速增强。我们要改变长期以来在国际游戏规则面前，特别是在国际金融游戏规则面前，所处的被参与和被执行的地位。我们应该对西方国家在上个世纪制定的许多涉及世界性事务的体制和规则，包括国际金融关系规则，提出修订意见，甚至制定并提出新的更加科学和公正的规则。这样，我们就会从根本上改变我们在国际游戏规则面前所处的地位。我们就会由被参与者和被执行者转为规则的修订者和制定者，成为国际事务规则的主人。

传统的经济时代和旧金融时代已经结束，新经济和新金融时代已经到来。“消费资本导向、知识资本创新、货币资本推动”的三种资本融合、联动共同推动经济发展，这将是世界经济今后发展必须遵循的基本模式。中国正在加快实现经济发展方式转型，包括银行业经济发展方式的转型。中国的经验将产生深远的影响。我希望，新的金融体制将从中国开始，新的世界经济发展模式也将由中国引领。

第三十四篇

消除消费者“相对贫困”是解决世界性金融危机的根本途径

发表于《经理日报》2008 年 12 月 5 日

【内容提要】 这次百年一遇的金融危机并非是突发的，而是流行几个世纪之久的、传统的经济发展模式和金融发展模式诸多重大弊端长期积累的必然结果，是一次总爆发。

这次世界性金融危机最深刻的原因，是由于在旧的、传统的经济发展模式和金融发展模式影响下，世界经济和金融在其长期发展过程中，消费资本一直处于缺失状态。消费需求不足和消费资本缺位，是这次世界性金融危机的根本原因。

建立在消费资本化理论基础上的新的企业制度，使我们找到了一条真正符合大多数人利益的经济学途径。因此有人称之为“穷人经济学”。它将彻底根除广大消费者“相对贫困”的命运，这是真正能够扩大消费需求的实际有效的重大举措，从而也使人们找到解决这场世界性金融危机的根本途径。

由美国始发、迅速向全球蔓延的世界性金融危机，引起了各国政府领导人、金融家、经济学家和全世界人民的高度关注。

纵观当前各国政府采取的救市举措，以及关于增加流动性、加强监管和透明度等措施，都是金融家传统理论思维的表现。他们就行业本身分析问题，习惯于从行业本身谈解决问题的办法，而没有把金融危机置于市场经济大背景之下去研究和思考。这种思维模式引导人们局限在操作和技术层面，难以触及实质性问题。我们的会议应当给出一个根治金融危机的方案，而不仅是一纸退烧的药方。

这次百年一遇的金融危机并非是突发的，而是流行几个世纪之久的、传统的经济发展模式和金融发展模式诸多重大弊端长期积累的必然结果，是一次总爆发。

这次世界性金融危机最深刻的原因，是由于在旧的、传统的经济发展模式和金融发展模式影响下，世界经济和金融在其长期发展过程中，消费资本一直处于缺失状态。消费需求不足和消费资本缺位，是这次世界性金融危机的根本原因。

一、三种资本缺一不可

我们许多金融家还没有完全从传统的市场经济理论的束缚和影响中走出来。传统的市场经济理论认为，推动经济发展的只有一种资本，即货币资本。但市场经济发展的实践说明，事实并非如此。人们通过对市场经济发展史的研究认识到：市场经济的资本构成应包括货币资本、知识资本和消费资本。换言之，是三种资本在推动着市场经济的发展，而不是单一的或者唯一的货币资本。

但多年以来，我们的市场经济一直是货币资本一枝独秀，它的作用受到人们的高度重视，货币资本所有者的权益也得到充分的保证。而知识资本和消费资本的重要作用和权益，却长期处于被淡化、甚至缺位的状况，从而使二者长期处于被动的消极状态，形成单一地依靠货币资本发展经济的局面。虽然经济也能取得一定程度的发展，但是由于长期地依靠货币资本这一单一要素发展经济，资本短缺、创新乏力、消费萎缩问题不可避免。所以，知识资本、特别是消费资本缺位造成的市场萎缩和总需求不足，才是世界经济发展不协调、不稳定，不断发生周期性经济危机和金融危机最深刻的原因。

在分析这次世界性金融危机产生的原因时，一些金融家把美国次级贷款看成是这场金融危机多米诺骨牌的第一张，其实是不准确的。它容易掩饰金融危机产生的真实原因。因为次级贷款在有效需求充分的情况下，并不会造成房贷机构资产和财务收支状况的恶化。只有在有效需求不足的情况下，次级贷款才会造成房贷机构资产和财务状况恶化并引发危机。因此，有效需求不足才是危机发生的真实原因。

其次，房贷机构和保险公司、券商、银行联手，把房贷证券化并包装上市，推向全球金融市场，用虚构的高预期回报制造虚假需求，使金融衍生品无限制泛滥，形成一条长长的金融泡沫链。但最终由于实际的消费缺失，金融泡沫破裂，金融链断裂，造成银行体系的崩溃和资本市场的瘫痪，极大地加重了这次世界性金融危机的严重程度。

综上所述，我们看到：如果就金融谈金融，解决办法停留在技术操作层面，就等于是在金融泡沫链上下功夫，至多是只治标未治本。我们必须在治本方面下功夫。我们应该从扩大消费需求入手寻找解决危机的根本途径。

二、着力解决分配不公格局

我们应当清醒地看到，造成消费需求不足的深刻原因是广大消费者至今还处于“相对贫困”状态。消费者“相对贫困”是由于分配不公所产生的“二、八”现象的直接结果，即80%的人只拥有20%的财富。80%的人们购买住房的愿望十分殷切，但却无力购买而不能形成有效需求。因此，我们必须高度重视当今世界依然严重存在分配不公、贫富悬殊的状况，着力解决消费者“相对贫困”的问题。从此入手，才是解决金融危机的根本途径。

几个世纪以来，社会分配不公、广大消费者“相对贫困”问题，一直困扰着各国政府领导人和经济学家。这一问题，也是全世界人民共同关注的问题。因为它关系到他们的切身利益。分配不公并不只是在哪一个国家才存在的现象，而是全世界各市场经济国家普遍存在的现象，并且是各国政府和经济学家“久治不愈”的问题。

为了寻找分配不公和消费者“相对贫困”的根本原因，我们必须对分配制度本身进行深入的分析。

在现行分配制度所形成的分配格局下，货币资本所有者几乎独享企业所有利润；知识资本所有者只享有少许利润；而消费资本所有者长期以来甚至处于缺位状态，完全不参与分配，无利可获。这是社会分配不公的源头和始发原因，也是造成消费者“相对贫困”的根本原因。

显而易见，目前在世界各国流行的、现行的分配制度本身是不公平的。其深层次原因，是现行分配制度藉以形成的理论依据是失衡的，从而导致了分配格局的不公。

三、大力开拓消费资本

以往的经济学家，包括一些获得诺贝尔奖的经济学家，他们理论上一个共同的缺陷，是重生产轻消费。他们从资本的高度分析生产对人类社会经济发展的重大作用，但却没有一位经济学家从资本的高度分析消费对社会经济发展的重大作用，更没有提出相应的理论把消费和消费资本的力量系统地揭示出来。到了 20 世纪末和 21 世纪初，人类终于探索出了一个划时代的伟大发现——人们发现了消费资本的存在。人们发现消费不仅决定货币资本和知识资本能否实现其最终价值，而且是给经济发展注入新的资本动力的源泉。正是由于其在生产过中和社会经济发展过程中的巨大作用，而成为一种新的资本形态。消费资本化理论也应运而生。

消费资本化理论，是突破西方传统市场经济理论的局限，而提出的新的资本理论。它科学地论证了消费转化为资本的过程，指出消费即是投资。从而在世界经济学说史上第一次提出消费资本这一新的资本形态，并以完整的理论体系把社会经济发展中消费和消费资本的力量系统地揭示出来。消费资本化理论的提出，是人类社会经济发展观的一次重大革命。它以崭新的视角和思维模式，分析了消费同生产一样，是推动社会经济发展的动力。

消费资本的确立和消费资本理论体系的建立，是 21 世纪资本理论的又一重大突破，是资本理论的第三次革命，是资本理论史上又一个新的里程碑。

至此，人们认识到在市场经济发展的过程中存在着三种资本形态。其实，三种资本形态在人类经济发展的初期就已经存在了，它是随着经济发展的不同阶段而依次呈现出来。我的贡献在于，对已经呈现出的三种资本形态的内涵进行了界定，并根据三种资本的内在联系以及它们运行的特点和规律，对新的资本理论的结构和内容以完整的理论系统地揭示出来，重建了到目前为止完整的新的资本理论体系。消费资本化理论则是新的资本理论体系完成的标志。

消费资本化理论认为，消费资本同货币资本，知识资本共同推动着市场经济发展，共同创造了社会财富和企业利润。因此，消费资本的所有者———消费者也应和货币资本所有者和知识资本所有者一样，参与企业利润的分配。这种由三种资本共同推动市场经济发展和共同创造企业利润，因而应由三种资本所有者共同参与利润分配的理论，是确立新的公平分配制度的理论基础。这种新的公平分配制度，将从根本上打破流行已久的不公平的分配格局，而且是从国民收入第一次分配就予以解决，而不是从国民收入第二次、第三次分配那种带有恩赐性质的解决方法。

在这一理论基础上可以建立一种新型的、由三种资本参与的综合资本股份有限公司，作为支持新的公平分配格局的企业制度。这种新的企业制度是一种以人为本的企业制度，它将为我们构建一个共赢的社会。这个共赢的社会必然是一个和谐的社会，一个真正繁荣幸福的社会。我们认为，建立在消费资本化理论基础上的新的企业制度，使我们找到了一条真正符合大多数人利益的经济学途径。因此有人称之为“穷人经济学”。它将彻底根除广大消费者“相对贫困”的命运，这是真正能够扩大消费需求的实际有效的重大举措，从而也使人们找到解决这场世界性金融危机的根本途径。我们殷切希望，各国首脑在自己的任期内，能够为消除广大消费者“相对贫困”状态做出努力，为解决世界性金融危机做出基础性的重大贡献。

当前，世界进入一个深刻的变革时期，我们必须扬弃流行已久的旧的传统的经济发展模式和金融发展模式。新时期需要新的市场经济理论——消费资本化理论，作为世界经济和金融发展的理论导向。

新的市场经济理论认为，市场经济的资本构成应包括三种资本，经济发展方式也应该是多元的。所以，解决国家、地区和企业——包括银行、保险公司等各金融企业经济发展所需要的资金问题，总的思路应当是继续充实货币资本，高度倚重知识资本，大力开拓消费资本。由单一货币资本发展经济的传统发展方式，转化为货币资本和知识资本相结合的发展方式，再转化为“消费资本导向、知识资本创新、货币资本推动”的三种资本融合、联动的新型发展方式，是世界各个市场经济国家经济发展所必然遵循的总的趋势，也是市场经济发展一条非常重要的经济规律。

新的市场经济理论实际上是提出一种新的经济运行体系。新的经济运行体系是以速度适宜，效益显著，可持续发展为特征，以实现社会全体成员共同富裕、建设和谐社会为目的的经济运行体系。新的经济运行体系包括：新的经济发展方式、新的商业模式、新的企业制度、新的管理模式、新的分配制度。

改革开放 30 年来，中国经济发展取得了举世瞩目的成就。目前依然处于平稳，较快发展状态，这是十分难能可贵的。通过对中国市场经济发展实践的研究，中国最先提出了消费资本化理论。它是源自中国本土的原创的体系性理论创新。中国经济高速增长，是迄今为止人类经济发展史上最成功的范例。它的经济成就是对世界经济发展做出的巨大贡献，而对它的理论总结以及所形成的新的市场经济理论，也将会对世界经济和金融的发展产生重大的影响。

第三十五篇

破解金融危机的新思维

发表于《中国经济周刊》2009年3月第8期

【内容提要】 纵观当前各国政府采取的救市举措，都是金融家们传统理论思维的表现。他们就行业本身分析问题，而没有把金融危机置于市场经济大背景之下去研究和思考。这种思维模式引导人们局限于在操作和技术层面，难以触及实质性问题。由于没有着力寻找产生金融危机的根本原因，从而也未能提出解决金融危机的根本办法。

如果就金融谈金融，解决办法停留在技术操作层面，就等于是在金融泡沫链上下功夫。这是舍本求末的做法。我们应该在扩大消费需求方面入手寻找解决危机的根本途径。

由美国始发、迅速向全球蔓延的世界性金融危机，引起了各国政府领导人、金融家、经济学家和全世界人民的高度关注。

纵观当前各国政府采取的救市举措，以及关于增加流动性、加强监管和透明度等措施，都是金融家们传统理论思维的表现。他们就行业本身分析问题，习惯于从行业范畴谈解决问题的办法，而没有把金融危机置于市场经济大背景之下去研究和思考。这种思维模式引导人们局限于在操作和技术层面，难以触及实质性问题。由于没有着力寻找产生金融危机的根本原因，从而也未能提出解决金融危机的根本办法。在这种情况下，不仅这次金融危机难以从根本上解决，而且也难以避免金融危机日后再次发生。

这次世界性金融危机最深刻的原因，是由于在旧的、传统的市场经济和金融发展模式的影响下，世界经济和金融在其长期发展过程中，消费资本一直处于缺失状态。消费需求不足和消费资本缺位，才是这次世界性金融危机爆发的根本原因。

一、消费需求不足是金融危机“祸根”

许多金融家和政府领导人，还没有从传统的市场经济理论的束缚和影响中走出来。传统的市场经济理论认为推动经济发展的只有一种资本，即货币资本。但市场经济发展的实践说明，事实并非如此。人们通过对市场经济发展史的研究，逐渐认识到：完整的市场经济的资本构成应包括货币资本、知识资本和消费资本三个重要组成部分。换言之，是三种资本在拉动着市场经济的发展，而不是单一的或者唯一的货币资本。

但多年以来，我们的市场经济一直是货币资本一枝独秀，它的作用受到人们的高度重视，货币资本所有者的权益也得到充分的保证。而知识资本，特别是消费资本，却长期处在被淡化甚至缺位的状况，从而使二者长期处于被动的消极状态，形成单一地依靠货币资本发展经济的局面。虽然经济也能取得一定程度的发展，但是由于长期依靠货币资本这一单一要素发展经济，资本短缺、创新乏力、消费萎缩等问题不可避免。所以，知识资本、特别是消费资本缺位造成的市场萎缩、总需求不足才是世界经济不断发生周期性经济危机和金融危机最深刻的原因。

在分析这次世界性金融危机产生的原因时，一些金融专家把美国次级贷款看成是这场金融危机多米诺骨牌的第一张，其实是不对的。它掩饰了金融危机产生的真实原因。因为次级贷款在房价不下跌的情况下，并不会造成房贷机构资产和财务收支状况恶化。只有在房价急剧下跌的前提下，次级贷款才会造成房贷机构资产和财务状况恶化并引发危机。

其次，房贷机构和保险公司、银行、券商联手，把房贷证券化并包装上市，推向全球金融市场，用虚构的高预期回报制造虚假需求，使金融衍生品无限制泛滥，形成一条长长的金融泡沫链。但最终由于实际的消费缺失，金融泡沫破裂，金融链断裂，造成银行体系的崩溃和资本市场的瘫痪，极大地加重了这次世界性金融危机的严重程度。

综上所述，如果就金融谈金融，解决办法停留在技术操作层面，就等于是在金融泡沫链上下功夫。这是舍本求末的做法。我们应该在扩大消费需求方面入手寻找解决危机的根本途径。

二、分配制度不公下的消费不足

我们必须清楚地认识到，造成消费需求不足的深刻原因是广大消费者“相对贫困”。消费者“相对贫困”是由于分配不公所产生的“二、八”现象的直接结果，即80%的人只拥有20%的财富。80%的人们购买住房的愿望十分殷切，但却无力购买而不能形成有效需求。因此，必须高度重视当今世界依然严重存在的分配不公、贫富悬殊的状况，着力解决消费者“相对贫困”的问题。

几个世纪以来，社会分配不公、广大消费者“相对贫困”问题，一直困扰着各国政府领导人和经济学家。为了寻找分配不公的根本原因，必须对分配制度本身进行深入的分析，其根本原因，是目前在世界各国流行的、现行的分配制度本身是不公平的。

在现行分配制度所形成的分配格局下，货币资本所有者几乎独享企业所有利润；知识资本所有者只享有少许利润；而消费资本所有者长期以来甚至处于缺位状态，完全不参与分配，无利可获。这是社会分配不公的源头和始发原因，也是造成消费者“相对贫困”的根本原因。

三、新理论消除消费者“相对贫困”

以往的经济学家，他们理论上一个共同的缺陷，是重生产轻消费。到了20世纪末和21世纪初，人类终于探索出了一个划时代的伟大发现——人们发现了消费资本的存在。人们发现消费不仅决定货币资本和知识资本能否实现其最终价值，而且是给经济发展注入新的资本动力的源泉。

正是由于其在生产过中和社会经济发展过程中的巨大作用，消费资本因而成为一种新的资本形态。消费资本的发现，也引发了人们对知识资本的重新思考。人们认识到市场经济的发展是由三种资本共同推动的。

市场经济资本构成包括三种资本的理论，特别是认为由三种资本共同推动市场经济发展和共同创造企业利润，因而应由三种资本所有者共同参与利润分配的理论，将是确立新的公平分配制度的理论基础。这种新的公平分配制度，将从根本上打破流行已久的不公平的分配格局，这是从国民收入第一次分配就予以解决，而不是从国民收入第二次、第三次分配那种带有恩赐性质的解决方法。

在这一理论基础上可以确立一种新型的，由三种资本参与的综合资本股份有限公司，作为支持新的公平分配格局的企业制度。这种新的企业制度是一种以人为本的企业制度，它将为我们构建一个共赢的社会。这个共赢的社会必然是一个和谐的社会，一个真正繁荣幸福的社会。我们认为，新的企业制度使我们找到了一条真正符合大多数人利益的经济学途径。因此有人称之为“穷人经济学”。它将彻底根除广大消费者“相对贫困”的命运，从而也是解决这场世界性金融危机的根本途径。

当前，世界进入一个深刻的变革时期，新时期需要新的市场经济理论——消费资本化理论，作为世界经济和金融发展的理论导向。

新的市场经济理论认为，市场经济的资本构成应包括货币资本、知识资本和消费资本三种资本，而经济发展方式也应该是多元化的。所以，解决国家、地区和企业包括银行、保险公司等各金融企业经济发展所需要的资金问题，总的思路应当是继续充实货币资本，高度倚重知识资本，大力开拓消费资本。由单一货币资本发展经济的传统发展方式，转化为货币资本和知识资本相结合的发展方式，再转化“消费资本导向、知识资本创新、货币资本推动”的三种资本融合、联动的新型发展方式，是世界各个市场经济国家经济发展所必然遵循的总的趋势，也是市场经济一条非常重要的经济发展规律。

第三十六篇

世界性金融危机和中国经济发展的对策

2008年12月11日在《第七届中国管理科学大会》上的讲话

【内容提要】 为抵御国际经济环境对我国的不利影响，防止经济增速过快下滑和出现大的波动，最近我国对宏观经济政策做出重大调整，提出进一步扩大内需，促进经济增长的措施，被人们称之为新一轮宏观调控。

新一轮宏观调控，将有可能使我国最终摆脱西方传统经济发展方式的束缚，实现我们期待已久的经济发展方式质的飞跃，实现经济发展方式的转型。将引导我国经济体制改革，向纵深层次发展，标志着我国体制改革进入一个新的发展阶段。将有力地推动我国的分配制度进行深度调整

一、金融危机对我国经济和企业影响分析

第一，中国在美投资资产的安全性受到威胁。

第二，我国外贸公司，为出口提供服务的公司都会受到影响，从而间接地影响到地方的财政收入、就业。

第三，对海外投资项目的影响。挑战：一些项目可能面临着资产价格缩水、投资收益下降、投资回收期延长等一系列风险。机遇：海外项目投资的潜在机会。

第四，对进出口贸易项目的影响。挑战：面临着资金回收困难、订单减少的风险。机遇：我国进口相关商品的成本降低。

第五，对房地产项目的影响。挑战：海外投资客抛售房产、抽离资金。机遇：我国未来会进一步规范房地产市场的发展，会控制房地产虚假需求的扩大和价格的暴涨暴跌。

第六，对旅游项目的影响。挑战：海外入境的人数可能会明显减少，这对涉外旅游会产生较大影响。机遇：基于发展本国经济、增加就业的需要，可能会出台促进本国旅游项目发展的举措，以吸引更多境外游客。

第七，对劳动就业项目的影响。挑战：新增就业机会可能相对减少；机遇：我国面临着引进海外金融人才的良好机遇，从长远来看，这种人才竞争对我国金融、证券、保险业的发展是非常有利的。

二、我国政府实行宏观调控的重大意义

为抵御国际经济环境对我国的不利影响，防止经济增速过快下滑和出现大的波动。最近党中央、国务院决定，对宏观经济政策做出重大调整，提出进一步扩大内需，促进经济增长的十项措施。

这是在新形势下，提出的新一轮宏观调控。新一轮宏观调控，将对我国今后的经济长期发展产生深远的影响，具有重大的实际意义。

第一，新一轮宏观调控，将有可能使我国最终摆脱西方传统经济发展方式的束缚，实现我们期待已久的经济发展方式质的飞跃，实现经济发展方式的转型。

第二，将引导我国经济体制改革，向纵深层次发展，标志着我国体制改革进入一个新的发展阶段。

第三，将有力地推动我国的分配制度进行深度调整

第四，将有力地推动和谐社会的建设。

自上个世纪九十年代末以来，扩大内需一直是我国政府实现经济平稳发展的重要手段。而且政府作了大量工作。一些经济学家也提出了许多扩大内需刺激消费的办法，归纳起来，主要是：

(1)提高城市中低收入者工资和最低生活保障标准；

(2)增加各项农业补贴，扩大补贴范围，提高补贴标准，以增加农民收入；

(3)加强和完善社会保障制度，政府提供更多的公共产品和服务，如医疗、教育、扩大城市廉租房等。

(4)降息、减税等。

这些举措，对于扩大内需、刺激消费会有一定的作用，但还很不充分。因为，根据估算，通过实施包括上述举措在内的十项措施，到2010年需投资4万亿。但是，城乡居民存款20万亿，社会组织存款30万亿还闲置在那里，它是4万亿的十几倍。如何调动起来？调动的方式是什么？还需要认真研究并予以解决。所以，我国的内需不足问题，还远没有从根本上得到解决。

我们不少经济学家，还没有完全从西方传统的市场经济理论的束缚和影响中走出来。他们提出的一些举措，依然是传统理论思维的表现。因此，还没有找到内需不足的根本原因，因此也没有找到解决内需不足的根本方法。

我们应当换个角度看扩大内需问题，我们应当从新的经济方式中寻找解决刺激消费、扩大内需的根本办法。这就需要一个新的市场经济理论为依据，这个新的市场经济理论，就是消费资本化理论。

消费资本化理论，是刺激消费的根本方法，是扩大内需的原动力；也是解决扩大内需的根本途径。

消费资本化理论的核心内容是将消费向生产领域延伸。当消费者购买企业的产品时，企业应把消费者对本企业产品的采购视同对本企业的投资，并按一定的时间间隔，按一定比例把企业利润的一部分返给消费者。此时，消费者的购买行为已不再是单纯的消费，他的消

费行为同时变成了一种储蓄行为和参与企业生产的投资行为。于是消费者同时又是投资者，消费转化为资本。这实际上，是把消费者从产品链的末端以投资者的身份提升到前端，使消费者在购买产品时，既能分享企业成长的成果，同时也为企业发展注入新的动力，使消费和投资有机结合。从而使买卖双方在这种条件下合二为一，成为一体，完成消费转化为资本的过程。这样，消费作为一种资本，它同货币资本、知识资本一样，成为企业和地方经济发展的直接动力。

三、中国民营企业构建新的核心竞争力

下面，结合我国民营企业的发展阐述新经济运行体系在我国民营企业中的运用，以便在我国民营经济发展中建立新的经济运行体系。

改革30年来，特别是近些年，中国民营企业在中央深化改革方针、政策指引下、在各级政府领导下，民营企业在体制改革、队伍建设和业务发展方面取得了巨大成就。这些成就为中国民营企业今后的发展打下了坚实的基础。

但是，中国民营企业与其它企业一样面临二次发展、二次创业问题。二次发展、二次创业如何做得比第一次好，做到使中央满意、使人民满意，这一光荣而艰巨的任务落在这一代民营企业家身上。这就需要民营企业家深入思考，提出新的举措。

我国民营企业目前发展形势存在的普遍问题是同质化和无差别状态。这种同质化和无差别状态主要表现在“你做什么，我也做什么；你怎么做，我也怎么做”。而企业自身的个性和独有的优势没有得到体现，被淹没在市场经济的汪洋大海之中，在激烈的市场竞争中难以胜出。这种同质化、无差别状态的深层次原因是观念上的同质化、无差别，缺乏创新、缺乏创新思路、缺乏创新举措。我国民营企业家必须从根本上改变这一形势。

随着知识经济时代的来临和世界经济一体化的发展，我国企业面临着国际竞争和建立现代企业制度的双重挑战。此时，企业的发展壮大更加依赖科学技术和掌握科技知识的人才和管理人才。于是，民营企业原有的管理弊端日益暴露并阻碍企业的进一步发展。跟据对民营企业人力资源管理现状的分析。得出有关民营企业的管理问题有：一是企业规模扩大与管理能力不足的矛盾突显；二是产权不明导致“内部人”控制现象严重；三是决策随意性与企业理性决策的矛盾等等。这些矛盾又集中体现在企业内部人力资源管理上，尤其是企业的激励机制上。

现代企业管理的首要问题主要反映在以下几个方面：

第一，很多企业在确定薪酬水平之前，没有进行科学的论证和分析，没有确定岗位的真正价值，从而导致在评价员工对企业贡献时，没有科学公平的依据，很多不公平的现象也由此产生。

第二，在管理者收入结构中，没有建立长期激励与短期激励相结合的激励机制。这也在一定程度上挫伤了管理者的积极性，引发了很多管理者的短期行为，损害了公司的长远利益。

第三，薪酬体系与绩效管理体系脱钩，员工的努力得不到应有的回报。

第四，绩效指标体系设计不科学，不符合企业实际。

第五，大多数企业在绩效考核实施过程中，评价也缺乏公平与科学，“平均主义大锅饭”、“好好先生”的现象比比皆是。

第六，部分企业的绩效考核结果并没有得到有效应用，导致绩效管理缺乏严肃性，绩效考核劳而无功。

针对民营企业目前存在的问题，我们依据消费资本化理论提出塑造民营企业核心竞争力主要包括以下三点：新经济发展方式、新商业模式和新企业制度。

第一，建立新的经济发展方式。在传统的经济发展模式下，企业家主要是依靠自身的原始资本积累和银行贷款来支持企业的经济发展，从而获得利益。这种增长方式虽然可使企业获得一定程度的发展，但是随着社会经济和科学技术的进步，已经显现出其局限性和不充分性，这种局限性和不充分性主要表现在经常会出现资本短缺、创新乏力和消费萎缩等问题。因此，民营企业要想获得发展，必须转变其经济发展方式，摒弃旧的经济发展方式，运用新的经济发展方式推动其自身发展。民营企业必须由单一的货币资本发展经济的传统增长方式，转化为货币资本和知识资本相结合的增长方式，再转化为“消费资本导向、知识资本创新、货币资本推动”的三种资本融合、三种资本联动的新型增长方式。新经济发展方式不仅是全世界各市场经济国家经济发展实践所必然遵循的趋势，也是民营企业塑造核心竞争力的非常重要的内容。

这就从根本上解决了民营企业经济发展动力升级的问题，为民营企业增加资金投入，扩大企业规模提供了强有力的发展条件。使民营企业具备了核心的竞争力，而且还保证了民营企业内部资本的平衡和协调，充分的保证民营企业的平稳发展。

第二，实行新的商业模式。进入新世纪，市场经济已经完成由卖方市场向买方市场的过渡。它标志着市场经济由卖方（厂家、商家）占主导地位的时代已经结束。以买方（消费者）占主导地位、买方（消费者）同卖方（厂家、商家）平等合作的时代已经开始。适应卖方市场时期的商业模式已经陈旧，新时期需要提出创新的商业模式推动市场经济发展。

因此民营企业要想获得发展，要想迅速扩大自己的市场份额，必须实施创新商业模式。新的商业模式与旧的商业模式不同。在创新商业模式下，商品交易过程完成之后，生产厂家和商业企业应把消费者对本企业产品的采购视同是对本企业的投资，并按一定的时间间隔，把企业利润的一定比例返还给消费者。

这一举措是新的商业模式重大的创新变革，由于消费者对本企业产品的采购不仅能满足自身的消费需求，而且他的消费行为同时变成了一种投资行为，可以参与企业的利润分享；因此，对于消费者的购买积极性是一个巨大的激励。它对于商家、厂家迅速扩大市场份额和补充企业自身扩大经营和扩大再生产所需要的资金补充具有重大意义。

第三，建立新的企业制度。民营企业新企业制度包括股权制度、激励机制两方面内容。

（1）新股权制度

在新的市场经济环境中，推动企业发展的是三种资本——货币资本、知识资本和消费资本。因此需要建立“综合资本股份有限公司”，实现企业股份多元化的投资模式。这种“综合资本股份有限公司”作为全新的企业制度，综合考虑了货币资本、知识资本和消费资本三种资本力量，从根本上改造传统的股份制模式。在“综合资本股份有限责任公司”中，三种股东——原始股东、员工股东、消费者股东分别代表了货币资本、知识资本和消费资本，将同时发挥作用，真正实现三种资本结合和三种资本联动共同推动企业的发展。

(2)建立知识资本长效激励机制

尽管大多数民营企业家都非常重视人力资源，但现实条件下民营企业却面临着严重的人才危机和信任危机。民营企业要保持市场竞争力，就必须拥有一支精通企业经营的团结合作的企业管理团队、科研开发团队和熟悉市场并能开拓市场的营销团队。为此，要必须实施建立在以知识资本为基础上的长效激励机制。

知识资本长效激励机制的主要内容是：确认企业中层以上的管理人员，特别是高级管理人员和科技工作者，以及利用自己的智慧和才干做出突出贡献的业务骨干，是知识资本的载体和知识资本的所有者。他们所拥有的知识资本是企业总资本的一个重要组成部分。将高级管理人员、科技人员和业务骨干所承载的知识资本记入个人的知识资本账户，使之成为企业的知识资本股东，根据知识资本账户的余额占总资本的比例来分配利润，分享企业长期发展的成果。

在这种激励机制下，员工抱有一定的回报预期，会在很大程度上激发员工的工作热情，调动员工工作的积极性和主动性。此外，知识资本长效激励机制会激励员工自觉地提升业务水平，不断追求业绩和工作的高效，从而提升了企业整体的绩效水平，促进了组织结构的优化，增强了企业凝聚力。

同时知识资本长效激励机制，还可以加强员工对企业的忠诚度。随着企业的发展，员工知识资本账户余额不断增加，他所承载的知识资本在企业总资本中的比例也在不断扩大，主人翁意识加强，忠诚度也在不断提升，而避免了人才流失。

总之，从新经济发展方式、新商业模式和新企业制度三个方面建立的企业核心竞争力，将会使民营企业真正具备了竞争优势。

第三十七篇

关于中国金融安全问题的思考和建议

发表于《金融安全研究》2011 年 1 月 5 日第二期

【内容提要】 我们应该对西方国家在上个世纪制定的许多涉及世界性事务的体制和规则，包括国际金融关系规则，提出修订意见，甚至制定并提出新的更加科学和公正的规则。这样，我们就会从根本上改变我们在国际游戏规则面前所处的地位。我们就会由被参与者和被执行者转为规则的修订者和制定者，成为国际事务规则的主人。

关于如何保障我国金融安全问题，国家决策部门是希望能够听到包括不同见解的各种解决方案和对策建议，作为决策参考，而不是只有一种见解，或者是十分雷同的一种倾向的解决方案和对策建议。

由美国始发、迅速向全球蔓延的世界性金融危机，严重地影响了世界经济的发展，而且对世界各国的实体经济发展，也造成了严重的危害。

这次百年一遇的世界性经济危机，并非是突发的，而是西方传统的经济发展方式和金融发展模式诸多弊端长期积累的必然结果，是一次总爆发。它用自身铁的事实向全世界表明，依靠单一货币资本发展经济、忽视知识资本、特别是忽视消费资本作用的传统经济发展方式存在着严重的欠缺和弊端。也充分说明，以美国为代表的西方传统的经济发展方式，连同它的金融模式、商业模式和企业制度，在流行几个世纪之后，已经难以为继，已经走到尽头。它已经不再可能成为包括中国在内的所有国家未来发展的样版。

建国六十年来，出现过两个一边倒。一个是建国初期即提出的“向苏联一边倒”，在理论界到处都充斥着苏联学者的观点和计划经济理论。读的书，主要是苏联出版的第二版政治经济学教科书。这种一边倒的倾向，从建国初期，一直延续了三十年。结果，我国的计划经济遭到失败。之后，我们开始搞市场经济，于是在理论界，特别是经济和金融领域的一部分专家和学者，言必称欧美，数典忘祖。在理论界到处充斥着西方经济学家和金融专家的观点，以及西方经济学理论。读的书，主要是亚当·斯密的《国富论》，马歇尔和曼昆的《经济学原理》，以及凯恩斯和萨缪尔逊的“经济学教程”，一直延续至今。

这两种倾向，造成的直接结果，就是多年来，我们没有着力创建从我国经济和金融发展实际出发的、本土的、民族的、切合中国这样一个大国、一个庞大的经济系统发展需要的理论。

由于没有自己的理论，等于没有主见，那么只好总是听别人的话，跟别人走，这就是我们的现状。

为了从根本上改变这一现状，就必须着力建设我们自己民族的、本土的、适合我国国情的经济学理论和全新的理论。

中国改革开放30多年来，我国的经济发展取得了世界瞩目的成就，对世界经济的发展做出了巨大贡献。我国国际地位和影响力显著提高。国外不少有识之士认为中国是世界经济发展的引擎和火车头。多年来，我们经常讲中国要走向世界，现在的情况是世界各国正在走向中国。过去，我们还经常说中国要和国际社会接轨。对于中国来说，北美、西欧、日本和其他国家是中国的国际社会；同样，对于北美、西欧、日本和其他国家来说，中国也是他们的国际社会。今天的中国是国际社会非常重要的组成部分。我们对世界性事务的话语权和影响力正在迅速增强。我们要改变长期以来在国际游戏规则面前，特别是在国际金融游戏规则面前，所处的被参与和被执行的地位。我们应该对西方国家在上个世纪制定的许多涉及世界性事务的体制和规则，包括国际金融关系规则，提出修订意见，甚至制定并提出新的更加科学和公正的规则，这样，我们就会从根本上改变我们在国际游戏规则面前所处的地位。我们就会由被参与者和被执行者转为规则的修订者和制定者，成为国际事务规则的主人。

我们要认真落实党中央在“十一五”期间就提出的关于加强自主创新能力的战略部署。抓紧创建从中国经济和金融发展的实际出发的、而不是从外国理论出发的、本土的、民族的经济理论和金融理论。正如哲人所说的，越是民族的，就越是世界的。

从这个意义上来说，中国金融文化基金提出的《中国金融安全与战略报告》将具有重大的历史意义。因为这是中国人第一次提出要建立自己的本国的金融理论体系。

第四部分

消费资本在实践中的应用

第三十八篇

解决"三农"问题的新举措

——建立农业硅谷试验区

2008年11月28日在北京市社科联《学习贯彻十七届三中全会精神市领导调研座谈会》上的讲话

【内容提要】 我国要实现农业大国向农业强国的转变,必须依赖农业生产方式的创新。建立在消费资本化理论基础之上的"农业硅谷试验区"正是为我们提供了一个全新的思路。它以三种资本为纽带,实现农业科技的创新、农业生产体制、生产机制以及经营方式的创新,它将在实践中不断得到完善和提高,并产生重大的示范效应。农业硅谷试验区是贯彻落实中央"建设社会主义新农村"战略的一个好方法、好模式。

"三农"问题一直是我国经济发展过程中的首要问题,是各级政府关心的焦点。如何进一步深化农业改革、变革农业生产方式,贯彻"建设社会主义新农村"战略举措是我们需要考虑的问题。建立在消费资本理论基础之上的"农业硅谷试验区",旨在寻找一种新的模式,一种可以在全国范围内推广的模式,切实解决我国三农问题。

一、建立农业硅谷试验区的必要性

中国是有9亿农民的农业大国。"三农"问题一直是中国经济发展和政治生活中的首要问题,也是各级政府关心的焦点,是全党工作的重中之重。我国农业从"十一"届三中全会以来大致经历了数量增长阶段和结构性调整两个阶段。联产承包责任制基本解决全国人民的温饱问题,结构性调整阶段进一步提高了农民的收入水平。但是,农业生产的数量增长和结构性调整均未引发农业生产方式的变革。

(一)我国"三农"问题的症结

目前在我国农村社会经济发展中出现了一系列需要关注和亟待解决的问题。例如,有农民收入问题、税费负担问题,还有农村市场消费、社会基本保障制度以及农民组织等等问题。这么多问题的暴露不是一天造成的,而是由于以往农业改革没有实现农业生产方式的变革。归结起来，我国“三农”问题主要集中在以下几个方面：

一是农民收入问题。我国农民人均可支配收入绝对数由 1990 年的 686.3 元增加到 2005 年的 3254.9 元，15 年间年均增长 171.2 元，增速是 80 年代的 3 倍；而同期内，城市居民人均可支配收入增长由慢变快，15 年里居民收入年均增长 598 元，增速是 80 年代的 5 倍。在这种情况下，城市居民的收入越来越高，与农民的收入差距越来越大。

二是农村市场消费问题。受收入增长的限制，农民消费增长也非常缓慢。到 2005 年农民人均年消费支出水平是城市居民的 1/4，消费差距比 80 年代扩大了 40%以上。由于农民消费增长缓慢，农村市场需求明显偏冷，导致其在全社会中的市场消费份额出现了萎缩的趋势。农民消费增长缓慢，已严重影响了国民经济的发展。12.85 亿人口中有 9.35 亿农民在紧缩投资和压缩消费，给启动内需拉动经济发展带来巨大的困难。

三是农村劳动力转移问题。受城乡居民收入差距拉大的影响，农村劳动力转移现象日益严重，很多农村人口由于收入水平低，基本生活水平难以保证，纷纷踏上了背井离乡，外出打工的道路。这种日渐普遍的劳动力转移现象一方面造成了农村土地的荒废，农业产量的下降；另一方面带来诸多类似农村留守儿童的社会问题，这从长远来看都是不利于农村经济发展的。

我国要实现农业大国向农业强国的转变，必须依赖农业生产方式的创新。十六届五中全会提出加快“建设社会主义新农村”的目标，胡锦涛总书记以“生产发展，生活富裕，乡风文明，村容整齐，管理民主”20 字全面概括了其深刻内涵，这是在新的历史时期下，中央为解决“三农”问题提出的完整思路。

（二）建立农业硅谷试验区的目的和意义

建立在消费资本化理论基础之上的“农业硅谷试验区”正是为我们提供了一个全新的思路。它以三种资本为纽带，实现农业科技、农业生产体制、生产机制以及经营方式的创新，它将在实践中不断得到完善和提高，并产生重大的示范效应。农业硅谷试验区是贯彻落实中央“建设社会主义新农村”战略的一个好方法、好模式。以下我们将从农业硅谷试验区的目的、意义做一个全面的探讨，希望能寻找到一种模式，一种可以在全国范围内推广的模式，切实解决三农问题，建成真正意义上的“社会主义新农村”。

1. 建设农业硅谷试验区的目的

（1）建设农业硅谷试验区，主要是通过提高农业整体的科技水平和农业整体的市场化水平，逐步将我国的农业由资源依存型转化为科技依存型。

（2）建设农业硅谷试验区，主要是根据市场经济规律，产品农业转化为商品农业，把封闭的农业转化为充分开放的信息化农业，并进一步转化为高度市场化的农业。

（3）建设农业硅谷试验区，旨在培养出一批现代的农民企业家，培育出一代新型农民。大批的有文化、懂科技、有市场意识、经验丰富的新型农民会使农民的面貌发生深刻的变化，同时也使农业发展和农村面貌发生深刻的变化。

（4）建设农业硅谷试验区，也是建成小康和谐社会的试验地，最终实现路径。

2. 建立农业硅谷试验区的意义

建设农业硅谷试验区是农业生产方式的一种创新，对于发展地方经济、推进我国由农业大国向农业强国转变、解决“三农”问题、实现我国整体现代化等，有着十分重要的意义。

(1)农业硅谷试验区的建设将使我国农业生产方式和生产力发生巨大变化。它以农业科技成果的推广和广泛应用为手段,逐步使农业转变为科技依存型,大力推广标准化、规模化、集约化农业生产,用工业的视角组织农业生产,从而使农业生产力和生产方式发生巨大变化。

(2)农业硅谷试验区的建设将有利于提高我国农业的综合竞争力。农业生产力和生产方式的重大变革必将改变我国农业生产目前经营主体分散、经营规模细小、市场化水平低的落后状况。并提高农业科技含量、农民组织程度和农业生产的集约化程度,以及市场导向的作用,从而会增强我国农业的综合竞争力。

(3)农业硅谷试验区的建设将推动我国现代化的整体进程。由此对提升我国土地生产率、农民劳动生产率、农业增产、农民增收和小康社会建设等农村根本问题产生重大影响;同时也可以释放出大量农业资源,尤其是稀缺的土地,使得退耕还林、退耕还草和退耕还湖等成为可能。另外,农业信息化可以带动信息、物质、人才和技术等方面的交流,不仅可以解决农业生产的盲目性,同时可以使区域内的组织和个体转变生活和学习习惯,使农民变成学习型农民、农村组织变成学习型组织,社区人文素质将有一个极大的提高。

(4)农业硅谷试验区将加速我国农业科技成果转化为生产力的进程。农业生产力和生产方式的重大变革必将对农业科研和农业科技成果提出新的要求,从而引发我国农业科研体制和科技成果转化机制的重大变化,促使农业科研和科技成果与实际结合得更加紧密。

综上所述,农业硅谷试验区,既是我国农业的发展模式,也是我国农村的发展模式。它将充分调动广大农民积极性,各种分散的力量整合在一起,并以其科学的内涵、创新的机制和简约的形式而有可能在全国范围内迅速推广。

二、农业硅谷试验区的理论基础——消费资本化理论

改革开放以来,我们致力于解决农业、农村问题,但没有找到解决问题的根本办法,这是因为我们始终没有找到解决问题的根本原因。我们的思维一直受旧的市场经济理论和旧的市场经济条件的影响,这使我们对问题的思考、认识局限于仅从行业内寻找解决问题的途径。以往的市场经济理论认为推动经济发展的只有一种资本,即货币资本,长期以来形成单一地依靠货币资本发展经济的局面,虽然经济也能取得一定程度的发展,但是由于长期地依靠货币资本这一单一要素发展经济,资本短缺、创新乏力、消费萎缩的问题不可避免。

针对"三农"问题,我们提出在自然、经济、社会条件相对适宜的地区率先实行农业硅谷试验区,它将以消费资本化理论为基础,其主要内容包括以下两个方面:

一是完整的市场经济应该包括货币资本、知识资本和消费资本三个重要组成部分,而不是单一的或者唯一的货币资本。换言之,是三种资本在推动经济的发展,而不是单一的一种资本在推动经济发展。

二是经济发展方式是由多种资本要素共同推动社会经济的发展。具体来说,今后经济的发展应是融合三种资本力量,三种资本联动,共同推动国家、地区和企业的发展。解决经济发展中资金问题总的思路应当是:在充实货币资本的同时,我们更要倚重知识资本和开拓消费资本。"消费资本导向、知识资本创新、货币资本推动"将是国家、地区、企业今后经济发

展的基本方式。

这一理论的提出及运用为我们在农村试行农业硅谷试验区提供了一个很好的调整分析和解决问题的思路，在消费资本化理论的引导下，在三种资本融合、联动与共同作用下，重视货币资本的同时倚重知识资本，加大科技推广、教育培训、技术革新力度，在此基础上，再大力开拓消费资本，挖掘消费潜力，从而在我国农村实现三种资本推动经济发展的经济发展方式转型。

我国是一个农业大国，而且是有着 9.58 亿农民的农业大国，长久以来，主要依靠货币资本投入来发展是很有限的。如果只依靠货币资本的投入，不要说是几十年，就是一个世纪也解决不了农业的问题。所以，我们必须注意到：由三种资本共同作用来拉动农业才能真正找到解决“三农”问题的症结和办法，这样我国农业生产的面貌将得到彻底的改变，我国的“三农”问题将逐步从根本上得到解决。这也是我们实行农业硅谷试验区的初衷。

三、农业硅谷试验区的具体内容及实施

农业硅谷试验区，是在科技是第一生产力的思想指导下，沿着科技推动生产力发展，从而引发农业生产方式创新的思路，提出的一种农业发展的组织体系和运行机制。农业硅谷试验区由“一个中心（综合协调中心）和两条链（生产链、功能链）”组成，将农村经济发展的所有产业和功能囊括在内（如下图）。

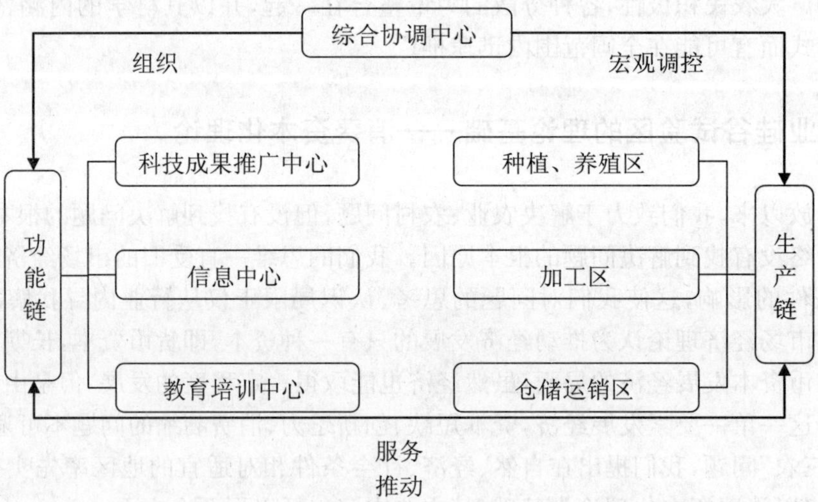

1. 整体发展规划

农业硅谷试验区的实施需要构建一个发展模式和完善的组织体系，它包括一个中心（综合协调中心）和两条链（生产链和功能链）。生产链包括种植养殖区、加工区和仓储运销区三个经济产业区。功能链包括科技成果推广中心、信息中心和教育培训中心等三个增长推动中心。

2. 组织体系的内容

（1）综合协调中心

它的主要任务是负责农业硅谷试验区的全面管理和宏观调控，兼有规划设计和招商引资中心的职能，是整个试验区的运营综合协调中心。这个中心将由政府直接组建。

(2)生产链

生产链包含三个经济产业区，即种植养殖区、加工区和仓储运销区。这三个区是农业硅谷实验区经济运行实体的集合，是产业的分区，而不是组织、地理的分区。

1)种植和养殖区。它是农业硅谷试验区进行农业生产的经济核心区。其内容包括：

Ⅰ.各产业农户根据生产类型组织专业化的联合体或合作组织；

Ⅱ.在同一个联合体内，实行统一的标准化生产、统一的规范化操作和统一的品牌营销；

Ⅲ.联合体共同决定使用相关技术并承担相关费用；

Ⅳ.以联合体的身份面对加工企业、贸易企业或外部市场。

2)加工区。它是农业硅谷试验区内，围绕种植、养殖区建设的上下游产业带。区内包括农产品的加工企业，供应肥料、种子等生产企业，以及农具维修企业等。

它的主要职能是：

Ⅰ.对试验区内各专业生产的产品进行收购；

Ⅱ.引用先进技术为种植养殖区的产品进行深加工和精细加工，加大产品的科技含量，增加附加值。

Ⅲ.协调政府和综合协调中心对农民的标准化生产进行引导；

Ⅳ.通过加工、销售，实现与农民利益的分配(主要通过收购价格)；

3)仓储运销区。这个区也可以也称为物流区。它担负着农业硅谷试验区内物资产品的储存、运输和销售任务。它的组成包括农民个体商户、农民个体运输者和各种规模的商业公司和物流公司。它的主要职责是：

Ⅰ.为加工区企业提供原料或成品存储服务，或收购农产品并存储增值；

Ⅱ.为种植养殖区各联合体或加工区企业提供运输服务；

Ⅲ.争取市场订单，为种植养殖区各联合体或加工区企业提供对外销售服务。

(3)功能链

功能链是农业硅谷试验区农业及农业相关经济可持续高速发展的推动力量。它包括科技成果推广中心、信息中心和教育培训中心。这些中心可以由综合协调中心直接建设，也可以通过招标由企业进行建设。

1)科技成果推广中心。它主要负责在农业硅谷实验区推广和应用各种科技成果。它的主要功能是：

Ⅰ.根据实际需要，做好农业科技成果的收集和储备；

Ⅱ.大力开展科技成果的宣传普及活动，向区内推广农业科技成果；

Ⅲ.开展科技成果转让服务；

Ⅳ.指导、监督科技成果的运用并跟踪服务，确保用户收到实效；

Ⅴ.为试验区农业发展寻找和物色相应的科技人才；

Ⅵ.为农业科技成果推广募集资金；

Ⅶ.在条件成熟时，科技成果推广中心，可以组建自己的研究机构，主动进行科技研发。

2)信息中心。农业硅谷的信息中心，是在农业硅谷内组建的、基于 Internet 的信息平台。它可以大大提高农业硅谷试验区经济运行的活力和效率，促进农业的快速发展。它的主要功能是：

Ⅰ.信息交流平台。主要包括基础信息发布服务，如：产品信息、市场信息、科技成果信息、人才信息等各方面的信息发布服务；图文信息发布服务；广告服务。

Ⅱ.电子商务平台。在这个平台上，农业硅谷试验区内外的交易，可以直接通过 Internet 完成。这个平台可以参照现有的电子商务平台进行构建。

Ⅲ.金融产品交易平台。这个平台，将为农业硅谷提供期货、期权等金融产品的交易服务。这些服务，可以使农业硅谷试验区内外的经济实体，在经济建设中进行风险和利润的转移，更有效率地进行投资和融资的活动等等。

Ⅳ.风险控制平台。这个平台，将为农业硅谷中的各个产业区，提供风险管理服务。这种服务，可以有效地降低农业硅谷试验区经济运行的风险，化解经济建设的后顾之忧，从另一方面促进农业硅谷试验区经济的发展。

Ⅴ.教育培训中心。它担负着不断地提高农民的文化素质和科技知识水平，培训一批有文化、懂科技的新型农民，造就一批具有现代企业管理经验的农民企业家的任务。它的主要职能是：①为区内各专业生产联合体提供各种量身定做的技术培训；②本中心应为区内企业培训员工和管理人才；③推行函授教育；④人才引进。

这个组织体系的特点不是建立一套层层叠叠的行政管理体系，而是组合形成以专业职责划分的、完善的功能网络和生产经营的经济实体体系，是一个政府导向、市场化运作、相互促进的良性循环体系。它通过综合协调中心的组织和调控，以及功能链提供的服务，引导和推动生产链，形成一个互动的、良性的农业经济运行体系。这是我国农业持续发展的一种新型机制，这种机制的创新，将打破目前我国农业生产所呈现的某种程度的停滞和徘徊局面。使农业硅谷试验区的农业及相关产业获得高速发展。

四、消费资本化理论在农业硅谷试验区中的具体运用

农业硅谷试验区是农业生产方式的重大创新，它以消费资本化理论为基础，不仅重视货币资本，还重视知识资本和消费资本的作用，这使得农业硅谷试验区的效果倍加的显现出来，这种以“消费资本导向、知识资本创新、货币资本推动”的三种资本融和、三种资本联动的经济发展方式的运作将会提升我国农业整体的科技水平和农业整体的市场化水平。

(一)功能链——知识资本的载体

完整的市场经济应该包括货币资本、知识资本和消费资本三个重要组成部分，而不是单一的或唯一的货币资本。在我国这样一个农业大国，主要靠货币资本投入来解决“三农”问题是非常有限的。在依靠单一货币资本的经济发展方式之下，由于没有降低物耗的空间，从而无法建立节约型经济。而有了知识资本的介入，才能实现产品的生产由资源依存型向科技依存型转化，产品价值中由于含有科技成份，才有了降低物耗的空间，并且增加了农产品的附加值。

尤其值得一提的是，农业硅谷试验区中的功能链正是作为知识资本的载体，在农业硅谷试验区这个链条上发挥知识资本的作用。功能链中的科技推广中心、教育培训中心、信息中

心通过科技推广、教育培训、技术革新等手段来推动经济的全方位发展，这已经体现出知识资本点石成金的作用，它可以几倍、十几倍的扩大现有货币资本的实力，推动地区和企业自身的经济发展，创造更大量的财富。同时在农业硅谷试验区内，围绕种植、养殖区建立的加工区可以就地实现农产品的深加工，加大产品的附加值和科技含量，实现产品增值，这种货币资本联合知识资本推动经济发展的模式收到很好的成效。

(二)生产链——消费资本的载体

消费资本是三大资本要素中不可或缺的要素，以往人们正是由于没有注意到消费资本的作用，所以没有能够发挥出消费资本带来的巨大效益。在农业硅谷试验区内，由生产链作为消费资本的载体发挥消费资本的作用。农民根据产业划分建立起位于生产链上的各种联合体或合作组织，比如说小麦生产联合体、水稻种植联合体等，这些联合体本身就是庞大的消费团体，自身蕴含着巨大的消费资本。如果我们在货币资本和知识资本联动的基础上激活这部分消费资本，哪怕是一小部分释放出来延伸到企业和经济中去，都是对现有经济发展方式和“三农”问题的转变与推动。同时这些联合体实行统一的标准化生产，统一品牌标识，再在此基础上统一订购化肥、农药、种子，如果化肥公司、种子公司把这些联合体内农民的集中购买视作是对公司投资，参与公司的利润分配，这样，农民购买种子、化肥花的钱越多，农民对化肥、种子等公司的投资也越大，参与的利润分配额度也就越高，那么农民实际所承担的费用就越小；同样道理，种子公司、化肥公司对种子、化肥的采购视作对生产种子、化肥企业的投资，同样参与这些企业的利润分配，依此类推，整个农业产业链将会在三种资本推动下有效的结合在一起并发挥作用，共同参与到农业产业化经营当中来，依靠农民自身解决农业发展困难的问题。

(三)综合协调中心——政府作用的体现

在市场经济发展过程中，市场作为资源配置的手段发挥了重要的作用，西方古典经济理论一度认为市场这只“看不见的手”能够使资源配置效率最大化，同时使社会福利达到最大，但是市场并非尽善尽美，“市场失灵现象”反映出政府统一配置资源的重要性。市场经济发展的实践证明，市场和政府不是相互替代关系，而是相互依托、相互补充关系。市场可以在政府低效率的领域中发挥作用，而政府可以在市场失灵的情形下大显神威。

几个世纪以来人们充分的研究了农业生产和农业生产发展的问题，同时也深入研究了农业生产发展的管理问题，从而使农业生产处于一种有序发展状态，但是对于农村生活最重要的组成部分——消费以及科技成果在农业的运用——知识，在此之前没有得到应有的重视和充分的研究。没有重视和开发知识资本和消费资本对于推动经济发展的巨大力量，因此，以前的农业经济发展速度是相对缓慢的。今天，由于消费资本化理论的提出和运用向人们提出了知识和消费推动经济发展的巨大力量，我们在充分结合市场和政府优势的基础上建立农业硅谷试验区。生产链、功能链和综合协调中心正好体现了人类社会经济发展的三大要素，即生产、管理、消费，同时也体现了货币资本、知识资本、消费资本的运用。一方面，市场在农业硅谷试验区的运作中占据着主导地位，尤其体现在作为主体的生产链。种植养殖联合体、加工联合体、仓储运销联合体的建立和运作都是以市场需求为导向，通过统一的采购、经营管理、销售来提高联合体的市场竞争力，在市场竞争中获得利润，实现长期的发展。另一方面，政府担负着十分重要的引导、领导以及组织、规划和管理的责任。政府负责

组建综合协调中心，对生产链和功能链进行统一规划和指导。（如下图所示：消费资本化理论在农业硅谷试验区各链条的体现）

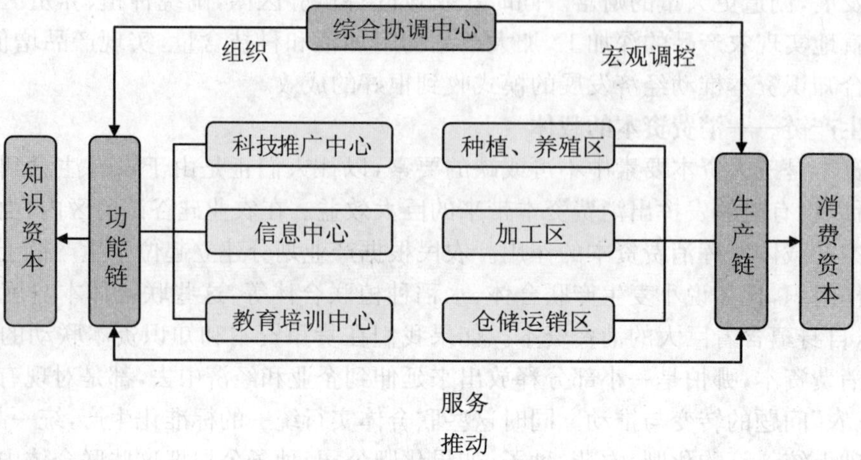

五、总结

综上所述，农业硅谷试验区的运作以新的理论作指导，消费资本化理论贯穿其始终。农业硅谷试验区的理念本身是农村改革的一大创新举措，融入消费资本化理论的后期运作成果更为有效。这样在农业硅谷试验区内，一方面继续充实货币资本，发挥货币资本的推动作用；另一方面利用知识资本，发挥其创新作用，在功能链上实现科技成果的就地转化，利用科学技术进行农产品深加工，延长农业产业链；同时更要利用消费资本，发挥其导向作用，这不仅使农民自身解决农村发展所需要的资金，减少资金从农村向城市的逆流，同时巨大的消费资本存量将激活农村市场，一改农村以往消费需求不足的问题。

同时这种将原来农民零星的、无计划的、分散的需求经过一个中心两个链的整理，变成有规模、有计划的需求，同时以农业硅谷试验区内仓储运销区作为强大的物流配送作后盾，从而保证整个农业硅谷试验区有效运行的体系将广大的农民纳入到这个运作体系中来，这样农村劳动力可以实现就地转移，从源头上解决我国“三农”症结问题。

最后，值得强调的另一点是，在建设农业硅谷试验区的过程中，要充分发挥农民的积极性和主动性。这将是政府引导的、专家指导的、农民自己建设的试验区。农民是农业硅谷试验区的主体，是真正的主人、所有者、实践者、经营者和收益者。

这样的试验区，将十分重视科技成果在农业第一线生产实践中的应用；将十分重视市场化运作原则。农民在建设试验区的过程中，将推动农业的发展，将改变农村的面貌，同时也将使自己的面貌发生深刻的变化。农业硅谷试验区将是农民企业家的摇篮和新一代农民的培育基地，也将是我国小康和谐社会的试验基地和雏形。

第三十九篇

关于农业硅谷试验区的建设与发展

2005年11月在《中国农业硅谷试验区建设高级研讨会》上的讲话

【内容提要】 农业硅谷试验区，是在科技是第一生产力的思想指导下，沿着科技推动生产力发展，从而引发农业生产方式创新的思路，提出的一种农业发展的组织体系和运行机制。这种创新的机制，将打破目前我国农业生产所呈现的某种程度的停滞和徘徊局面。它将十分重视科技成果在农业第一线生产实践中的应用和市场化运作的原则，将充分发挥农民的积极性和主动性，建设成一个政府引导的、专家指导的、农民自己建设的试验区。在建设试验区的过程中，不仅将推动农业的发展，而且也将使农民和农村的面貌发生深刻的变化。

农业硅谷试验区的建设对于落实党中央关于学习和实践科学发展观、对于落实国家“十二五”规划，特别是关于进一步解决三农问题，具有十分重要的实际意义。同时，还对半个多世纪以来现代农业发展模式进行改革和创新，对于确立新时期现代农业发展体制，使现代农业进入一个新的发展阶段，也具有重大的理论和实践意义。

当前，世界经济正处于一个大发展、大变革、大调整的新的历史发展时期。在世界性金融危机影响的形势下，世界各个国家、地区、企业和产业面临一个共同的任务，就是寻找新的经济发展方式和新的经济增长极。我国现代农业发展也面临同样的任务。

半个世纪以来，各国在发展现代农业的实践过程中，逐渐形成了一定的模式，其主要特征：一是主要以研发农业高新技术为手段发展现代农业，诸如新产品的培育技术、灌溉技术、物理农业技术、生物农业技术等等。二是以货币资本的投入作为现代农业发展的资本动力和支撑。

这种农业发展模式在长期的实践过程中，逐渐显露出它的局限性和经常发生资金短缺瓶颈的问题。从而导致现代农业发展的进程缓慢，甚至有一些高新农业项目，由于资金短缺而搁浅。

出现这种情况并不是偶然的，而是由于国内外一些农业专家在研究如何解决现代农业发展问题时，长期以来习惯于就产业本身分析问题，就农业谈农业，习惯于从行业范围内，寻找解决问题的办法。这种思维导致人们长期局限在一些技术和操作层面上，难以触及根本性的问题。因此，现代农业的发展也就难以实现总体的突破。

现代农业的发展是个十分复杂的问题，也是一个综合问题。建立现代化农业产业体系，当然是以第一产业农业为基础，但又不局限于原来传统的农业，而是传统农业的创新和延伸，并通过市场机制与第二产业、第三产业和国民经济其他部门相衔接。

现代农业发展，包括其发展模式，是市场经济发展到一定阶段的产物，是市场经济的一个重要组成部分。所以，现代农业发展应当与市场紧密对接并融为一体。因此，我们必须把现代农业的发展置于市场经济大背景下，将农业还原于整个市场经济，才能对现代农业发展的现状做出深刻的分析，才能找出今后发展的根本途径。

建设农业硅谷试验区是发展我国现代农业的新思路，它不仅要在我国建设一个现代化农业产业体系，而且还要建设一个科学的、完善的、先进的组织和管理体系，并完成和实现人们期待已久的农业和农村经济发展方式的转型。

建设农业硅谷试验区的直接目的，是寻找一种模式，一种可以在全国范围内推广的农业和农村发展模式。

农业硅谷试验区，是在科技是第一生产力的思想指导下，沿着科技推动生产力发展，从而引发农业生产方式创新的思路，提出的一种现代化农业产业体系、现代农业发展的组织与管理体系以及科学的运行机制。

农业硅谷试验区由“一个中心（综合协调中心）和两条链（生产链、功能链）”组成，将农村经济发展的所有产业和功能囊括在内。

它的特点在于，不是建立一套层层叠叠的行政管理体系。而是组合形成以专业职责划分的、完善的功能网络和生产经营运行体系。

它通过综合协调中心的组织和调控，以及功能链提供的服务，引导和推动生产链，形成一个互动的、良性的农业经济运行体系。

这是我国农业持续发展的一种新型机制。这种机制的创新，将打破目前我国农业生产所呈现的某种程度的停滞和徘徊局面。

值得强调的另一点是，在建设农业硅谷试验区的过程中，要充分发挥农民的积极性和主动性。这将是政府引导的、专家指导的、农民自己建设的试验区。农民是农业硅谷试验区的主体，是真正的主人、所有者、实践者、经营者和受益者。

这样的试验区，将十分重视科技成果在农业第一线生产实践中的应用；将十分重视市场化运作原则。农民在建设试验区的过程中，将推动农业的发展，将改变农村的面貌，同时也将使自己的面貌发生深刻的变化。

农业硅谷试验区将是农民企业家的摇篮和新一代农民的培育基地，也将是我国小康和谐社会的试验基地和社会主义新农村的雏形。

农业硅谷试验区，既是我国农业的发展模式，也是我国农村的发展模式。它将以其科学的内涵、创新的机制和简约的形式而有可能在全国范围内迅速推广。

为了使我国现代农业和农村经济迅速发展，专家组引入“消费资本论”作为新时期现代农业改革和创新的理论导向，消费资本论是新的市场经济理论形成的标志。新的市场经济理论认为，完整的市场经济资本构成应包括货币资本、知识资本和消费资本三种资本，而不是唯一的货币资本。换言之，是三种资本在拉动市场经济的发展，同样也应该是由三种资本推动我国现代农业和农村经济的发展。因此，解决我国现代农业发展和农村经济建设所需要的资金问题，总的思路应当是：(1)继续充实货币资本，(2)高度倚重知识资本，(3)大力开拓消费资本。同时，农业和农村的经济发展方式也应该是由单一货币资本支持的传统发展方式，转化为货币资本和知识资本相结合的发展方式，再进一步转化为“消费资本导向、知识资本创新、货币资本推动”的三种资本融合、联动的新型发展方式，这是全世界各个市场经济国家经济发展的所必然遵循的总的趋势，是一条十分重要的经济发展规律，也是现代农业和农村经济发展所必然遵循的发展规律，也是农业和农村经济发展方式转型选择的方向。

依据“消费资本论”，将用货币资本、知识资本、消费资本三种资本支持现代农业发展和农业硅谷试验区的建设，这将会大大增加资本的总规模，从而有效地解决了以往在单一货币资本支持下现代农业发展经常出现的资金短缺瓶颈的问题。实际上消费资本论将为现代农业发展注入一种新的内生动力，从而使我国现代农业和农村经济建设进入科学的可持续的发展轨道。

农业硅谷实验区作为现代农业和农村经济发展的创新模式，是对传统农业和农村发展模式的重大创新。它打破了过去单纯依靠单一货币资本作为支撑的局面，拓宽了资金来源渠道，增强了农业和农村经济发展的动力，提高了现代农业和农村建设水平，开启了现代农业和农村经济发展的新局面。

为了解决传统农业和农村发展模式中的各种问题，农业硅谷实验区的建设有一整套科学的、规范的、具有可操作性的实施方案，对现代农业产业体系、现代农业的组织与管理、运作机制和资金筹措等问题，进行了全面的创新。

为了使农业硅谷实验区建设之初能够迅速发展，充分发挥对周边地区、乃至全国范围的辐射作用，我们还专门为农业硅谷试验区设计了新的商业模式。新商业模式是农业硅谷试验区实施新经济发展方式和新分配制度的重要载体，新商业模式具有以下主要特征：

第一，新商业模式的核心特征是农业硅谷试验区同内部各组成单位，以及同外部各合作方共同分享利润。

第二，新商业运作模式具有崭新的组织形式。这种崭新的组织形式是一个以农业硅谷试验区、龙头企业、各专业联合体、生产企业、供应商、物流企业、商业企业、消费者、银行及保险公司等相互合作为基础，以消费资本论为核心，以产品和服务为纽带，以利润共享为特征，以合作共赢为目标的现代农业和农村经济产业链的有机综合体。

第三，新商业运作模式在其实际运作过程中，将形成一个长期的、深层次合作的，甚至是互为股东、利润共享的、紧密联系的利益共同体。农业硅谷实验区在这一利益共同体中发挥核心作用，为各合作单位提供卓有成效的服务，给合作者带来显著的经济效益，同时也给自身带来巨大的利润。这种合作关系更为持久，它能够极大地调动各方的积极性，迅速扩大市场份额，从而使各参与主体的效益大幅地增加，也使自身的收益迅速增长。

新商业模式是以全新的电子商务平台为运作载体，我们对农业硅谷试验区的电子商务平台的组建、它的功能和实际操作方法做了具体的设计和说明。

本项目是在全面深入研究世界主要国家以及我国现代农业发展模式的基础上，提出的现代农业和农村经济发展的革命性创新。农业硅谷试验区和现代农业创新模式的理论基础、制度设计以及方案的具体运作等方面都进行了深入细致的研究并做了全面的论述，使得本方案不仅是现代农业和农村经济发展理论上的创新，而且更具有实际的可操作性。理论和实际相结合，是本方案最重要的特色之一。

农业硅谷试验区作为现代农业和农村经济发展的创新模式，是落实党中央关于学习和实践科学发展观战略部署和中央关于加强自主创新能力战略部署的体现；也是社会经济发展实际需求催生的结果。

建立在消费资本论基础之上的现代农业和农村经济发展的创新模式，对解决农业发展和农村建设有着重要的意义。农业硅谷试验区的建设将成为我国现代农业和农村经济改革的先锋，这种创新模式将迅速走向全国、走向世界，引领现代农业和农村经济发展的新潮流，为我国和世界现代农业发展做出重大贡献。

第四十篇

发展新经济运行体系:建设农业硅谷试验区

发表于《科学时报》2008 年 4 月 7 日

【内容提要】 目前,我国农业生产的数量增长和结构性调整均未引发农业生产方式的变革。我国要实现农业大国向农业强国转变,必须依赖农业生产方式的创新。建立农业硅谷试验区的直接目的,是寻找一种模式,一种可以在全国范围内推广的农业和农村发展模式。

中国特色的社会主义,是中国社会经济发展的一面旗帜,它是中国现代历史的主题,它是实践的主题,也是理论的主题。我们的理论研究和创新,也要围绕着这一主题展开。

中国特色的社会主义,它不同于传统的社会主义,也不同于西方学者提出的民主社会主义。它在经济、政治、文化和社会 4 个方面都具有独有的特征,其中经济特征具有基础和根本性质。从经济发展的角度看,中国特色的社会主义实际上是一种新的经济运行体系。

新经济运行体系包括 4 项内容:新的经济发展方式、新的商业模式、新的企业制度和新的分配制度。这是一种速度适宜、效益显著、可持续并且可以实现社会全体成员共同富裕的经济运行体系。换言之,它是以速度适宜、效益显著、可持续发展为特征,以实现社会全体成员共同富裕、建设和谐社会为目的的经济运行体系。

目前,我国农业生产的数量增长和结构性调整均未引发农业生产方式的变革。我国要实现农业大国向农业强国转变,必须依赖农业生产方式的创新。建立农业硅谷试验区的直接目的,是寻找一种模式,一种可以在全国范围内推广的农业和农村发展模式。

农业硅谷试验区,是在科技是第一生产力的思想指导下,沿着科技推动生产力发展从而引发农业生产方式创新的思路,提出的一种农业发展的组织体系和运行机制。

农业硅谷试验区由“一个中心(综合协调中心)和两条链(生产链、功能链)”组成,将农村经济发展的所有产业和功能囊括在内。它的特点在于,不是建立一套层层叠叠的行政管理体系,而是组合形成以专业职责划分的、完善的功能网络和生产经营的经济实体体系,是一个政府导向、市场化运作、相互促进的良性循环体系。

它通过综合协调中心的组织和调控,以及功能链提供的服务,引导和推动生产链,形成一个互动的、良性的农业经济运行体系。

这是我国农业持续发展的一种新型机制。这种机制的创新,将打破目前我国农业生产所呈现的某种程度的停滞和徘徊局面。

值得强调的另一点是，在建设农业硅谷试验区的过程中，将充分发挥农民的积极性和主动性。这将是一个政府引导的、专家指导的、农民自己建设的试验区。农民是农业硅谷试验区的主体，是真正的主人、所有者、实践者、经营者和受益者。

这样的试验区，将十分重视科技成果在农业生产实践第一线中的应用；将十分重视市场化运作的原则。农民在建设试验区的过程中，将通过推动农业的发展改变农村的面貌，同时也将使自己的面貌发生深刻的变化。

农业硅谷试验区将是农民企业家的摇篮和新一代农民的培育基地，也将是我国小康和谐社会的试验基地和雏形。既是我国农业的发展模式，也是我国农村的发展模式。它将以其科学的内涵、创新的机制和简约的形式而有可能在全国范围内迅速推广。

分解开来看，综合协调中心的任务是负责农业硅谷试验区的全面管理和宏观调控，兼有规划设计和招商引资中心的职能，它是整个试验区的运营综合协调中心。

生产链包含3个经济产业区，即种植养殖区、加工区和仓储运销区。这3个区是农业硅谷试验区经济运行实体的集合，是产业的分区，而不是组织、地理位置的分区。

这3个区的职责是在综合协调中心的指导下、在功能链的帮助下，实现农业各产业经济的发展。这3个区组成一条生产链，主要是寻求产业的规模化效应和产业组合效应，即产、加、销一体化或产前、产中和产后等组合的综合效应。

功能链是农业硅谷试验区农业及农业相关经济可持续高速发展的推动力量，它包括科技成果推广中心、信息中心和教育培训中心。这些中心可以由综合协调中心直接建设，也可以通过招标由企业进行建设。

科技成果推广中心主要负责在农业硅谷试验区推广和应用各种科技成果。

信息中心是在农业硅谷内组建的基于Internet的信息平台。它可以大大提高农业硅谷试验区经济运行的活力和效率，促进农业的快速发展。包括建立信息交流平台，进行基础信息发布服务，如产品信息、市场信息、科技成果信息、人才信息等各方面的信息发布服务、图文信息发布服务、广告服务；建立电子商务平台，在这个平台上，农业硅谷试验区内外的交易，可以直接通过Internet完成；建立金融产品交易平台，可为农业硅谷提供期货、期权等金融产品的交易服务；建立风险控制平台，为农业硅谷中的各个产业区提供风险管理服务。这种服务，可以有效地降低农业硅谷试验区的经济运行风险，化解经济建设的后顾之忧，从另一方面促进农业硅谷试验区经济的发展。

教育培训中心担负着不断地提高农民的文化素质和科技知识水平，培训一批有文化、懂科技的新型农民，造就一批具有现代企业管理经验的农民企业家的任务。

第四十一篇

关于如何发展我国战略性新兴产业的思考和建议

发表于《新产业》杂志 2013 年 4 月

【内容提要】 新兴产业作为植根于经济时代而出现的产业，它充分体现了知识经济时代的基本特征。它将以知识和知识产品的投入代替资源的投入支持社会经济的发展。因此，我国七大战略性新兴产业的启动，是几个世纪以来，人类社会经济高速发展动力转型的重大的历史性标志。

新兴产业的发展应当是物质生产和知识生产紧密结合的发展过程，其产品也是这两个生产过程深度融合发展的结晶。所以，我国七大战略性新兴产业的启动，是我国、也是世界经济知识生产过程规模化的历史性开端。

自从《国务院关于加快培育和发展战略性新兴产业的决定》（国发〔2010〕32 号）和《“十二五”国家战略性新兴产业发展规划》（国发〔2012〕28 号）公布以来，引起社会各界对战略性新兴产业发展的高度关注。许多相关文章相继发表，许多高校纷纷开设总裁培训班。纵观一些文章的观点和培训课程的内容，多在论述新兴产业的一般意义和作用，而对新兴产业的本质特征和总体定位的认识和论述不够。因此，就不能够提出和新兴产业定位相匹配的新的发展理念和新的发展思路，而会重复和普通产业相匹配的传统的发展理念和发展思路。这样会使新兴产业企业在发展过程中，依然会存在许多困惑。

一、关于新兴产业的本质特征和总体定位

为了适应当前经济发展的需要，我国政府制定了加快培育和发展战略性新兴产业政策，意在改善资源环境的巨大压力，推进产业结构升级、加快经济发展方式转型，促进资源节约型和环境友好型社会建设。

几个世纪以来，人们一直高度重视货币资本对社会经济发展的重大作用，尽管货币资本推动经济增长的速度是惊人的，但是单一依靠货币资本发展经济很快就遇到了“瓶颈”。因为货币资本的不断增长，带来的是资源消耗的不断加速。因此，很快就出现有限的资源无法继续支撑经济高速增长需要的局面。于是，为了人类社会进一步的发展，人们发展了新的支柱——知识经济，知识经济的基本特征，就是通过以知识的投入代替资源的投入支撑社会经

济持续快速增长。

新兴产业作为植根于经济时代而出现的产业，它充分体现了知识经济时代的基本特征。它将以知识和知识产品的投入代替资源的投入支持社会经济的发展。因此，我国七大战略性新兴产业的启动，是几个世纪以来，人类社会经济高速发展动力转型的重大的历史性标志。

其次，在知识经济时代，人们发现：人类社会生产包括物质生产和知识生产两个过程。因此，新兴产业的发展应当是物质生产和知识生产紧密结合的发展过程，其产品也是这两个生产过程深度融合发展的结晶。所以，我国七大战略性新兴产业的启动，是我国、也是世界经济知识生产过程规模化的历史性开端。

这应是我国新兴产业总体定位和本质特征。只有从这样的定位高度和本质特征出发去思考和探索，才能提出和新兴产业相匹配的新的发展理念、新的发展思路和新的发展途径。

二、高度倚重知识资本，建立新兴产业的创新管理模式

新兴产业必然是知识密集、知识分子密集和知识资本密集的产业。在新兴产业企业中，知识资本和货币资本一样，是企业的支柱资本之一。它的管理应同传统产业企业的管理截然不同。传统产业企业只有建立在货币资本基础上的管理体制，而没有建立在知识资本基础上的管理体制。战略性新兴产业作为物质生产过程和知识生产过程深度融合的发展过程，在发展新兴产业的过程中，既要注重对货币资本和物质生产过程的管理，更要注重对知识资本和知识生产过程的管理，建立起货币资本和知识资本共同支撑企业发展的管理体系。

这种创新的企业管理体系，尤其是建立基于知识资本量化的薪酬管理体制和激励机制，能够使高级管理人员、科技人员和企业员工作为知识资本所有者参与企业利润分配，这对于高端科技人才的引进，调动高级管理人员和广大员工的积极性，增强主人翁意识，使企业员工队伍逐步由雇佣型转化为主人翁型，这对新型产业企业的发展具有举足轻重的重大作用。

三、大力开拓消费资本，同市场和消费者建立紧密联系

国务院文件明确提出，战略性新兴产业的发展要实行市场主导、政府调控，充分发挥市场配置资源的基础性作用，着力营造良好的市场竞争环境，激发各类市场主体的积极性，使新兴产业企业同客户和消费者之间建立紧密的、利益共享的合作平台。

进入新世纪，市场经济已经完成了由卖方市场向买方市场的过渡，我们现在处于以买方为主的市场经济发展阶段。而目前，企业普遍采用的商业模式还是上个世纪延续下来的、建立在以卖方市场为主的传统的商业模式，它已经不适应当前市场经济发展的需要。新兴产业的发展，要立足于当前市场经济发展的需要，采用创新的商业模式，使消费和投资有机结合，完成消费转化为资本的过程，使买卖双方合二为一。新商业模式在其实际运作过程中，将形成一个长期的、深层次合作的，甚至是互为股东、利润共享的、紧密型的利益共同体，达到双方获益、共赢的目的。这对于新型产业企业迅速扩大市场份额和实现企业自身扩大再生产所需要的资金补充，将产生十分重要的作用。

综上所述，为了更好地发展我国战略性新兴产业，我认为新兴产业企业必须采用新的经济发展方式。由单一货币资本支持发展的方式，转化为货币资本和知识资本相结合的发展方式，再进一步转化为消费资本导向、知识资本创新、货币资本推动的三种资本融合联动的发展方式，是新兴产业企业发展所必然遵循的总的趋势，也是新兴产业发展的基本经济规律。

第四十二篇

迎接文化创意产业发展的新时代

发表于《中华英才》2011 年 12 月 16 日 2012 年第一期新年献辞

【内容提要】 知识经济时代催生了文化事业全面繁荣和文化创意产业的迅速发展。文化创意产业的发展大大减轻了经济发展对资源的依赖,它将有力地推动我国经济发展方式转型,同时又是我国经济发展的新的经济增长极。

我们在热烈庆祝"十二五"规划开局之年——2011 年取得重大成就的欢庆时刻,迎来了充满希望和期盼的新的一年。

党的十七届六中全会通过的"关于深化文化体制改革、推动社会主义文化大发展大繁荣若干重大问题的决定",对于实现我国文化事业全面繁荣和经济社会持续稳定发展具有十分重要而深远的历史意义。它是党中央在国内外经济发展的新形势下,站在时代高起点上提出的关系到中华民族伟大复兴和我国经济社会发展全局的重大决策。我们必须从战略高度上深刻认识在新时期文化的重要地位和作用。文化是民族凝聚力和创造力的重要源泉,是综合国力竞争的重要因素,是经济社会发展的重要支撑。我们必须深刻领会中央决定的精神,在实际行动中顺应时代发展的要求,深入推进文化体制改革,积极推动文化事业全面繁荣和文化创意产业快速发展。

这是因为,进入新世纪,世界经济发生了深刻变化。国家发展的经济背景较之上个世纪有了本质的不同。最重要的不同,是国民经济知识化水平越来越高。每个经济元素包含的知识和科技含量的比重越来越大,知识和科技成果对社会经济发展的作用日益凸显,知识生产率日益成为国家、地区和企业竞争的关键要素,而不再是以体力劳动为主的劳动生产率,这标志着世界经济已经进入知识经济发展阶段。在这一阶段,人类深刻的认识到,在物质生产过程之外,还存在着知识生产过程。它的产品,有力地推动着国家、地区和企业的经济发展,成为一种崭新的资本力量,形成一个新的资本形态,即知识资本。与传统的货币资本不同,知识资本是一种清洁的、无污染的资本,它可以无限的复制,对货币资本发挥着点石成金的倍加效应,它将创造出比货币资本更高的利润率。人类从来没有像现在这样更加深切地感受到"知识就是力量"的真正涵义;知识的空前传播和知识资本的广泛应用,为新时代经济社会的发展注入了强大的动力和无限的活力。

知识经济时代催生了文化事业全面繁荣和文化创意产业的迅速发展。在我国,继各种传统产业和信息产业之后，文化创意产业时代已经到来。文化创意产业的异军突起，它的发育和发展在我国已经是一个不争的事实，并开始形成一种强势的发展潮流，它具有强大的生命力和独有的优势。

首先，文化创意产业是真正的“无烟产业”，是经济发展方式转型的不可或缺的产业形态。文化创意产业的发展大大减轻了经济发展对资源的依赖。大家知道，货币资本推动经济增长的速度是惊人的，但是单纯依靠货币资本发展经济很快就遇到了“瓶颈”。因为，货币资本的不断增长，带来的是资源消耗的不断加速。因此很快就出现有限的资源无法继续支撑经济高速增长需要的局面。为了人类社会进一步的发展，人们经过研究逐步认识到，可以通过知识的投入代替资源的投入，来支撑经济持续快速增长。在这方面，文化创意产业将发挥巨大的作用。它将有力地推动我国经济发展方式转型，同时又是我国经济发展的新的经济增长极。

同时，我们还应该认识到，文化创意产业自身有一个由初级到高级的发展过程。文化作为知识“总汇”，必然包含知识创新和科技创新的内容。知识创新是指知识成果或知识产权，科技创新则指专利发明等创新成果。而文化正是通过知识产权、发明专利等具体成果，才得以形成各种文化产业或者说文化创意产业。知识产权和发明专利是高水平的或者说是高级的文化创意，是文化创意产业的核心。目前的文化创意产业，诸如动漫、三维、3D等，还属于文化创意产业的一般形态，应该逐步向文化创意产业的高级形态发展，才会对国家经济发展发挥更大的作用。

文化创意产业的另一特征是，文化创意产品的消费甚于衣食住行的消费，具有反复消费和不断趋新的特征。文化创意产业是把高新技术和文化创意结合在一起，具有创意过程数字化、传播网络化、产品市场化、服务社会化的特点。各类文化创意产业与现代传播技术的紧密结合，使消费资本与知识资本互动，形成新的点石成金的经济效益和显著的社会效果。

文化创意产业是一个新型的产业群体，涵盖了许多领域，它正在成为我国的一个十分重要的产业集群，成为我国的支柱产业之一。近年来，文化创意产业受到国内各大城市和地区的高度重视，各级政府纷纷提出适合本地特色的文化创意产业发展目标，推出一系列优惠政策并划拨专项资金，建设了一批文化创意产业园、文化创业产业基地等，大大地推动了我国文化创意产业的快速发展。

我国文化创意产业已经取得了可喜的成果，许多创意策划精英，在开拓和推动我国文化创意产业发展方面，做出了十分重要的贡献，是建设和发展我国文化创意产业的功臣。对他们付出的辛勤的创造性劳动我们表示崇高的敬意。

在新的一年里，在党中央十七届六中全会决定的鼓舞下，经过全国人民和各行各业的共同努力，我们将迎来我国文化事业全面繁荣和文化创意产业迅速发展的新时代。

第四十三篇

文化创意产业的异军突起

2006年11月18日在北京人民大会堂《第三届中国财富精英论坛》上的演讲

【内容提要】 继各种传统产业和信息产业之后，文化创意产业时代已经到来。文化创意产业的异军突起，它的发育和发展在我国已经是一个不争的事实，并开始形成一种强势的发展潮流。文化创意产业，是真正的“无烟产业”，是经济增长方式转变的不可或缺的产业形态。文化创意产业是一个新型的产业群体，涵盖了许多领域，它正在成为我国的一个十分重要的产业群，甚至会成为我国的支柱产业之一。

尊敬的会议主席，

尊敬的各位来宾，

尊敬的各位精英代表和各位新闻界的朋友：

2006年全国创意策划代表大会暨第三届中国财富精英论坛今天开幕了！我代表世界新经济研究院和各联办单位，向大会和各位代表表示热烈的祝贺。

在我国，继各种传统产业和信息产业之后，文化创意产业时代已经到来。文化创意产业的异军突起，它的发育和发展在我国已经是一个不争的事实，并开始形成一种强势的发展潮流。

文化创意产业，是真正的“无烟产业”，是经济增长方式转变的不可或缺的产业形态。文化创意产品的消费甚于衣食住行的消费，具有反复消费和不断趋新的特征。文化创意产业是把高新技术和文化创意结合在一起，具有创意过程数字化、传播网络化、产品市场化、服务社会化的特点。各类文化创意产业与现代传播技术的紧密结合，使消费资本与知识资本互动，形成新的点石成金的经济效益和显著的社会效果。

文化创意产业是一个新型的产业群体，涵盖了许多领域，它正在成为我国的一个十分重要的产业群，甚至会成为我国的支柱产业之一。

各位创意策划精英，在开拓和推动我国文化创意产业的发展方面，做出了十分重要的贡献，是建设和发展我国文化创意产业的功臣。对他们付出的辛勤的创造性劳动表示崇高的敬意，对他们已经取得的成果致以热烈的祝贺。

最后，预祝大会取得圆满成功。

第四十四篇

论文化硅谷

2012年6月写于北京

【内容提要】 知识经济时代催生了文化事业的全面繁荣和文化创意产业的迅速发展。文化硅谷正是应运而生的、文化创意产业的最先进的高级形态。文化硅谷是文化创意产业迅速发展的重要载体，是实现文化创意产业迅速发展的重要内容，是增强自主创新能力、建设创新型城市、推动产业结构升级和发展方式转型的必然选择。文化硅谷代表着一种新的经济发展方式，它的成功转型经验将带动和促进国民经济各个行业的经济发展方式的转型和升级。并且，对世界经济的发展方式的转型也有重要的示范意义。

一、文化硅谷产生的社会经济时代背景

文化硅谷的产生具有鲜明的时代特征，它是社会经济文化发展到一定阶段的必然产物，有着深刻的社会经济时代背景。

从国际背景看，当前，世界经济正处于一个大发展、大变革、大调整的新的历史时期。在世界性金融危机影响的形势下，世界各个国家、地区和企业面临一个共同的任务，就是寻找新的经济发展方式和新的经济增长极。文化硅谷和文化创意产业，正是代表了一种新的经济运行体系和新的经济发展方式，同时也是我国和世界未来经济发展的新的经济增长极。随着知识经济时代的到来，以知识资本为基本动力的产业呼之欲出。知识经济时代催生了文化事业的全面繁荣和文化创意产业的迅速发展。文化硅谷正是应运而生的、文化创意产业的最先进的高级形态。

从国内背景看，党中央在国内外经济发展的新形势下，站在时代高起点上提出的"关于深化文化体制改革、推动社会主义文化大发展大繁荣若干重大问题的决定"，是关系到中华民族伟大复兴和我国经济社会发展全局的重大决策。文化产业是在市场经济条件下，繁荣发展社会主义文化的重要载体，也是推动经济结构调整、转变经济发展方式的重要着力点。文化创意产业承担着推动社会主义先进文化发展、传承中华民族优秀文化、满足人民群众精神文化需求和提升国家文化软实力的重任，是推动社会主义文化大发展、大繁荣和经济发展的重要引擎。

二、文化硅谷建设的现实意义

在我国，继各种传统产业和信息产业之后，文化创意产业时代已经到来。文化创意产业在我国正在迅速的发育和发展，并开始形成一种强势的发展潮流。

文化创意产业，是真正的“无烟产业”，是经济发展方式转型的不可或缺的产业形态。文化创意产业的发展，将改变人们的消费内容、消费观念和消费方式。文化创意产品的消费将甚于衣食住行的消费，而且具有反复消费和不断趋新的特征。文化创意产业是把高新技术和文化创意结合在一起，具有创意过程数字化、传播网络化、产品市场化、服务社会化的特点。各类文化创意产业与现代传播技术的紧密结合，使消费资本与知识资本互动，形成新的点石成金的经济效益和显著的社会效果。文化硅谷建设将文化创意产业作为战略性新兴产业，将和其它的战略性新兴产业一样，是新时期国民经济发展的需要、是国民经济发展的支柱产业。

三、文化硅谷的定位

(一)文化硅谷是人类社会经济发展过程中动力转型的重大历史性标志

在新时期，人们经过研究逐步认识到，可以通过知识的投入代替资源的投入，来支撑人类社会经济持发展。知识资本成为推动社会经济发展的资本动力之一。

就知识资本本身而言，最主要的成果是形成了两大产业，一是以 IT 技术互联网为代表的信息产业，信息产业在丰富和提升了传统的制造业服务业的同时，本身也已经形成了从硬件制造到软件服务的巨大产业群。二是文化创意产业，一个新兴的产业群。文化创意产业是真正的“无烟产业”，文化创意产业的发展大大减轻了经济发展对资源的依赖，成为经济发展方式转型的不可或缺的产业形态。它将有力地推动我国经济发展方式转型，同时又是我国经济发展的新的经济增长极。

文化硅谷不再单纯地依靠货币资本和资源的投入，而是转化为依靠人类的知识和技能等知识资本获得发展动力。它是知识经济时代出现的一种高级形态的知识密集型的产业。文化硅谷通过教育和培训中心，培养大批文化创意类人才，为社会经济的高速发展提供充足的知识资本，为社会创新提供不竭动力。

文化硅谷的建设，以文化和科技作为其发展的基本动力支撑，开辟了知识资本支撑人类社会经济持续增长的新局面。因此，文化硅谷的建设，是人类社会经济发展动力转型的一个重大的历史性标志，具有深远的历史意义。

(二)文化硅谷是人类社会知识产品生产过程规模化的历史性开端

随着社会经济的发展，在新世纪人类深刻的认识到，在物质生产过程之外，还存在着知识生产过程。它的产品，有力地推动着国家、地区和企业的经济发展，成为一种崭新的资本力量，形成一个新的资本形态，即知识资本。与传统的货币资本不同，知识资本是一种清洁的、无污染的资本，它可以无限的复制，对货币资本发挥着点石成金的倍加效应，它将创造出比货币资本更高的利润率。但几个世纪以来，知识和知识产品一直处于被人们所忽视状态，没有得到充分的开发和利用，也没有进行规模化的生产。

文化硅谷在人类社会知识产品的生产过程中将发挥巨大的作用。文化硅谷将文化和科学技术相融合，打造出高知识形态的文化创意产品。文化硅谷通过建立和健全知识产权和专利的交易机制，使得文化创意产品的知识成果能够在市场上进行流通和交易，使其发挥出更大的社会效益和经济效益。文化硅谷作为文化创意企业的集聚区，还带来了人才的集聚、资源的集聚、技术的集聚，这将为高知识形态的文化创意产品的创造和生产提供非常有利的环境和条件。

各个国家和地区通过打造出几个、几十个文化硅谷，生产出大量的知识产品和知识成果，并迅速转化为生产力，将有力地推动世界经济的发展。文化硅谷的建立，正式开启了人类社会经济知识产品生产过程，而且规模巨大，是人类社会知识产品生产过程规模化的历史性开端。

（三）文化硅谷引领中国经济发展方式转型和升级

改革开放以来，中国经济迅猛发展日新月异，总量不断提高，成为世界第二经济大国。这是党和国家带领全国各族人民共同努力，锐意改革进取，实践科学发展观，对经济体制和经济发展方式进行积极探索和创新所取得的巨大成就。但是，进入新世纪，世界经济发生了深刻的变化，市场经济的进一步发展和世界经济形势的变化，依靠投资大量人力、物力的粗放型发展模式已经不适合当今中国经济的发展。尽管中国经济仍然有很大的发展空间，但是可以预见在不久的将来，资源问题、资金问题、金融问题等一系列问题会更加突出。中国经济发展方式必须转型，才能适应现代经济发展的需要。

文化硅谷积极贯彻党中央关于转变经济发展方式的战略部署，努力开创一条全新的发展模式。文化创意产业不仅是我国经济发展方式转型的重要内容和不可缺少的产业形态，而且也是我国经济发展方式转型强大的动力支撑。文化硅谷代表着一种新的经济发展方式，它的成功转型经验将带动和促进国民经济各个行业的经济发展方式的转型和升级。并且，对世界经济的发展方式的转型也有重要的示范意义。因此，文化硅谷是引领中国和世界经济发展方式转型和升级的引擎。

四、文化硅谷的内涵

文化硅谷是文化、科技深度融合的、综合性的、创新型文化创意产业集聚区，它拥有自己独特的内涵和外延。

文化是一个非常广泛的概念。广义的讲，它包括人类在社会历史发展过程中，所创造的物质财富和精神财富的总和。由于其涵盖面非常广泛，所以又被称为大文化。狭义地讲，它是指包括宗教、信仰、风俗习惯、道德情操、学术思想、文学艺术、科学技术各种制度。狭义的文化是指人类历史活动中关于精神创造活动及其结果的部分，又称小文化。文化硅谷是大文化和小文化的重要组成部分，但并不是全部内容，同时它又区别于国家具有意识形态性的文化事业。所以，文化硅谷是文化的重要组成部分，是区别于具有国家意识形态的文化事业的文化产业。文化创意产业涵盖了九个相关行业，主要包含：文化艺术、新闻出版；广播、电视、电影；软件、网络及计算机服务；广告会展、艺术品交易；设计服务；旅游、休闲娱乐；其他辅助服务(文化用品、设备、产品的生产和销售)等九大行业。

根据国家统计局制定的文化及相关产业分类。文化产业基本上可分为三类,一是生产和销售以相对独立的固态形式呈现的文化产品的行业。如制作和销售图书、报刊、影视和音像制品行业。二是以劳务形式出现的文化服务行业,如戏剧舞蹈的演出,体育、娱乐、策划、旅游。三是像其他商品和行业提供文化附加值的行业。如装潢、装饰、形象设计、文化旅游等。

文化硅谷则是诸多文化创意产业的集聚区,是文化创意企业的集合体。文化硅谷从定性来说它是一个企业,它的发展举措是一种企业行为,带有市场化运作的特征。

五、文化硅谷的发展模式

文化硅谷是文化、科技和经济相融合所形成的一种新的经济运行体系。文化硅谷的重大意义是在于它所代表的是以发展速度适宜、经济效益显著、可持续发展为特征,以实现各参与主体共赢、实现社会共同富裕、构建和谐社会为目的的一种新的经济运行体系。新的经济运行体系包括新的发展模式、新的企业制度、新的商业模式和新的分配制度。

文化硅谷的发展模式的基本特征,是其资本构成由三种资本,即货币资本、知识资本和消费资本组成。换言之,是三种资本推动文化硅谷的建设,而不是唯一的一种资本。它将有效地化解以往依靠单一货币资本发展,所经常出现的资本短缺、创新乏力和消费萎缩等问题。

由于资本构成是由三种资本组成,因此文化硅谷解决自身发展所需要的资金总的思路是:(1)继续充实货币资本;(2)高度倚重知识资本;(3)大力开拓消费资本。

由于资本构成是三种资本,因此文化硅谷所采用的经济发展方式也是多元的。由单一的货币资本支持经济发展的传统发展方式,转化为货币资本和知识资本相结合的发展方式,再转化为“消费资本导向、知识资本创新、货币资本推动”的三种资本融合、联动的新型发展方式。这是全世界所有市场经济国家经济发展所必然遵循的总的趋势,是一条重要的经济发展规律,也是文化硅谷经济发展方式选择的方向。

(一)新企业制度

文化硅谷在实施过程中,还将建立起新的企业制度。货币资本所有者、公司员工、消费者为企业的发展,分别提供了生产资本、知识资本和消费资本三种资本动力。因此,应建立包括货币资本、知识资本和消费资本三种资本组成的“综合资本股份有限公司”。

文化硅谷通过组建由货币资本、知识资本和消费资本三种资本股东共同组成的“综合资本股份有限责任公司”,充分调动三种资本的作用和三种资本所有者的积极性,使三者的作用都能得到最大限度的发挥,三种资本共同推动企业发展,并使三种资本所有者的权益得到充分保障。

这种新型的企业制度,将结束1602年建立的单一货币资本股份有限公司以来四个世纪的历史,开辟企业发展历史的新纪元。

(二)新分配制度

文化硅谷的建设,将突破旧的传统的市场经济理论的束缚,在总结市场经济发展经验的基础上，尤其在总结我国市场经济发展经验的基础上，勇于探索，进行创新，建立新的公平的分配制度和分配格局。

文化硅谷倡导建立货币资本、知识资本和消费资本共同参与企业利润的分配。这种新的分配制度，将使企业家文化创意产品的生产者、管理者、消费者都获得应有的回报。文化硅谷建立由三种资本所有者共同参与企业利润分配的制度，将结束几个世纪以来不公平分配制度的历史，开创公平分配制度的新纪元。并对全社会实施新的公平分配制度，具有重要的示范意义。

(三)新商业模式

传统商业模式的基本特征，是消费者和商家买卖双方货款两清，便认为销售过程已经完结。新商业模式则认为，消费者的货款到了商家和厂家手里，大部分都进入了下一个经营过程和生产过程转化为资本，由消费者货款转化成资本也产生利润。明智的企业家把由消费者货款转化成资本产生的利润的一部分返给消费者，因此，买卖双方之间还有一个利润分配过程。商家与消费者利润共享，是新商业模式的基本特征。

新商业模式对消费者继续购买产品和服务的积极性是种巨大的激励，对消费者的消费能力也是重要的补充。因此，文化硅谷实行新商业模式，对于文化硅谷迅速扩大市场份额和补充自身扩大经营规模所需要的资金补充都具有十分重要的意义。

新商业模式在其实际运作过程中，将形成一个长期的、深层次合作的，甚至是互为股东、利润共享的、紧密型的利益共同体。企业在这一利益共同体中发挥核心作用，为各合作单位提供卓有成效的服务，给合作者带来显著的经济效益，同时也给本企业带来巨大的利润。

六、文化硅谷的意义和作用

(一)文化硅谷建设将推动文化创意产业在全国发展

文化硅谷将为文化创意产业的发展提供人才资源、技术资源、产品资源等一系列资源，推动文化创意产业在全国的大力发展。文化硅谷作为孵化基地，为文化创意企业提供高成功率的国际一流的文化创意项目和科技项目；文化硅谷作为文化创意产业教育和培训中心，它将为全国文化创意行业输入无数优秀的文化创意人才，将优秀的文化成果继承和传播出去；文化硅谷作为文化贸易平台，它将成为全国各地文化创意产品展示、推广、交流和交易中心；文化硅谷将为文化创意产业的发展提供重要的智力支撑。

(二)文化硅谷对增强中国的软实力和提升国民综合素质将发挥重要作用

我们必须从战略高度上深刻认识在新时期文化的重要地位和作用。文化是民族凝聚力和创造力的重要源泉，是综合国力竞争的重要因素，是经济社会发展的重要支撑。文化硅谷正是高度重视文化的重要地位和作用，通过文化创意产品，满足了广大群众日益增长的精神文化需求，其消费群体覆盖了青少年和老年人，其消费区域覆盖了从城市到农村，其多样化的市场定位，满足了不同阶层的消费群体，使他们能够感受到我国优秀的传统历史文化和先进的现代文化，弘扬了中华民族的传统文化，进而提升了国民综合素质，增强了我国的软实力。

其次，在西方文化对中国传统文化形成强烈冲击的形势下，文化硅谷的建设和文化创意产业的迅速发展，打造了承载中国优秀文化传统的文化产品，对西方文化的腐蚀形成一定的抵触。同时，也保护了中国传统文化和各个地方的地域文化的延续和发展，避免了这些优秀的文化传统和习俗在社会发展过程中的消失。

(三)引领和推动文化创意产业经济发展方式迅速转型

文化硅谷以适应新时期发展需要的新的经济学理论为指导，以个人的知识和技能即知识资本为企业发展的动力支撑，推动企业资本动力构成的升级，由传统经济发展方式注重货币和资源投入的方式转变为注重知识和技能等知识资本投入的经济发展模式。文化硅谷实现的新企业制度、新分配制度和新商业模式是新时期我国经济发展方式转型的重要选择。这种新的发展模式代表了一种新的经济运行体系，它改变了过去依靠单一货币资本、依靠资源的消耗来支撑经济发展的传统模式和建立在这种模式之上的经济运行体系，率先实现了经济发展方式转型和升级。同时，文化硅谷的成功经验，在其他行业也值得推广，为其他行业实现经济发展方式的转型和升级提供可借鉴的思路和模式。

(四)文化硅谷将以其发展模式的先进性、科学性、重大作用和光辉的业绩而被写入人类社会经济发展史的史册

中国改革开放30多年来，我国的经济发展取得了世界瞩目的成就，对世界经济的发展做出了巨大贡献。我国国际地位和影响力显著提高。西方很多有识之士认为中国是世界经济发展的引擎和火车头。多年来，我们经常讲中国要走向世界，现在的情况是世界各国正在走向中国，中国的经验正在受到世界各国的重视。过去，我们还经常说中国要和国际社会接轨。对于中国来说，北美、西欧、日本和其他国家是中国的国际社会；同样，对于北美、西欧、日本和其他国家来说，中国也是他们的国际社会。今天的中国是国际社会非常重要的组成部分。我们对世界性事务的话语权和影响力正在迅速增强。我们要改变长期以来在国际游戏规则面前，特别是在国际金融游戏规则面前，所处的被参与和被执行的地位。我们应该对西方国家在上个世纪制定的许多涉及世界性事务的体制和规则，包括国际金融关系规则，提出修订意见，甚至制定并提出新的更加科学和公正的规则，这样，我们就会从根本上改变我们在国际游戏规则面前所处的地位。我们就会由被参与者和被执行者转为规则的修订者和制定者，成为国际事务规则的主人。文化硅谷的成功建设，它将以它模式的先进性、科学性、重大作用和光辉业绩，而被载入人类社会经济发展史的史册。

第四十五篇

消费资本化理论与国企改革

2006年9月在北京《关于国企改革座谈会》上的讲话

【内容提要】 从1978年12月党的十一届三中全会以来，中国国企改革历史过程大至可分为五个阶段：①放权让利阶段(1979—1983年)；②利改税阶段(1983—1987年)；③承包责任制阶段(1987—1992)；④制度创新阶段(1992—2000年)；⑤建立现代企业制度(始于世纪之交)。

国企改革经历了从政策性调整到制度创新的转变，取得了一定的成就，但是在改革的各个阶段都遇到了难以解决的问题。主要问题：①所有者缺位导致"内部人控制"问题；②经济发展方式落后；③商业模式陈旧；④管理不科学。

建立在消费资本化理论基础上的新的市场经济理论，将对我国国企改革具有重大指导意义。在新的市场经济理论基础上，迅速实现国有企业经济发展方式转型，进入新的经济发展和运行体系时代。这将从根本上，解决国企的改革与发展问题。

一、我国国企改革历程回顾

从1978年12月党的十一届三中全会以来，中国的国企改革已走过了近29个年头，并且一直是经济体制改革中头等重要的大事，它不仅是经济学家们研究的样本和平台，更成为全社会关注讨论的热点。国企改革的成败关系到亿万百姓的切身利益，关系到中华民族能否复兴、能否崛起于世界民族之林。回顾二十多年的改革历程，我们可以将这段历史过程大至可分为5个阶段。

第一阶段放权让利阶段，即1979年至1983年，企业改革的重心是扩大自主权和实行各种形式的经济责任制。"减政放权、放权让利"，特别是扩大企业管理权限，允许并增大企业留利；第二阶段利改税阶段，即1983年至1987年，改革的主要内容是调整并规范企业和政府间的利益分配关系，同时开始对国有企业投资资金由过去的国家拨款改为企业向银行贷款的方式，改变国有企业固定资产投融资的机制；第三阶段承包责任制阶段，即1987年至1992年，改革的主要内容是全国实施各种形式的企业承包制，经两轮承包期至1992年末，我国大中型国有企业大都采取了承包制，与此同时在中央与地方财税体制上采取"包税制"。第四阶段制度创新阶段，即1992年至2000年，以邓小平同志南方谈话和中共十四大为标志，国企改革进入了“制度创新”的新阶段，创造性地提出，国企改革的方向是建立“产权清晰、权责明确、政企分开、管理科学”的现代企业制度；第五阶段始于世纪之交，中共中央、国务院对国企改革又提出了新的目标：用三年左右的时间，通过改革、改组、改造和加强管理，使大多数国有大中型企业摆脱困境；力争到本世纪末使大多数国有企业初步建立现代企业制度。

二、国企面临的问题及对现行解决措施的评析

国企改革经历了从政策性调整到制度创新的转变，取得了一定的成就，但是在改革的各个阶段都遇到了难以解决的问题。无论是政府、还是经济学界都在寻找解决问题的突破口，但收效甚微。时至今日，国有企业面临的形势仍然很严峻，国有企业经营效率低下，企业负债过度以及国有资产流失问题严重。主要问题可以归纳为以下几点：

(一)所有者缺位导致“内部人控制”问题

我国在实行国有企业公司制改造的过程中，内部人控制企业已是相当普遍的现象，由此导致的“内部人控制”问题已经到了非常严重的地步。“内部人控制”问题不仅仅是信息不对称等原因造成的，更重要的是由国有产权委托人不明确，即所谓的“所有者缺位”造成的。所谓“所有者缺位”是指国有资本由谁负责不确定，国有企业破产没有人承担责任。所有者缺位是国有企业市场化改革的难题，因为国有企业虽然存在着劳动所有者，但是，劳动所有者没有以生产主体的身份出现，也没有作为生产主体来管理或经营国有企业或公有制企业，而是由代理人来代替行使职权。例如，当管理者存在有明显的化公为私、损公肥私行为时，劳动所有者却不能有效制止；当国有企业或公有制企业发生亏损或效益滑坡时，劳动所有者不能及时更换管理人员，修订企业制度，使企业向好的方面转化等等。

我国经济学家们偏重通过管理层收购即 MBO 和管理层股权激励来解决这一问题。

1. 管理层收购(MBO)

MBO(Management Buy-Outs)，又称管理层收购。主要是指公司的经理层利用借贷所融资本或股权交易收购本公司的一种行为。通过收购使企业的经营者变成了企业的所有者。由于 MBO 在激励内部人员积极性、降低代理成本、改善企业经营状况等方面起到了积极作用，因而成为 20 世纪 70—80 年代流行于欧美国家的一种企业收购方式。我国 MBO 的起源可以追溯到上个世纪 80 年代后期，当时很多人认为 MBO 可以有效的降低企业代理成本，使所有者和经营者的身份合一，能够有效的激励管理者，并从根本上提高管理者的积极性。同时 MBO 为管理层提供充分的决策权，同时还能促进自我约束。但是在实践过程中，MBO 方式的缺点也是显而易见。

首先，MBO 方式导致国有资产大量流失。由于国有企业所有者长期缺位，缺乏统一的定价体系，为灰色操作与权力寻租提供了空间；从而导致 MBO 往往以低于真实水平的价格出售企业的资产来换取现金用于偿债和重新整合企业，这在很大程度上会造成国有资产被低估，国有资产贬值甚至流失。

其次，MBO 方式加剧社会分配不公和两极分化。国有企业实行 MBO，实际上是以廉价的形式将较大的企业卖给某些个人或者团体。在某些地方，政府以较低的价格将国有企

业的"产权"转卖给极少数个人或者私营企业，以期能提高效率，解决国企各种问题，结果却是培养了少数的大资本家，而且能够得到这些企业的人都是一些与有权势者有深厚关系的人。这种做法对我国经济和社会带来恶劣影响，最大的害处就是纯粹人为的制造大富翁，加剧社会财富分配的不平等和两级分化。

再次，管理层收购中，经营管理者所持股份具有类似于私有财产一样的世袭继承性。这一性质注定了MBO在企业发展中不可能具有长期性和延续性。如我国某著名国企1999年董事长在任时作了管理层收购的产权改革，其中，董事长个人持有15%，其它管理层持有10%，国家持有75%，到了2001年时，董事长因故离世，那么，这15%的股份的继承权是归给国家、企业还是下一任CEO？实则都不是，而是归给他的家庭，他的家人具有合法的继承权。这个典型案例中董事长在公司任职不长时间就使他个人及其家庭长此以往地拥有该企业15%股份的巨大财富是否公平合理先不说；更大的问题在于，接任者是否还应持有与前任董事长同样为15%的股份呢？这样，常此以往引发一系列问题都是MBO所不可能解决的。

所以，MBO的激励所产生的作用在客观上是有限的，而不是无限的，但它对我国国有企业改革造成的危害则是多方面的，如若我们一味的信奉MBO，难逃脱国企改革失败的命运，而且最终损害的是全体人民的利益，因此我们必须摒弃MBO这种改革模式。

2. 管理层股权激励

管理层股权激励机制是通过给予企业经营管理者一定比例的公司股份，使他们能够以股东的身份参与企业决策、分享利润、承担风险，从而勤勉尽责的为公司的长期发展服务。这是目前解决激励与约束问题的一种手段，就是如何充分发挥经营者的积极性，调动其最大潜能，并对其经营活动保证有效地约束。这个问题是股份制企业中存在的深层问题，很难解决。尽管在这方面都做出过各种努力，有的侧重于激励方面，有的侧重于约束方面，但问题并没有得到彻底解决，更为重要的是以往的管理层股权激励机制由于没有进行量化，对管理层激励没有既定的科学的标准，由此会引发诸如企业行为和经营者的短期行为等一系列问题。

(二)经济发展方式落后

我们考察国有企业资本的构成发现：国家为国有企业的建立、发展投入了大量资金，我们可以将之看作为生产资本；而在公司的运营过程中，各个岗位的员工尤其是专家和管理人员为公司技术的开发、知识的积累做出了不同程度的贡献，即为公司积累了大量的知识资本；而消费者尤其是大客户、大买家作为公司最终产品的购买者，作为消费资本使得国有企业的产品价值得以实现。所以，从国有企业资本构成的角度来看，国家——全体人民的代表、公司员工、公司的消费者为国有企业的发展分别提供了生产资本、知识资本和消费资本三种资本动力，共同创造国有企业财富。

而目前推动国有企业发展的模式已经落后。具体表现在：国有企业在发展过程中，只看到货币资本的作用，没有认识到、也就不可能充分利用知识资本和消费资本的作用，当其发展遇到困难时，首先想到的是充实货币资本，主要通过引进战略合作伙伴或通过海外上市来实现这一目标，而不知道通过挖掘自身潜力来解决这一问题，即通过高度依重知识资本、大力开拓消费资本来推动自身发展。国有企业在发展过程中只重视"输血"而不重视"造血"，这样不仅不能从根本上解决国有企业存在的问题，反而为国有企业的发展又带来了新的问题。

1. 导致国有资产被贱卖，外资从中赚取巨额利润

据一项市场统计，仅2006年，境外投资者在工、建、中、交等国有银行身上就净赚7500亿。由地方政府主导的股份制商业银行也未能逃脱低价“宿命”：2003年底，进入深发展的新桥以12.18亿元就掌控了一家总资产3800多亿元的银行董事会，当时连深发展员工都说，“如果政府允许，我们员工自己都可以掏出来”。以后，新桥在不到3年时间内在深发展上的账面利润已经超过100亿元。兴业银行引入恒生银行、IFC等三家境外战略投资者的入股价为2.7元，而以兴业近期的股价计算，仅恒生银行的账面收益就高达350亿。2004年平安香港上市前，通过定向增发进入的汇丰公司获得了超过1000亿元的账面利润。

2. 丧失民族品牌，导致无形资产流失

我国国有企业在引进战略合作伙伴时，不重视民族品牌，不重视品牌资产积累，丧失了自己的品牌。如广州肥皂厂的“洁花”、广州洁银牙膏厂的“洁银”……这些昔日的名牌现已逐渐被消费者淡忘，取而代之的是洋牌子“飘柔”、“高露洁”等；在我国有名的八大老牌饮料厂中，沈阳的“八王寺”、天津的“山海关”，皆被可口可乐、百事可乐等品牌取代。对于价值较大知名的中方品牌，外企一般通过巨额资金买断其使用权，据此控制中方品牌，再将其打入冷宫，消灭对手于无形。在20世纪90年代初，熊猫洗衣粉在中国市场一度叱咤风云，1994年与美国宝洁牵手，熊猫所在的北京日化二厂以品牌、厂房参股35%，宝洁以65%的股份控股合资公司。合资以后，作为控股方，宝洁着眼于高档洗衣粉市场，力推旗下的高档洗衣粉品牌汰渍和碧浪。而对熊猫的生产年年递减，如今，市场上到处可见汰渍和碧浪洗衣粉，却难觅熊猫洗衣粉的身影。

3. 对外资盲目崇拜，导致短视落入外资的圈套

我国国有企业在引进外资战略合作伙伴时，对自身的利益预期则仍存在相当大的模糊空间，对外资盲目崇拜；而且与外资企业相比，我国国有企业都是后来者、学习者，始终处于竞争弱势。这也就意味着，我国国有企业在并购中很容易落入少数外资的“规则陷阱”，保护自身利益的能力比较差。典型的例子是西北轴承与德国FAG公司并购案；西轴集团地处宁夏银川市，是大型国有骨干企业，产品中仅铁路轴承一项合资前就占全国市场的25%。2001年，西轴集团与FAG达成合作协议，德方以现金和技术投入，中方以原铁路轴承公司的设备、土地、厂房以及公司热处理分厂的精良设备和厂房投入，组建合资企业。中方占股份49%，德方占股份51%。合资后的前两年，FAG并没有对合资公司进行技术改造和有效管理，还架空了中方管理人员；第一年，合资公司亏损980万元；第二年，又亏损1300万元。连续两年亏损后，中方已没有能力继续增加投资。这时，德方立即出资买下中方剩下的49%股份，合资公司变成了德方独资公司。此后，产品(其实就是原西轴集团的产品)迅速通过了美国和英国认证，进入了国际市场，生产检验技术得到提升，公司开始盈利。

此案例中，中方具有德方急需的无形资产，但却缺少走出困境的资金。因此，在谈判中我方必须尽量高估无形资产价值、力争控制企业决策权，才能达到既能走出困境，又能保持原有的企业结构和生产体系的目的。而由于我方对外资的盲目崇拜，导致落入外资陷阱。

4.危及国家经济领域安全

发达国家在审查外资收购时所顾虑的远不止经济收益，他们都从更广义的角度，将企业看作国家竞争力、国家安全与人民福利的重要组成部分。中海油竞购尤尼科公司、联想收购IBM个人电脑业务于所在国引起的轩然大波。一系列事实表明，无论高举自由市场旗号的美国、提倡经济民族主义的法国还是其他发达国家，在审查外资收购时所顾虑的远不止经济收益，他们都从更广义的角度，将企业看作国家竞争力、国家安全与人民福利的重要组成部分。在许多时候，"自由市场竞争"只是优势一方借以获取更大经济利益的理论武器。

而外资战略伙伴在进入我国企业后，一些外资企业有意识地将中国企业控制在产业链低端，阻断中国企业的成长通道，瓦解中国企业的创新活力，"抹掉"中国的自主品牌及品牌背后的长期财富积累，减少中国企业通过产业升级分享更多利益的机会，使中国企业成为"外资车间"，丧失了独立生存与竞争的能力，不可避免地危害到了中国的经济安全。尤其是我国的银行业更应注意，因为金融是一个国家的经济命脉，如果外资掌控了我国金融业，那就更会危害国家经济安全。

(三)营销模式陈旧

我国国有企业所采用的营销模式是在营销实践中所采取的具体手段。它们没有摆脱旧的传统市场经济理论的束缚，主要有以下四大缺陷：

一是就营销本身谈营销，未能把营销过程置于市场经济大背景下来考察，忽视了营销的根本问题是市场经济条件和消费者根本利益问题，应从宏观经济的角度考虑和把握营销的发展问题。

二是在旧的传统的市场经济理论影响下，对于营销的发展，主要是从企业和企业产品、市场的一般需求和消费者的少许利益来思考，其实，仅仅做到这一步是不够的。

三是未能从企业自身经济发展模式转型的基础上看待营销。实际上经济发展方式的转型是营销模式转型的关键，以往营销模式和观念未能从经济发展方式高度看待营销，也就未能真正理解企业和消费者的关系。

四是传统营销模式导致"牛鞭效应"的负面影响。由于传统营销模式中间环节过多，信息传递失真，导致出现"牛鞭效应"的负面影响；即当供应链上的各级供应商根据来自其相邻的下游经销商的需求信息进行决策时，需求信息的不真实性沿着供应链逆流而上，产生逐级放大的现象。由于这种需求放大变异的影响人为的增大了上游企业的生产、供应、库存管理和市场营销风险，甚至会导致生产、管理、营销的混乱。

尤其要指出的是，国有企业长期以来受政府保护，由政府买单，所以其不存在真正意义上的营销。如今，国有企业纷纷改制，实现市场化运作，政府逐渐退出国有企业具体运作过程而更注重监管，所以国有企业必须实行营销模式创新，迅速占领市场份额，这样才能在激烈的市场竞争中获胜。

(四)管理不科学

管理不科学、管理水平低下，主要体现在以下几个方面：

一是薪酬制度不合理。主要体现在薪酬结构缺陷、激励不灵活以及竞争力不足三个方面。没有设置与个人绩效挂钩的可变薪酬或者比例过低。这样在员工的收入与实际劳动量关联度不高的情况下，员工会选择获得闲暇来增大自身效用，并最终引发企业低效率。

二是国有企业绩效考核体系不健全。主要体现在绩效考核指标缺乏量化标准，考核项目的主观性太强，这不仅影响了考核的客观性，还助长了与领导拉关系的不良习气。同时很多国有企业没有针对不同岗位或者不同类型的员工设计相应的绩效考核指标，而事实上企业内部有普通工人、技术工人和管理人员等完全从事不同工作类型的人员，这显然无法用同一指标对全员进行有效的具体考核。

三是国有企业高管流动性过大。市场竞争，实质上是企业之间的人才竞争。近年来国有企业人才流失尤为严重，已成为越来越不可忽视的问题。国务院国资委近期公布：据对53家中央骨干国有企业经营管理人才流动情况的调查统计，1998年以来，有71766人因各种原因离开企业，占同期接收高等院校毕业生的31%，占现有经营管理人才的10.8%。据中国社会调查事务所调查显示，在过去的五年里，被调查的企业共引入各类科技人才7831人，而流出的各类科技人才达5521人，流出引入比为71%；其中，北京、上海、广州三市由于外企、合资企业及有实力的集体、私营企业较多，国有企业人才流失现象更为严重，流出引入比达到89%；整个调查，流出引入比超过100%的企业占18.7%，超过50%不足100%的企业占42.5%。可见，从整体上看国有企业人才流失现象普遍而且严重。而从个案分析中我们更能看出人才流失的坚决性。东方通信股份有限公司流出人员占到总人数的10%；山海关船厂两年内已有20多人辞职，其中包括5名营销骨干，市场严重受损。孙昌基也深深感觉到中国银行人才流失的威胁，他透露说："中国银行近3年来辞职的职工多达4403人，其中62.4%的优秀人才被外资银行和其他金融机构挖走。"而中国人民银行的一项统计则表明，从1999年到2000年，四大国有商业银行有4.13万人辞职，其中绝大部分流向外资银行和其他金融机构。

最关键的还在于走的都是企业的骨干人才，包括中高级管理人才，来的都是新手，造成企业人才断档脱节，企业创新能力降低，发展速度低于其它非国有企业。

三、以消费资本化理论为基础的国企改革新举措

（一）国企改革的理论依据

国有企业之所以没有解决这些既往的问题，主要在于国有企业从思想根源上没有突破旧的理论束缚，还是以陈旧的、不符合时代要求的旧理论来指导改革实践；同时，国有企业缺乏创新精神，不能锐意进取。

我们提出建立在消费资本化理论基础上的新的市场经济理论，这对我国国企改革具有重大指导意义。消费资本化理论的核心内容，是将消费向生产领域和经营领域延伸。当消费者购买企业的产品时，生产厂家和商业企业应把消费者对本企业产品的采购视同是对本企业的投资，并按一定的时间间隔，把企业利润的一定比例返给消费者。此时消费者的购买行为，已不再是单纯的消费，他的消费行为同时变成了一种储蓄行为和参与企业生产的投资行为。于是消费者同时又是投资者，其消费转化为资本。

这实际上是把消费者从产品链的末端以投资者的身份提升到前端，使消费者在购买产品时，既能分享企业成长的成果，同时也为企业发展注入新的动力，使消费和投资有机结合，从而使买卖双方在这种条件下合二为一，完成消费转化为资本的过程。这样，消费作为一种

资本，它同货币资本、知识资本一样，成为企业和地方经济发展的直接动力。

以消费资本化理论为基础的新的市场经济理论，与传统的市场经济理论相比，具有两个最基本的特征：一是完整的市场经济资本构成是由货币资本、知识资本和消费资本三种资本构成；二是经济发展方式是由多种资本要素共同作用推动社会经济的发展。从而使市场经济的增长方式由单一的形式转化为多种增长方式，即货币资本和知识资本相结合的增长方式，以及“消费资本导向、知识资本创新、货币资本推动”的三种资本融合、三种资本联动的经济发展方式。

由单一的货币资本发展经济的传统增长方式，转化为货币资本和知识资本相结合的增长方式，再转化为三种资本联动的新型增长方式，是全世界各个市场经济国家经济发展的必然趋势，也是市场经济一条非常重要的经济发展规律。

在新的市场经济理论的引导下，我们就能够从一个更加宏观的角度来看待国企改革。从而在吸取传统国企改革做法的基础上，克服其理论缺陷和内在弊端，结合中国改革开放的经济实践有效实现本土化过程，更好的为中国以后的经济建设服务。

(二)实施改革的具体措施

1. 实现国有企业经济发展方式转型

传统的市场经济理论条件下，对于国有企业的探讨主要是从所有制结构、多元化股权结构、所有者缺位等思路来思考。其实，仅做到这一步是不够的，这种对所有制结构和股权结构的调整是在同一增长方式下的横向调整，它带来的是经济数量增长的延伸。而我们为国有企业改革所提出的经济发展方式调整是指推动经济发展的推动力构成的改变及其发挥作用形式的变化，是纵向调整。

我们考察国有企业资本的构成发现：国家为国有企业的建立和发展投入了大量资金，我们可以将之看作为生产资本；而在公司的运营过程中，各个岗位的员工尤其是专家和管理人员为公司技术的开发、知识的积累做出了不同程度的贡献，即为公司积累了大量的知识资本；而消费者尤其是大客户、大买家作为公司最终产品的购买者，作为消费资本使得国有企业的产品价值得以实现。所以，从国有企业资本构成的角度来看，国家——全体人民的代表、公司员工、公司的消费者为国有企业的发展分别提供了生产资本、知识资本和消费资本三种资本动力，成为创造国有企业财富的各个组成部分。

所以，国企改革应当综合考虑生产资本、知识资本和消费资本三种资本力量，建立“综合资本股份有限公司”。在“综合资本股份有限责任公司”中，三种股东——原始股东、员工股东、消费者股东分别代表了生产资本、知识资本和货币资本，将同时发挥作用，真正实现三种资本结合、三种资本联动共同推动企业的发展。三种股东形式分别如下：(1)生产资本股东。生产资本股东即原始股东为国有企业的创建、发展提供了必要的货币资金，使得企业的生产有了最初的资本来源，其重要地位不容忽视。目前我国国有企业生产资本所有者的角色应当由国务院国有资产管理委员会来担当，由这个职能部门代替国家行使生产资本所有者职权。(2)知识资本股东。知识资本股东即员工股东代表了知识资本的力量：公司不同岗位的员工都为公司知识的积累做出了自己的贡献，尤其是专家技术人员和管理人员。技术人员和专家通过改善经营方式提高了劳动生产率或者开发了新产品，成为企业竞争优势的重要来源；而管理人员优化了企业的资源配置，为企业的长远发展指明了方向，并通过有效组织企业的资源(包括有形资产和无形资产)使得企业能够在竞争中得以胜出。所以,专家和管理人员作为股东是对他们发挥出来的知识资本的肯定,也是对知识资本发挥作用的有效激励。(3)消费资本股东。国有企业应该把大客户、大买家吸收进来,按消费额度给与一定的股份,使其成为消费股东。消费股东是“综合资本股份有限公司”的重大特色,它不同于以往任何的企业制度;将消费者视为股东,真正将消费者从产品链的末端提到前端,使得消费者在消费过程的同时还能从企业的长期发展中获利。这是一种全新的视角,使生产和消费真正结合了起来,巨额消费资本的注入使得企业发展获得了不竭的动力。

建立综合资本股份有限责任公司的具体做法是,根据我国现在市场经济的发育程度和我国企业发展的实际情况实施知识资本股东和消费资本股东预留制。当前还是以货币资本为主,知识资本(高级管理人员、工程技术人员和生产业务骨干)和消费资本分别占一部分股份。新公司注册时,就把知识资本和消费资本按一定比例预留出来,然后在实际运营过程中逐步到位,这就给企业高级管理人员、工程技术人员、业务骨干、熟练工人和广大消费者有一个宝贵的参与企业利润分配的机会,这种多样化的股权结构不仅能加强对管理层的监督和管理,更能提高员工的工作积极性,还能激励消费者持续购买企业的产品,并真正的实现了投资主体的多元化,从纵向上实现股份制改造。

通过建立综合资本股份公司,使三种资本所有者的权益都得到保障,使三种资本的作用都能得到最大限度的发挥,这样推动国有企业经济发展的方式由单一货币资本推动转化为“消费资本导向、知识资本创新、货币资本推动”的三种资本融合、三种资本联动的经济发展方式;这样不仅能够解决国有企业资本短缺的问题,而且能够解决国有企业创新乏力和消费萎缩等问题。

2.实行建立在消费资本化理论基础上的创新营销模式

我们倡导国有企业实行以消费资本为导向的创新营销模式。它与迄今为止所有营销模式有着根本的区别,它克服了以往营销模式的缺陷,对指导未来经济实践的发展具有重大的现实意义。这种创新的营销模式的核心是把消费者对本企业产品的采购视同是对本企业的投资,并按一定的时间间隔,把企业利润的一定比例返给消费者。使消费者参与企业投资、分享企业发展成果,从而达到吸引消费者,实现消费资本化的目的。在这个过程中,消费者的购买行为,已经不再是单纯地为了获取商品满足偏好,他的消费行为同时变成了一种储蓄行为和参与企业生产的投资行为,这就可以在一定程度上消除买卖双方的对立,化解消费者和生产者之间的根本矛盾,从而使双方获益,达到消费者、生产者、经营者和全社会共赢的目的。这种创新的营销模式,真正将营销放在市场经济大背景下来考察,把握住了消费者的根本利益,使消费者能够积极、主动地消费,真正实现从生产到消费再到生产的完整循环。它的优势具体表现在以下几个方面:

一是消费资本化导向模式将强化销售渠道,克服“市场失灵现象”。实施消费资本化导向营销模式之后,国有企业直接和消费者对接,增加消费者对企业的认同度,其销售渠道将得到大大的强化,减少很多不必要的中间环节。这些做法可以在很大程度上减少“牛鞭效应”的负效应,克服“市场失灵现象”。

二是消费资本化导向模式将使消费者态度发生根本性转变,客户关系更容易维护。在消费资本化导向营销模式中,由于消费成为了资本,消费者成为了企业的主人,消费者将以主人翁的态度，积极的参与企业的运营，这不仅有利于维护稳定的客户关系，同时有利于开拓新客户，在新营销模式下，企业和消费者将获得一个十分稳定的合作关系，消费者倾向于同企业长期合作，而且把所有相关业务全部交给企业，无论是消费者还是企业，都能从这种合作中得到最大的利益。

三是消费资本化导向模式将大幅度降低业务风险和业务成本。在消费资本化导向营销模式下，在充分调动消费资本的积极性的基础上，随着消费者对产品的了解程度的加强，企业将会更容易推出自己的产品，同时企业不再过多的利用中间环节，减少了销售成本和繁杂的渠道维护费用，而且可以大大降低企业为进行宣传而支付的宣传费用。

四是消费资本化导向营销模式将有利于改善企业形象。在消费资本化导向营销模式下，由于消费者成为了企业的主人翁，与企业形成了利益共同体，消费者同生产者的对立得到了根本的化解，此时，企业形象的塑造将不再由企业自身单独完成，而是由企业和消费者共同完成，这将使企业树立形象的难度大大降低，最终有利于打造国有企业民族品牌。

3.实行建立在知识资本基础上的长效激励机制

关于国有企业中存在的激励和约束问题，大多数经济学家、管理学家只是从管理的角度来探讨这一问题，虽然也涌现出大量的激励理论，但不足以解决根源问题。

而在以消费资本化理论为基础的新的经济运行体系下，知识资本是支撑企业成长的三大资本之一。我们应当从资本的高度来探讨知识资本在员工激励中发挥的重要作用，建立以知识资本为基础的长效激励机制，作为激励员工的动力和源泉。中层以上的管理人员，特别是高级管理人员和科技工作者，以及利用自己的智慧和才干做出突出贡献的业务骨干，是知识资本的载体和知识资本的所有者。他们所拥有的知识资本是企业总资本的一个重要组成部分。将高级管理人员、科技人员和业务骨干所承载的知识资本记入个人的知识资本账户，使之成为企业的知识资本股东，根据知识资本账户的余额占总资本的比例来分配利润，分享企业长期发展的成果。

以前员工只能作为基层的劳动者，而在知识资本长效激励机制之下，他们可以分享企业长期发展的成果，逐渐成为企业的主人。在这种激励机制下，员工产生一定的回报预期，在很大程度上，激发员工的工作热情，彻底改变了被动的工作态度，使员工活跃起来，具有了积极性和主动性。

而且以往国有企业存在的人才流动现象也将由于知识资本长效激励机制的作用而得以解决。由于企业的高管、科技工作者成为企业的股东，参与企业利润分配，将使他们自觉提升业务水平，不断追求工作的完美和高效，提升了企业整体的绩效水平，促进了组织结构的优化，提高了企业的凝聚力。

同时知识资本长效激励机制，可以加强员工对企业的忠诚度。随着企业的发展，员工知识资本账户余额不断增加，他所承载的知识资本在企业总资本中的比例也在不断扩大，主人翁意识加强，他对企业的忠诚度也在不断提升。

与管理层股权激励、MBO等国有企业改革措施相比，知识资本长效激励机制显然在解决国有企业根本性问题方面更具有科学性，因为它不但有效解决了委托—代理问题，而且量化界定了知识资本。特别是目前我们已经开始对知识资本量化进行研究，这对于今后经济学理论的发展具有不可估计的重大作用，它将解决世界一大难题，从根本意义上解决以往的激励与约束问题。

(三)运用消费资本化理论解决国企问题的重大意义

消费资本化理论是我国新的市场经济理论的创新,它将对我国国有企业改革、甚至是世界范围内企业改革形成巨大的示范作用。它的广泛运用将为国有企业改革形成以下几大作用。

1.协调各方利益、构建和谐社会

国有企业在我国国民经济发展中处于主导地位,它除了具有一般意义企业盈利的目的之外,还承担着更多的社会责任。国有企业综合利用三种资本建立股份有限公司并实行新的企业制度,不仅能够充分发挥货币资本、知识资本、消费资本的作用,而且保护三种资本的所有者的权益,从而从根本上解决社会利润分配不公的问题。这样在解决企业自身发展的同时还兼顾解决就业、分配不公等诸多社会问题。这一切都有利于营造良好的社会秩序和经济秩序,为构建社会主义和谐社会打下良好的基础。

2.改变企业"引资"观念

以往国有企业在对外招商引资过程中只注重注入货币资本,这对于扩大企业规模是有一定意义的。但同时也存在弊端,一方面过度引入外资会使国有企业的主权削弱,另一方面仅注入货币资本带有输血的性质,它不是内生要素,不是从内生角度来解决发展问题,这种仅靠单一货币资本强化对外招商引资局限性。如果我们不仅仅考虑货币资本,同时考虑知识资本和消费资本,将知识股份和消费股份都纳入招商引资范围,不仅"引资"还"引智",这将产生裂变效应,三种资本将以百倍、甚至千倍的效应推动国有企业发展进程,这对于国有企业发展有着更为重要的作用。

3.增强国有企业自身发展的竞争力

三种资本融合推动国有企业改革对于国企自身将产生以下四方面的影响:

首先,消费资本化可以为国有企业带来规模经济效应。这主要体现在范围经济和地域经济两个方面,用消费资本化理论综合三种资本发展经济,不仅重视货币资本,而且吸纳知识资本和消费资本可以数倍的扩大企业规模,这种理论和实践上的创新,不仅从范围上而且从地域上造成影响,使国有企业迅速占领并且扩大市场份额,在同外资企业、民营企业竞争中处于优势地位。

其次,消费资本化可以带来消费聚拢效应。当国有企业通过消费资本化将消费者作为本企业一位投资人和成员时,消费者也从另一端做着同样的思考,对企业的经营和发展保持长期的关注。若以此为基础,企业再通过优质的产品、细致周到的服务将更多的消费者吸引过来,在消费者心目中奠定信誉良好的企业形象,并逐步加强互动联系,用诚意和周到的服务来培养消费者忠诚度,国有企业的发展将得到消费聚拢效应的大力推动。

再次是人员稳定效应。国有企业通过实行建立在知识资本基础上的长效激励机制,对工作满一定年限或达到一定要求员工可以以知识股东的身份参与企业税后利润的分配,这很大程度上可以有效的发挥员工积极性,使国有企业员工流失问题大大减少;同时对员工的各项考核指标量化,从企业内部形成一种客观的评价标准,这样会更大的激发员工的工作热情,从而提高国有企业长期以来工作效率不高的问题。

第四,资本沉淀效应。企业的发展离不开资本,或者说在短期内,资本是企业发展最重要的决定因素。而消费资本化的一个重要功能就是为企业创造出一个十分庞大的资本存量。以往国有企业解决资金的问题很大程度上依靠政府拨款，或者凭借自身特殊身份从银行获得贷款，而运用消费资本化理论之后，可供国有企业运用的将是三种资本，如果我们能看到这部分资本存量效应，尤其是消费资本的巨大存量效应，那么随着消费规模的扩大，这个沉淀下来的资本存量将以几何级数递增，企业的发展因此而得到了另一个渠道的资金支持。

最后，市场压力效应。消费资本化使国有企业在获得货币资本、知识资本等市场动力的同时，也受到更多的具有建设性的市场压力。在这种市场压力下，国有企业最终会在提高产品质量和降低生产成本方面，在人力资源、薪酬改革方面，甚至在产权改革、现代企业制度建设方面发生根本性的变革。

四、总结

综上所述，本篇对国有企业采取消费资本化理论的具体改革措施作了论述，我们旨在为我国的国企改革找到一条切实可行的道路。旧的市场经济理论已经伴随旧的经济运行体系进入终结时期，新时期我们必须用新的市场经济理论来指导我们的实践，如果我们继续沿用旧的经济理论来诠释今天的经济、指导今天的发展，那将会延误今后的发展，甚至会使经济发展走回头路。在我国国企改革历经近30年的今天，我们势必要勇于创新，用适合我国国情的、中国原创的经济理论来指导我国的国企改革。国企改革最根本的问题在于西方市场经济适用理论与我国具体国情的碰撞，这更加要求我们用自己原创的理论来践行包括国有企业在内的经济体制改革，只有这样，我国改革的道路才会越来越顺畅。

第四十六篇
消费资本化理论与民企改革

在江苏淮阴市《民企改革与发展高峰论坛》上的讲话

【内容提要】 我国民营企业目前发展形势存在的普遍问题是同质化和无差别状态。这种同质化和无差别状态主要表现在“你做什么，我也做什么；你怎么做，我也怎么做”。而企业自身的个性和独有的优势没有得到体现，被淹没在市场经济的汪洋大海之中，在激烈的市场竞争中难以胜出。这种同质化、无差别状态的深层次原因是观念上的同质化、无差别，缺乏创新、缺乏创新思路、缺乏创新举措。我国民营企业家必须从根本上改变这一形势。

中国民营企业家必须清楚看到，民营企业原有优势正在淡化、正在消失。比如，以前总是说民营企业机制灵活。但是，随着全国经济体制改革的深化、其它类别企业的机制也已很灵活，机制灵活不再是民营企业的独有优势。再如，以前总是说民营企业产品成本低。但是，随着其它企业不断地进行技术革新，加大产品的科技含量，其产品成本也已不高，这也不再是民营企业独有优势。

事实上，民营企业原有的弊端日益凸现。从我国民营企业成长的历程看，改革开放之初的民营企业大多是在计划经济与市场经济的制度缝隙中发展起来的。由于受当时创业环境和制度因素的影响，企业成功与企业主个人魅力、创业精神有很大关系。此外，大多数民营企业依靠个人出资或志同道合的同仁自愿组合而成，由此决定了当时企业的管理模式是以个人为中心、以亲情为主导。创业者的个人魅力与感召力成为企业凝聚力的主要来源。由此可见，当时民营企业管理模式的特点是：决策非程序化、管理非制度化、执行非理性化。但，转轨期企业的成长更多来自外部机会，企业内部管理的滞后对企业成长的影响尚不明显，从而掩盖了民营企业的固有缺陷。

随着知识经济时代的来临和世界经济一体化的发展，我国企业面临着国际竞争和建立现代企业制度的双重挑战。此时，企业的发展壮大更加依赖科学技术和掌握科技知识的人才和管理人才。于是，民营企业原有的管理弊端日益暴露并阻碍企业的进一步发展。根据对民营企业人力资源管理现状的分析。得出有关民营企业的管理问题有：一是企业规模扩大与管理能力不足的矛盾凸显；二是产权不明导致“内部人”控制现象严重；三是决策随意性与企业理性决策的矛盾等等。这些矛盾又集中体现在企业内部人力资源管理上，尤其是企业的激励机制上。

尽管大多数民营企业已经初步建立起一套内部激励机制，但激励效果并不理想，其负面作用极大地影响了团队和个人的工作积极性和创造性，这已经上升成为现代企业管理的首要问题。主要反映在以下几个方面：一是很多企业在确定薪酬水平之前，没有进行科学的论证和分析，没有确定岗位的真正价值，从而导致在评价员工对企业贡献时，没有科学公平的依据，很多不公平的现象也由此产生。二是在管理者收入结构中，没有建立长期激励与短期激励相结合的激励机制。这也在一定程度上挫伤了管理者的积极性，引发了很多管理者的短期行为，损害了公司的长远利益。三是薪酬体系与绩效管理体系脱钩，员工的努力得不到应有的回报。四是绩效指标体系设计不科学，不符合企业实际。五是大多数企业在绩效考核实施过程中，评价也缺乏公平与科学，"平均主义大锅饭"、"好好先生"的现象比比皆是。六是部分企业的绩效考核结果并没有得到有效应用，导致绩效管理缺乏严肃性，绩效考核劳而无功。

针对民营企业目前存在的问题，我们依据消费资本化理论提出塑造民营企业核心竞争力主要包括以下三点：新经济发展方式、新商业模式和新企业制度。

一、建立新的新经济发展方式

在传统的经济发展模式下，企业家主要是依靠自身的原始资本积累和银行贷款来支持企业的经济发展，从而获得利益。这种增长方式虽然可使企业获得一定程度的发展，但是随着社会经济和科学技术的进步，已经显现出其局限性和不充分性，这种局限性和不充分性主要表现在经常会出现资本短缺、创新乏力和消费萎缩等问题。因此，民营企业要想获得发展，必须转变其经济发展方式，摒弃旧的经济发展方式，运用新的经济发展方式推动其自身发展。民营企业必须由单一的货币资本发展经济的传统增长方式，转化为货币资本和知识资本相结合的增长方式，再转化为"消费资本导向、知识资本创新、货币资本推动"的三种资本融合、三种资本联动的新型增长方式。新经济发展方式不仅是全世界各市场经济国家经济发展实践所必然遵循的趋势，也是民营企业塑造核心竞争力的非常重要的内容。

这就从根本上解决了民营企业经济发展动力升级的问题，为民营企业增加资金投入，扩大企业规模提供了强有力的发展条件。使民营企业具备了核心的竞争力，而且还保证了民营企业内部资本的平衡和协调，充分的并保证民营企业的平稳发展。

二、创新商业模式

进入新世纪，市场经济已经完成由卖方市场向买方市场的过渡。它标志着市场经济由卖方（厂家、商家）占主导地位的时代已经结束。以买方（消费者）占主导地位、买方（消费者）同卖方（厂家、商家）平等合作的时代已经开始。适应卖方市场时期的的商业模式已经陈旧，新时期需要提出创新的商业模式推动市场经济发展。

因此民营企业要想获得发展，要想迅速扩大自己的市场份额，必须实施创新商业模式。新的商业模式与旧的商业模式不同。

在创新商业模式下，商品交易过程完成之后，生产厂家和商业企业应把消费者对本企业产品的采购视同是对本企业的投资，并按一定的时间间隔，把企业利润的一定比例返还给消费者。

这一举措是新的商业模式重大的创新变革，由于消费者对本企业产品的采购不仅能满足自身的消费需求，而且他的消费行为同时变成了一种投资行为，可以参与企业的利润分享；因此，对于消费者的购买积极性是一个巨大的激励。它对于商家、厂家迅速扩大市场份额和补充企业自身扩大经营和扩大再生产所需要的资金补充具有重大意义。

三、建立新的企业制度

民营企业新的企业制度包括股权制度和激励机制两方面内容。

（一）新股权制度

在新的市场经济环境中，推动企业发展的是三种资本—货币资本、知识资本和消费资本。因此需要建立"综合资本股份有限公司"，实现企业股份多元化的投资模式。这种"综合资本股份有限公司"作为全新的企业制度，综合考虑了货币资本、知识资本和消费资本三种资本力量，从根本上改造传统的股份制模式。在"综合资本股份有限责任公司"中，三种股东—原始股东、员工股东、消费者股东分别代表了货币资本、知识资本和消费资本，将同时发挥作用，真正实现三种资本结合和三种资本联动共同推动企业的发展。

（二）建立知识资本长效激励机制

尽管大多数民营企业家都非常重视人力资源，但现实条件下民营企业却面临着严重的人才危机和信任危机。民营企业要保持市场竞争力，就必须拥有一支精通企业经营的团结合作的企业管理团队、科研开发团队和熟悉市场并能开拓市场的营销团队。为此，要必须实施建立在以知识资本为基础上的长效激励机制。

知识资本长效激励机制的主要内容是：确认企业中层以上的管理人员，特别是高级管理人员和科技工作者，以及利用自己的智慧和才干做出突出贡献的业务骨干，是知识资本的载体和知识资本的所有者。他们所拥有的知识资本是企业总资本的一个重要组成部分。将高级管理人员、科技人员和业务骨干所承载的知识资本记入个人的知识资本账户，使之成为企业的知识资本股东，根据知识资本账户的余额占总资本的比例来分配利润，分享企业长期发展的成果。

在这种激励机制下，员工抱有一定的回报预期，会在很大程度上激发员工的工作热情，调动员工工作的积极性和主动性。此外，知识资本长效激励机制会激励员工自觉地提升业务水平，不断追求业绩和工作的高效，从而提升了企业整体的绩效水平，促进了组织结构的优化，增强了企业凝聚力。

同时知识资本长效激励机制，还可以加强员工对企业的忠诚度。随着企业的发展，员工知识资本账户余额不断增加，他所承载的知识资本在企业总资本中的比例也在不断扩大，主人翁意识加强，忠诚度也在不断提升，从而避免了人才流失。

总之，从新经济发展方式、新商业模式和新企业制度三个方面建立的企业核心竞争力，将会使民营企业真正具备了竞争优势。

第四十七篇

关于石油产业发展的新观点

2008年6月25日在《北京能源发展战略研讨会》上的发言

【内容提要】 我国对石油产业发展的研究应迅速转到战略和战术研究并重的层面上来，而不为近年来石油价格的飙升所迷惑和左右。

中国石油企业一定要加快经济发展方式转型，企业要逐步由“资源依存型”过渡为“科技依存型”，积极探索新的知识资本管理体制和新的激励机制。

目前，世界各国对石油产业发展的研究大都十分重视近期的、战术方面的研究，而在一定程度上忽视了对石油产业发展趋势的研究，对该产业长期的、战略方面的研究尚显不足。加强对石油产业战略的研究是世界各国石油企业，特别是我国石油企业的迫切需要。战略研究和战术研究并不矛盾，二者是相辅相成的。实行战略和战术并重，不仅可使我们的研究具有前瞻性，而且它对于世界各国以及石油企业的发展定位、投资决策、研发方向和对策研究都具有重大意义。

因此，我国对石油产业发展的研究应迅速转到战略和战术研究并重的层面上来。唯有如此，才会为石油产业发展的趋势和对策提供科学分析的基础，使我们对石油产业的发展有一个清晰的、符合实际的、科学的分析，而不为近年来石油价格的飙升所迷惑和左右。

我们在对石油企业进行战略研究时，必须对当前的国际政治环境以及石油行业今后发展所依存的大的市场背景进行分析。

二次世界大战后，特别是进入二十一世纪后，和平和经济发展成为当今世界的两大主旋律。各国人民对战争表现出十分强烈的反对和憎恶心理。因此，这种舆论的力量也有利于抑制军事和政治因素对石油产业作用的影响。世界发展的总的趋势是趋向和平与高度关注经济发展。军事和战争的显著地位将逐渐被削弱。因此，石油作为军事战略物资的用途逐渐被削弱，被运用到维护和平发展的趋势日益加强。这一点对石油企业的发展定位是十分重要的。

进入新世纪以来，世界经济的发展发生了深刻的变化，各大产业的发展都呈现出崭新的特征，石油产业也不例外。石油产业发展经济背景的新特征将对石油产业的发展产生深远的影响。

第一，市场经济已经完成了由卖方市场向买方市场的过渡。在卖方市场，生产起到主导作用，特别像石油这种稀缺的不可再生资源，由于它关系国家经济发展的命脉，因此在产品单一、储量有限的情况下，石油生产国和输出国在价格上就有很大的发言权，容易出现垄断。但是，市场经济发展规律是以铁的必然性向前贯彻，不以任何个人的意志和其他力量为转移。目前，石油价格飙升的现象是政治、军事等垄断因素造成的，这种垄断因素是对经济因素作用的抑制，导致价格背离了价值，并不是正常的价格。但是，当市场经济进入买方市场发展阶段的时候，消费对生产和经济的发展将起到主导作用，消费者即买方对石油的生产和价格的作用日益凸显。这一点是不容忽视的。

第二，国民经济知识化程度越来越高，每个经济元素的知识和科技含量越来越大，石油产业也不例外。在这种条件下，知识和科技对石油产业和石油价格的影响日益凸显。举例来说，目前全球面临资源、环境和节能减排的巨大挑战，发达国家正在大力开发可再生能源技术，加速由化石能源向低碳能源转化，以期在激烈的市场竞争中处于主动地位。据不完全统计，除传统常规能源（石油、天然气、煤）外，世界各国对新能源的研发力度日益加大，新能源产品层出不穷、不胜枚举，如：核能、风能、水电、矿物质和生物质能、太阳能、地热能等。以高效、洁净、低碳排放为标志的"低碳经济"发展正如火如荼。美国、德国、日本等发达国家，由于较早进行研发投入，在研究替代燃料及推广新能源方面已有一批新成果，而且这些新成果已被广泛应用在国民经济的各个行业，如在汽车运输业，利用太阳能和生物能驱动汽车的做法已不罕见。以上种种形式不容忽视。换言之，随着科技水平的提高和新能源、替代能源的开发面市，目前由政治和军事等因素决定的垄断现象将逐步被削弱，甚至将逐步被打破，市场自由竞争的势头将得到强化，从而影响石油价格的经济因素的作用将日益凸显。

根据上述两个特征，在今后一、二十年甚至更长的时间里，从战略分析的角度看，石油的价格不会出现大起大落的现象，将回归到由经济要素决定的正常状态。

由此看来，石油企业一定要重视今后面临的形势，认真思考并提出相应的对策。

第一，企业一定要拥有自己的专家智囊团。整合能源、外交、经济等各方面的专家学者共同参与自身战略的研究，实行战略和战术研究并重，使企业发展的定位、投资决策、研发方向和对策研究都具有一定的战略高度和前瞻性。

第二，树立大能源观。在继续勘探和开发石油产品、增加石油产量的同时，还应大力研发新能源、可替代能源和其他能源，从而形成可持续发展的后备优势。

第三，企业要逐步由"资源依存型"过渡为"科技依存型"。要充分重视知识和科技对石油企业的推动作用，大大提高研发费用在收入中的百分比，力争高于行业平均水平，以形成自己的技术优势，从而在经济全球化的大背景下立于不败之地。

在未来，科技依存型企业将更具生命力和活力，将引领和主导未来的石油市场。例如：在二十世纪八十年代，壳牌公司把赌注押在墨西哥湾的深水勘探上，并通过开发必要的开采技术与设备在那里成了早期的领先者。目前，一些小型公司正在推动着全球创新的步伐，它们致力于开发在石油、生物科技、清洁燃料发电（比如利用生物能源）及煤炭液化科技等各方面的关键技术。随着这些科技逐渐成熟，大型的公司将被吸引过来，在其投资组合方案中或者收购这些创新公司，或者同它们建立联盟。比如，一家生物科技公司 Iogen 正在同荷兰皇家壳牌公司（Royal Dutch/Shell）及大众汽车公司（Volkswagen）合作研究以产业规模生产纤维素酒精的经济可行性。麦肯锡的一项研究表明，未来能够开采中东地区以外技术难度大的能源储备的企业将脱颖而出。需关注的主要领域包括:开发能承受常年冰冻压力的高效开采设备,设计能在海底分离石油、天然气和水的可靠技术(或者能把海上油井的材料运到几百英里外岸上分离工厂的设备)。

第四,探索新的知识资本管理体制和新的激励机制。知识资本是指企业的员工(包括管理人员和技术人员)在工作期间,其知识总量释放出来的部分现值。在未来十年,一个全球性的人才战略将变得同当今的全球采购或生产战略一样重要,成为企业领导特别关注的问题。

决定成功与否的一个关键性因素将是吸引和留住优秀人才,他具有很强的项目执行能力,更能够解决复杂的技术问题,并能够很好地平衡在项目执行过程中出现的商业和政治因素的影响。例如:在石油行业,石油工程师及开发工程师的需求将出现巨大的缺口,其数量在未来十年估计要翻一番。储备探测专家和商业经济人士也会变得非常抢手。

长期以来,企业面临货币资本和知识资本并存的局面,两种资本对企业发展都发挥了重大作用。但是,很多企业只根据货币资本进行利润分配,对知识资本的管理没有纳入到管理体系中。由于没有管理好知识资本,知识资本的作用没有得到很好的发挥,给企业带来诸多问题。比如:高级管理人员、科技人员跳槽现象十分普遍,造成人才流失,科技成果流失、顾客流失、市场流失,严重影响了企业组织结构的稳定,员工工作积极性不高,缺乏对企业的责任心和忠诚度,造成企业创新乏力并直接削弱市场竞争力。企业现有的股票期权激励机制在其执行过程中极易出现扭曲现象,奖金和分红的激励机制由于不能科学地、客观地测算员工对企业的实际价值,无法给予合理的激励,这些激励机制在实施过程中表现出模糊性,收效甚微。

再者,《劳动合同法》提出了更为自由的流动原则,这将会在一定程度上弱化企业和员工之间由劳动合同形成的相互制约关系,就是说,单靠劳动合同不能完全保证队伍稳定和员工积极性的充分发挥。最近,东航云南分公司部分航线集体返航、青岛海尔集团部分高级管理人员集体请辞等事件接连发生,这也不能不引起石油企业领导人的深思。

因此,从长远来看,企业为了设计好人才战略,就要探索新的知识资本管理体制和新的激励机制。

第四十八篇

关于中国房地产业发展升级的建议

——2008年6月21日在《2008中国房地产品牌战略高层论坛》上的讲话

【内容提要】 目前，我国房地产市场经过近十年的繁荣后又走入新的调整期，这也是在市场规律作用下，一个产业走向成熟的必经之路。房地产企业的重组整合将进一步提高市场集中度。

我国房地产业应尽快实现经济发展方式转型，提升企业管理水平，实行创新商业模式。

一、我国房地产业发展潜力巨大

改革开放以来，特别是1998年进一步深化城市住房制度改革以来，中国的房地产业稳步快速发展，已经成为国民经济的重要支柱产业，为中国经济的持续健康协调发展，为改善城镇居民住房条件做出了巨大的贡献。中国的城镇人均住房面积已由1978年的人均6.7平方米，提高到今天的27平方米以上。在这里说明一下，为了避免引起误会，我们统计是指城市户籍常住人口作为基数。住宅质量有了明显的提高，人居环境显著提升。从总体上来看，我国走过了住房严重短缺的时代，正朝着更加注重改善人居环境和节约资源的阶段发展。

然而，根据建设部提供的资料，上世纪90年代初，发达国家的人均住房建筑面积是：美国60平方米，英国38平方米，德国38平方米，法国37平方米，日本31平方米。通过对不同收入国家居住水平的分析，低收入国家人均住房建筑面积8平方米；中低收入国家17.6平方米；中等收入国家20.1平方米；中高收入国家29.3平方米，高收入国家46.6平方米。世界各国的经验表明，在人均住房面积达到30至35平方米之前，会保持比较旺盛的住房需求。并且，我国每年新增加1200多万人口，加上我国还处于加快城市化进程中，每年有大量农村居民涌入城市。因此，住房需求缺口很大，我国房地产业的发展潜力巨大。

二、我国房地产产业升级的必然性

从西方发达国家的房地产业发展历程来看，都有着周期性规律。而我国短短20几年的房地产发展过程其周期性也特别明显，即房地产业总是从萧条走向繁荣，而房地产市场一般不会永远持续繁荣,它总是与经济增长质量、增长速度、市场需求及购买力联系在一起,并在高潮期以后进入调整期,在调整中酝酿新的高潮。

新中国成立以来,房地产业的三次重大发展均出现在改革开放以后的近 20 年,每次都呈现 6—8 年的周期性规律。第一次高涨期起始于 80 年代初期,长期以来人们梦寐以求的住房问题开始得到关注,机关、企事业单位开始兴建职工住宅,并以福利形式分配给员工,这种解困式的住宅大多数建造于本单位周边的空闲土地上,虽然没有现在小区的规模与环境,但总量相当巨大。这些房产至今仍然是城镇中等收入群体的主要居所。第二次高涨期起始于 1988 年《宪法》和《土地管理法》修改之后,土地使用权可以有偿转让,使房地产作为商品流通有了法律依据,这股蕴藏的住房需求在邓小平同志南巡讲话后爆发出来。当时房地产热点地区主要集中于经济发达的南部沿海城市,例如,海南、广州、珠海、北海等,而房地产类型也集中于写字楼、宾馆、酒店及别墅,其销售对象主要是当时如雨后春笋般出现的各类公司和旅游度假等社会需求。这一特殊的高涨阶段由于盲目圈地、盲目开发、盲目投资、价格炒作,而于 1993 年上半年落下帷幕。第三个高涨期起始于 1998 年国家住房制度改革。停止福利分配住房实行货币化住房补贴,彻底改变了人们的住房消费观念,有效拉动了社会需求。特别是东南亚金融危机以后,国家清醒地认识了中国房地产长期低价运行,市场尚未开发的现实,采取了启动和扩大内需,推进住宅建设的政策,从而刺激了住宅消费,带动了国民经济的持续快速发展。

目前,我国房地产市场经过近十年的繁荣后又走入新的调整期,这也是在市场规律作用下,一个产业走向成熟的必经之路。

首先,房地产企业的重组整合将进一步提高市场集中度。目前,万科等行业巨头所占市场份额不过 1%,而美国大型地产商的市场份额可达 4.5%。目前,我国大小房企有将近 6 万家,资源过于分散,使用效率难以提高。比如,在很多房地产企业中,人才是一块短板,尤其是新进入的企业更容易患上严重的"人才饥渴"症。行业洗牌将逼出大量具备行业经验的各类人才,恰好为拥有资金、管理等优势的业外企业弥补人才短板提供契机。此外,新进入的企业都是经历了本行业拼杀脱颖而出的,它们将为房地产业引入更先进的企业管理理念和营销理念。同时,竞争的加剧也将促进商品房品质和物业服务质量的提升。无论是市场集中度的提高,企业管理素质的提升,还是市场价格的理性回归,这些都是一个行业再上一个台阶的标志,房地产企业的洗牌势必推动房地产业的升级。

三、房地产企业在产业升级中的具体举措

房地产企业想要在这次洗牌中脱颖而出,必须做好以下几方面的工作,一是实现经济增长方式转型,二是提升企业管理水平,三是实施营销模式转型。实施改革的理论依据和具体措施如下:

(一)改革的理论依据

我们提出建立在消费资本化理论基础上的新的市场经济理论,这对房地产企业改革具有重大指导意义。消费资本化理论的核心内容,是将消费向生产领域和经营领域延伸。当消费者购买企业的产品时,生产厂家和商业企业应把消费者对本企业产品的采购视同是对

本企业的投资，并按一定的时间间隔，把企业利润的一定比例返给消费者。此时消费者的购买行为，已不再是单纯的消费，他的消费行为同时变成了一种储蓄行为和参与企业生产的投资行为。于是消费者同时又是投资者，其消费转化为资本。

这实际上是把消费者从产品链的末端以投资者的身份提升到前端，使消费者在购买产品时，既能分享企业成长的成果，同时也为企业发展注入新的动力，使消费和投资有机结合，从而使买卖双方在这种条件下合二为一，完成消费转化为资本的过程。这样，消费作为一种资本，它同货币资本、知识资本一样，成为企业和地方经济发展的直接动力。

我们可以看到，以消费资本化理论为基础的新的市场经济理论，与传统的市场经济理论相比，具有两个最基本的特征：一是完整的市场经济资本构成是由货币资本、知识资本和消费资本三种资本构成；二是经济发展方式是由多种资本要素共同作用推动社会经济的发展。从而使市场经济的增长方式由单一的形式转化为多种增长方式，即货币资本和知识资本相结合的增长方式，以及“消费资本导向、知识资本创新、货币资本推动”的三种资本融合、三种资本联动的经济发展方式。

本理论认为由单一的货币资本发展经济的传统增长方式，转化为货币资本和知识资本相结合的增长方式，再转化为三种资本联动的新型增长方式，是全世界各个市场经济国家经济发展的必然趋势，也是市场经济一条非常重要的经济发展规律。

在新的市场经济理论的引导下，我们就能够从一个更加宏观的角度来看待房地产企业改革。

(二)改革的具体举措

1.实现企业经济发展方式转型

企业的发展主要依靠资金、人才和消费者对企业产品的购买；资金和人才是解决企业生产的问题，而消费者对企业产品的购买可以解决企业销售问题，这也是企业生产的最终目的。在消费资本化理论框架下，资金代表着货币资本，人才代表着知识资本，而消费者的采购代表着消费资本；换句话说，一个企业要想获得充分发展，要在激烈的市场竞争中存活下来，必须充分依靠和发挥这三种资本的力量。

而在传统的经济发展模式下，企业家主要是依靠自身的原始资本积累和银行贷款来支持企业的经营活动，从而获得利益。这种增长方式虽然可使企业获得一定程度的发展，但是随着社会经济和科学技术的进一步发展，已经显现出其局限性和不充分性，这种局限性和不充分性主要表现在经常会出现资本短缺、创新乏力和消费萎缩等问题。因此，房地产企业要想获得发展，必须转变其经济发展方式，摒弃旧的经济发展方式，运用新的经济发展方式推动其自身发展。房地产企业需要由单一的货币资本发展经济的传统增长方式，转化为货币资本和知识资本相结合的增长方式，再转化为“消费资本导向、知识资本创新、货币资本推动”的三种资本融合、三种资本联动的新型增长方式。新经济发展方式不仅是全世界各市场经济国家经济发展实践所必然遵循的趋势，也是房地产企业核心竞争力塑造的一条非常重要的经济发展规律。

这就从本质上解决了房地产企业推动力的作用。为房地产企业增加融资，扩大企业规模提供了理论基础。而且还保证了房地产企业内部资本的平衡和协调，充分的保证了房地产企业的平稳发展，同时使企业具备了核心的竞争力，在竞争中立于不败之地。

2. 实行建立在消费资本化理论基础上的创新营销模式

我们倡导以消费资本为导向的创新营销模式。它与迄今为止所有营销模式有着根本的区别，它克服了以往营销模式的缺陷，对指导未来经济实践的发展具有重大的现实意义。这种创新的营销模式的核心是：把消费者对本企业产品的采购视同是对本企业的投资，并按一定的时间间隔，把企业利润的一定比例返给消费者。使消费者参与企业投资、分享企业发展成果，从而达到吸引消费者，实现消费资本化的目的。在这个过程中，消费者的购买行为，已经不再是单纯地为了获取商品满足偏好，他的消费行为同时变成了一种储蓄行为和参与企业生产的投资行为，这就可以在一定程度上消除买卖双方的对立，化解消费者和生产者之间的根本矛盾，从而使双方获益，达到消费者、生产者、经营者和全社会共赢的目的。这种创新的营销模式，真正将营销放在市场经济大背景下来考察，把握住了消费者的根本利益，使消费者能够积极、主动地消费，真正实现从生产到消费再到生产的完整循环。它的优势具体表现在以下几个方面：

第一，消费资本化导向模式将强化销售渠道克服"市场失灵现象"。实施消费资本化导向营销模式之后，企业直接和消费者对接，增加消费者对企业的认同度，其销售渠道将得到大大的强化，这些做法可以在很大程度上减少"牛鞭效应"的负效应，克服"市场失灵现象"。

第二，消费资本化导向模式将使消费者态度发生根本性转变，客户关系更容易维护。在消费资本化导向营销模式中，由于消费成为了资本，消费者成为了企业的主人，消费者将以主人翁的态度，积极的参与企业的运营，这不仅有利于维护稳定的客户关系，同时有利于开拓新客户，在新营销模式下，企业和消费者将获得一个十分稳定的合作关系，消费者倾向于同企业长期合作，而且把所有相关业务全部交给企业，无论是消费者还是企业，都能从这种合作中得到最大的利益。

第三，消费资本化导向模式将大幅度降低业务风险和业务成本。在消费资本化导向营销模式下，在充分调动消费资本积极性的基础上，随着消费者对产品的了解程度的加强，企业将会更容易推出自己的产品，同时企业不再过多的利用中间环节，减少了销售成本和繁杂的渠道维护费用，而且可以大大降低企业为进行宣传而支付的宣传费用。

第四，消费资本化导向营销模式将有利于改善企业形象。在消费资本化导向营销模式下，由于消费者成为了企业的主人翁，与企业形成了利益共同体，消费者同生产者的对立得到了根本的化解，此时，企业形象的塑造将不再由企业自身单独完成，而是由企业和消费者共同完成，这将使企业树立形象的难度大大降低，最终有利于树立企业品牌。

3. 实行建立在知识资本量化基础上的长效激励机制

关于企业中存在的激励和约束问题，大多数经济学家、管理学家只是从管理的角度来探讨这一问题，虽然也涌现出大量的激励理论，但不足以解决根源问题。

而在以消费资本化理论为基础的新的经济运行体系下，知识资本是支撑企业成长的三大资本之一。我们应当从资本的高度来探讨知识资本在员工激励中发挥的重要作用，建立以知识资本为基础的长效激励机制，作为激励员工的动力和源泉。中层以上的管理人员，特别是高级管理人员和科技工作者，以及利用自己的智慧和才干做出突出贡献的业务骨干，是知识资本的载体和知识资本的所有者。他们所拥有的知识资本是企业总资本的一个重要组成部分。将高级管理人员、科技人员和业务骨干所承载的知识资本记入个人的知识资本账户，使之成为企业的知识资本股东，根据知识资本账户的余额占总资本的比例来分配利润，分享企业长期发展的成果。

以前员工只能作为基层的劳动者，而在知识资本长效激励机制之下，他们可以分享企业长期发展的成果，逐渐成为企业的主人。在这种激励机制下，员工产生一定的回报预期，在很大程度上，激发员工的工作热情，彻底改变了被动的工作态度，使员工活跃起来，具有了积极性和主动性。

而且以往企业存在的人才流动现象也将由于知识资本长效激励机制的作用而得以解决。由于企业的高管、科技工作者成为企业的股东，参与企业利润分配，将使他们自觉提升业务水平，不断追求工作的完美和高效，提升了企业整体的绩效水平，促进了组织结构的优化，提高了企业的凝聚力。

同时知识资本长效激励机制，可以加强员工对企业的忠诚度。随着企业的发展，员工知识资本账户余额不断增加，他所承载的知识资本在企业总资本中的比例也在不断扩大，主人翁意识加强，他对企业的忠诚度也在不断提升。

与管理层股权激励等改革措施相比，知识资本长效激励机制不但有效解决了委托—代理问题，而且量化界定了知识资本。特别是目前我们已经开始对知识资本量化进行研究，这对于今后经济学理论的发展具有不可估计的重大作用，它将彻底解决企业员工的薪资报酬等基本上靠领导“拍脑壳”决定的历史，从而建立清晰的、科学的薪酬体系。

对房地产企业采取社会主义新市场经济理论的具体改革措施，旨在为我国的房地产企业改革找到一条切实可行的道路。旧的市场经济理论已经伴随旧的经济运行体系进入终结时期，新时期我们必须用新的市场经济理论来指导我们的实践，如果我们继续沿用旧的经济理论来诠释今天经济、指导今天的发展，那将会延误今后的发展，甚至会使经济发展走回头路。我们要勇于创新，用适合我国国情的、中国原创的经济理论来指导我国的房地产企业改革。

第四十九篇

消费资本化理论与我国财政政策改革

2008年8月在北京《关于财政改革的座谈会》上的讲话

【内容提要】 对我国财政政策的改革，很多学者从推进税收制度改革、完善分税制和转移支付、调整和优化财政结构、由积极财政政策转换为中性财政政策等方面做了研究和阐述，虽然对我国财政政策的改革和完善起到了积极的作用，但还是在传统的理论框架下进行研究和分析，并不能从根本上解决我国财政政策所存在的问题。

以消费资本化理论为基础改革我国的财政政策，为我国财政政策提供一种全新的发展模式：一是把政府的采购看成是对被采购企业的投资，参与被采购企业的利润分成；二是在政府投资支出上要大力开拓消费资本，高度依重知识资本，以提高财政投资效力，促使经济可持续发展；三是建立税收养老金制度，体现社会主义税收“取之于民，用之于民”的思想。

一、我国财政政策的现状及存在的问题

(一)我国财政政策发展历程及现状

从计划经济时代的生产建设型财政发展到市场经济体制下的公共财政，我国财政制度的转变与国家发展战略的转变有着密切关系。

50年代初，我国开始推行重工业优先发展战略，由此形成包括财政体制在内的高度集中统一的计划体制。当时百废待兴，国家需要集中财力建立工业体系，因此采取了“低工资、高积累”的政策，中央财政收入占国民收入的比重相对较高，这样便于国家集中财力物力以较短的时间建立起完整的国民经济体系；建国40余年来，国家财政有力的支持了工业、农业、交通等各项事业的发展，在建立社会主义物质基础方面发挥了巨大的威力。然而，随着经济的发展，中央计划管理层直接管理、控制大量企业将十分困难，监督费用太高，因此只好下放企业和财权。这种分权导致原来的产业、企业、地区之间通过中央计划当局进行的经济联系被削弱许多，原有的资源计划配置机制被打乱。由此造成各地区内部的产业和企业生产链条中断，形成短缺经济。因此，短缺经济并不是社会主义的必然特征，而是计划体制下的地区分权造成的。

改革开放以来，我国财政体制改革放弃了重工业优先发展战略，实行财政体制的公共财政化。由于国际和国内经济形式的变化以及东南亚金融危机的影响，我国自1998年开始启

动积极财政政策，以扩大内需，促进经济快速健康发展，积极财政政策的提法在全球颇具创造性，国际上通行的说法是扩张性的财政政策，当时的财政部部长项怀诚解释说，国人可能不太适应扩张性的说法，换之以积极的财政政策的提法可能更适合中国的国情。这种积极的财政政策主要内容就是通过发行国债，支持国家的重大基础设施建设，以此来拉动经济增长。其目的在于：在有效需求严重不足的情况下，由政府直接安排投资，把部分居民储蓄转化为投资，通过乘数效应促使经济回升，同时通过国债投资的扩张，引导、激活和启动民间投资，形成民间投资持续的增长机制。1998 年实施积极财政政策当年就增发国债 1000 亿元，国债投资带动了万亿元的基础设施投资，由此拉动 GDP 增长 2.5 个百分点。这为克服亚洲金融危机的影响，推动经济的持续较快发展立下了汗马功劳，中国也成为当年亚洲地区惟一保持较高增长速度的国家。为了继续保持经济的较快发展，从 1999 年至 2001 年，中国每年增发国债都在 500 亿元以上，南水北调、西电东送、西部大开发等跨世纪工程也得以启动。不仅如此，通过实施积极的财政政策，平均每年增加就业岗位 120 万—160 万个，截至 2003 年，6 年间共增加就业 700 万—1000 万人，为促进社会稳定也做出了重大贡献。但是，近两年来，我国经济运行已进入新一轮快速、稳定增长期，民间、地方政府投资能力迅速扩大，我国投资总量的增幅过大，同时货币供应量增长偏快，物价上升，通货膨胀压力加大，如果继续实施积极财政政策，将形成逆向调节并加大经济健康运行的风险和阻力。

自实施积极的财政政策以来，中国预算赤字一直处于较快上升之中，从 1997 年底的 582.42 亿元增至 2005 年底的 2280.99 亿元，增长近 4 倍。赤字率（财政赤字占 GDP 的比重）已经由 1997 年的 0.74%迅速增至 2002 年的 2.6%，到 2005 年这一数值有所下降是 1.2%，但如果再考虑到数额较大的隐性债务，财政的赤字率实际上还要高得多。实施积极财政政策期间，仅发行的长期建设国债就达 9100 亿元之巨，累积的财政风险愈益加大，其可持续性愈益令人关注。财政风险已然显现。目前凭证式国债发行出现"淡市"现象，表明扩张性财政政策日益接近极限，若继续实施积极的财政政策，不排除爆发财政危机的可能性。

（二）我国财政政策存在的主要问题

1. 我国实施的积极财政政策的主要缺陷

我国实施的积极财政政策是以凯恩斯经济学为理论基础的，凯恩斯经济理论产生于资本主义经济大危机的年代，他认为，资本主义出现经济危机的原因是需求不足，商品过剩，生产下降，企业裁员产生失业。为了解决这些问题，需要政府用财政政策刺激需求使之增加，因为只有需求增加才会推动经济增长。我国为了治理 1998 年开始的经济紧缩，连续 7 年采取了一系列的积极财政政策。当理论界和政策制定者们还在为财政政策拉动经济增长几个百分点、后续的发债空间有多大而研究和探讨时，2004 年以来，我国局部经济过热已经形成，并且极有可能发生通货膨胀。

我国实施的以凯恩斯理论为基础的财政政策虽然在应对亚洲金融危机、拉动经济增长、刺激投资需求等方面取得了巨大的成效。但却有其致命的缺陷；主要表现如下：

一是推动经济发展的源动力过于单一。认为经济发展主要是靠货币资本这一单一资本形态推动的；这种单一依靠扩大生产资本投入来推动经济发展的方式，虽然可使经济有一定程度的发展，但是随着社会经济和科学技术的进一步发展，已经显现出其局限性和不充分性，主要表现在依靠货币资本这个单一要素发展经济，会经常出现资本短缺、创新乏力和消费萎缩等问题。我国的积极财政政策正是以这种发展方式为基础的，因此导致我国面临财政风险（财政赤字过大和债务负担率过大）、部分行业产生过度投资压力和通货膨胀压力。

二是财政政策效力低下。当前，关于财政政策运用失当的讨论中，“积极财政政策”应否“淡出”成了一个热点。相当一部分专家认为积极财政政策运用过度，不仅未能打通储蓄—投资（民间投资）的主渠道，而且使财政支出不断扩张为经济进一步增长的必要条件，积极财政政策短期内难以真正淡出，同时也影响到了经济自主发展能力的有效恢复。

以凯恩斯理论为基础的财政政策也是避免经济波动的相机抉择的财政政策，然而我国财政政策的运用，不但没有熨平经济波动，反而使经济“骤冷骤热，大起大落”，如 1988 年的反通胀，“反出”1989 和 1990 年的经济衰退；1993 的反通胀，“反出”1998 年的通货紧缩，而 1998 年的反通胀，“反出”2004 年的局部经济过热，财政政策不得不急剧转向而始终无法“安全平稳”退出。

三是没有从内因方面挖掘需求潜力。在扩大需求方面，我国财政政策不是从消费者本身入手，而是以减少税收等手段来刺激需求，这是通过外界因素对消费者的刺激，而不是挖掘消费者本身的消费动力。在这种措施之下，消费者的消费是被动的，而不是主动的，而且不能从根本上解决投资和消费之间的对立；因此这种刺激作用是有限的。

2. 我国税收方面的主要问题

税收是国家参与国民收入分配最主要、最规范的形式，具有强制性、无偿性、固定性的特点，筹集财政收入稳定可靠。我国的税收收入已占到财政收入的 95%左右，是财政收入最主要的来源。目前，我国的纳税体系存在诸多问题，比如纳税服务理念落后、税务系统内部还未能建立协调高效的运行机制、信息化服务形式和渠道相对单一、缺少统一规范的纳税服务考核机制、税务中介服务有待深化、纳税服务法律体系不完善等问题，但最重要的问题是纳税服务理念落后，没有体现出社会主义税收“取之于民，用之于民”的性质。纳税服务理念落后主要表现在两个方面：

一是纳税人理念落后。本身作为处于相对弱势地位的纳税人，由于其自身的文化水平和对纳税人的权利缺乏了解，因此缺乏要求税务机关提供完善的纳税服务的自觉意识，期望值不高。这直接导致税务机关在提供纳税服务的过程中缺乏监督。

二是税务干部服务理念落后。我国的宪法规定了公民有依法纳税的义务，却忽视了对公民在缴税过程中应当享受的权利，从而导致税务干部服务理念落后，自身定位不准。主要表现在：①长期以来，税务机关不同程度地存在着“官本位”意识，一些地方的税务机关和税务干部对征纳税关系的认知局限于管理与被管理，监督与被监督的层面。这种权力意识本位化直接带来的是服务举措“本位化”。在当前的纳税服务体系中，税务机关是纳税服务的主体和主导，服务举措是更多地倾向于便于管理的角度建立的。严格地说，这是一种管理的体系，而不是一种真正意义上的服务体系。②忽视了纳税人的需求，使得纳税服务“供求不对路”，纳税人需要的项目没有被列入服务重点。③纳税服务未能遵从纳税人自愿的原则，而以税务机关管理需要为出发点。

二、以消费资本化理论为基础改革我国财政政策

对我国财政政策的改革，很多学者从推进税收制度改革、完善分税制和转移支付、调整

和优化财政结构、由积极财政政策转换为中性财政政策等方面做了研究和阐述，虽然对我国财政政策的改革和完善起到了积极的作用，但还是在传统的理论框架下进行研究和分析，并不能从根本上解决我国财政政策所存在的问题。因此，我们建议以消费资本化理论为基础改革我国的财政政策。

(一)消费资本化理论简述

消费资本化理论的核心内容，是将消费向生产领域和经营领域延伸。当消费者购买企业的产品时，生产厂家和商业企业应把消费者对本企业产品的采购视同是对本企业的投资，并按一定的时间间隔，把企业利润的一定比例返给消费者。此时消费者的购买行为，已不再是单纯的消费，他的消费行为同时变成了一种储蓄行为和参与企业生产的投资行为。于是消费者同时又是投资者，其消费转化为投资。

这实际上是把消费者从生产链的末端以投资者的身份提升到前端，使消费者在购买产品时，既能分享企业成长的成果，同时也为企业发展注入新的动力，使消费和投资有机结合，从而使买卖双方在这种条件下合二为一，完成消费转化为资本的过程。这样，消费作为一种资本，它同货币资本、知识资本一样，成为企业和地方经济发展的直接动力。

我们可以看到，以消费资本化理论为基础的新的市场经济理论，与传统的市场经济理论相比，具有两个最基本的特征：一是完整的市场经济资本构成是由货币资本、知识资本和消费资本三种资本构成；二是经济发展方式是由多种资本要素共同作用推动社会经济的发展。从而使市场经济的发展方式由单一的形式转化为多种发展方式，即货币资本和知识资本相结合的发展方式，以及“消费资本导向、知识资本创新、货币资本推动”的三种资本融合、三种资本联动的经济发展方式。

由单一的货币资本发展经济的传统发展方式，转化为货币资本和知识资本相结合的发展方式，再转化为三种资本联动的新型发展方式，是全世界各个市场经济国家经济发展的必然趋势，也是市场经济一条非常重要的经济发展规律。

(二)对我国财政政策改革的具体措施

1.实现经济发展方式转型

一般来说，一个国家的经济发展是由三大需求推动的，即最终消费支出、投资需求和出口需求。而传统经济发展模式只是重视货币资本的作用，认为主要是靠加大货币资本投入来推动经济发展的，因此没有有效利用知识资本的作用，而完全忽视了消费资本的存在，反映在财政政策上，就是一味扩大财政支出，导致了投资与消费的矛盾，最直接的宏观后果是，GDP中能够用于国民分配的数量长期相对压缩。这也部分地解释了，为什么扩大内需的政策很多，效果却并不明显。一旦投资形成的供给不能被消费所吸收，产品的积压和生产过剩是不可避免的，经济就潜在着大起大落的风险。因此，只有成功地扩大消费需求，才能扩大投资需求和提高投资效率。

目前，我国经济发展的主要约束已经由短缺时代的资源供给约束转变为市场需求约束，决定生产规模和投资规模的主要因素变为市场需求规模。从社会再生产来看，投资需求不过是中间需求，只有消费需求才是真正的最后需求，消费需求的规模扩大和结构升级才是经济增长的根本动力。从表1可以看出，消费需求对我国GDP的贡献率(即最终消费年新增加额占GDP年新增加额的比重)是三大需求(消费需求、投资需求和净出口需求)中份额最大的部分。它虽然没有投资需求和出口需求变化那样活跃，但它是对经济增长影响惯性最大的部分，也是国家经济稳定发展的重要保障。

表1 三大需求因素对GDP的贡献率(单位:%)

年份	最终消费支出	资本形成总额	货物或服务净出口	年份	最终消费支出	资本形成总额	货物或服务净出口
1991	65.1	24.3	10.5	1999	76.8	52.8	−29.6
1992	72.5	34.2	−6.7	2000	63.8	21.7	14.4
1993	59.5	78.6	−38.1	2001	50.0	50.1	−0.1
1994	30.2	43.8	25.9	2002	43.6	48.8	7.6
1995	44.7	55.0	0.3	2003	35.3	63.7	1.0
1996	60.1	34.3	5.6	2004	38.7	55.3	6.1
1997	37.0	−7.4	70.4	2005	36.1	38.1	25.8
1998	57.1	29.3	13.6				

资料来源:《2006年中国统计年鉴》。

为促进经济的可持续增长，我国应该坚持走“刺激消费、拉动内需”的发展道路。因此，我国的财政政策应树立新的经济发展模式，由单一货币资本推动的经济发展模式转变为“消费资本导向、知识资本创新、货币资本推动”的三种资本融合、三种资本联动的经济发展方式。具体措施为：

第一，在政府采购方面，把政府对企业的采购视为对被采购企业的一种投资。

我国现行的政府采购主要实行由各个政府使用部门分散采购的体制。一方面不利于预算资金的有效使用和监督管理以及国家宏观政策的统一和协调，另一方面也不能实现集中采购的规模效益；重复采购、过度采购现象突出，且由于采购物品分属不同部门，不能在使用部门之间调节余缺，造成极大的采购浪费；不能进行专业采购，采购效率低下，既造成有限的采购资金的浪费，又不能很好地满足使用部门的要求。

根据消费资本化理论，政府采购也是一种消费，政府是特殊的消费者；而且它的消费数额巨大，据有关方面测算，近年，我国政府采购日均金额已达20亿元，年政府采购总额7200多亿元。我国政府通过公开招标统一采购，寻求政府长期合作伙伴，把政府采购看成是对企业的一种投资，参与企业的利润分配，一年7000多亿的政府采购部分金额作为对被采购企业的一种投资，参与企业的利润分配。这种采购模式的优势主要有以下三点：①由于政府采用公开招标和统一采购，并且采购费用的一部分看作是对被采购企业的投资，要参与企业的利润分配，这样就可以减少和避免灰色操作；而且节省了监管成本。②通过与企业建立长期稳定合作关系，省去很多中间环节，提高了采购效率；③通过参与企业利润分配，提高政府采购资金的使用效率。

第二，在政府投资支出上要大力开拓消费资本、高度依重知识资本。

在传统的市场经济理论体系下，我们增加政府财政支出，仅仅看到它作为货币资本的作用，这样一是限制了它作用的发挥；二是资本额度是有限的，不可能无限制的扩大支出。而在我们提倡的以消费资本化理论为基础的新的经济运行体系下，由于不仅重视货币资本的作用，而且重视知识资本和消费资本的作用。通过对知识资本的有效利用，可以使货币资本的作用得到倍增，通过大力开发消费资本的作用可以解决市场萎缩问题。

在以消费资本化理论为基础的财政政策下，政府在建设项目投资支出时，一是必须重视开发知识资本，二是必须重视消费资本。这种政府投资模式的优势主要体现在以下几个方面：①通过高度重视知识资本，可以提高资金的使用效率。可以通过对政府投资进行科学规划，降低项目建设的社会成本；比如电力、邮电、自来水、燃气等部门都要使用地下管道。过去，由于各自为政，许多城市每年都需要挖开大小上百条路，挖了填、填了又挖。这种重复建设一方面增加了基础设施整体建设成本，另一方面又影响了城市交通、环卫和市政管理，是城市建设和管理的一大难题。如果我们能够高度重视知识资本，政府对地下管网进行统一规划，统一施工，统一管理。这样就能避免重复建设和一些不必要的费用支付，可以数倍的扩大政府投资资金的作用。②通过大力开发消费资本，可以解决政府投资资金短缺和需求萎缩等问题。比如在上面举的例子中，政府应考虑从共同使用地下管道的有关行业中，筹集一笔共同基金，组建地下管网公司，这样投资项目部分资金可以通过开发消费资本取得。这不仅在理论上可行，现实生活中已经有这样的事例。比如在北京的平谷区，在市政建设方面，他们通过哪个企业投资建设道路，道路以该企业命名；哪个企业投资建设城市广场，在政府的统一规划下拥有该广场的广告牌位使用权等等，通过大力开发消费资本来建设城市。

总之，这样不仅解决了地方政府对国家财政拨款等、靠、要的思想，还可以使国家的财政支出最大限度的发挥作用，在三种资本共同的推动下，使经济得到有效的、可持续的发展。

2.为纳税人建立税收养老金账户

我国传统的税收政策，只是作为宏观调控的一种手段，没有体现出以人为本的思想，这样一是造成税收部门工作人员的官本位思想，二是滋生大量的逃税漏税现象。在以消费资本化理论为基础的税收政策下，我们提倡税收部门是为纳税人服务的，谁缴税谁受益。为纳税人建立税收养老金账户。

纳税人缴纳的税金可以看作是纳税人对国家的投资，把税金的部分金额作为纳税人的养老金记入纳税人的税收养老金账户中，当纳税人缴税达到一定期限后，比如在纳税人到50岁或者60岁以后，纳税人可以从国家领取固定的收益，这跟投保人缴纳保险有点类似。这种新的税收模式的主要优势有：

第一，符合社会主义社会税收“取之于民，用之于民”的本质，真正体现以人为本的思想。

第二，由于纳税是对国家的投资，纳税人纳税也相当于缴纳养老保险金，可以从中受益；因此能提高纳税人的纳税积极性，减少和避免逃税、漏税现象。

第三，可以填补社保基金缺口；为构建资金来源多元化的有中国特色的社会保障体系提供了资金来源渠道。

第四，可以在一定程度上消除纳税人和税务部门双方的对立，化解纳税人和税务部门之间的根本矛盾，从而使双方获益，达到纳税人、税务部门和全社会共盈的目的。

三、财政政策新模式实施的意义

（一）有利于逐步化解累积的财政风险

积极的财政政策持续7年来，期间仅发行的长期建设国债就达到9100亿元之巨，国债余额已经超过 26000 亿元，累积的财政风险愈益加大。而财政政策新模式的实施，由于不仅重视货币资本的作用，还充分重视、利用知识资本和消费资本的作用，可以加倍扩大财政投资的效力，减少财政投资数额，逐步化解累积的财政风险。

（二）有利于抑制部分行业过度投资和通货膨胀压力

2003 年下半年以来，全社会固定资产投资快速增长，投资增长过快对原材料及交通、煤、电、油、运等方面造成了相当大的压力。农业特别是粮食生产连续多年减产，粮价逐步攀升，带动了居民消费品价格的明显上升，此外由国债投资及其配套贷款所引发的货币贷款增长过猛所形成的通胀压力增大。因此财政政策新模式通过国债投资的适度调整，从而抑制对生产资料及投资品的市场需求，并为减少货币供应量和抑制通胀提供宽松条件。

（三）完善社会保障体系

社会保障制度是社会的“稳定器”、“安全阀”。因此要花大力气加快完善我国社会保障制度和体系的建设，建立完善、规范的社会保障资金收缴体系，制定与经济发展水平以及各方面承受能力相适应的社会保障标准，实现社会保障对象管理和服务的社会化；通过建立税收养老金制度，可以填补社保基金缺口；为构建独立于企事业单位之外的、资金来源多元化的有中国特色的社会保障体系提供了资金来源渠道。

（四）为构建社会主义和谐社会提供前提条件

构建社会主义和谐社会旨在形成全体人民各尽其能、各得其所而又和谐相处的局面，实现经济和社会协调发展。实现这一目标，必须注重发挥财政的调控功能，改革财政体制，从宏观上控制社会需求，调节社会分配，促进社会协调发展；调整财政政策，合理引导社会资金的流量和流向，推进社会资产重组，实现效率与公平同步、并举；强化财政监管，通过优化资金运用，把财政职能渗透到社会进步中去，尊重客观规律，促进经济发展、财政增收，社会和谐发展，增强公共服务功能，健全社会保障体系，促进经济发展方式转变。

四、结论

在我国市场经济高速发展的今天，势必要勇于创新；我们要坚决摒弃以凯恩斯理论为基础的财政政策，用适合我国国情的、中国原创的经济理论来指导我国财政政策。我国实施的积极财政政策的主要问题在于：不仅未能打通储蓄—投资（民间投资）的主渠道，而且使财政支出不断扩张内生为经济进一步增长的必要条件，积极财政政策短期内难以真正淡出，同时也影响到了经济自主发展能力的有效恢复。面临这些问题，我们以消费资本化理论为基础，为我国财政政策提供一种全新的发展模式：一是把政府的采购看成是对被采购企业的投资，参与被采购企业的利润分成；二是在政府投资支出上要大力开拓消费资本，高度依重知识资本，以提高财政投资效力，促使经济可持续发展；三是建立税收养老金制度，体现社会主义税收“取之于民，用之于民”的思想。总之，这种发展模式不仅从本质上解决了我国实施积极财政问题中出现的问题，还为弥补以往财政政策理论研究的缺失，深化和丰富财政政策理论提供了新的研究视角。

第五十篇

关于我国商业银行金融体制改革的建议

2007年4月在《新疆金融改革座谈会》上的讲话

【内容提要】 我国商业银行经过多年的改革与发展，虽然取得了很大的成就，但我国商业银行业正处于任重而道远的调整和改革之中，在经营过程中仍存在诸多问题。比如盈利能力低、不良贷款比率高、资本充足率低等问题，但最根本的问题还是传统经营模式存在着很大的弊端。

我们建议银行实行“储蓄即投资，储户即股东”的金融体制深化改革；具体来说，当居民把存款存到银行的时候，银行在吸纳存款的同时，应该为每个储户建立一个储蓄投资账户，银行应该把居民储蓄的一定比例作为对银行的投资，这部分储蓄投资参与银行年度利润分红。

2006年12月11日以来，中国入世5年保护期结束，中国金融业已全面开放，中国商业银行必将面临更为激烈的国际竞争环境，在走向国际化和面对大量外资银行进入的情况下，提高其竞争力是发展的关键。我国商业银行要进一步深化改革，以消费资本化理论为基础对中国商业银行经营模式进行分析，推行“储蓄即投资，储户即股东”的创新经营模式势在必行。

一、我国商业银行发展历程及经营模式分析

(一)我国商业银行发展历程

金融是经济的血液，现代经济发展金融先行。而商业银行则是金融业的主要载体之一。20世纪80年代以来，受金融自由化、电子化和信息化的影响，全球商业银行的经营方式和竞争格局一直处于迅速的发展变革之中。与之不同的是，中国商业银行发展的演变，则主要是由渐进的经济金融体制改革所推动的。伴随着整体金融体制改革发展的步伐，中国商业银行业从无到有，不断壮大和规范。

二十年以来的改革历程为：

1. 八十年代初期，人民银行“一统天下”、中央银行与商业银行“不分彼此”的格局被打破，形成了由中国银行、建设银行、工商银行和农业银行四大行组成的专业银行体系，这是中

国商业银行体系的最初形态。

2. 大约从 1994 年前后开始，在中国的银行体系中不再有“专业银行”这一类别，在中国的银行体系中起绝对支撑作用的工、农、中、建被改造为国有独资商业银行。

3. 随后，又设立一批包括交通银行、招商银行等在内的新型商业银行，丰富和完善了商业银行体系。

4. 从 1995 年开始，我国先后将分散的众多城市信用社改组、合并成城市合作银行，继而在 1997 年之后全部改称为“某某市商业银行”。这些银行基本上是由地方政府掌握一部分股权并加以控制的地方银行。突破了地方不能办银行的限制，全国各地大中城市分两步组建了近百家地方性商业银行。

5. 从 1993 年开始，在交通银行试点进行资金营运制度的改革，导入资产负债比例管理制度，到 1995 年在各大商业银行全面推广该制度，从而按《巴塞尔协议》的要求建立了商业银行稳健、有效运作的制度规范；在商业银行实行资产负债比例管理制度。

6. 从 1998 年 1 月 1 日开始，全面取消商业银行的信贷规模控制。

7. 从 1998 年开始，我国改变传统的信贷资产按时间分类的办法，改按国际通行的五级分类制。同时，从更谨慎的原则出发，改革了商业银行呆账准备金的提取制度。初步建立了能与国际惯例接轨的商业银行风险控制机制。

8. 1998 年 8 月中旬，国家财政部定向发行 2700 亿元特别国债，补充四大银行的资本金，使其资本充足率达到国际通行的标准。其他商业银行也都通过投资者增加注资、定期扩股增资等办法来解决其资本充足率问题。强化了商业银行资本金补充制度。

9. 积极推进商业银行上市步伐。自 1991 年深圳发展银行上市以来，银行上市一直受到严格限制，直至 1999 年末，上海浦东发展银行成为政策解冻后的第一家上市商业银行。2000 年，中国人民银行明确表示支持商业银行进行股份制改造和股票的发行上市，至于国有独资商业银行，可以进行国家控股的改造，具备条件的也可以上市。到目前为止，原来的四大国有商业银行除了农行全都完成上市；股份制商业银行和城市商业银行也已有十几家。

(二)商业银行业传统经营模式及弊端

我国商业银行经过二十多年的发展，虽然取得了很大的成就，已形成以国有商业银行为主体，其他商业银行为辅的多层次机构体系，为我国资本市场发展提供了良好的基础；但我国商业银行业正处于任重而道远的调整和改革之中，在经营过程中仍存在诸多问题。比如说存在盈利能力不高、不良贷款比率过高、资本充足率太低等问题，但最根本的问题还是传统经营模式存在着很大的弊端。

我国的商业银行由于中间业务不多，银行主要是靠吃存贷利差来盈利的，具体来说就是银行以极低的利息吸收储户的存款，再把储户存款以高于存款利息的贷款利息放贷给资金需求者，通过两者之间的差额达到盈利的目的。比如说，根据中国人民银行公布的 2006 年统计数据显示，2006 年 12 月底储蓄存款 16.16 万亿人民币，去年存款利率为 2.52%，贷款利率为 6.30%，经过计算可获利 5740 亿人民币，或者说 16.16 万亿人民币储蓄存款为金融机构创造了 3.5%的收入，如果更长期限银行则获得更多收入。

这种经营模式的弊端，主要有两点：一是银行机构侵吞了储户的利益。因为银行资产中银行自有资金一般只占 10%左右，约 90%的资金来源于储户的存款，储户应该分享这部分利润;但在经营实践中,银行不仅独享这部分利润,而且还侵吞了储户的利益,因为扣除物价因素和利息税,我国的实际利率一直为负数,尽管近两年银行多次提高银行利率,这一状况还是没有得到明显改善。今年第三次利率上调后我国居民一年期存款基准利率达到3.33%,征收5%利息税,利率降为3.1635%。与此同时,6月份CPI上涨4.4%,居民实际存款利率是－1.2365%。

二是大量银行存款流入股市,加大金融风险。由于利息收入为负,加上近两年来我国资本市场的火爆,基金和股票回报率比较高,越来越多的人,无论是对基金有过深入了解,还是对基金一知半解,都开始积极购买基金,以期能获得巨额收益。股市繁荣伴随的使居民银行储蓄存款开始大量流向股市,巨量资金推动股价短期内飙升。此前央行公布的一组数据显示:2006年10月末,人民币储蓄存款余额为15.8万亿元,同比增长15.5%,增幅比上月低0.5个百分点,是2005年4月以来的最低点;当月储蓄存款减少76亿元,是2001年6月份以来首次出现的月度储蓄存款下降。到了11月末,人民币储蓄存款余额为15.97万亿元,同比增长15.3%,增幅再次比上月低0.2个百分点。同时,有数据显示,去年10月证券公司客户保证金余额为6042亿元,比上月增加2161亿元,同比增长182.9%。这种"狂热"背后却隐藏了大量潜在危机,据调查,很多"基民"在购买基金的时候大都存在"跟风"心理,这种"羊群效应"是投资最忌讳的,尤其是对于我国尚不够健全的股市,更应该值得警惕。加大了我国金融风险。

二、以消费资本化理论为基础改造商业银行经营模式

(一)消费资本化理论与我国商业银行经营模式

消费资本化理论是中国市场经济发展的理论总结,是源自中国本土的原创的体系性理论创新,也是中国知识分子结束缺乏本土经济学理论现状的一项重要理论成果。消费资本化理论打破了200多年以来的生产本位论的限制,从消费的角度研究社会经济发展问题。

消费资本化理论把消费提到了与生产同等的地位,认为消费才是推动社会经济发展的原生力量。提出了三种资本论,即:货币资本、知识资本以及消费资本共同推动社会经济发展的论点。消费资本化理论的核心内容,是将消费向生产领域和经营领域延伸。当消费者购买企业的产品时,生产厂家和商业企业应把消费者对本企业产品的采购视同是对本企业的投资,并按一定的时间间隔,把企业利润的一定比例返给消费者。此时,消费者的购买行为,已不再是单纯的消费,他的消费行为同时变成了一种储蓄行为和参与企业生产的投资行为。于是消费者同时又是投资者,消费转化为资本。

多年以来,银行吸引居民存款之后只是根据国家规定的利息给与一定的利息,但是这个利息是很低的,人们一直没有对这个问题产生任何疑问,也默认了储蓄的回报就是利息。但事实上并非如此,根据消费资本化理论的观点,消费即投资,在银行储蓄实质上就是一种消费,只不过消费的形式不同而已。既如此,如果投资了拿不到相应的分红或者回报就是不应该的;这样做,变相侵吞了储户的利益。因此,我们建议银行树立"储蓄即投资,利息加回报"的理念,从一个全新的角度审视我国银行业的发展。

(二)实行“储蓄即投资,储户即股东”的金融体制深化改革

1. 商业银行实施“储蓄即投资,储户即股东”经营模式的基本内容

(1)设立储蓄投资账户

首先为储户设立个人储蓄投资账户。根据储户储蓄额的大小,可以将个人储蓄投资账户分为三类:初级储蓄投资账户、中级储蓄投资账户和高级储蓄投资账户。越高级的账户,就会享受越高的回报和更好的回报方式。一年期及其以上定期存款才有资格拥有储蓄投资账户,短期存款和活期存款暂不归为储蓄投资,只作为一般意义上的储蓄,不享受分红。因为在刚实施新方案阶段,这样的存款银行难以利用和计算分红。

(2)储蓄转化为资本和投资额的确定

我们考虑到商业银行吸收储户的存款是商业银行利润的主要来源。因此按照消费资本化理论的思想,商业银行应将储户存款的一定比例视为对本银行的投资并按一定的时间间隔将其利润的一部分返回给储户,使储户参与分享银行的投资成果。具体的做法是:自储户的存款达到银行制定的标准后即为其建立个人储蓄投资账户,专门用于管理客户的投资额。用数学公式表示即:

$$CI = C \times r'$$

说明:CI 代表储蓄投资额,C 代表储蓄额,r代表储蓄投资系数。

由于储蓄投资系数必须在储户存款之初进行确定,存在一定的风险,银行一定要对各种风险进行充分考虑,尽可能避免遭受额外的损失。

(3)返还率的确定

在为储户设立了个人储蓄投资账户之后,银行需要为每个账户确定返还率。根据储蓄投资帐户的类型不同,分别设定不同的返还率。小型个人储蓄投资账户,适宜选择较低返还率;中型个人储蓄投资账户,选择一般的返还率,大型个人储蓄投资账户,选择更高的返还率。尽量做到储户对银行贡献越大,获得的收益也越大。

返还率是计算个人储蓄投资账户余额和返还额的重要因子。企业在设定返还率时,可能会考虑多种因素,有固定性因素,也有实时性因素,因此每年的返还率也不尽相同,需要根据当年的具体情况进行相应的调整。基于银行在决定储户返还率时,存在一定的经营风险,我们认为银行需要给返还率一个调整系数。而调整系数是在以某年为基期返还率的基础上设定的。在模型中,我们将不考虑不同账户的差别,所有消费者都按照相同的调整系数进行计算。

返还率 r_n (Return Ratio)等于固定返还率 r 乘以调整系数 Ar_n (Adjusting Ratio)。

$$r_n = r \times Ar_n$$

固定返还率 r 一般在 0～25%之间比较好。这样既符合法律规定,又可以保证公司扩大再生产的资金储备。

调整系数 Ar_n 是实时变化的量,它需要根据当年的具体情况进行相应的调整。但是不能超出相应法律法令规定,因此设定不同区间的返还率对应不同等级的调整系数,例如表 1。

表1 返还率和调整系数之间的对应关系

返还率	0～5%	5%～10%	10%～15%	15%～20%	20%～25%
调整系数	0～6	0～3	0～2	0～1.5	0～1.2

(4)新增存款处理

在储户新增存款时，如果达到了上一级账户的标准，则可以升级为更高的个人储蓄投资账户，享受更高的返还率和更多更好的返还方案。

(5)消费资本账户终止

当储户将存款取走，储户的“协议股东”身份将自动终止，银行取消储户的储蓄投资账户。

2. 商业银行实施“储蓄即投资，储户即股东”经营模式的基本思想

实行“储蓄即投资，储户即股东”的金融体制深化改革；具体来说，当居民把存款存到银行的时候，银行在吸纳存款的同时，应该为每个储户建立一个储蓄投资账户。为了更清楚的说明问题，我们把居民的存款账户分成两部分，即：传统的储蓄账户和储蓄投资账户。也就是说，居民在储蓄时，一部分存款按常规方法存入，作为一般储蓄存款。而另一部分则作为储蓄投资存款，储蓄账户的功能跟传统的储蓄功能是没有区别的，供居民进行存款和取款，银行利息的结算也是按常规利息结算；但另一部分储蓄投资存款根据消费资本化理论，应参与银行年终利润分配。根据消费资本化理论，银行应该把居民储蓄的一定比例作为对银行的投资，这部分储蓄投资是参与银行年度利润分红。比如说，一个居民在银行储蓄了10万元人民币，那么银行可以拟定一个投资系数，比如10%，作为投资额。这样的话居民就有了两个获利点：银行利息和1万元的投资分红。

储蓄资本化模式中，储蓄居民就是银行的“股东”。当然要说明的是，这里的“股东”不同于传统意义上的“股东”，这里的“股东”是协议性“股东”。当储户在银行储蓄的时候，会与银行签订一份协议，这份协议就规定了储蓄额中投资额的比例，以及分红的多少、流程等等。但是当储户取出银行储蓄的时候，他的“股东”身份自动失效，银行将中止对其的分红，也就是说储户成为“股东”的前提是他在银行有储蓄，并且储蓄必需达到一定的规模才有资格成为“股东”。这是与传统“股东”最大的区别。

至于分红的比例，银行可以根据自身的经营业绩、利息以及资本市场的平均收益率来确定。比例确定的根本原则在于：使过剩流动资金在资本市场和银行之间达到一个最优的分配比例。所谓最优就是要实现银行利润的最大化，同时使得资本市场上的流动性良好，引导资本市场健康、稳定的发展。

投资比例(即投资系数)与分红比例的确定是储蓄资本化模式最重要的部分，必须确定一个最优的比例，否则会引起过剩流动性分配的失衡，这不但不利于资本市场和银行的发展，还会对整个金融市场产生影响。只有在银行对投资比例与分红比例确定一个统一的标准之后，才能实现流动资本优化分配，引导资本市场和银行健康发展。

我们以新疆地方商业银行为例，说明进行上述深化改革举措，对地区的经济发展具有重大的现实意义。

新疆自治区在自身经济发展过程中，急需大量货币资金，需要不断充实货币资本。可

是，新疆大多数储户把积蓄存入四大国有商业银行和其他全国性股份制商业银行新疆分行之后，由于中小型民营企业受贷款条件限制而难于取得贷款。因此，新疆区内储蓄存款，通过上述金融渠道大量外流，流入区外其他地区。未能充分为新疆自身经济发展服务。

为了确保新疆资金不外流，同时还能吸引更多的区外资金大量流入区内，我们必须对新疆区属商业银行进行改革和重组。

根据消费资本化理论，新疆商业银行重组的基本模式为储蓄投资，其主要特征是："储蓄即投资，储户即股东"。

为了平稳实施，可分步实施。

第一步，先把储户的30％作为储蓄投资，其余70％作为普通储蓄。

具体作法：当储户存款时，其中70％为普通储蓄，按原定利息存入。而另外30％，则作为储蓄投资，参加银行年度利润分配。

第二步，逐步扩大存款总额中的储蓄投资比例。

此举将是银行业的重大改革，是极具战略意义的重组，对于防止区内资金外流并大量吸引外区资金流入区内，将起到难以估量的巨大作用。

(三)新经营模式实施的现实依据

在商业银行推行"储蓄即投资，储户即股东"的新经营模式不仅有其理论基础，还具有实施的现实依据。因为银行总资本构成中存款占90％多，而自有资金还占不到10％，而银行的利息收入却占到银行总收入的80％以上，这个比例在有的银行甚至达到了90％以上。金融机构总资本构成和代表性商业银行收入构成见表1和表2。

表1　金融机构总资本金构成一览表

项　　目	2006年	2005年	2004年	2003年	2002年
资金来源总计	100.00％	100.00％	100.00％	100.00％	100.00％
各项存款	91.86％	95.08％	91.83％	92.34％	92.88％
企业存款	31.00％	31.83％	32.33％	32.17％	32.65％
财政存款	2.99％	2.65％	2.38％	2.28％	1.89％
机关团体存款	4.12％	3.99％	3.11％	2.99％	2.82％
储蓄存款	44.25％	46.70％	45.65％	45.99％	47.23％
活期储蓄	16.04％	16.15％	15.81％	15.59％	15.28％
定期储蓄	28.21％	30.55％	29.83％	30.40％	31.95％
农业存款	2.03％	2.05％	2.11％	2.17％	2.05％
信托存款	0.76％	1.15％	0.80％	1.09％	1.31％
其他存款	6.71％	6.71％	5.45％	5.65％	4.96％
金融债券	1.78％	1.88％	1.51％	0.99％	0.05％
流通中现金	7.41％	7.96％	8.20％	8.76％	9.39％
对国际金融机构负债	0.25％	0.21％	0.21％	0.21％	0.23％
其他	－1.30％	－5.12％	－1.76％	－2.31％	－2.55％

数据来源：中国金融年鉴。

表 2　2005 年末六家银行收入情况[1]（单位：亿元）

	建行	交行	招行	浦发	民生	华夏
各项收入合计	1878.76	536.77	285.62	231.93	238.02	138.16
利息收入	1736.01	496.80	226.52	205.90	207.17	116.47
占总收入比例	92.40%	92.55%	79.31%	88.78%	87.05%	84.30%
其中：贷款利息收入	1271.05	363.05	208.14	181.85	174.92	98.01
占总收入比例	73.22%	67.64%	72.87%	78.41%	73.50%	70.94%
手续费收入	92.61	25.44	18.56	5.21	4.94	2.97
占总收入比例	4.93%	4.74%	6.50%	2.25%	2.08%	2.15%
投资收入	29.28	8.24	33.87	17.06	23.67	16.93
占总收入比例	1.56%	1.54%	11.86%	7.36%	9.94%	12.25%
其它收入	20.86	6.29	6.67	3.76	2.24	1.79
占总收入比例	1.11%	1.17%	2.34%	1.62%	0.94%	1.30%

数据来源：中国金融年鉴。

从表 1 和表 2 我们可以看出，从 2002 年到 2006 年，银行总资本中存款都占到 90%以上，储蓄存款占到 45%左右。而已选有的六家商业银行，在 2005 年末，利息收入占总收入的比例最高的是交行为 92.55%，最低的招行也有 79.31%。因此可以说，我国商业银行的利润基本上是靠储户的存款创造的；银行与储户的这种关系，类似于股东与职业经理人或者是投资人与资产管理公司的关系，储户有权与银行共同分享这部分利润，这也为推行“储蓄即投资，储户即股东”的新经营模式提供了实施的现实依据。

三、实施新经营模式的意义

（一）实施新经营模式的理论意义——它是资本理论新的里程碑

从理论上讲，资本理论是经济学的第一理论；经济学研究的目的就在于充分发挥资本效能，从而推动生产力水平的提高和经济实力的增长。因此资本理论的发展对于经济的进步具有重大意义。在资本理论史上有过两次重大的理论突破，都对当时的社会经济产生巨大的影响。第一次是工业经济时代，资本以货币的形式被资本家掌握并在市场经济中发挥着举足轻重的作用，生产资本的作用得到充分利用，成为推动经济发展的最直接动力。这是资本理论史上的第一个里程碑。20 世纪后期，关于人力资源管理、知识资本运用的相关理论陆续产生，这些理论在不同程度上阐述了知识资本对经济发展的重要作用和知识经济在人类社会经济中的重要地位。知识资本概念的产生和知识资本理论的建立，打破了市场经济发展过程中生产资本一枝独秀的局面，使人们对资本和资本理论的认识达到一个新的层面，是资本理论史上的第二个里程碑。而消费资本化理论把消费者从产品链的末端以投资者的身份提升到前端，使消费和投资有机结合，完成消费转化为资本的过程。这样，消费作为一种资本，它同生产资本、知识资本一样，成为国家、地区和企业发展的直接动力。因此消费资本的确立和消费资本理论体系的建立，是资本理论的又一重大突破，是资本理论史上的又一新的里程碑。

我国商业银行通过实行“储蓄即投资，储户即股东”的经营模式，充分利用三种资本的作用，一是可以推动我国银行业协调、持续、快速发展；二是可以为其他行业起到示范作用。

(二)实施新经营模式的实践意义

实行这种模式，可以抑制目前资本市场的狂热，实现了消费者的根本利益，是一种以人为本的模式。

由于新模式与传统模式相比，储户将钱存入银行，不仅可以获得利息，而且作为银行的“协议股东”，还可以分享银行的利润，存款的积极性就会大大提高。通过这个模式，银行可以吸引更多的存款，改善资本市场一旦火热就导致银行存款减少的状况。银行应以积极的态度，应用消费资本化理论，运用储蓄资本化模式，通过调节储蓄投资比率，优化分流流动性过剩，积极促进我国资本市场的健康稳定发展。

对于普通消费者或者居民，其中绝大多数的人投资股市与基金都属于盲目的，非理性的。能够获益当然好，但一旦亏损，对老百姓的损失是巨大的。相信2007年1月31日的股市下跌已经引起了不小的恐慌。所以，根据储蓄资本化模式，居民把存款转移到银行之后，能够获得较大额的利息加回报，这就比风险投资更具诱惑，尤其是对于风险规避者。

对于政府，这个模式既可以抑制资本市场的狂热，防止股市泡沫的出现；同时又可以正确引导过剩流动性资金的投向，在银行与资本市场上实现流动资金的最优分配。将公众的非理性投资向银行的理性投资转移。在抑制资本市场狂热的同时，又能促进我国资本市场的健康、稳定发展。

第五十一篇

消费资本化理论在保险业中的运用

2005年4月23日在《中国保险国际学术年会》上的演讲

【内容提要】 目前我国保险业正处于新的历史发展时期，处于历史性的转变阶段。保险业面临诸多发展机遇，但多年积淀的各种矛盾和问题却一直困扰着其自身的发展。

保险业作为一个充满发展前景的服务性行业，面对着数以千万计的消费群体，最适宜引入建立在消费资本论基础上的业务增长模式，从而使保险企业拥有最大的市场，保险行业得到迅速而充分的发展。

作为一种创新型的业务增长模式，消费资本化可以使保险公司在多方面取得显著效应：规模经济效应、消费聚拢效应、资本沉淀效应、社会资本效应、市场压力效应。

我国自1980年恢复保险业务以来，随着国民经济的持续增长和居民生活水平的稳步提高，保险业得以迅速发展。从1980年至今，中国保险业总资产由10.5亿元增加到11,853.6亿元，突破了一万亿大关，同比增长达30%。全国保费总收入由4.6亿元增加到4,318.1亿元。短短的二十几年，已经超越了发达国家近百年的历史发展成果，为中国保险业今后的进一步发展奠定了坚实的基础。

但是，由于我国的保险业起步晚、基础较差，总体规模还很小，在国民经济中比重很低。截止到2004年底，保险深度（保费收入占GDP的比重）仅为2%，保险密度（人均保费收入）仅为168.98元。13亿人口中，仅有4%的人口投保个人保险。就是说，我国保险业发展的根本矛盾，即保险业发展水平与国民经济、社会发展和人民生活需求不相适应的矛盾，依然没有得到有效缓解和解决。保险业的作用发挥得还很不够，消费者的巨大需求远未得到满足。

一、现代市场经济与消费资本化理论

“十一五”规划时期，是我国经济发展方式的转型期，是向更为完善的市场经济体制和更为优越的经济结构过渡的时期，也是进一步落实科学发展观，使社会经济发展全面进入协调发展和可持续发展的重要时期。

我国的市场经济已经进入新的发展阶段。我们应当用新的市场经济理论，尤其应当用自主创新的经济理论，作为规划今后经济发展的理论基础。如果继续沿用过去的市场经济理论，来诠释今天的经济现象，分析今后的发展方向，并以此为基础整体规划我国经济发展进程，显然已不合时宜。理论导向的陈旧将会使我国的经济运行发展缓慢、停滞不前，甚至会误导今后的经济发展。

在传统的市场经济理论中，推动经济发展的，只有货币资本。但是，通过对市场经济发展史的研究，尤其是对最近二百年的市场经济的研究，人们认识到：完整的市场经济应包括货币资本、知识资本和消费资本三个重要组成部分。换言之，市场经济的发展是由三种资本推动的，而不是一种资本推动的。

多年以来，我们的市场经济一直是货币资本一枝独秀，它的作用受到人们的高度重视，货币资本所有者的权益也得到充分的保证。而知识资本和知识资本的所有者，特别是消费资本和消费资本的所有者，却长期处在被淡化甚至缺位的状况。知识资本和消费资本长期处于被动的消极状态，从而形成单一地依靠货币资本发展经济的局面。虽然经济也能取得一定程度的发展，但是由于长期依靠货币资本单一要素发展经济，资本短缺、创新乏力、消费萎缩等问题就不可避免。

近年来，知识资本的作用开始受到人们的重视。人们认识到，新的科学技术即人类知识的结晶，对所创造的财富起着重大的作用。也就是说，除货币资本以外，还有一种形式的资本即人类知识的结晶一高新技术也是推动经济发展的直接动力。这就是后来人们清晰认识到的第二种形式的资本，即知识资本。知识资本的具体的作用表现为：当货币资本不能充分满足一个国家、一个地区、一个企业经济发展需要的时候，知识资本就起到一种点石成金的作用，它可以几倍、十几倍的扩大现有货币资本的实力，推动地区和企业自身的经济发展，创造更大量的财富。货币资本联合知识资本推动经济发展的经济模式收到很好的成效。

随着市场经济的不断发展，人们进一步深刻地认识到，消费者才是市场竞争的最终决定性力量。因为消费者既是市场的主人，又是给经济发展注入新的资本动力的源泉。因此，谁能赢得最多的消费者，谁就能拥有最大的市场和巨额的资本注入。消费资本由此而生，"消费资本化理论"的构建也以此为基础。

消费资本化理论的核心，是将消费向生产和经营领域延伸，当消费者购买企业的产品时，生产厂家和商业企业应把消费者对本企业产品的采购视同是对本企业的投资，并按一定的时间间隔，把企业利润的一定比例返给消费者。此时，消费者的购买行为，已不再是单纯的消费，他的消费行为同时变成了一种储蓄行为和参与企业运营的投资行为。于是消费者同时又是投资者，消费转化为资本。实际上，这是把消费者从产品链的末端以投资者的身份提升到前端，使消费者在购买产品时，既能分享企业成长的成果，同时也为企业发展注入新的动力，使消费和投资有机结合。从而使买卖双方在这种条件下合二为一，成为一体，完成消费转化为资本的过程。这样，消费作为一种资本，它同货币资本、知识资本一样，成为企业经济发展的直接动力。

消费资本化理论具有与众不同、独树一帜的特点。它不同于迄今为止所有的经营理念和营销方式，而具有强烈的新鲜感和独特的魅力。它将对广大消费者的消费心理产生很大影响——一种宝贵的积极参与尝试的心理和亲和力、以及长期合作愿望下巨大的吸引力和凝聚力。与众不同的独特新意，将会产生相应的"轰动效应"，即所谓"注意力经济学"效应，或者"眼球经济学"效应。也就是说,广大消费者的目光将被凝聚在应用消费资本化理论的企业及其产品上。同时,消费资本化理论不仅满足消费者的消费需求,而且还关心消费者的投资利益,所以必将会受到消费者的欢迎。当企业把消费者作为本企业的一位投资人时,消费者从另一端也会做同样的考虑,即:广大的消费者愿意成为企业一名长期的合作者,因为他可以从企业成长中长期获益。

二、我国保险业发展困境及成因分析

目前我国保险业正处于新的历史发展时期,处于历史性的转变阶段。保险业面临诸多发展机遇,但多年积淀的各种矛盾和问题却一直困扰着其自身的发展。长期以来,人们在研究如何解决保险业的根本矛盾和问题时,习惯于就行业本身分析问题,习惯于从行业范围内谈解决问题的办法。这种思维定势导致研究范围长期局限于操作和技术层面,难以触及根本性的问题,保险业也就难以实现总体突破。保险业要实现新的跨越式发展,迫切需要新的理论指导。

中国保险业已到了必须大力推进理论创新,改进研究办法的时候。正如中国保险监督管理委员会李克穆副主席在中国保险业200周年纪念大会上所说:研究保险业应具备大金融视角,应从宏观经济的角度考虑和把握保险业的发展问题。具体讲,就是把中国保险业的发展置身于市场经济大背景下,将保险业还原于整个市场经济,然后来看中国保险业发展缓慢所存在的问题。

同其他行业一样,保险业长期以来十分重视货币资本的作用,也十分注意保护货币资本所有者的权利。如强调公司资本实力、最低偿付能力,强调资产负债水平等等。但不容置疑的是,我们尚未充分认识和重视知识资本的作用,而又完全忽略了消费者和消费资本的作用。

保险业作为一个充满发展前景的服务性行业,面对着数以千万计的消费群体,能够最充分调动消费资本及其所有者积极性的公司必将拥有最大的市场,从而得到迅速而充分的发展。我们通过研究发现,无论货币资本和知识资本是否充足,也不管二者是否被充分利用,仅凭货币资本和知识资本难以实现一个良性的循环。其根本的症结在于消费资本的缺位,消费者一直处于外生因素的地位。如果能把消费者从外生因素转化为内生因素,则能从根本上解决这个问题。消费资本化的运用,就可使客户由被动转为主动,由外生因素转为内生因素,从而货币资本、知识资本和消费资本形成一个相互促进的良性循环。从而不仅能解决货币资本不足和知识资本不能充分发挥作用的问题,而消费资本也得到促进。继而三种资本联动,共同推动保险业的发展。

多年以来,代理人营销一直是国内外保险业业务增长的主要模式。国际保险业发展史上出现的英国模式、法国模式、美国模式、日本模式,都十分重视代理人的作用,并作为一种重要经验,在各国保险业中推行,形成所谓"代理人模式"。美国友邦保险公司进入中国后,推行的也是此种模式。

实际上,代理人营销渠道只是保险业的辅助供给系统,因此仅对保险业的发展起到辅助性的催化作用,而不是投保人自身才能起到的主导作用。而主要供给系统的作用是辅助供给系统不能完全替代的。国内外保险业业务增长，长期以来依靠辅助供给系统实现，而忽略了主要供给系统的作用。从根本上讲，这是一种喧宾夺主、舍本逐末的做法。可以说，国外保险市场的发展也还远不是充分的。保险产品是金融产品中最复杂的，保险客户对产品的关注程度很高，进行购买决策时相当慎重，故保险公司进行保险营销的难度极大。代理营销模式在多年的运行当中暴露出了很多弊端和问题。

首先，保险产品代理营销模式产生的初衷，正是希望用沟通技能高的专业人士，化解保险公司同消费者之间的沟通障碍。但经过长期运行之后，该模式却并不能解决保险公司同消费者之间的沟通问题，反而有可能使问题加剧。代理和中介的存在使得保险公司同消费者不再有直接沟通，所有的信息都由代理和中介进行传达。众所周知，信息在传递过程中，会产生失真的成分。也就是说，在传统的保险营销制度中，无论保险公司还是客户，得到的都是这种相对失真的信息。这就加剧了保险公司同消费者之间的信息不对称，扩大了保险公司同消费者之间的沟通障碍。沟通障碍扩大就使得保险公司更加依赖代理和中介，保险公司同消费者之间的主要供给系统将更加难以发挥。在保险行业产生了“沟通困难——使用中介和代理——沟通更加困难——更多使用中介和代理”的负循环。在高度信息化的现代社会，中外保险行业仍在采用效率极低的代理中介制度，无法放弃辅助供给系统转而依靠主要供给系统进行保险产品销售的内在原因就在于此。

其次，在代理和中介营销模式下，保险市场各主体的权利和责任不匹配。代理和中介享受了高达35%左右的佣金，对保户却不承担保险责任；保险公司只得到了65%的保费，却要对保户承担100%的保险责任；在消费者而言，支付了100%的保费之后，却只能享受到65%的保险服务。可以说，这不仅大幅提高了保险公司的运营成本，挤压了相应的利润空间，同时也严重削弱了保险公司的承保能力和赔付能力，损害了广大保户的权益，不利于保险业的健康发展。

第三，该种模式的效率很低。中介和代理在营销时，一般采用与客户面对面、一对一的方式进行，但营销的成功率却相当低。在高度信息化的现代社会，信息共享已经相当便利，且共享信息的成本也很低。保险公司不仅拥有庞大的资本实力，而且拥有大量高层次人才和高技术手段，完全有能力使用效率更高而成本更低的营销手段，进而对已经落后于时代的营销模式进行大胆的改革。

第四，该种营销模式的管理过于粗放。在中介和代理营销模式中，中介和代理是独立的市场主体，保险公司对他们的营销行为只能进行引导而无法控制，故营销管理十分困难。首先，保险公司无法对产品的种类和数量进行控制；其次，保险公司难以干预中介和代理的具体销售手段；再有，保险公司也完全失去了通过营销环节进行品牌建设的手段。这种粗放的营销管理模式，使得营销行为很容易损害公司的信誉和品牌，可能滋生大量不良业务。

第五，保险代理人制度已经发展成为一种类似传销的模式。在中国保险市场上，代理人的收入来源由两个部分组成——个人销售保险取得的佣金和团队管理产生的收入。所谓团队管理，实际上就是从下一级代理人的销售业绩中提取收入。虽然从下级代理人的销售业绩中提取收入的比重不高，但是这种制度与传销已经非常类似，从而产生了一定的社会隐患。部分代理人通过各种手段吸收下线代理人，鼓励这些下线代理人从亲戚朋友入手进行保险推销。而这些下线代理人，由于对进入市场的准备不足等原因，在发掘完熟人保险市场之后，完全承担不了新的业务拓展任务。其实，上线代理人的目的也就是收取这些业务产生的提成。在遭受了失败之后，有些新代理人甚至产生了“公司骗了我，我骗了亲戚朋友”的想法。保险公司、保险公司的客户以及新代理人，都在承担这种营销方式所带来的损失。

第六，保险代理人对保险行业的认同感不强。代理人并非保险公司的成员，和保险公司之间是纯粹的利益关系。由于代理人的营销方式成本很高，不少代理人从事保险营销，只是一个短期行为，并没有把保险营销当作自己的事业。在这种情况下，代理人使用各种手段追求短期利益，几乎成了必然结果。而因此带来的长期损失，也只能由保险公司和消费者承担。

可见，传统模式过于注重保险市场辅助供给系统的作用，而忽视了保险市场主要供给系统的作用。所以，我们提出对投保人有巨大影响力和吸引力的新业务增长模式——消费资本化业务增长模式，以充分发挥主要供给系统的重大作用。该模式把消费者的消费视为对企业的投资，消费者成为企业的投资者和生产者，也就是说“投保即投资，保户即股东”。

三、消费资本化理论在保险业中的运用

我们必须从消费资本化理论的角度，重新认识我们的保户和消费者。保户和潜在的保户就是我们保险产品的消费者。消费者通过生产劳动获得收入，扣除劳动力成本和生活基本需求之后，就会有一定的积蓄。此时他们会有两种考虑：一是将这部分积蓄用于规避风险，采取措施来应对一生中疾病、火灾、盗窃等风险，确保一生平安；二是希望这部分积蓄除了能用于保一生平安之外，还能带来新的效益，即抱有投资欲望和回报预期。从这一点上看，消费者购买保险产品的需求和投资的需求都是主动的、积极的。如果保险公司所建立的保险平台既能够使他们享受保险服务，确保他们一生平安，同时又能使他们实现投资并获利的预期，那么消费者就会非常愿意购买保险产品。

引入消费资本化理论之后的新的营销模式，我们称之为：消费资本化营销模式。在此营销模式下，既保证消费者享受各种保险服务，同时又能满足消费者的获利预期；既体现公司高度重视保户作为消费资本载体的重要作用，又切实保障他们作为消费资本所有者的权益。因此，该模式一定会受到广大消费者的热烈欢迎。

(一)消费资本化营销模式的具体内容

1. 设立消费资本账户

保险公司应当为消费者设立个人消费资本账户。根据投保人保费额的大小，可以将消费资本账户分为三类：小型消费资本账户、中型消费资本账户和大型消费资本账户。越高级的账户，享受越高的回报和更好的回报方式。

保险公司可以根据自身业务和经营发展的情况，设定不同的账户标准。例如以 2 万元为下限，低于 2 万元的账户只对其投资进行记录，而不开设专门账户进行分红。投保额在 2 万元到 5 万元的消费者，根据对公司的贡献程度，为他们设立小型消费资本账户，享受较低的返还率和最基本的返还方案；投保额在 5 万元到 10 万元的消费者，对公司的贡献较大，为他们设立中型消费资本账户，享受较高的返还率和相应的返还方案；投保额在 10 万元以上的消费者，是公司核心利润的来源，为他们设立大型消费资本账户，享受最高的返还率和一

个相匹配的返还方案。对于同公司长期合作的老客户,开户标准可以适当降低。

2. 保户投资额的计算

当消费者建立了消费者记录,并进行投保之后,保险公司将根据消费者的投保费,计算消费者投资的金额,以其作为公司利润返还的依据。公司可以根据业务利润、经营战略、推行消费资本化之后营销成本降低等因素,为每一种产品设定一个投资率。用消费者消费每一种产品的消费额,乘以相应产品的投资率,即得到消费者通过购买该保险产品所投资的金额。将消费者通过所有保险产品进行的投资求和,就得到消费者总的投资额。消费者投资额的计算公式如下:

$$CI = \sum (C_i - SC_i - PC_i) \times r_i \tag{1}$$

其中,CI 代表消费者投资额,C_i 是消费者消费某一种保险产品的消费金额,SC_i 是销售成本,PC_i 是生产成本,r_i 是保险公司为相应产品设置的投资率,$r_i \in [0,1]$。

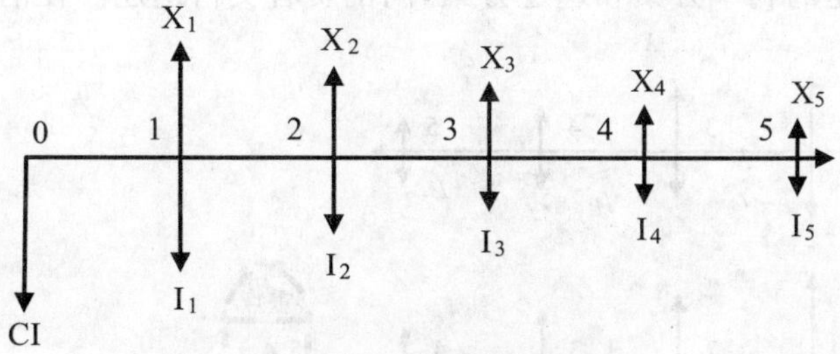

图 1 单期的现金流量图

3. 保户投资额返还额计算

技术经济学的理论和实践证明:一项投资的效益一般在五年内逐渐衰减为 0。因此认为单期流入的消费资本将在 5 年内返还,超出 5 年视为该投资的获利期结束。具体现金流量,如图 1 所示。

根据技术经济和项目管理的理论,消费资本投入 CI 在 0 年流入,每年年末有利息 I_n 流入,以及返还额 X_n 流出。据此计算消费资本账户余额 CC_n 和返还额 X_n,对单期的消费资本投资 CI,每年年末的返还额 X_n 等于上期的消费资本账户余额 CC_{n-1} 乘以该年的返还率 r_n;而当年的消费资本账户余额 CC_n 等于上年的消费资本账户余额 CC_n 加上当年新增的利息减去当年的返还额 X_n。经过推倒得到统一的计算公式,如公式(2)和公式(3):

$$X_n = CI \times r_n \times \prod_{n-1} (1 + i - r_j) \tag{2}$$

$$CC_n = CC_{n-1} \times (1 + i) - X_n = CI \times \prod_{j=1}^{n} (1 + i - r_j) \tag{3}$$

其中,i 表示投资收益率或折现率,r_n 表示返还率,每年的返还率都不同。

实际情况中,消费者可能发生多次消费,消费者的投资行为是一个连续的过程。介于这种情况,可以将每期的消费资本投入视为独立的投资,得到该期的消费资本现金流量图,因此可以得到多条消费资本现金流量图,如图 5 所示。在这种情况下,单期的消费资本账户余额和返还额,可以用公式(4)和公式(5)进行计算,然后将各年末的多期的消费资本账户余额和返还额进行加总,就得到该消费者总的消费资本账户余额和返还额,具体计算公式如公式

(6)和公式(7)。

$$CC_n = CI_{n+1,0} + \sum_{m=1}^{n}\left[CI_{m,o} \times f(n+1-m) \times \prod_{j=m}^{n}(1+i-r_j)\right] \quad (6)$$

$$X_n = CI_{n,0} \times r_n + \sum_{m=1}^{n-1}\left[CI_{m,0} \times r_n \times g(n-m) \times \prod_{j=m}^{n-1}(1+i-r_j)\right] \quad (7)$$

其中，n 表示第 n 年，CC_n 表示第 n 年的账户余额，X_n 表示第 n 年的账户余额，$CI_{m,0}$ 表示第 m 期的投资额，$f(n+1-m)$ 和 $g(n-m)$ 为 0－1 函数，即 $f(n+1-m)=\begin{cases}0 & n+1-m>5\\ 1 & 5\geq n+1-m\geq 0\end{cases}$ 和 $g(n-m)=\begin{cases}0 & n-m\geq 5\\ 1 & 5>n-m\geq 0\end{cases}$。

4.新业务增长的处理

在消费者购买了新的产品时，保险公司可直接将新产品的投资额，加入消费资本账户，按照消费者原先选定的利率方案和返还方案，向消费者支付返还。在消费者投资增长时，如

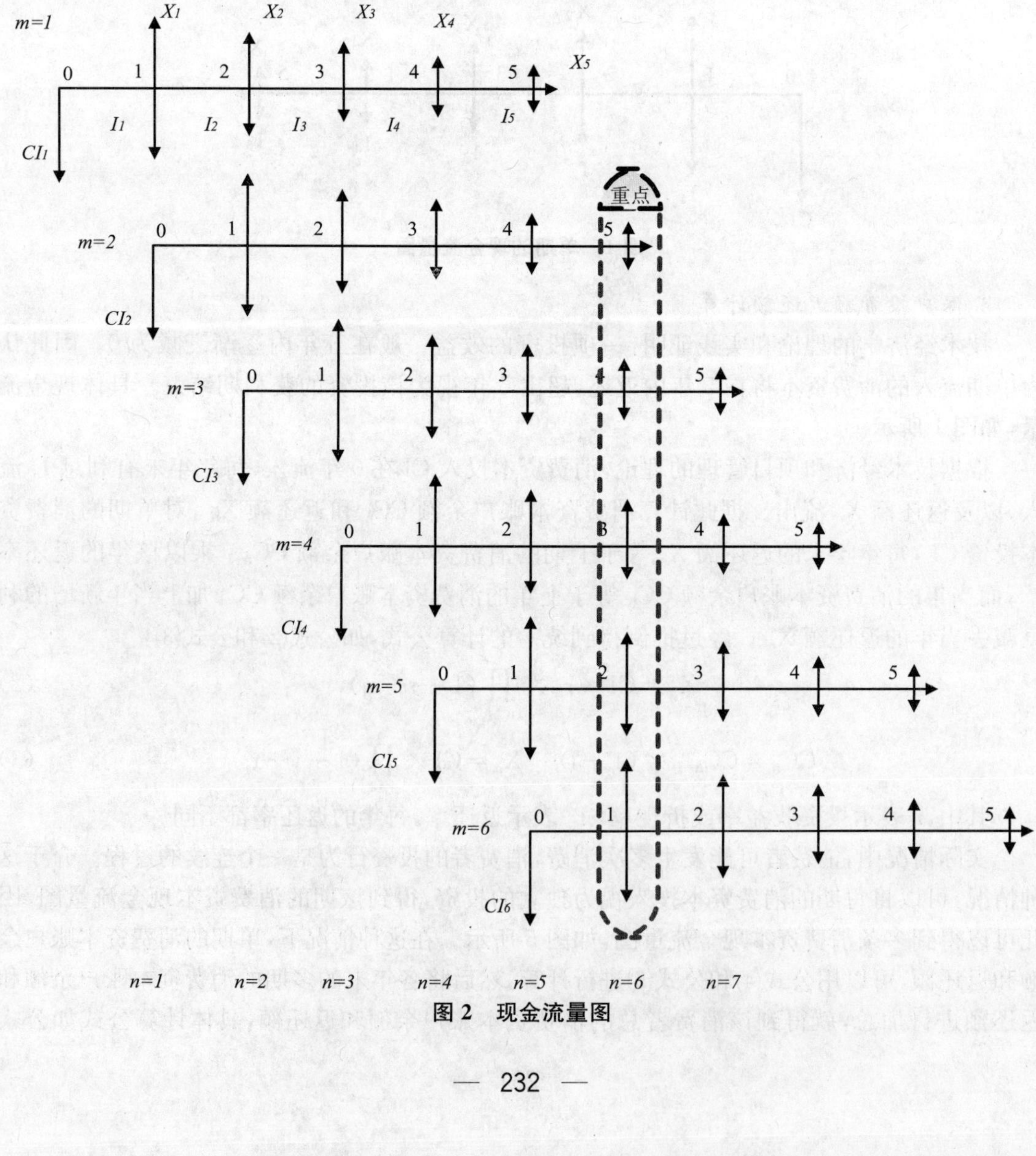

图 2　现金流量图

果达到了上一级账户的标准，则可以升级为更高的消费资本账户，享受更高的返还率和更多更好的返还方案。

5.消费资本账户的终止

如果消费者同保险公司长期（比如2年）没有发生业务关系（不包括因为消费资本的返还建立的关系），公司将冻结其消费资本账户，将账户余额返还给消费者。但是只要消费者恢复同公司的业务关系，其消费资本账户就将得到恢复，账户类型不变。在消费资本账户被冻结了很长一段时间（比如1年）之后，如果消费者仍然没有同公司建立新的业务关系，公司将终止该账户。日后，即使消费者重新在保险公司购买了产品，也只能被视为新的消费资本，无法恢复原有的消费资本账户。

但是，视消费者情况、公司经营策略等因素，消费资本账户的终止条件可以适当调整。比如，一位从保险公司购买了70年保险的90岁老人，由于身体状况等原因无法继续购买保险，公司可以将其作为荣誉消费资本，在其账户中保留一定的余额，终身为他提供消费资本的回报。

6.消费资本导向模式的营销渠道

消费资本导向的业务增长模式中，保险产品的营销渠道和模式将变得极其广阔和灵活。保险公司可以在各地设立门店，进行柜台式的销售；消费者也可以通过网站填写相应的电子表单，经过保险公司确认后实现销售；消费者还可以直接向保险公司客户服务热线打电话，回答业务员提出的问题而完成表单填写，实现销售。另外，消费者可以通过广告、传单等各种途径得到保险公司发出的消费者信息表。完成表格的填写后可以通过任何途径投递到公司，经确认之后，就可以实现销售。

（二）消费资本导向模式相对传统代理人营销模式的改良优势

与传统模式相比，消费资本导向业务增长模式在推行之后，保险公司的经营将出现以下的变化：

1.主供给渠道的强化

保险使用中介和代理进行营销，是借助中间环节实现保险产品的销售，依靠的是保险行业的辅助供给系统。对辅助供给系统的过度依赖，极大的削弱了主要供给系统的力量，会使保险行业出现信息不对称等一系列的问题。在实施消费资本导向模式之后，保险公司将不再过度依赖辅助供给系统，保险行业的主要供给系统将得到强化。

2.营销成本的大幅降低

与传统的中介和代理营销模式相比，虽然在创新模式下，保险公司需要投入更多的公共宣传的成本，但是不必继续支付高额的中介和代理费用。与中介和代理费用相比，公共宣传的费用几乎是微不足道的，保险公司的营销成本将得到极大的降低。

3.客户态度的根本性转变

在传统的中介和代理模式中，客户态度消极，保险公司进行营销活动的难度很大。即使付出极高的成本，通过中介和代理进行营销的成功率仍然只有1/20左右。连客户的信任都难以取得，更不用说调动客户的积极性和参与热情了。

而在消费资本导向业务增长模式中，由于消费成为了资本，消费者会认识到，在保险公司购买产品是自身价值的提升。消费者将以主人翁的态度，积极参与保险公司运营。消费者不但很容易接受保险公司的产品,而且会主动的帮助保险公司进行业务拓展,保险公司开拓新客户的难度将大幅下降。这种转变将为保险公司带来巨大利益。

4.更加稳定的客户

在传统的中介和代理营销模式中,与客户接触的是中介和代理,而不是保险公司本身。在这种模式下,中介和代理因为利益驱使,往往倾向于诱使客户频繁更换保险公司。表面看来,这似乎加剧了保险公司之间的竞争,对客户较为有利,但是,这种竞争的依据是中间环节的误导,无论对保险公司还是对客户,都是相当不利的。

在消费资本导向业务增长模式中,情况将完全不同。首先,消费者直接同保险公司联系,不受中间环节的干扰;同时,由于在同一家公司的投入越高消费者获益就越大,消费者不会轻易更换保险公司。在此新模式下,保险公司同客户将获得一个十分稳定的合作关系,客户倾向于同企业长期合作,而且把所有相关业务都交给企业,无论是客户还是保险公司,都能从这种合作中得到最大的利益。

5.业务风险及业务成本的大幅降低

保险公司经营主要成本,是对风险事故的赔付。在消费资本导向业务增长模式推行之后,在充分调动了消费资本的积极性的基础上,随着消费者对保险知识的了解和风险管理意识的加强,保险事故发生的频率会大幅度降低,保险公司运营中的业务风险及业务成本也将大幅度降低。

6.企业形象的根本转变

在传统保险营销模式中,保险公司与客户是对立的,保险公司希望客户承担更多的保费,而客户希望保险公司承担更多的风险责任。虽然保险公司会努力的建设一个正面的形象,但是,建设正面形象的成本极高。而且,传统模式中,同消费者接触最多的,是中介和代理,而不是保险公司,保险公司的企业形象受中介和代理行为的影响很大,一旦中介和代理发生诚信等问题,很容易对保险公司的形象造成负面的影响。

在消费资本导向业务增长模式中,由于消费者成为了企业的主人翁,与企业形成了利益的共同体,客户同保险公司的对立得到了化解。此时,保险公司的企业形象的塑造将由企业同消费者共同完成,保险公司的负担将大大减轻。同时,由于创新模式取消了中介和代理这个中间环节,保险公司同消费者的交流不会受到阻碍,保险公司的企业形象不容易受到来自外在因素的负面影响。

7.更为畅通的信息沟通渠道

传统的保险营销模式中,同客户的大部分沟通工作是由中介和代理完成的。这种通过中间环节进行的信息沟通,不可避免的会带来信息的失真,保险公司同客户间存在较大的信息不对称。由于中介和代理的行为难以控制,甚至存在保险公司或者消费者被误导的风险。

在消费资本导向业务增长模式中,消费者同企业有直接的信息沟通渠道,信息沟通中的失真将大幅度降低。更重要的是,在创新模式下,无论是保险公司还是消费者,都十分愿意更多的了解对方,以实现更好的合作,这将进一步提高信息沟通的效果,最大程度的降低保险公司同客户之间的信息不对称。

(三)消费资本化给保险业带来的经济学效应

作为一种创新型的业务增长模式,消费资本化可以使保险公司在多方面取得显著效应。

第一，规模经济效应。消费资本化可以为企业带来范围经济效应和地域经济效应，这是规模经济最重要的两个组成部分。消费资本化在理论和实践上的创新，本身会在学界、商界和新闻界产生很大的"注意力经济学"效应。消费资本化同迄今为止所有企业经营理念和销售方式不同，具有强烈的新鲜感和魅力。它对广大消费者的心理会产生很大影响——积极参与尝试的心理和亲和力以及愿意长期合作的巨大吸引力和凝聚力——追赶时代潮流的消费者在新闻媒体引导下会将目光凝聚在最初尝试消费资本化的企业和产品上。企业将因此获得尊重消费者主权、关心消费者利益的形象，而广受消费者的欢迎，一个地方性的企业的知名度可以借此迅速扩展到全国范围，同时被更多的行业所熟知，有利于企业经营的产品范围和地域范围的扩张，规模经济效应将非常明显。

第二，消费聚拢效应。当企业通过消费资本化将消费者作为本企业一位投资人和成员时，消费者也从另一端做着同样的思考，因为消费资本化过程可以使消费者从企业长期获益，分享企业的发展成果，消费者已经不再是单纯的消费者，亲和力将使消费者聚拢到这样的企业周围，并对企业的经营和发展保持长期的关注。若以此为基础，企业再通过优质的产品、细致周到的服务将更多的消费者吸引过来，在消费者心目中奠定信誉良好、亲和力强的企业形象，并逐步加强互动联系，通过完整的信息流通渠道，用诚意和周到的服务来培养消费者忠诚度，企业的发展将得到消费聚拢效应的大力推动。

第三，资本沉淀效应。企业发展离不开资本，或者说短期内资本是企业发展最重要的决定因素。而消费资本化的一个重要功能就是为企业创造出庞大的资本存量。以"消费者投资"这种最基本的消费资本化形式为例，当企业将消费者购买产品的消费额的一定比例（等于销售净收入）以记账形式记入消费者在本企业的个人投资账户（实际资金已经投入到企业的再生产之中），在一段时间之后（比如1年），企业才开始按账户余额和企业盈利情况按比例以资金或产品的形式分期返还给消费者，企业的收和支之间存在一个时间差，这就使得企业完全可以靠后加入的消费者的投入来支付先加入的消费者应当获得的回报，企业自始至终都保留了一个资本存量，而随着消费规模的扩大，这个沉淀下来的资本存量将以算数或几何基数递增，企业的发展因此而得到了另一个渠道的资金支持。

第四，社会资本效应。尽管"社会资本"作为一种不同于经济学和人口学定义的资本概念在1977年的有关文献中才出现，但在经济学界和社会学界却有着广泛而深远的影响。社会资本理论又称社会网络理论，特点是：从人际网而不是从技术网角度解读信息化。社会资本理论的创始人，哈佛政治学家罗伯特·普特南（Robert D. Putnam）在其著作《让民主运作》一书中明确阐明，社会资本诞生并且体现于民众交往网络之中，由于民众对社会经济的参与，社会资本逐渐演进成一种能够使人们互相信赖并恩恩相报的经济资源，人们为了共同的利益而相互合作。普特南还认为，社会资本是经济发展的先决条件，社会资本的强弱决定了经济发展水平的差异。普特南之后，国外社会学者对社会资本的认识以科尔曼（James Coleman）和布尔迪厄（Pierre Bourdieu）为代表。科尔曼认为，社会资本是个人拥有的、表现为社会结构资源的资本财产，它们由构成社会结构的要素组成，主要存在于人际关系和社会结构之中，并为结构内部的个人行动提供便利；而布尔迪厄认为，社会资本是一种通过对"体制化关系网络"的占有而获取的实际的或潜在的资源集合体。社会资本的拥有者可以是个人、群体、组织、社区、企业等，其表现形式为社会结构资源，但社会结构资源本身不是社会资本，只有经过动员才能成为社会资本，行动主体对社会资本持有回报预期，社会资本与其他资本一样具有工具性效应。企业社会资本是指企业通过纵向联系、横向联系和社会联系摄取稀缺资源的能力，一个企业社会资本量的大小，受经济结构和企业家能动性两大要素影响；社会资本对企业的经营能力和经济效益有直接的提升作用。消费资本化理论应用于实践可以丰富企业的社会资本量，整合市场资源，形成以企业为核心、由消费者推动的强势市场。

第五，市场压力效应。消费资本化使企业在获得货币资本和社会资本等市场动力的同时，也受到更多具有建设性的市场压力。消费者对企业的投资和对企业生产销售的浅层参与，有利于提高企业的质量管理意识，有利于更大范围、更加深入地收集和处理市场需求信息。在这种市场压力下，企业最终会在提高产品质量和降低生产成本方面，甚至在产权改革、现代企业制度建设方面发生根本性的变革。如何在新的国际竞争环境下参与竞争并使自己保持不败之地，是任何保险公司都必须面临的严峻挑战，而实现保险公司管理过程的全面信息化、新的管理模式则是在当前环境下取得竞争胜利的不可或缺的重要手段，是实现现代化管理并与国际接轨的重要保证。

四、结论

尽管寿险代理人模式有一套对寿险营销人员行之有效的激励制度，在出现在中国市场后的短短几年时间里，使我国保险业取得了飞速发展。然而随着我国保险业的快速发展，保险营销中出现了很多问题。比如，一直以来，在寿险展业的过程中出现的欺诈、误导、同业诋毁等现象，引起了社会广泛的不满，使得整个保险业的信誉都遭到巨大怀疑。这种情况继续下去，将严重地影响中国保险业的发展基础——诚信。与此同时，对于国内保险公司来说，代理人的大量“脱落”也是一个难以解决的问题；保险行业里，外资保险公司进入后的挖角风波频频发生，这也应当引起国内保险公司的注意。通过以消费资本化理论为基础对我国保险行业实施改革，不仅能够解决上述问题，而且可以强化保险公司的主供给渠道，降低保险公司的营销成本等，还能够为保险公司带来一系列显著的经济效应，推动我国保险业迅速发展。

第五十二篇

消费资本化理论与投资促进模式创新

2006年6月在北京《关于投资促进模式创新座谈会》上的讲话

【内容提要】 我国投资促进存在很多问题，这些问题大多是由于缺乏科学的理论指导造成的。由于受传统经济理论的影响，认为推动经济发展的资本只有单一货币资本，没有认识到知识资本和消费资本的重要性，因此，我国的投资促进工作长期注重货币资本投资促进，而对于引进知识资本和消费资本缺乏重视。

以消费资本化理论为指导，我国的投资促进工作就要实现由单一种货币资本促进模式转变为货币资本、知识资本和消费资本三种资本投资促进并举的新模式。

一、启用新的市场经济理论，实现投资促进模式创新

"十一五"期间是我国经济发展方式的转型期。中央在"十一五"期间提出的有关转变经济发展方式和加强自主创新能力等战略部署，对我国今后的经济发展和各个领域的工作都具有重大的指导意义。

我国的投资促进工作开展以来，总体上讲是比较成功的，取得了很大成绩，这就为今后的投资促进工作打下了良好的基础。但是，投资促进工作与其他领域的工作一样，面临着二次发展、转变经济发展方式和加强自主创新能力的问题，这对今后投资促进工作的顺利发展具有十分重要的意义。

我国的投资促进工作，由于长期受到西方传统经济理论的影响和束缚，从而对投资促进的内涵理解不清晰、不全面。所以很多原本应该列入投资促进工作的大量内容尚未得到展开和实施，直接影响了投资促进工作的成效。

产生这些问题的关键在于，指导投资促进工作的理论基础已经滞后了，并且严重阻碍了社会经济的发展。传统的市场经济理论认为，推动经济发展的只有一种资本，即货币资本。但市场经济发展的实践证明，事实并非如此，发展中的市场经济的资本构成应包括货币资本、知识资本和消费资本，而不是单一的货币资本。

因此，我们传统的投资促进模式也面临创新，不仅要引进货币资本，而且还要引进知识资本和消费资本，利用三种资本推动经济发展。

二、我国投资促进发展状况

(一)我国投资促进发展历程

1. 外商投资和外商投资管理的三个发展阶段

改革开放28年来,中国政府一直奉行对外开放政策,一贯重视投资促进工作,积极鼓励外商到中国投资,使外资在中国的规模不断增加,促进了社会主义市场经济体制的建立完善,推进了开放型经济发展,引进了大量国外资金、先进适用技术和管理经验,培育了一大批技术和管理人才,提高了国内技术创新水平,带动了国内产业结构优化升级,创造了大量就业机会,增加了国家财政收入,增强了中国的综合实力和国际竞争优势。利用外资是中国对外开放基本国策的重要内容,是中国特色社会主义经济的伟大实践之一,是中国在参与经济全球化进程中获取比较利益的重要途径,外资对中国经济社会发展产生了深远而重大的影响。

截至2006年底,中国累计批准设立外资投资企业594427家,实际使用外资金额6918.93亿美元。目前,来华投资的国家和地区超过190个,全球最大的500家跨国公司中约有470家在华投资。外商以多种方式投资设立研发中心超过1000家,跨国公司在华设立地区总部已近40家。特别是进入21世纪以来,在全球FDI大幅度下滑的形势下,我国吸引外资保持了持续稳定的增长。中国吸收外资的行业结构、地区结构进一步改善,吸收外资质量有所提高。

大体说来,我国外商投资经历了三个发展阶段,即1991年以前的平稳发展阶段、1992～1998年的高速发展阶段和1999年以来的恢复发展阶段。1979～1982年,我国实际利用外资每年平均只有4～5亿美元,80年代中期增加到20亿美元左右,外商投资初具规模。经过80年代中后期的促进与发展,到90年代初,外商投资翻了一番,达到40多亿美元,外商投资稳步增长。以后,在各地招商引资活动推动下,我国外商投资迅速膨胀,几乎一年一个台阶,呈直线增长态势,到1998年实际利用外资达到454.63亿美元的高位,中国成为吸引外国直接投资最多的发展中国家。由于亚洲金融危机的影响,1999年我国实际使用外资一度出现小幅度的下滑,但很快及止跌回升,进入平稳发展阶段。2002年和2003年我国实际利用外资金额分别为527.43亿美元和535.05亿美元,连续两年成为全球吸引FDI最多的国家。据外资快报统计,2004年1～12月份,全国新批设立外商投资企业43664家,比2003年增长6.29%;合同外资金额1543.79亿美元,同比增长33.38%;实际使用外资金额606.30亿美元,同比增长13.32%。截至2004年12月底,全国累计批准设立外商投资企业508941个,合同外资金额10966.08亿美元,实际使用外资金额5621.01亿美元。

与我国外商投资经历三个发展阶段相适应,我国外商投资的管理大体上也经历三个发展阶段;80年代初是以政府部门审批管理为主的阶段;90年代以来是以地方招商活动为主的招商引资阶段;新世纪以来,招商引资的内涵和外延都在扩大,我国的外资管理又进入了一个新的阶段,即投资促进阶段。商务部投资促进事务局也正是适应这种形势而成立的。随着我国市场经济体制的逐步建立,政府职能转变加速,对外商投资的管理和引导也从项目审批为主转向法律法规政策制定和投资促进上来,可以说投资促进很大程度上已成为今后我国各级政府吸引外资工作的重点任务。

2. 我国投资促进发展阶段

我国利用外资起步于改革开放之初，当时是以审批为主，80年代中期以后，随着改革开放的深入，外资对于国民经济和地区经济发展的作用日益显现，投资促进开始提上日程。从80年代中期到现在，中国投资促进事业的发展大体上可以分为四个阶段：

第一阶段：投资促进机构的雏形——外商投资服务中心。80年代中期，根据外商投资的需要，我国许多省市陆续成立了外商投资服务中心，协助投资者办理在中国设立企业的各种手续。当时为外商服务的重点是：建立一站式服务机构，简化项目的审批、登记手续。可以说，最早设立的外商服务中心是我国投资促进机构的雏形。

第二阶段：引进营销理念，扩大招商引资。90年代初期，国际投资促进理论与实践得到快速发展，在投资促进业务中开始引入营销的理念。一个国家或地区的投资环境被视为商品，投资促进成为一门特殊的营销学科。为此，世界各国纷纷成立了投资促进机构，投资促进队伍逐步形成。1990年，商务部（原外经贸部）率先在我国外商投资主管部门外国投资管理司内部设立了投资促进处，随后，各地外经贸主管部门也先后设立了投资促进部门，我国投资促进事业进入第二个发展阶段。

第三阶段：投资促进走向国际化和社会化。90年代后期，随着中国吸收外资规模的迅速膨胀，投资促进走向国际化和社会化的呼声日益强烈，特别是中国加入世界贸易组织以前的准备工作及以后的履行承诺，极大地推动了中国投资促进事业向更高层次发展。

第四阶段：投资促进有效性阶段。自2007年1月开始，我国投资促进进入投资促进有效性阶段。它以在2007年1月在北京亦庄开发区召开的"2007年度全国外资工作会议"为标志。会上发表了《不断提高利用外资质量和水平，促进吸收外资工作又好又快发展》、《2007全国吸收外商投资工作指导性意见》和《2007全国吸收外商投资工作思路》等三个文件，其中将提高投资促进工作的宏观有效性和微观有效性问题列入全国投资促进工作重点之一。从此，我国投资促进工作开始进入既重视投资促进规模，又重视投资促进质量，既关注投资促进成本，又关注投资促进效益，既注重投资促进宏观有效性，又注重投资促进微观有效性的时代。

（二）我国投资促进存在的问题

1. 缺乏科学的理论指导

我国投资促进存在很多问题，这些问题大多是由于缺乏科学的理论指导造成的。由于受传统经济理论的影响，认为推动经济发展的资本只有单一货币资本，没有认识到知识资本和消费资本的重要性，因此，我国的投资促进工作长期注重货币资本投资促进，而对于引进知识资本和消费资本缺乏重视。比如，长期存在的引进外资"重数量轻质量"的问题还比较突出，某些地方政府和部门不计成本盲目招商引资，片面追求引进外资的数量。这就是由于在传统理论的影响下，只重视货币资本，而忽略知识资本的缘故。我们处在一个信息爆炸和技术巨变的时代。我们的差距不仅仅是资金的差距，更重要的是知识、技术、观念上的差距。同时随着时代发展，消费资本的提出，我们应该更加重视消费资本的投资促进，不但引进货币资本、知识资本，而且大量吸收消费资本。

因此，我们要更新观念，转变思路，应用新的理论指导指导我们投资促进工作。

2. 观念滞后,缺乏创新举措

投资促进观念落后。一些地区将投资促进完全等同于招商引资,认为搞投资促进就是搞招商、引商,忽略了形象塑造、全方位服务、投资反馈等内容,没有认识到这几个环节实际上是一个有机的整体,它们相互联系,相互推动,不可或缺。

各地方投资促进手段单一、方式雷同,缺乏创新举措。招商活动效果不理想,吸引外资水平也不高;普遍存在着重数量轻质量、数字浮夸和压指标现象,信息安全观念不强;重视具体鼓励政策而忽视制度建设、重视项目招商而轻视投资环境、重视形式轰轰烈烈而忽视内容实实在在的情况;自主创新的投资促进活动和品牌产品不多,在国内外的知名度较低;政府投资促进行为不讲效益,不计成本,搞粗放式投资促进;各地投资促进机构各自为阵,恶性竞争,全国工作缺乏统一协调。此外,伴随着我国企业对外投资规模的不断扩大,投资促进部门在对外投资促进中所发挥的作用还很有限。

三、以消费资本化理论为指导,实现投资促进模式创新

(一)消费资本化理论基本内容简介

消费资本化理论的核心内容,是将消费向生产和经营领域延伸。当消费者购买企业的产品时,生产厂家和商业企业应把本企业产品的采购视为对本企业的投资,并按一定的时间间隔,把企业利润的一定比例返给消费者。此时消费者的购买行为,已不再是单纯的消费,他的消费行为已经变成了一种储蓄行为和参与企业生产的投资行为。于是消费者同时又是投资者,其消费转化为资本。这实际上是把消费者从产品链的末端以投资者的身份提升到前端,使消费者在购买产品时,既能分享企业成长的成果,同时也为企业发展注入新的动力,使消费和投资有机结合,从而使买卖双方在这种条件下合二为一,完成消费转化为资本的过程。这样,消费作为一种资本,它同货币资本、知识资本一样,成为企业和地方经济发展的直接动力。

消费资本化理论具有两个最基本的特征:一是完整的市场经济资本构成是由货币资本、知识资本和消费资本三种资本构成;二是经济发展方式是由多种资本要素共同作用推动社会经济的发展。从而使市场经济的增长方式由单一的形式转化为多种增长方式,即货币资本和知识资本相结合的增长方式,以及"消费资本导向、知识资本创新、货币资本推动"的三种资本融合、三种资本联动的经济发展方式。

(二)实现三种资本投资促进并举新模式

以消费资本化理论为指导,我国的投资促进工作就要实现由单一种货币资本促进模式转变为货币资本、知识资本和消费资本三种资本投资促进并举的新模式(见下图1)。也就是说,企业投融资要考虑三种资本的投融资,同样,投资促进也应该考虑三种资本的投资促进。具体而言,主要做好以下工作:

1. 通过有效的货币资本投资促进工作,积极充实货币资本

提出三种资本的思路,并非要否定货币资本的作用,相反,要通过积极扩大产业资本(实业资本)和金融资本进一步充实货币资本,使货币资本发挥更大的作用。货币资本能够有效地组织劳动力、技术乃至土地和信息等必要的资源和生产要素,能够迅速化解经济发展过程

中由于资本短缺所造成的各种问题，从而推动经济高速发展，我国目前的投资促进工作主要停留在对货币资本的投资促进阶段，具体包括产业资本（实业资本）投资促进和金融资本投资促进，而最多还是产业资本投资促进。随着投资促进工作的深入，今后必须实现从实业资本投资促进到实业资本和金融资本投资促进共同发展。据银监会提供的资料：截至 2006 年 5 月底，在华外资银行资产总额 963.8 亿美元，外汇贷款 333.6 亿美元，人民币贷款折合 1349 亿元，21 个国家和地区的 71 家外国银行设立了 183 家分行，美国银行收购中国建设银行 9%的股份，汇丰银行拥有交通银行 19.9%的股权。可见，外资进入中国银行，中国银行开展投资活动都将为中国经济的快速发展发挥重要作用。因此，现阶段必须首先建立专业投资促进机构同金融部门或金融监管部门的信息交流机制，同时就金融资本投资促进同传统投资促进领域的关系进行深入的研究并进行适度改革，为推动和实现产业资本促进和金融资本促进长期融和、共同发展打下良好的基础。

但是，必须注意到，通过投资促进工作吸引来的资本货币仍然是暂时性、阶段性的供应，远不能解决地方和企业经济长期发展所需要的资金，如果运作不好，容易出现生产链和资金链断流的现象，从而影响和阻碍地方和企业的经济发展。举例来说，在传统的经济发展方式下，国家、地方和企业主要是依靠自身的原始资本积累和银行贷款来支持经济发展。大量的资金积累和巨额的外汇注入，虽然可使经济有一定的发展，但是，在积极充实货币资本的过程中，单一货币资本支持经济发展的方式存在一些问题：第一，随着科学技术的迅速发展和新时代的到来，已经显示这一传统的经济发展方式的局限性和不充分性。这种局限性和不充分性主要表现在依靠货币资本这一单一要素发展经济，经常会出现资本短缺、创新乏力和消费萎缩等问题，从而形成经济发展的瓶颈。第二，通过对国际经济发展经验的研究和对本国经济发展经验的总结，发现货币资本对经济的发展并不总是正面效应，有时它会造成经济过热，有时又会造成经济发展迟缓。导致过热或迟缓的原因，并不是缺少货币资本，而是由于资本相对过剩、投资过热，造成生产相对过剩和资本利用率的普遍低下。第三，货币资本推动经济发展的速度是巨大的。但是，单纯依靠货币资本发展经济很快就遇到了瓶颈。货币资本的不断增长，带来的是资源消耗的不断加速，因此很快就会出现有限的资源无法继续支撑经济高速增长的需要的局面。由此看来，货币资本是必不可少的，但却不是支持经济发展的唯一动力。

2. 通过有效的知识资本投资促进工作，高度倚重知识资本

在招商引资的同时，要加强招商引智的工作，高度倚重知识资本的力量。高新技术和专业人才作为一种知识资本，对国家的经济发展具有十分重要的意义。知识资本是可以裂变的，它对货币资本作用的发挥起到一种倍加的作用。当货币资本不能充分满足一个国家、一个地区、一个企业经济发展的需要时，只是资本就起到一种点石成金的作用，它可以几倍、几十倍地扩大货币资本的作用，推动国家、地区和企业的经济发展。传统的经济发展往往用货币资本来购买厂房、原材料和零部件，再将原材料转化成产品，是一种以牺牲资源和环境为代价换取经济发展的经济发展方式，这种经济发展也已经走到了尽头，新时代应该把产品的生产从资源依存型逐渐过渡到科技依存型，高度倚重和发挥知识资本的作用，加大科技含量，降低物耗，从而加速地方和企业的经济发展。

3.通过有效的消费资本投资促进工作，大力开拓消费资本

消费资本不仅决定货币资本能否实现其最终价值，而且是给经济发展注入新的资本动力的源泉。消费资本的开拓，对经济发展具有十分重要的作用。它为国家、地方和企业的经济发展找到了一条生生不息、源源不断、永续不竭的资金源泉和资金流。消费转化为资本，打通了消费和扩大再生产的通道，它可以每月、每周、每天向地方和企业注入新鲜资本。一方面，资本就在我们身边，凡有消费和消费者的地方，就存在着消费转化为资本的土壤和条件，就有消费资本化的可能，影响范围积极广大，这是急待开发的一个巨大的资本存量，取之不尽，用之不竭。以企业为例来说，只要企业产品质量优良、款式新颖，就会有市场，产品销售出去后的资金就可以回笼到下一阶段企业扩大再生产中去，这是一个良性循环。倘若把消费转化为资本，并进一步形成投资，那么对一个国家的经济发展将具有不可估量的意义。另一方面，消费者本身就是一个庞大的消费群体，消费者是市场竞争的、最终的决定力量，他们即是市场的主人，又是给企业注入新的资本动力的源泉。我国是拥有13亿消费人口的大国，有巨大的消费市场和潜力。在地方和企业资金短缺的同时，银行城乡居民的存款却一直居高不下，据银行统计，2004年突破14万亿，2005年达到15万亿，截止到2006年4月底，已经突破了16万亿大关，这是世界上独一无二的巨大的消费市场，是潜在的、巨大的消费资本。如果其中一部分通过投资促进工作转移并投资应用到地方和企业经济建设中来，无疑会起到巨大推动作用。我国的投资促进将有巨大的发展空间和广阔的发展前景。

四、结论

综上所述，今后的投资促进工作，应积极按照党中央“十一五”战略部署，在新的市场经济理论——消费资本化理论的指导下，尊重市场经济规律，实现市场化运作，进而迈入一个多元化、多渠道发展的新阶段。具体来说，就是通过继续积极引进货币资本、高度重视引进知识资本、指导企业大力开拓消费资本，推动我国投资促进工作呈现一个崭新的局面，从而为促进我国经济发展方式转型，实现促进各领域、各行业快速发展的重要作用。

第五十三篇

关于我国旅游业发展模式的建议

2006 年 7 月 15 日在《新疆吐鲁番市关于旅游业发展座谈会》上的讲话

【内容提要】 我国旅游业发展前景良好，但仍然存在着一些问题。首先，客源市场不再继续扩张，很多景区的游客增幅还出现停滞或者下降的现象。其次，多元化投资机制还未真正形成，旅游投资来源少、渠道狭窄。再次，目前旅游产业规模与支柱产业的地位不相称，不能适应旅游市场的变化和游客的多样化需求。最后，产业链不完善，缺乏产业化的整合模式。

我国旅游业应加快经济发展方式转型，在继续充实货币资本的同时，大力开拓消费资本，彻底改变供给拉动需求的模式，实施以消费需求自主驱动的新型模式；高度倚重知识资本，对旅游产品进行开发和设计，提升旅游产品的现代性、自然性、文化性和民族性的内涵。

一、我国旅游业发展现状及问题

旅游业又称无烟工业、无形贸易，是以旅游资源为凭借、以旅游设施为条件，向旅游者提供旅行游览服务的行业。旅行游览活动作为一种新型的高级的社会消费形式，往往是把物质生活消费和文化生活消费有机地结合起来。

旅游业是服务性行业，具有直面服务、产销合一的产业特性，是世界范围内迅速发展的新兴现代产业。旅游业也是综合性产业，通过产业关联带动、吸纳就业等功能，推动和刺激着经济发展和社会进步。由于旅游业主要通过劳动服务的劳务形式，向社会提供无形的效用，即特殊的使用价值，以满足旅游者进行旅行游览的消费需要，也具有非生产性的产业特征。

（一）我国旅游业发展现状

我国旅游业发展虽起步较晚，但发展速度举世瞩目。2006 年我国入境旅游接待 1.29 亿人次，国内旅游超过 13 亿人次，旅游总收入 8935 亿元，旅游直接从业近 1000 万人，旅游业已成为国民经济中发展速度最快的行业之一，同时也是具有明显国际竞争优势的产业之一。

不仅如此，旅游业还推动着国民经济和社会的发展，培育和提升国家及地区的“软实力”。一个旅游不发达的城市，无法实现国际化、现代化和信息化；一个旅游业萧条的国家，也很难说是繁荣昌盛、社会和谐。因此，旅游业是关系国计民生的大产业。据世界旅游组织预计，到2010年，中国旅游业的出境游将会达到每年1亿人次，排名升至全球第四，入境游客数量达到全球第一，约为每年1.3亿人次。按常理推算，国际旅游与国内旅游的比率为1:10。这就意味着10年后的国内旅游将在目前的基础上再翻一番，达到13亿人次，国内旅游人数将呈现出持续增长的态势。

旅游业作为中国第三产业中最具活力和潜力的新兴产业，在大多数地方还成为拉动经济发展的支柱产业、优势产业或先导产业，它在中国国民经济中的地位不断得到巩固和提高。我国已初步形成了基本完备的旅游接待体系，开发建成各级景点2万多个、A级旅游景区671家、星级饭店12024家、各类旅行社16891家、优秀旅游城市247个。

(二)我国旅游业发展进程中存在的问题

虽然我国旅游业发展前景良好，但仍然存在着一些问题。首先，客源市场不再继续扩张。虽然大多数旅游景点的承载量还没有饱和，但是客源市场却已经停止在一定的水平上，不再继续扩大。很多景区的游客增幅还出现停滞或者下降的现象，这是预示了客源市场成熟期的到来。如何刺激消费者需求，扩大客源市场，激发他们的消费积极性是旅游产业亟待解决的问题。

其次，多元化投资机制还未真正形成。景区总量大、类型多是难得的优势，但同时也给投资开发特别是道路、供电、通讯、供排水等基础设施投入增加了难度。要想使整个景区都给游客提供快捷、安全的服务，那么辅助设施的建设就必须到位，这就需要大量资金投入。但旅游投资来源少、渠道狭窄，单纯依靠国家和地方的财政拨款是远远不够的。而且全靠资金的夯填，短时间内规模迅速扩张，一些矛盾和问题会在日后使用中逐渐暴露出来。

再次，目前旅游产业规模与支柱产业的地位不相称。和国民经济的支柱型产业相比，旅游产业发展相对缓慢，旅游产品结构单一，档次较低，品牌效益不明显，不能适应旅游市场的变化和游客的多样化需求。

旅游业在中国作为一门新兴产业，其行业文化积淀比较薄弱，行业培训能力也是极为有限的。如今一部分国内旅游从业者多把自己从事的工作看作是一种简单便捷的挣钱手段，而不是当作一种需要技能和行业纪律的事业加以追求。一些主管部门成立三类社的目的只不过是为自己增设一个方便自如的小金库而已，因此在经理和其他人员配备上也就按照自己“实用主义”的标准进行配置。

最后，产业链不完善。旅游部门从对旅游投资建设到旅游产品设计包装都独立地去看自己的利益，而忽略了对相关产业的带动作用，产业链不完善，缺乏产业化的整合模式。

(三)现行解决办法与评价

国内外专家学者对旅游业存在问题提出一些改进建议：加大政府投资力度，巩固旅游设施建设；提高旅游服务质量，细化旅游产品，吸引消费者，从而刺激旅游消费；在追求旅游业整体效益的前提下提高旅游管理水平和力度等。

这些改进建议从不同的侧面指出了解决当前旅游问题的办法。加大政府投资力度，可以巩固基础设施建设，但是政府投资毕竟有限的，我国有众多旅游产品亟待开发，单靠政府投资是远远不够的。提高旅游服务质量，开发多样化的旅游产品，可以提高消费满意度，发挥一定的拉动消费的作用，但是现在市场经济已经是买方市场，而不是卖方市场，由供给拉动的需求是非常有限的。另外，提高旅游管理水平和力度，可以建立规范的旅游市场秩序，使旅游产业中的各项活动更为高效，但是对于推进旅游产业化进程，单纯提高管理水平是不够的，还需要对旅游产业链的分析和整合，从而建立完备的旅游产业结构。

由此可见，从管理的角度探讨旅游问题的解决办法，只能改善问题的表象，不能从本质上彻底消除旅游产业中存在的问题，比如投资来源问题、激发消费者积极性的问题等。因此我们需要从资本运作的基本规律和经济发展的实质来探讨解决办法。

在新经济学原理的基础上，提出相应的改进建议，探讨这些问题的解决办法，从本质上解决资金来源的问题，消费积极性的问题和产业链优化的问题，对旅游业的发展有重要的促进作用，而且对国民经济发展也有重要的现实意义。同时全世界的旅游经济发展都可以借鉴该发展模式，它将成为指导所有旅游实践的根本思想。

二、旅游业发展模式建议

中国和世界各国的经济发展实践充分证明：以牺牲资源和环境为代价换取经济发展的模式，已经走到尽头。伴随这种经济发展模式所形成的工业经济时代的市场经济理论，也已进入终结时期。如果继续沿用过去的旧的市场经济理论来诠释今天的经济，分析今后的发展，并以此为基础规划未来的经济发展，显然是不适宜的。那将会使未来的经济运行走回头路、停滞不前，甚至会误导经济发展。因此，新的市场经济理论，不仅对当前的经济发展具有重要意义，而且也是规划今后社会经济运行的理论基础。

"消费资本导向、知识资本创新、货币资本推动"——将是国家、地区和企业今后经济发展的基本模式，是全世界各个市场经济国家经济发展实践所必然遵循的趋势，也是市场经济一条非常重要的经济发展规律。根据新的经济发展模式，提出旅游业发展模式的几点建议。

(一)大力开拓消费资本

当前，扩大内需已经成为我国经济发展战略的重要启动点。国家推行了多项政策刺激内部需求，但是这些政策都是通过改善外部供给来增加内部需求的，虽然有一定的促进作用，但是效果并不明显。扩大内需需要从多方面入手，更需要从消费理论上给以引导，而中国的国情也决定了我们需要一种与社会主义市场经济相适应的、本土化的、新的资本理论体系。为大力刺激旅游休闲消费，推进我国旅游经济的发展，需要彻底改变供给拉动需求的模式，实施以需求自主驱动的新型模式。

消费驱动的新型模式，引入消费资本化理论。消费资本化理论的核心内容是将消费向生产领域和经营领域延伸。当消费者购买企业的产品时，生产厂家和商业企业应把消费者对本企业产品的采购视同是对本企业的投资，并按一定的时间间隔，把企业利润的一定比例返还给消费者。此时消费者的购买行为，已不再是单纯的消费，他的消费行为同时变成一种储蓄行为和参与企业生产的投资行为。于是消费者同时又是投资者，其消费转化为资本。消费资本理论丰富并创新了传统的资本理论体系，是新经济发生、发展的必然理论产物，是当前我国扩大内需的重要的理论杠杆，也是从根本上解决资本与资金短缺，促进国民经济平稳较快发展的理论依据。

消费资本理论在旅游业中的应用，是将消费者的旅行游览行为视同为对旅游企业的投资，这些企业应按一定的时间间隔，把企业利润的一定比例返还给消费者。旅游消费者的消费行为变成了一种储蓄行为和参与企业经营运作的投资行为，使旅游消费者产生一定的回报预期，可以调动他们的消费积极性。在旅游消费者眼中旅行游览行为不仅能够得到精神上的休闲、感官上的满足以及身体上的放松，还可以得到实际的收益，使旅行游览行为变为了投资活动，消费者具有了投资者的权益，不仅提升了满意度，而且使消费者具有自主消费的冲动。对于旅游开发和管理部门或者相关的旅游产业机构，大量的消费资本可以帮助他们解决旅游项目开发中资金短缺的问题，有助于它们开发新的旅游产品，提升服务质量。

而且还可以利用消费资本化理论对旅游产业链进行优化。图 1 的旅游产业链中，在每一个消费环节应用消费资本化理论，可以使产业链上的每个个体都能成为消费资本的所有者。产业链中的企业或者部门就具有双重的收益预期，可以激发它的消费积极性，同时消费资本的融入有助于它提高服务质量，改善服务意识，不断提升自己的业务水平。对于消费行为的主体和客体，可以达到双赢的格局。

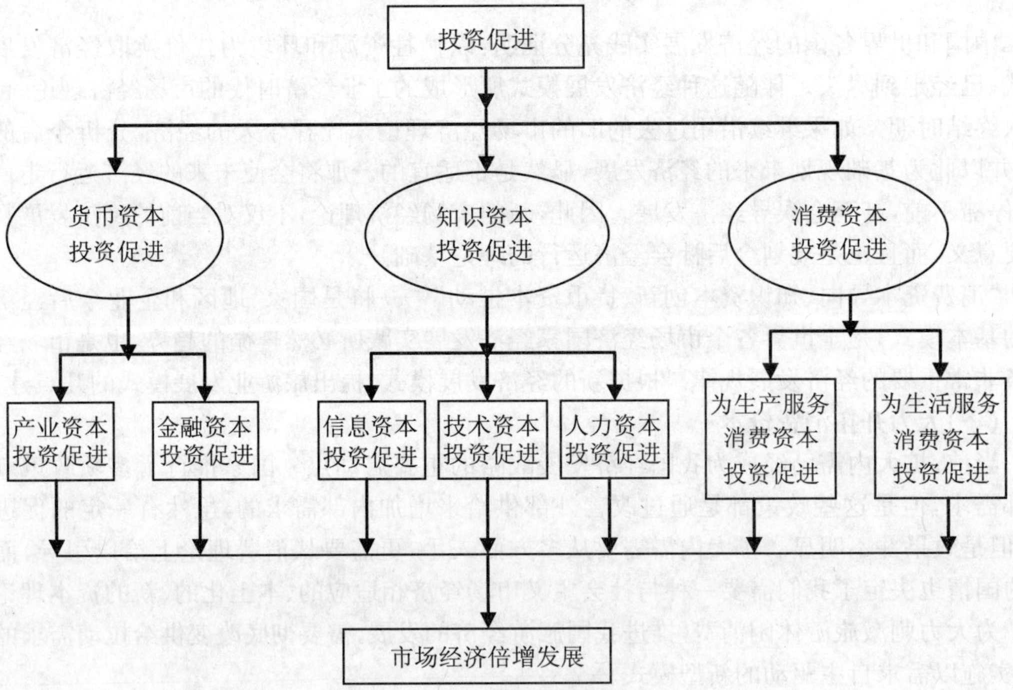

图 1　新时期投资促进模式

消费自我驱动的模式使产业链中的个体之间联系变得更为紧密，相互之间的协作关系变得更为重要，促进它们建立协同与整合的经营理念。协同，就是树立产业链意识，把自我中心的经营思想转化为自我与产业链两个经营核心。整合，就是行业管理部门、地区、企业三方努力，推动这个行业逐步建立互相配合的机制。在这种理念的指导下，可以有效的优化旅游产业链的整体结构，使产业链中的个体紧密联系在一起，成为一个和谐的有机整体，在提升旅游业的整体竞争力和产业规模上具有重要的意义。

(二)高度倚重知识资本

旅游消费具有求新求异和逐步升级的市场特征。现代旅游产品具有现代性、自然性、文化性、民族性的内涵属性。其中现代性是指旅游产品运用现代科学知识和生产方式来满足当代人生活理念的属性；自然性是指以自然景观为核心要素的产品属性，主要功能在于满足那些对都市生活产生厌倦的人们渴望贴近自然的需要(如住宿、就餐、休闲或商务旅行时能够处于一个充满阳光、空气清新、景色优美的自然环境中，从而得到额外的享受)；文化性是指旅游产品具有展示人类活动历史轨迹和愉悦精神的属性，其核心在于满足人们接受教育、寻求启示的需要；民族性体现某个特定民族文化特色的属性，即世界上不同民族的文化差异较大所制造的神秘性，对于其他民族的人们而言，具有较强的吸引力。具有这一属性的旅游产品可以满足人们相互了解、探新求异的需要。

我国旅游产品和市场的开发，仍处于供给水平不高的初级阶段:旅游产品以观光型为主，普遍追求大流量的旅游接待；旅游产品粗糙的多、精品的少，资源型的多、文化提升型的少；产品供给只能满足初级化、大众化市场，个性化、舒适性明显不足，成为影响我国旅游产业提升的重要制约因素。

针对上述问题，我们引入知识资本的这一概念。运用知识资本对旅游产品进行开发和设计，提升旅游产品的现代性、自然性、文化性和民族性。其一，必须明确划分旅游市场。高端产品与高端需求、精品服务、小流量接待相对应，大众产品要与一般需求、基本服务、大流量接待相对应。还可以建立多层次多侧面的旅游管理网络，提升旅游管理的水平。以及构建旅游电子商务平台，把票务，酒店预订和旅行团预订等整合在一起。

其二，突出旅游产品的文化和特色，不仅要体现在旅游景区的开发建设上，也要体现在旅游各产业要素上，还要反映在旅游线路设计和宣传促销上。要加强旅游业与一、二产业及第三产业其它门类的结合，大力发展工业旅游、农业旅游、科教旅游、商务旅游、会展旅游、都市旅游、保健旅游和文化旅游。而且要注意旅游资源的合理利用和开发，必须彻底扭转"资源导向"的传统惯性，积极适应旅游消费规律变化。还可以开发虚拟的旅游产品，利用现代电子技术构建虚拟景观，给消费者身临其境的真实体验。

其次，旅游业是需要自我约束和自我修养的行业纪律和行业素质。提升旅游从业者的专业素质，提升旅游业的整体业务水平。把知识资本作为一种长效的激励机制，中层以上的管理人员，特别是高级管理人员和科技工作者，以及利用自己的智慧和才干做出突出贡献的业务骨干，是知识资本的载体和知识资本的所有者。将他们所承载的知识资本记入个人的知识资本账户，使之成为企业的知识资本股东，根据知识资本账户的余额占总资本的比例来分配利润，分享企业长期发展的成果。知识资本作为激励员工的动力和源泉，这样可以激发旅游从业者自我完善的自觉性和自主性，而且还可以吸引大量的人才进入旅游行业，对旅游行业内部体制的改造具有重大影响。

三、旅游业发展新模式的重要意义

我国的市场经济已经进入新的发展阶段，应当用新的经济理论，自主创新的经济理论，作为规划今后经济发展的理论基础。以往单一货币资本推动的经济发展模式，已经不能完全支撑经济高速增长的需求。在新的经济发展过程中,知识资本和消费资本的优势日益凸现出来,由货币资本、知识资本和消费资本共同作用的新经济发展模式将逐渐取代旧的经济发展模式,成为推动经济发展的主要力量。

(一)扩大内需拉动消费

在当前严峻的国际经济形势下,实现经济较快增长的根本之策,是扩大国内需求,进一步形成消费和投资的双重拉动。《政府工作报告》将旅游列为扩大消费的第二个领域,其重要性不言而喻。旅游业具有"一业兴百业旺"的特点,旅游业包含行、游、住、食、购、娱六大要素,旅游消费不仅与交通、住宿、餐饮、商业、景区景点等行业直接相关,还与工业、农业以及信息、金融、保险、医疗、咨询、环保等产业关联,其直接和间接影响的细分行业多达100余个,因此其拉动经济的作用十分明显。相对于住房、汽车等消费水平,旅游消费涵盖的价格区间从几元钱的旅游纪念品至上万元乃至数万元的旅游线路,产品的可生产性极强,可消费性也极强。

推动国内旅游向广度和深度发展,要进一步积极引导旅游消费。使用消费资本化理论指导旅游新产品的规划和开发,探索新的经营模式和营销模式,消费资本化理论的实施有利于刺激消费,将单纯的消费行为转化投资行为,起到扩大内需的重要作用。两者相辅相成,互相促进推动。

由于消费资本化理论重视消费者权益,因而深受广大消费者的欢迎,从而可以在市场开拓方面有实质性的突破,迅速扩大市场份额。而且可以避免经济的急剧下滑和社会矛盾激化。企业与消费者利益日益密切,使消费与生产进入了一个良性的循环,有助于经济的增长和投资效率的提高,从而消除了通货紧缩的根源。

我国有世界上最大的消费市场,我国是有13亿消费人口的大国。在地方和企业资金短缺的同时,银行城乡居民的存款却一直居高不下,目前已经突破16万亿大关。在消费资本化理论的作用下,我国消费资本的力量将得到最充分的释放,带来的推动力量是难以估量的。

(二)构建多元化投资形式

开发和维护旅游资源,以及建设和旅游相关的基础设施都需要大量的资金投入,但是这些投资的来源一般是国家和地方拨款,这些资金非常有限,有些旅游景点申请不到拨款,有些旅游景点即便得到拨款,但是投资数量不足以支持景点的开发和建设。此时货币资本不足的情况下,可以利用消费资本化来弥补货币资本的不足,充分调动消费资本的活力。

借助消费资本大力发展旅游业,带来客流、人才流、资金流、商品流、信息流的快速增长,使购买力扩大,也会带动餐饮业、旅馆业、商业的发展,促进交通运输和通讯设施的改善,一方面提高人民的经济收入和社会福利水平,解决就业问题,另一方面有利于改变地方财政的"输血经济"的模式。

通过消费资本的积累,旅游景点有了足量的资金用于建设和改造,有效解决了投资中资金短缺的问题,可以取得更好的经济效益。企业效益的增长又反过来提高了消费者的收入和回报预期,激发了消费者更大的消费主动性。同时,大力发挥知识资本的作用可以使有限的货币资本发挥更大的效用,而且可以使资源利用更充分,还可以提升旅游产品的现代性、自然性、文化性、民族性内涵。

新旅游发展模式对于解决地方和企业在经济发展过程中面临的资金和市场问题，具有十分重要的作用，有利于商业企业解决自身扩大再生产所需要的资金补充，有效地缓解国家投资的不足，充分完善多元化的投资模式——国家、企业和消费者投资相结合的模式。

(三)优化旅游产业链

旅游业是一个产业关联度比较大的产业，有利于带动相关产业的发展和经济结构的升级。旅游业是现代服务业的重要内容，服务业是国民经济的重要组成部分，其发展水平是衡量经济现代化和综合国力的基本指标，其发展状况预示了经济结构和产业结构演变的方向。

利用消费资本化理论，将旅游产业中的个体以及关联产业紧密联系成了一个有机整体，使他们之间机械的传递关系转换成为相互之间紧密的协作关系。每个个体具有双重收益期望，变被动的经营和消费为主动，使他们具有自主完善的意识，同时使相互之间的协作更为流畅更加紧密，改善以往旅游产业链混乱的局面，使其具有规范化的市场秩序。

(四)有利于建设和谐社会

使用新的发展模式，充分调动消费资本、知识资本和货币资本，保护了三种资本所有者的权益，建立了新市场经济条件下公平的分配制度。而且旅游业的发展带动多个行业的发展，有利于增加就业机会，解决地区和国家的就业问题。新旅游发展模式还给广大消费者带来实际收益和精神上的放松，对旅游行业各个产业具有重大推动作用，解决了国家和地区的财政“输血经济”的问题，有利于营造良好的社会秩序和经济气氛，构建和谐的社会主义。

四、结论

在我国市场经济高速发展的今天，势必要勇于创新，用适合我国国情的、中国原创的经济理论来指导我国旅游业的发展。旅游业的重大问题是旅游业客源趋于稳定，多元化投资渠道没有形成，产业结构不健全等，面临这些问题，我们在新经济学原理的基础上，为我国旅游业的发展规划了一个全新的发展模式：大力开拓消费资本，高度倚重知识资本，继续扩大货币资本。不仅从本质上解决了上述问题，还带来了积极的社会效益，对构建稳定和谐的社会有重要的现实意义。此外，这一新发展模式还可以应用在国民经济的其他领域，对我国乃至世界的经济发展发挥举足轻重的指导作用。

第五十四篇

关于科技孵化器创新模式

2010年12月在北京《关于科技孵化器创新座谈会》上的讲话

【内容提要】 我国科技孵化器行业应采取建立在消费资本论基础上的孵化器创新模式,即以货币资本、知识资本和消费资本三种资本为发展动力的创新模式。它将用三种资本对入孵企业的硬件、研发和市场开拓提供全方位的服务,提升和扩张科技孵化器的孵化水平和规模,迅速缓解和最终解决我国孵化器发展和国民经济发展需求不相适应这一根本矛盾。

经过20多年的不断探索,我国科技孵化器已从简单模仿进入迅速发展阶段。自1987年我国第一个孵化器诞生以来,至今在孵企业已达5.4万多家,仅2009年孵化毕业企业就达到4750家,培育了数批高新技术企业,为我国实施科技兴国发展战略,发挥了积极的推动作用。短短的二十几年,已经超越了一些发达国家近半个世纪的历史发展成果,为我国孵化器今后的进一步发展,奠定了坚实的基础。

但是,由于我国的孵化器发展起步晚、基础较差,同需要待孵的众多初创科技企业的总量相比,我国的孵化器的规模还很小,还远不能满足国民经济发展的需要。我国孵化器发展的根本矛盾,即孵化器发展水平和规模同国民经济迅速发展的需求不相适应的矛盾,依然没有得到有效缓解和解决。孵化器的作用发挥得还很不够,企业和市场的巨大需求远未得到满足。

我国孵化器目前正处于新的发展历史时期,处于历史性的转变阶段。孵化器面临诸多发展机遇,但多年积淀的各种矛盾和问题困扰着自身发展。存在的问题主要表现在孵化器理论体系尚未完全确立,许多问题有待进一步研究,尤其是孵化器结构模式、运行机制以及产业化发展方式均未得到很好的解决。

长期以来,人们在研究如何解决孵化器的根本矛盾和问题时,已习惯于就行业本身分析问题,习惯于从行业范围内谈解决问题的办法。这种思维引导人们长期局限在一些操作和技术层面上,难以触及根本性的问题,孵化器也就难以实现总体的突破。孵化器要实现新的跨越式发展,迫切需要新的理论指导。中国孵化器已到了必须大力推进理论创新,改进研究办法的时候。研究科技孵化器行业应具有新的视角,应从市场经济理论创新的角度考虑和把握孵化器行业的发展问题。具体讲,就是应该把中国孵化器的发展置身于市场经济大背景下,将孵化器还原于整个市场经济,然后来看中国孵化器发展缓慢所存在的问题。

同其他领域发展一样，我国孵化器长期以来一直十分重视货币资本的作用，无论是政府主导性孵化器、市场主导型孵化器还是混合型孵化器，都是采用单一货币资本支持的传统发展模式，对在孵企业主要提供场地和硬件支持，而忽视了全面的配套的软件服务。由于忽视了知识资本的作用，没有在孵化器和在孵企业之间建立知识资本长效激励机制，所以经常出现研发创新乏力的现象。由于忽视了消费资本的作用，从而在孵企业的最终产品经常出现市场缺失的现象。

建立在消费资本论和新的市场经济理论基础上的孵化器创新模式，是以货币资本、知识资本和消费资本三种资本为发展动力的创新模式。它将用三种资本对入孵企业的硬件、研发和市场开拓提供全方位的服务，提升和扩张孵化器的孵化水平和规模，迅速缓解和最终解决我国孵化器发展和国民经济发展需求不相适应这一根本矛盾。

率先举起“由货币资本、知识资本和消费资本联合推动的孵化器”这面旗帜，明确向全社会表明：入驻孵化器的初创企业的消费即是投资，在孵企业即是孵化器股东。让“入孵即是投资”、“在孵即是股东”这一发展方式的标准概括词，响彻全国各地、响彻整个孵化器行业。让这一带有战略性、动员性和极具吸引力的标准概括词，成为孵化器品牌的一项重要内容而深入人心，深深地印在每一位初创科技企业创业者的心中，以吸引北京乃至全国各地及港、澳、台的初创企业都积极入驻孵化器园区。

这是因为，根据消费资本论，孵化器把入孵企业支付的场地租金和购买孵化器各种服务的费用支出，看作是对自身的投资，孵化器将按入孵企业的消费额度、按一定比例把孵化器一部分利润返给入孵企业。在这种情况下，入孵企业作为孵化器的消费者和投资者，成为孵化器的协议股东。

还不仅如此，根据知识资本理论，入孵企业的高级管理人员和研发人员作为知识资本的载体和所有者，应当成为入孵企业的知识资本股东，参与入孵企业的利润分配。如果再加之实施知识资本量化长效激励机制举措，对研发人员的业绩进行知识资本量化，根据研发人员的释放出来的知识资本量的大小参与企业利润分配，这将极大的调动高级管理人员和研发人员的积极性，大大的提高企业的管理水平和科技创新水平，增强孵化器的孵化能力，从而加速科技成果形成和转化，有力地推动孵化器迅速发展。

只有把孵化器行业置于整个市场经济大背景下，才能对孵化器行业的现状做出深刻的分析，才能找出今后孵化器快速发展的根本途径。因此，我们的研究将以市场经济的理论创新和实践作为研究的起点和策划的依据。

孵化器创新模式，是在对以往的孵化器发展理论、孵化器结构、孵化器运行机制全面研究和创新的基础上，总结提出的一套完整的、科学的、规范的、具有可操作性的、崭新的孵化器模式。它同以往的传统的孵化器在理论基础，组织结构和运行机制方面有本质的不同。从这个意义上讲，它具有更新换代的意义，它将引领新世纪孵化器发展的方向。

首先，它是传统的孵化器发展理论创新的结果。用资本的三种形态即货币资本、知识资本和消费资本来诠释孵化器行业的现状和分析今后的发展，这是孵化器发展历史上前所未有的。它改变了以往孵化器业的思维定式。在孵化器发展过程中，引进知识资本和消费资本，对我国孵化器业的飞速发展有着积极的促进作用。知识资本和消费资本在孵化器中的推广和应用，可以使孵化器多年沉淀的、诸如货币资本短缺问题和孵化器发展不能满足市场发展需要的矛盾迎刃而解。

其次,提出了全新的组织结构和科学的管理模式。创新的孵化器模式是由货币资本、知识资本和消费资本三种资本共同参与和组成的综合资本股份有限公司。它不仅结束了以往建立在旧的孵化器理论基础上的孵化器组织机构和管理模式,而且还结束了1602年以来延续四个世纪之久的单一货币资本股份有限公司的历史,开启了世界企业发展历史的新纪元。

第三,它是一种新的经济运行体系,包括新的发展方式、新的企业制度、新的分配制度和新的运行机制。消费资本导向、知识资本创新、货币资本推动三种资本融合联动的发展方式,将是新时期孵化器运行机制的基本模式。

同时,在一定意义上,孵化器的创新模式也是国家进行规模化知识生产的最佳形式。它将不断的、大量的产生科技成果,形成并积累大量的知识资本。有力地推动国家经济发展。

创新的孵化器模式,将以其科学的内涵、创新的机制和简约的形式而有可能在全国范围内迅速推广。

在这里还需要特别说明的是,孵化器创新模式的操作流程与传统的孵化器模式的操作流程将有所不同。

首先,孵化器电子商务平台的建设与普通的孵化器的电子商务平台的建设有很大的不同,特别需要关注的是在电子商务平台中加入孵化器与在孵企业、与外部市场的信息的交流,这是完成孵化器市场化发展的最有效的促进手段。

其次,新模式出现了两个转变。一是在孵企业服务消费的一定比例转化为投资;二是在孵企业由于其部分服务消费转化为投资而成为投资人。这两个转变,给原有模式的操作流程的内容带来改变,主要表现在应用新模式的操作流程的内容,将增加为在孵企业设立"在孵企业消费资本账户"、计算在孵企业的投资额、确定适宜的返还率、设计相应的数学模型、新业务增长的处理、在孵企业消费资本账户的终止等内容和相关手续,从而增加新的操作流程环节。另一方面,在孵企业自身的消费资本化模式也有类似的流程。

第三,创新模式将从孵化器的首次应用开始,孵化器消费资本化模式的实施,将是一个从试用到完善,在总结试用的成熟经验之后可能会向全国或全世界进行推广的一个过程。推出孵化器创新模式,必将会取得令人瞩目的成就,而在这之后,也必然会对整个孵化器行业的未来走向产生巨大的影响,因此将会成为孵化器行业中的新发展模式的典范。

实施创新模式的孵化器园区,成为孵化器领域的领军者,并将同孵化器创新模式一起迅速走向全国、走向世界,引领新世纪孵化器发展的新潮流,为国家经济发展和世界经济发展做出新的更大贡献。

第五十五篇

振兴北京服务业的新发展方式

2007年12月2日在《北京创新论坛》上的讲话

【内容提要】 现代服务业的发展要求应用消费资本化理论对传统服务业发展模式进行创新，建立“消费资本导向、知识资本创新、货币资本推动”的全新的发展模式。在这种全新的发展模式下，知识资本的运用会增强服务业企业的创新能力，而消费资本的运用会增大市场份额。三种资本共同推动建立的新的发展模式必将为北京服务业的发展带来深刻的历史变化。

尊敬的朱书记：

尊敬的张主席：

尊敬的各位专家：

十分感谢北京创新研究院的盛情邀请，使我有机会就中国特色社会主义、新的经济发展方式等问题，同在座的各位进行有益的交流。

当前，全党、全国正在认真学习和贯彻党的十七大决议精神，党的十七大，对于中国今后的经济发展，具有深远的历史意义。

中国特色社会主义，是中国社会经济发展的一面旗帜；它是中国现代历史的主题，它是实践的主题，也是理论的主题。我们的理论研究和创新，也要围绕着这一主题展开。

中国特色社会主义，它不同于传统的社会主义，也不同于西方学者提出的民主社会主义。它在经济、政治、文化和社会四个方面都具有独有的特征，其中经济特征具有基础和根本性质。我们研究院在学习十七大文件过程中，对中国特色社会主义的经济特征进行了深入研究。我们认为从经济发展的角度看，中国特色社会主义实际上是一种新的经济运行体系，它包括新的经济发展方式、新的商业模式、新的企业制度和新的分配制度。它是一种速度适宜、效益显著、可持续并且可以实现社会全体成员共同富裕的经济运行体系。换言之，它是以速度适宜、效益显著、可持续发展为特征，以实现社会全体成员共同富裕、建设和谐社会为目的的经济运行体系。

在这里，我们也建议，北京作为全国首善之区，能够率先实现新的经济发展方式，率先实行新的经济运行体系。

下面，我想结合北京市服务业的发展，说明新经济运行体系在产业发展中的运用与重大作用。

党的十七大报告中提出:“要发展现代服务业,提高服务业比重和水平”。发展现代服务业,是提高第三产业比重,转变经济发展方式,改变过度依赖资源和能源发展,优化产业结构,培育新的经济增长点的必然选择。

北京是首都,作为全国的政治中心、文化中心和重要的经济中心,在发展服务业方面有许多得天独厚的优势。北京要建设全国的首善之区,更应振兴现代服务业的发展,通过新的服务业发展方式,实现消费方式转型,创新城市建设。

首先,让我们分析一下北京市服务业的基本情况。近年来,北京市服务业对全市国民经济的贡献率一直保持在60%以上,2006年达到70%以上,已经成为首都经济增长的第一支柱产业。现代服务业的发展领域不断拓宽。金融保险、信息通讯、科技教育、中介咨询等现代服务业迅速发展,到2006年底,北京现代服务业增加值约占全市GDP总量的67.8%。服务业吸纳就业的能力不断增强。截止2006年底,北京服务业从业人员占全市从业人员的比重近70%,对促进社会稳定发挥了重要作用。北京服务业已经成为我市财政收入最主要的税源。目前,北京市地方财政收入中营业税的80%以上、增值税(地方分成部分)的四分之一左右以及企业所得税的60%以上都是由服务业提供的。照此比例计算,地方财政收入中服务业的贡献率在50%左右。

北京服务业发展取得了有目共睹的成就,规模不断壮大,速度持续加快,但是,北京服务业特别是现代服务业,与国外先进的城市和地区相比、与首都经济发展的要求相比也有一定的差距,在发展中还存在一些不容忽视的问题,具体表现主要在:

第一,北京服务业整体发展水平还有待进一步提高,和国际先进城市相比还存在一定差距。经过20多年的发展,北京市服务业发展取得了很大成就,在国内处于领先地位,超过英克尔斯现代化标准(即占国民经济中比重45%以上)的要求,与西方发达国家的首都和重点城市服务业(比重一般在60—80%)的差距在逐步缩小,但仍明显低于东京、华盛顿、纽约等国际大都市的水平。2006年北京市服务业在国民经济中的比重为70%,而1997年东京服务业的比重已达到82.6%,华盛顿为79.8%,纽约为85%;1998年汉城为82.3%,澳门为90.3%;2000年香港为86.7%。

第二,北京服务业科技含量不高,与现代服务业的标准尚有距离。发展现代服务业是提升北京市服务业层次的根本,也是北京市服务业水平的方向。但目前北京市多数服务行业领域比较狭窄、品种比较单一、服务手段相对落后,信息技术产品在北京市服务业中应用的领域较少、水平较低。

第三,经济效益不理想。从服务业劳动生产率、生产税率、盈利率等指标看,北京市服务业经营情况并不理想。从劳动生产率的情况看,2003年北京市服务业劳动生产率为54316元,低于广州83497元和上海71697元的水平,折合美元后(按1:8.277的汇率)仅相当于2000年美国服务业劳动生产率水平的8.9%。从生产税率的情况看,2003年我市第三产业生产税率为8.7%,比第二产业低10.1%。

第四,发展模式比较陈旧。具体表现在:北京市在发展服务业的过程中,十分重视货币资本的作用,而没有充分利用知识资本和消费资本的作用,当发展遇到困难时,首先想到的是充实货币资本,而没有重视通过挖掘内在潜力,即通过高度依重知识资本、大力开拓消费资本来推动自身发展。只重视“输血”不重视“造血”，这样不仅不能从根本上解决我市服务业存在的问题，反而为我市服务业的发展带来新的问题。因为单一依靠货币资本发展，必然会出现资本短缺、创新乏力、消费萎缩等问题。

从上面的分析我们可以看出，阻碍北京市服务业迅速发展的最主要的原因是北京服务业的发展模式过于陈旧和推动力过于单一。因此，我们主张运用消费资本化理论对传统服务业发展模式进行创新，建立“消费资本导向、知识资本创新、货币资本推动”的全新的发展模式。在这种全新的发展模式下，知识资本的运用会增强服务业企业的创新能力，而消费资本的运用会增大市场份额。三种资本共同推动建立的新的发展模式必将为北京服务业的发展带来深刻的历史变化。

而以消费资本化导向的新的服务业发展模式，就需要应用新的经济运行体系的内容。下面就新经济运行体系和新经济运行体系的具体内容作一介绍，供大家研究参考。

一、新经济运行体系的理论基础——消费资本化理论

传统的市场经济理论认为，推动经济发展的只有一种资本——货币资本，但各国市场经济国家的发展实践证明，事实并非如此。市场经济的资本构成应包括货币资本、知识资本和消费资本三种资本。换句话说，是三种资本在推动着市场经济的发展，而不是单一的货币资本。

新的市场经济理论与传统经济理论的根本区别在于：旧的市场经济理论体系主要有两个特征，一是市场经济资本构成仅有单一货币资本，二是单一依靠货币资本支持经济发展的经济发展方式；而新的市场经济理论具有两个新的特征，一是完整的市场经济是由货币资本、知识资本和消费资本三种资本构成，二是经济发展方式由单一的货币资本发展经济转化为货币资本和知识资本相结合的发展方式，再转化为三种资本联动的新型发展方式，其经济发展方式是多元的。

从人类社会出现商品经济开始，资本的三种形态就已经存在了。只不过人们没有认识到和意识到，因为就像认识大自然规律一样，人们对三种资本的认识也是一个过程，是随着市场经济的发展，随着三种资本在经济发展过程中作用的凸显，人们才依次认识和了解这三种资本。

解析最近两百多年的市场经济发展史，我们可以看到：在第一个一百年里，世界各国大都是单一的依靠货币资本来扩大和发展经济。但在进入最近一百年时，人们逐渐意识到还有另外一种资本在推动经济发展，这就是后来在20世纪80年代逐渐明晰起来的知识资本。随着经济发展的实践和与之相应的经济理论研究的深入，在20世纪末和21世纪初，人们又逐渐意识到还有一种巨大的资本存量——第三种形式的资本，即消费资本。它同货币资本和知识资本一样，是推动国家、地区和企业经济发展的直接动力。

随着市场经济的不断发展，人们进一步深刻的认识到，消费者才是市场竞争的最终决定力量。因为消费者既是市场竞争的最终决定力量。因为消费者既是市场的主人，又是给经济发展注入新的资本动力的源泉。谁能赢得最多的消费者，谁就能拥有最大的市场和巨额的资本注入。消费资本由此而生，消费资本化理论的构建也此为基础。

消费资本化理论的核心内容，是将消费向生产领域和经营领域延伸。当消费者购买企业的产品时，生产厂家和商业企业应把消费者对本企业产品的采购视同是对本企业的投资，并按一定的时间间隔，把企业利润的一定比例返给消费者。此时消费者的购买行为，已不再是单纯的消费，他的消费行为同时变成了一种储蓄行为和参与企业生产的投资行为。于是消费者同时又是投资者，其消费转化为资本。

传统经济增长方式的主要缺陷在于，由于单纯依靠货币资本发展经济，货币资本的不断增长，带来的是资源消耗的不断加速。因此很快就出现有限的资源无法继续支撑经济高速增长需要的局面，常常会出现资本短缺、创新乏力、消费萎缩等问题。因此，解决国家、地区、企业发展过程中的资金和市场问题，必须充分利用和发挥三种资本的作用。

中国和世界各国经济发展的实践充分说明：以牺牲资源和环境为代价换取经济发展的经济发展方式已经走到尽头。伴随这种经济发展方式所形成的工业时代的市场经济理论也已进入终结时期。如果继续沿用过去的市场经济理论诠释今天的经济，分析今后的发展，并以此为基础规划今后的经济，显然是不适宜的。那将会犯时代错位，适用理论不当的错误，会使今后的经济运行走回头路、停滞不前，甚至会误导今后的经济发展。我国的市场经济已经进入新的发展阶段，我们应当用新的市场经济理论，尤其应当用自主创新的经济理论，作为规划今后经济发展的理论基础。

由单一的货币资本支持经济发展的传统的经济发展方式，转化为货币资本和知识资本相结合的经济发展方式，再转化为“消费资本导向、知识资本创新、货币资本推动”的三种资本融合、联动的经济发展方式，这是世界所有市场经济国家经济发展实践所必然遵循的趋势，也是市场经济一条非常重要的发展规律。

市场经济已经进入新的发展阶段。我们应当在新的市场经济理论基础之上建立新的经济运行体系。

（二）新经济运行体系的内容

1. 新的经济发展方式

在旧的传统的市场经济理论影响下，对于经济的发展，主要从投入产出比、粗放到集约、产业结构调整的角度来思考。其实，仅仅做到这一步是不够的。这些，只是对产业的调整和优化，是在同一发展方式下的演进，是在同一发展方式下的经济数量发展的延续，这并不是中央所期望的经济发展方式转型。

经济发展方式是指国家、地区和企业经济发展的推动力构成及其发挥作用的形式。经济发展方式的转型，是指经济发展的推动力构成的改变及其发挥作用的形式的变化。只有转变经济发展方式，才能使国家和地区（包括企业）的经济有突破性的发展和质的飞跃，进入一个崭新的发展阶段。

在新的经济运行体系下，推动经济发展的源动力为生产资本、知识资本和消费资本三种资本，是三种资本在推动市场经济发展。由单一的生产资本发展经济的传统发展方式，转化为“消费资本导向、知识资本创新、货币资本推动”三种资本联动推动的经济发展方式。是真正从推动经济发展源动力上转化了经济发展方式，这才是真正意义上的经济发展方式转型。这也是全世界各市场经济国家经济发展实践所必然遵循的总的趋势，也是市场经济一条非常重要的经济发展规律。

2.新的商业模式

进入新世纪,市场经济已经完成由卖方市场向买方市场的过渡。它标志着市场经济由卖方(厂家、商家)占主导地位的时代已经结束。以买方(消费者)占主导地位、买方(消费者)同卖方(厂家、商家)平等合作的时代已经开始。适应卖方市场时期的商业模式已经陈旧,新时期需要提出创新的商业模式推动市场经济发展。

新的商业模式与旧的商业模式不同,以往的商业模式只包含"一个内容,一个过程",即单一的商品交易内容和过程,买卖双方货款两清,即完成了销售的全部过程。而新的商业模式则包括"两个内容,两个过程",即商品交易内容和过程,以及买卖双方利润分配的内容和过程。因为消费者的货款大部分进入下一个经营过程和生产过程,转化为资本,产生利润,因此商家和厂家应当将其中利润的一部分返给消费者。

新的商业模式的操作程序是:通过地网(门店连锁)和天网(电子商务)把消费者分散的、零星的、无计划的消费需求经过整理变成有计划的规模的分类需求,提供给供应商,供应商按照分类需求供货,通过物流送到消费者手中。这可以使整个交易过程变得高效、便捷,同时又提供了一个巨大的利润空间。在商品交易过程完成之后,卖方根据消费者需求额度的大小,把企业的利润按一定比例分配给消费者。

这种新的商业模式是世纪之交更新换代、具有划时代意义的商业模式。一方面消费者在购买商品的过程中有回报预期,从而深受广大消费者的欢迎;另一方面又由于把大批规模订单交给供应商,使供应商扩大了市场,从而深受广大供应商的欢迎。还不仅如此,在传统的商业模式中,商业企业和供应商、物流商等企业联盟之间的合作只是一种浅层次的合作,没有结成实质性的联盟。而新的创新的商业模式,商业企业和供应商、物流商等企业联盟之间的合作是一种深层次的、互为股东的合作,消费者、商业企业、供应商、物流商这四方可以建立起一种紧密的、稳定的、配合默契的、紧密的合作关系。它一改以往旧商业模式的诸多弊端,他们甚至可以组成一个联合体或一个联合企业,更加方便、快捷,高效的为消费者服务。它从根本上改变了完全无视消费者利益的旧的商业模式,而开启了消费者参与企业利润分配的新纪元。

3.新的企业制度和新的分配制度

几个世纪以来,社会分配不公问题一直困扰着各国政府领导人和经济学家。这一问题,也是全世界人民共同关注的问题,因为它关系到他们的切身利益。分配不公并不只是在哪一个国家才存在的现象,而是全世界各市场经济国家普遍存在的现象,并且是各国政府和经济学家"久治不愈"的问题。

为了寻找分配不公的根本原因,必须对分配制度本身进行深入的分析,必须从源头上对不公平分配制度藉以形成的理论基础进行深层次的考察。我们只能从经济的角度而不是从行政的角度去思考。各国政府举措不当,只会加大收入差距,但并不是分配不公的根本原因。其根本原因,是目前在世界各国流行的、现行的分配制度本身是不公平的。进一步说,现行分配制度藉以形成的理论依据是失衡的,从而导致了分配格局的不公。

在现行分配制度所形成的分配格局下,货币资本所有者几乎独享企业所有利润;知识资本所有者只享有少许利润;而消费资本所有者长期以来甚至处于缺位状态,完全不参与分配,无利可获。这是社会分配不公的源头和始发原因,是社会分配不公的根本原因。

我们必须突破旧的传统的市场经济理论的束缚，在总结市场经济发展经验的基础上，尤其应在总结我国市场经济发展经验的基础上，勇于探索，进行理论创新，才能找到新的公平的分配模式，建立起新的公平制度和分配格局。

我认为由三种资本共同创造企业利润，因而应由三种资本所有者共同参与利润分配的理论，将是确立新的公平分配制度的理论基础。这种新的公平分配制度，将从根本上打破流行已久的不公平的分配格局，而从源头上解决分配不公的问题。

同时，在这一理论基础上可以确立一种新型的、由三种资本参与的综合资本股份有限公司，作为支持新的公平分配格局的企业制度。

这种新型的、由三种资本共同参与的综合资本股份有限责任公司，作为支持新的公平分配格局的企业制度。这种企业制度由三种资本共同推动企业的发展，并将保障三种资本所有者的权益。作为一种新型的企业制度将结束 1602 年开始建立的单一货币资本股份有限公司以来的企业制度的历史，而开创世界企业发展史的新纪元。

总之，通过建立新的经济运行体系，一定能够使我国经济发展进入速度适宜、效益显著和可持续性的正确的轨道上，从而最终实现全民共富。因为它不仅体现我党十七大和胡锦涛总书记关于中国特色社会主义经济运行的核心精神，也符合经济发展的规律和适合我国国情。北京市通过实施以新经济运行体系内容为基础的服务业新的发展方式，一定能够振兴现代服务业，真正实现消费方式转型和创新城市建设。

第五部分

社会、民生和养老

第五十六篇

社会创新在世界城市建设中的意义

2010年7月12日在北京《世界城市发展论坛》上的讲话

【内容提要】 建设世界城市必须始终坚持创新发展的思路。创新是城市建设的灵魂，世界城市应该是追求创新的城市，它应当成为世界新思想、新文化、新技术、新经济、新体制的发源地。建设世界城市需要天马行空的理想主义，也需要有脚踏实地的务实精神。而创新是链接智慧理想和现实建设的桥梁。社会创新则是其中最主要的，甚至是最重要的形式。

尊敬的会议主席：

尊敬的各位来宾、各位专家和新闻界朋友：

感谢会议东道主的邀请，使我有机会就"社会创新在世界城市建设中的意义"问题，同在座的各位进行交流。

改革开放三十年来，在市委、市政府的领导下，北京市民政局在体制改革、队伍建设和业务创新方面都取得了很大成就。

特别是近几年，北京市民政局认真贯彻党中央关于实践科学发展观的战略部署，创造性地提出"大民政"理念并付诸实践，取得了显著成效。在2009年全国民政工作会议上，民政部把北京市民政局"大民政、大民生、大保障"的创新工作经验推广到全国，这标志着我国民政事业发展开始走向一个新的高度。构建大民政格局有利于推动城市的社会建设、经济建设和文化建设，有利于提升城市在国际经济交往、文化交流、信息传播、综合性服务等方面的地位，对北京建设世界城市具有重要的推动作用。

社会创新是社会发展的基本动力。社会创新正在城市建设和发展中发挥着越来越大的作用。北京构建大民政格局的社会创新有很多亮点，特别是在机构创新方面尤为突出。利用税收优惠、资金补助等政策措施，将民政的社会服务职能逐步移交给社会，鼓励有志于服务社会的各界有识之士成立服务于社会的社团组织，以提升社会服务的质量和效率。2008年，北京市专门出台了《关于加快推进社会组织改革与发展的意见》，加强社会组织的建设和管理，涌现出一批拥有创新能力的社团机构，提出了许多有价值的创新研究报告和政策建议，提出了关于社会经济发展的新思路和新举措等理论创新成果。这些创新成果都为北京建设世界城市发挥了积极的作用。

北京市委、市政府提出建设世界城市，这是按照世界城市的标准推动首都的建设，是在更高水平上贯彻落实国务院批复的“2004－2020年北京市总体规划”，是对北京市的总体定位。

北京是中国目前最有可能建成世界城市的地区。北京现有的人口和经济规模，政治文化影响力、科技文化水平、国际认知程度等都具备了较高的水平。但是比起其他世界城市尚有不小的差距。如何实现北京建设成为世界城市的目标，我们必须进行深入的分析，充分认识北京发展的现状，已具有的优势，存在的差距以及需要强化发展的方向。这些都是我们着手建设之前就应当未雨绸缪的战略选择。

考虑到世界城市是个历史的概念，是个不断发展的概念，同时，又是一个竞争的概念，我们必须始终坚持创新发展的思路。创新是城市建设的灵魂，世界城市应该是追求创新的城市，它应当成为世界新思想、新文化、新技术、新经济、新体制的发源地。建设世界城市需要天马行空的理想主义，也需要有脚踏实地的务实精神。而创新是链接智慧理想和现实建设的桥梁。社会创新则是其中最主要的，甚至是最重要的形式。

下面，结合世界城市的基本特征，具体谈谈社会创新在建设世界城市中的意义和作用。

首先，世界城市需要领先的公共管理体制。建设世界城市是城市管理者和市民大众的共识。因为建设世界城市，是城市品位和市民生活质量的共同提升。因此，也是城市管理者和市民的共同责任。对于城市管理者而言，一是要建设一个高效、透明的服务性政府，二是要建设一个整体有效的公共服务系统，使市民大众有充分积极参与城市建设的机会，唤起社会大众的责任感，并能使他们分享到社会经济发展的成果。

在这方面，北京市民政局做了大量卓有成效的工作。一是北京市民政局提出“大民政”的理念，按照“政府主导、城乡统筹、政策协同、社会参与”的思路，从加强制度建设、完善大保障体系、建立适度普惠型福利模式、扩大社会化服务入手，积极推行大民政、大民生、大保障的政策，加强民政与卫生、教育、住房和人力资源等部门相关政策的配套衔接。在全国率先建立了“新型农村养老保险制度”和“城乡无社会保障老年居民养老保障制度”，率先启动“城乡无医疗保障老年人和学生儿童大病医疗保险制度”，实施了城镇无业居民医疗保险制度，完善农村新型合作医疗制度，基本实现了养老、医疗保障城乡全覆盖。二是不断完善社区服务设施和服务体系，正在积极实施以“便利消费进社区、便民服务进家庭”为主题的“双进工程”。三是在构建大民政格局中，和谐社会、生态文明社会、资源节约型社会、环境友好型社会、服务型政府、学习型社区、低碳发展等理念深入人心，正逐步融入传统文化和人们的日常生活之中。

北京市民政局一系列的管理创新举措，使北京在建设服务性政府和整体有效的公共服务系统方面，取得了显著的成效，大大提升了北京公共管理水平。从总体上看，已经接近世界城市的标准。

第二，世界城市要对世界性事务具有广泛的影响力。随着中国国际地位的提高，北京对世界性事务的影响力正在逐步加强。改革30年来，我国的经济发展取得了瞩目的成就，对世界经济的发展做出了巨大贡献。有不少的国家，认为中国是世界经济发展的引擎和火车头。在一个很长时期里，我们经常讲，中国要走向世界，现在世界各国也正在走向中国。我们应当看到这个变化。过去我们还经常说，中国要和国际社会接轨，今天看来对于中国来说，北美、西欧、日本和其他国家是中国的国际社会；同样，对北美、西欧、日本和其他国家来说，中国也是他们的国际。今天中国已是国际社会非常重要的组成部分。我们对世界性事务的话语权和影响力正在迅速增强。我们要改变长期以来在国际游戏规则面前，所处的被参与和被执行的地位。我们应该对在上个世纪和根据上个世纪社会背景，所制定的许多涉及世界性事务的体制和规则，根据今天已经变化了的时代背景，提出修订建议。这样可以使我们对世界性事务的话语权和影响力大大增强。

这就需要体制创新，一方面对以往的关于世界性事务的规则，进行历史的批判性的评估；另一方面，提出适合于新时期发展的新体制和新规则。中国发展的成就是对世界发展做出的巨大贡献，还不仅如此，我们对我国发展成就经验的理论总结，也应该进入世界发展的经典理论宝库，从而对世界发展产生深远而重大的影响。

第三，世界城市要对世界经济发展潮流具有重大的引领作用。在当前，和平和经济发展是当今世界的主旋律。世界城市是世界城市体系的最高端，它不仅对关乎和平的世界性事务有很大的影响力，同时也担负着引领世界经济发展潮流的重任。

世界城市应该是最先进的经济发展方式的垂范者，对世界经济发展具有重大的引领作用。当前，世界经济正处于一个大发展、大变革、大调整的历史发展时期的新起点。在世界性金融危机影响的形势下，世界各国面临一个共同的任务，就是寻找新的经济发展方式和新的经济增长极。

大家知道，由美国始发、迅速向全球蔓延的世界性金融危机，严重地影响了世界经济的发展，而且对世界各国的实体经济发展，也造成了严重的危害。

这次百年一遇的世界性经济危机，并非是突发的，而是西方传统的经济发展方式和金融发展模式诸多弊端长期积累的必然结果，是一次总爆发。它用自身铁的事实向全世界表明，依靠单一货币资本发展经济、忽视知识资本、特别是忽视消费资本作用的传统经济发展方式存在着严重的缺欠和弊端。也充分说明，以美国为代表的西方传统的经济发展方式，连同它的金融模式，在流行几个世纪之后，已经走到尽头，已经难以为继。它已经不可能再成为其他国家未来经济发展的样板。

市场经济已经进入新的发展阶段。我们应当用新的市场经济理论，尤其应当用自主创新的经济理论，作为今后经济发展的理论导向。

新的市场经济理论认为，完整的市场经济资本构成应包括货币资本、知识资本和消费资本三种资本，而不是唯一的货币资本。换言之，是三种资本在拉动市场经济的发展。因此，解决国家、地区和企业经济发展所需要的资金问题，总的思路应当是：(1)继续充实货币资本，(2)高度倚重知识资本，(3)大力开拓消费资本。同时，经济发展方式也应该是多元的。由单一的货币资本发展经济的传统发展方式，转化为货币资本和知识资本相结合的发展方式，再转化为“消费资本导向、知识资本创新、货币资本推动”的三种资本融合、联动的新型发展方式，是全世界各个市场经济国家经济发展的所必然遵循的总的趋势，也是市场经济一条非常重要的经济发展规律。同时，也是各国经济发展方式选择的方向。

北京应当率先垂范并推动世界经济用三种资本推动发展，开辟世界经济发展的新纪元。

第四，世界城市应是人人向往的、经济繁荣的、共同富裕的和谐之都

西方世界城市的建立往往伴随着诸多社会顽疾的产生，诸如两极分化，社会冲突，环境污染等等不一而足，这些是我们必须在建设中避免和予以解决的。两极分化的顽疾必须得

到根治。贫民窟、高犯罪率这些城市畸形发展的毒瘤都曾在西方世界城市中出现过，我们不能重蹈覆辙。

世界城市应当是人人向往、经济繁荣、共同富裕的和谐之都。贫富悬殊、两极分化是城市问题的根源所在。我们必须摆脱传统的市场经济理论的束缚，提出新的市场经济理论和创新的分配制度来从根本上解决这一问题。

消费资本论充分的论证了市场经济是由货币资本、知识资本和消费资本三种资本共同拉动的，社会财富和企业利润是由三种资本所有者共同创造的，因此应由三种资本所有者共同参与利润分配，这将是确立新的公平分配制度的理论基础。这种新的公平分配制度，将从根本上打破流行已久的不公平的分配格局，而从源头上、从国民收入第一次分配、而不是从第二次、第三次分配解决分配不公的问题。

在消费资本论基础上，世界城市将实行一种全新的经济运行体系。它是以速度适宜，效益显著，可持续发展为特征，以实现社会全体成员共同富裕、构建和谐社会为目的的经济运行体系。

这一体系，将保障世界城市实现在和谐公平基础之上的共同富裕，成为人人向往的和谐之都。

第五十七篇

最大限度地保障和改善民生

发表于《中华英才》2011年第1期〈各界人士展望"十二五"规划〉

【内容提要】 "十二五"明确指出要保障和改善民生作为加快转变经济发展方式的根本出发点和落脚点。因此，我们可以看出，为人民谋福祉，始终是党关于经济发展的最终目标。昨天，我们送走了满载丰硕成果的"十一五"规划收官的2010年。今天我们又迎来了充满希望的"十二五"规划开局的2011年。抚今追昔，感慨万千。

回首"十一五"，我们经受了严峻的挑战和考验，收获了辉煌的成就和巨大的喜悦。过去的五年，是我国经济社会发展极不平凡的五年。这五年，特色鲜明、亮点纷呈。我们战胜了汶川大地震等严重自然灾害；我们有效地抵御了世界性金融危机对我国经济发展的不利影响；精彩的奥运会令世界震撼；出色的世博会为国人争光。经过五年努力奋斗，我国顺利完成"十一五"发展规划，社会生产力快速发展，综合国力大幅提升，人民生活明显改善。"十一五规划"已经载誉而归。

一、中国国际地位和影响力显著提高

"十一五"期间给人们留下最深的印象，是我国国际地位和影响力显著提高。国外不少有识之士认为中国是世界经济发展的引擎和火车头。多年来，我们经常讲中国要走向世界，现在的情况是世界各国正在走向中国。过去，我们还经常说中国要和国际社会接轨。对于中国来说，北美、西欧、日本和其他国家是中国的国际社会；同样，对于北美、西欧、日本和其他国家来说，中国也是他们的国际社会。今天的中国是国际社会非常重要的组成部分。我们对世界性事务的话语权和影响力正在迅速增强。我们要改变长期以来在国际游戏规则面前，特别是在国际金融游戏规则面前，所处的被参与和被执行的地位。我们应该对西方国家在上个世纪制定的许多涉及世界性事务的体制和规则，包括国际金融关系规则，提出修订意见，甚至制定并提出新的更加科学和公正的规则，这样，我们就会从根本上改变我们在国际游戏规则面前所处的地位。我们就会由被参与者和被执行者转为规则的修订者和制定者，成为国际事务规则的主人。

二、更加关注民生和民富与国富的关系

在新年之始，展望“十二五”规划更多的是期冀。对“十二五”规划，人们最关注的是民生和民富与国富的关系。由十七届五中全会审核通过的“十二五”规划提出必须以科学发展为主题，以加快转变经济发展方式为主线，强调注重统筹兼顾，注重保障和改善民生，促进社会公平正义。明确指出要把保障和改善民生作为加快转变经济发展方式的根本出发点和落脚点。由此，我们可以看出，为人民谋福祉，始终是党和经济发展的最终目标。

为此，在“十二五”期间，必须合理调整收入分配关系，努力提高居民收入在国民收入分配中的比重、劳动报酬在初次分配中的比重，加快分配制度改革。这就要求我们必须突破旧的传统市场经济理论的束缚，在总结市场经济发展经验的基础上，尤其应在总结我国市场经济发展经验的基础上，勇于探索，进行理论创新，才能找到新的公平的分配方式，建立起新的公平的分配制度和分配格局。从源头上、从国民收入的第一次分配中，解决收入分配不公的问题。

三、中国必将迎来更加辉煌的未来

近年来，国家一系列相关政策的出台，都是关注民生之举。民乃国之本。对于“民富与国强”的关系，是先有民富而后才有国强，而不是相反。事实上，多少国家兴衰的历史告诉人们，民富虽然不必然等于国强，但民不富，国家必然不强；即使表现出一定程度的强，也只能是外强内不强。只有建立在普遍民富基础上的强大，才是根本性的强大，才是真正的强大。

从“十一五”到“十二五”，中国一直在蓬勃发展，在经济、社会、文化等方面和国际事务方面不断取得巨大成就。我们有理由相信，中国必将迎来一个更加辉煌的未来！

今年是“十二五”规划的开局之年。随着五中全会审议并通过“十二五”规划的制定，人民群众对更高水平的小康社会充满了更多期待。擘画中国新蓝图，再创未来新辉煌，历史和人民都在期待。在科学发展的道路上，中华民族伟大的复兴征程正在掀开崭新的一页。

第五十八篇

透过"消费"谈"养老"

发表于《养老》杂志 2011 年第 4 期

【内容提要】 养老保险作为一个关系社会稳定发展的行业，要充分调动市场和社会群体的积极性，使经济和养老事业快速发展。养老保险行业的发展战略应以此为着眼点，跳出传统模式的束缚，才能适应时代发展潮流，满足巨大的社会需求。

"消费养老"则是将消费资本论的理念应用到社会养老保障中去，从消费资本所产生的利润中，提取个人养老所需的资本金，将消费资本作为养老保障制度的重要的资金来源，从而打破了过去单纯依靠单一货币资本作为支撑的局面，扩宽了资金来源渠道，增强了养老保险资金的保障。

养老保险是全社会关注的重大民生问题，也是各级政府关注的焦点之一。从我国保险业的发展分析，由于我国保险业存在起步较晚、基础差、总体规模小、在国民经济中比重较低等因素，十分不利于社会的和谐、稳定。在研究如何解决养老保险的根本矛盾时，很多专家习惯于就行业本身分析问题，从行业范围内谈解决问题的办法。此种思维导致人们局限在一些操作和技术层面上，难以触及根本性问题，养老保险业就难以实现总体突破。

一、"消费养老"的理论基础

养老保险作为一个关系社会稳定发展的行业，要充分调动市场和社会群体的积极性，使经济和养老事业快速发展。养老保险行业的发展战略应以此为着眼点，跳出传统模式的束缚，才能适应时代潮流，满足巨大的社会需求。养老保险制度是市场经济发展到一定阶段的产物，是市场经济的一个重要组成部分。我们必须将养老保险制度还原于整个市场经济，才能对养老保险制度的现状作出深刻的分析，找出今后发展的根本途径。因此，在研究如何解决社会养老问题时，应以市场经济作为研究的起点和策划的依据，将"消费资本论"应用到养老保障制度中，就是在充分研究当前市场经济发展的特征和规律后，对养老保险制度的大胆改革和创新。

"消费资本论"是指将消费向生产和经营领域里延伸，当消费者购买企业的产品时，生产厂家和商业企业应把消费者对企业产品的采购视同是对本企业的投资，并按一定的时间间隔，把企业利润的一定比例返还给消费者。此时，消费者的购买行为，已不再是单纯的消费，他的消费行为同时变成了一种储蓄行为和参与企业运营的投资行为。实际上，是把消费者从产品链的末端以投资者的身份提升到前端，使消费者在购买产品时，既能分享企业成长的成果，同时也能为企业发展注入新的动力，使消费和投资有机结合。从而使买卖双方在这种条件下合二为一，成为一体，完成消费转化为资本的过程。

"消费养老"则是将消费资本论的理念应用到社会养老保障中去，从消费资本所产生的利润中，提取个人养老所需的资本金，将消费资本作为养老保障制度的重要的资金来源，从而打破了过去单纯依靠单一货币资本作为支撑的局面，扩宽了资金来源渠道，增强了养老保险资金的保障。

在"消费养老"模式下，消费者不仅可以获得产品，还能通过消费成为企业的投资人，企业会将一部分利润返还给消费者，并将其购买养老保险，让消费者在消费的过程中也能获得养老保障，同时也并不改变消费者原有的消费习惯，不限定在某一产品或者某一商家进行消费。消费者在日常的消费过程中，不断地为未来的自己积累资金，储备养老金。消费资本积极参与到养老保险制度的构建中来，让消费者由过去的被动养老变为积极养老，不仅解决了社会养老保障的问题，也让市场经济更加平稳健康发展。作为处于当前市场经济时代的普通公民，我们每天都在进行大量的消费，如果将这些消费看作资本，并从中得到养老保障的资金来源，对养老保障金的来源、渠道，及有效的解决养老保险模式存在的融资危机、资金短缺、给付困难等问题都有着重要意义。

二、"消费养老"的特征

"消费养老"具有如下特征：首先，具有广泛的覆盖性。无论所处何种行业，是否在职，只要通过日常的消费，就可以积攒养老金备用。其次，"消费养老"具有公平性。传统的养老保险制度，特别是在中国，可能由于所从事的职业不同，享受到养老保障也存在着巨大的差异。"消费养老"模式彻底颠覆了传统的养老保险的资金来源方式，人们从过去强制性的被动缴费，转化为积极主动的消费和积攒养老金。这种由"被动"变"主动"的关系，使得人们有了更加主动的选择权利，对自己将来的规划，有着更大自由权。人们更加乐意通过这种方式进行资金存储，扩大了养老资金的来源。消费行为的发生，将产生新的养老资金，充足的养老资金将解决国家面临的养老基金不足的问题。同时"消费养老"化解了限时消费和未来消费之间的矛盾。人们将不再畏惧将来的养老问题，年轻时便可以自由轻松地消费，不用担心未来。在消费的同时，也为未来的消费做了储蓄，这对积极拉动内需，刺激消费，起到了根本性的推动作用。

三、"消费养老"的实践应用

"消费养老"的核心是将商品利润的一部分返还给最终消费者，转化为消费者购买养老保险的费用。在实际操作中要真正实行"消费养老"这种商业模式，要真正将权益返还给消费者，首先必须对三种资本所有者所承担的角色、性质和收入来源作出三大区分：一是严格区分消费者与经销商的不同身份；二是严格鉴别二者收入的不同性质；三是严格鉴别二者不同的收入来源。因此，"消费养老"作为一种创新和改革，在实践应用中，要采取科学规范的制度，还需要设计一套科学的、规范的、具有可操作性的方案。在法律层面上，不仅需要现有法律的职称，还需要进一步制定新的法律条款对其进行规范和约束。

同时，"消费养老"在实践应用时，不能拘泥于一种产品或者一家企业，而是将诸多企业联合起来，在不改变人们现有消费习惯的基础上，进行改革和创新，不能作为商家为追逐企业利润所采用的营销手段。"消费养老"也离不开政府的支持和监管。我们要自现有的法律法规框架内，在国家政策所倡导的创新范围内，进行改革，推动我国养老保险事业快速发展。

第五十九篇

关于消费养老创新模式

2011年6月在《消费养老创新模式座谈会》上的讲话

【内容提要】 引入"消费资本论"作为新时期养老保障制度改革和创新的理论导向,"消费资本论"将用货币资本、知识资本、消费资本三种资本来推动养老保险制度的发展,从而有效地解决了以往在单一货币资本支持下的养老保险模式存在的融资危机、资金短缺、给付困难等诸多问题,给养老保险模式注入了可持续发展的内生动力,从而使养老保险制度发展出现了转机,并走出困境。

提出"消费养老"构想,对于落实党中央关于学习和实践科学发展观、对于落实国家"十二五"规划,特别是关于实现养老保障目标,具有十分重要的实际意义。"消费养老"的研究对于延续一百多年多来的养老保险制度进行改革和创新,对于建立新时期的养老保险制度,使养老保险制度进入一个新的发展阶段,也具有重大的理论和实践意义。消费养老是在深入研究以往国内外养老保险制度的基础上,提出的一个适合新时期社会经济发展需要的消费养老创新方案。

当前世界经济正处于一个大发展、大变革、大调整的新的历史发展时期。在世界性金融危机影响的形势下,世界各个国家、地区、企业和行业面临一个共同的任务,就是寻找新的经济发展方式和新的经济增长极。养老保险行业也面临着同样的任务。

一个世纪以来,各国在养老保险制度的实践过程中,形成了一定的模式,其主要特征是以国家拨款、企业和个人强制缴款作为社会养老保障制度的资金来源,并形成了现收现付、完全积累和部分积累三种财务模式。这三种财务模式无一不是以单一货币资本作为支撑。

在这种财务模式下,养老保险制度存在的主要问题是融资困难、资金短缺,难以实现养老保障制度的预期目标,许多国家普遍存在覆盖率不高、养老保障水平偏低、甚至还经常发生给付困难的状况。尤其是近年来,在世界性金融危机的影响下各国经济不景气,加之不断降低的人口出生率、不断提高的预期寿命以及不断提前的退休年龄,老龄社会正在以不可阻挡之势加速到来,使许多实行现收现付保险制度的国家面临严峻的融资危机,甚至难以为继,这是一个多世纪以来许多国家养老保险制度难以解决和未能解决的一个痼疾。

从我国保险业的发展来看,由于我国的保险业起步晚、基础较差,总体规模还很小,在国民经济中比重很低。截止到2010年底,保险深度(保费收入占GDP的比重)仅为4%,保险密度(人均保费收入)仅为 1088.38 元。而农民的养老保险收入月均仅为 55 元,养老保障处于很低的水平。

可以看到,目前我国保险业(包括养老保险)还存在诸多亟待解决的问题,保险业发展水平与国民经济、社会发展和人民生活需求仍不相适应。保险业的作用发挥得还很不够,消费者的巨大需求远未得到满足。

以往,一些保险专家在研究如何解决养老保险的根本矛盾和问题时,长期以来习惯于就行业本身分析问题,习惯于从行业范围内,谈解决问题的办法。这种思维导致人们长期局限在一些操作和技术层面上,难以触及根本性的问题,养老保险也就难以实现总体的突破。

养老保险制度是市场经济发展到一定阶段的产物,是市场经济的一个重要组成部分。市场经济已经完成了由卖方市场向买方市场的过渡,我们现在已经进入以买方为主的市场经济发展阶段。在这一阶段,消费和消费资本成为推动国家、地区、企业和行业发展的关键性资源和主导力量。

我们必须把保险业的发展置身于市场经济大背景下,将保险业还原于整个市场经济,才能对保险业的现状做出深刻的分析,才能找出今后发展的根本途径。因此,我们的研究将以市场经济作为研究的起点和策划的依据,把养老保险制度置于市场经济发展的新阶段,即以买方为主的市场经济发展阶段进行考察。

为此,我们引入"消费资本论"作为新时期养老保障制度改革和创新的理论导向,"消费资本论"将用货币资本、知识资本、消费资本三种资本来推动养老保险制度的发展,从而有效地解决了以往在单一货币资本支持下的养老保险模式存在的融资危机、资金短缺、给付困难等诸多问题,给养老保险模式注入了可持续发展的内生动力,从而使养老保险制度发展出现了转机,并走出困境。

目前世界主要国家所采用的养老保险制度都是采用单一货币资本支撑的模式,而我国的养老保险制度也是沿用了该模式。因此,我国养老保险事业发展过程中不可避免的出现了融资困难、资金短缺等问题,而建立在消费资本论基础上的"消费养老"创新模式可以有效的解决这些问题。

"消费养老"创新模式使消费者由消极被动的被保险人、被执行者、被参与的因素转变为主动参与的、积极的、执行者的因素。消费者在消费的过程中不仅可以获得产品,还能够获得企业、超市、商家按期返还的一定比例的利润,消费转化为投资和收益,消费的同时也增加了收入,并转化为养老保险费用。这大大提高了消费者参与消费养老保险的积极性,能够更加充分地发挥消费者的主动性。

不仅如此,"消费养老"创新模式还突破了单一养老保险目标,因为消费拉动了生产,使生产和消费良性互动,同时又推动了企业和地方经济的平稳发展,并有利于维护社会的稳定。这种创新的养老保险模式为国家、地区、企业和行业发展,特别是为养老保险事业的发展找到了一条生生不息、源源不断、永续不竭的资金源泉。它既维护了消费者的根本利益,有力地拉动了内需,同时又促进了国家经济的可持续发展和社会大局的稳定和谐。

"消费养老"创新模式是对传统养老保险制度的重大创新,打破了过去单纯依靠单一货币资本作为支撑的局面,拓宽了资金来源渠道,提高了养老保障水平,开启了养老保险制度的新局面。

可以说,“消费资本论”指导下的“消费养老”创新模式,化解了传统养老保险模式的融资瓶颈,摆脱了困境,是原有养老模式走向创新的突破口。为了解决现有的养老保险制度中的各种问题,还需要设计一套科学的、规范的、具有可操作性的方案,在消费养老资金的筹集、运作、给付及监管问题上都进行全面创新。

新商业模式是企业新经济发展方式、新企业制度和新分配制度得以实现的重要载体。新商业运作模式具有以下几个方面的特征:

第一,新商业运作模式的核心特征是消费者和企业共同分享利润。以消费资本论为基础的新商业运作模式包含两个内容、两个过程:一是商品的交易内容和与之相应的商品的销售过程;二是企业与消费者共同分享利润的内容和与之相对应的利润分配过程。在新商业运作模式下,应当把消费者对企业的产品和服务的采购过程视同是对自己的投资,因为消费者所付货款的大部分都进入到企业的下一个经营过程,并转化为资本,进而产生利润。企业家应把由消费者货款转成资本所产生利润的一部分返给消费者,从而使消费者通过消费获得可观的收入,作为消费养老费用的重要组成部分。

第二,新商业运作模式具有崭新的组织形式。这种崭新的组织形式是一个以生产企业、供应商、物流企业、商业企业、消费者、银行及保险公司等相互合作为基础,以消费资本论为核心,以产品和服务为纽带,以利润共享为特征,以合作共赢为目标的行业产业链的有机综合体。

第三,新商业运作模式在其实际运作过程中,将形成一个长期的、深层次合作的,甚至是互为股东、利润共享的、紧密联系的利益共同体。企业在这一利益共同体中发挥核心作用,为各合作单位提供卓有成效的服务,给合作者带来显著的经济效益,同时也给本企业带来巨大的利润。这种合作关系更为持久,它能够极大地调动消费者的积极性,迅速扩大市场份额,从而使各参与主体的效益大幅地增加,也使消费者收益迅速增长。

“消费养老”创新模式资金管理和给付方案设计,论述了“消费养老”创新模式中资金管理与分配、保值与增值管理和给付方案的具体规定和措施。包括建立“消费养老”创新模式资金管理机构、资金分配方案中各利益主体责权利关系、成立消费养老事业发展公司、资金分配模式以及养老金的领取和具体发放办法。从而使消费养老的参与者的权益得到切实的保障。

“消费养老”新商业模式的实施,以消费资本论为理论基础,以全新的电子商务平台为运作载体,应用崭新的地面商铺经营理念,使地网(地面商铺)和天网(电子商务平台)有机结合。联合生产厂家、供应商和物流企业,并引入虚拟经济(订单经济)和增值服务理念,同银行和保险公司密切合作,使各经济主体间的信息流、价值流和物流,三流合一;使所有的消费者能够在消费的同时可以获得养老保障,而且平台上其他的经济主体也都获得显著的经济效益。

在实行新商业模式的过程中,消费养老保障卡是最主要的工具。它从设计、应用到管理都将体现了新商业模式所特有的特征。消费养老保障卡是对消费者进行消费结算、信息记录、利润返还和购买保险的有效凭证;也是商户、生产企业、供应商、经销商查询企业销售额、利润率和分析经营数据的重要工具。消费养老保障卡管理系统的建立能够减少消费者的购买环节的费用,降低运营成本;它还能使数量众多的商户和企业对广大消费者的消费情况有一个系统的了解，便于对客户关系跟踪管理。

消费养老是在全面深入研究世界主要国家以及我国养老保险制度的基础上，提出的养老保险模式上的革命性创新。我们对“消费养老”创新模式的理论基础、制度设计以至方案的具体运作等方面都进行了深入细致的研究并做了全面的论述，使得养老模式不仅是养老保险理论上的创新，更具有实际的可操作性。理论和实际相结合，是本方案最重要的特色。

“消费养老”创新模式是落实党中央关于学习和实践科学发展观的战略部署、中央关于加强自主创新能力的战略部署的体现；是对国家“十二五”规划认真落实的成果；也是社会经济发展实际需求催生的结果。

建立在消费资本论基础之上的“消费养老”创新模式，对解决我国养老问题有着重要的意义。消费养老创新模式，一定会取得圆满成功，为国家经济发展和世界经济发展做出贡献。

附录一

部分媒体采访

消费资本化理论——一个可能改变世界的观点

——《新远见》2005 年 7 月第 147 期

访问者:世界新经济研究院院长陈瑜教授

主持人:《新远见》杂志记者

北京 7 月的一个炎热的下午,苏先生实现了他一个多月以来的愿望:以 12000 余元的价格在首都时代广场选购了一台天津产索尼牌数码摄像机。两天之后,这台摄像机将成为他的刚刚顺利完成高考的儿子的 18 岁生日礼物。为了这个礼物,苏先生整整忙碌了一个半月,以他多年从事广告业的经验,从十几个品牌中挑选研究了近三十种产品。

"价格是贵了些,但是大品牌嘛,厂家的利润高些也正常。性能价格比还可以。"苏先生对他的这次消费心满意足。

然而,就在他实现这次消费行为的同时,就在他进行这次消费的商厦的隔壁,一群人正在热烈地研讨着。如果苏先生能够听到这次讨论,他的"心满意足"或许就会改变,他或许就会意识到,在送出这台摄像机的同时,他还可以给儿子一个更大的礼物:让他成为一个著名品牌厂商的股东。

因为,隔壁的那群人在说:消费,可以资本化。

简单转身之后,一切都不简单

像苏先生这样的消费行为,在世界的每一个地方,每天都在进行着。尤其在中国,这样的消费热潮已经成为全世界瞩目和探讨的一个现象,潜力巨大的消费市场已经被公认为全球第一。

厂家生产出产品,商家销售出产品,消费者购买了产品,厂商从产品价值和市场价格的差距之间分别获得利润。从经济学角度来讲,这是最简单最基本的一个经济行为。或许因为它的简单,所以多少年来,人们对这个经济行为的研究和实践鲜有突破和创造。

在位于北京西长安街首都时代广场 609 室的世界新经济研究院里,院长陈瑜和他的下属们正在热忱地运筹着一场头脑风暴。这场风暴的暴眼,正是针对着这个最简单的经济行为——消费。

陈瑜发现的"消费资本论"的一个简单的阐释是:消费者在购买了企业的商品之后,企业应把消费者的消费视同是对该企业的投资,并按一定的时间间隔,把该企业利润的一定比例返还给消费者。这意味着,消费者在消费的同时,完成转身动作,成为一个投资者。而消费,则质变为资本。

这是一个简单的转身。

但是,如果这个转身能够完成,一切都将改变:苏先生将会从投资的角度来看待他的消费行为、选择他的消费对象,并且以股东的权利和责任对待他所实现消费的厂商;索尼将会以吸引投资的姿态来对待苏先生,以对待股东的姿态来服务和回报苏先生;在"眼球经济"的驱动下,厂家和商场都会忙不迭地改变惯常的营销模式和商务计划,以使苏先生在十几个品牌的近三十种产品的海量选购中尽快看到自己。

在陈瑜的观点舞台上,人类最基本的经济行为的几个主角跳了一段"探戈"。微妙的转身之间,世界大为不同:我们一直在竭力嘶吼的消费者权益可以轻松地拥有了量化保障,"3·15"或许会变成"股东权益日";我们一直在捶胸顿足的假冒伪劣市场整治可以从容地摆脱"围追堵截"的艰苦历程,在投资驱动下,百姓的消费资金会按照资本的规则有序自然地汇集到优质优品的厂家囊中,并相对透明公正地接受公众的监督;我们一直在扼腕叹息的中国企业的诚信缺失可以在很大层面上得到改进的内生动力,最广大的消费者群体会以投资者的身份,实现真正实际意义上的具备法律效应的"诚信审计"。

更为重要的是,转型中国现实中成堆的难题,在消费资本化理论面前,很多都可能找到解决的方案。比如,拉动需求,以市场化的手段真正释放巨额居民储蓄存款;引领生产要素的合理流动,促进中国经济区域化的协调发展;增加渠道,解决金融体制改革中企业融资难问题;赋予弱势群体新的平等的经济权益,化解社会阶层洗牌中的相对矛盾,实现社会主义和谐社会的构建。

"历史证明,多元资本的推动远比单一资本的推动对经济发展的促进作用要大得多。"陈瑜院长的信心在于:"消费资本与货币资本、知识资本联动,必将大大促进中国经济的快速发展,使中国经济在未来几十年的发展中真正实现领先并超越。"

"人类经济发展中,长期依赖单一的货币资本。美国率先意识到知识资本的重要,并将其与货币资本联动,带来了几十年迅猛的发展。而其他国家如日本没有尽快地意识到知识资本的重要,思想理论上的落后带来了他们后来的发展乏力。我们如果能够尽快地意识到还有第三种资本可以利用,并尽快地予以实践,未来的发展绝对是可以期待的。"

陈瑜期望消费资本论能够上升为国家政策,更广泛地运用于实践。理论先行,路径多元,使中国经济也能借此实现一个漂亮的转身。

而中国经济一转身,世界将会被极大改变。

经济突破,首先需要经济理论突破

消费资本论从何而来?

陈瑜答,从实践中来,从写书的过程中来。

一个经济学家的写作,是一个不断思考、不断求证的痛且快乐的过程。

上世纪八十年代,陈瑜曾经写过一篇名为《寂寞的哲学,活跃的经济学》的文章,引起了两个学界友好的论争。

在陈瑜看来，经济学必须是热闹的，经济学决不能寂寞。八十年代初，正是经济学打破了三个禁区：承认劳动力是商品、中国还存在着剥削、土地可以出租，从而使得中国的经济改革大潮奔涌向前。作为一名经济学者，他深深地自豪于自己钟爱的领域为国家发展进步所作出的重大贡献。

然而，近二十多年来经济学界的建树平平，却一直让他感到忧虑。“当下经济学界的两个主要问题，一是引进西方经济学的理论观点多，自身的理论创新少；二是经济学理论重复过多。特别是近十年来，中国还没有一种突破性的新的经济学理论出现。”

但是，现实的中国正处在决定性的转型和发展期，经济学理论研究的落伍显然会影响到整个经济发展的顺利前行。“经济要发展，理论必须先行。没有经济学理论上的突破，就不会有经济发展上的突破。”

作为一名学者，当前中国经济发展中的诸多难以解决的问题困扰着他。他坚信，经济学理论上的突破一定会解决这些难题，这些难题也只有在经济学理论的突破下才能得到最根本性的解决。这种坚信继而化为了一种责任，这种责任让陈瑜潜下心来认真思考。

“我仔细回顾了市场经济发展最近两百年的历史。在第一个一百年，货币资本成为创造社会财富的主要源泉，社会的统治力量掌握在货币资本所有者手中。到了二十世纪九十年代初，知识资本和信息开始使财富转移到知识产权资源掌握者手中。知识资本的出现让我对资本的形态产生了兴趣，我开始思考：还有没有第三种形态抑或第四种形态的资本存在？”

在一般意义上，消费者付清货款取得其购买的商品的所有权之后，经济行为即告结束。但在这个人人司空见惯的经济行为里，陈瑜却看到了更丰富、更深层次的东西——资本。

马克思理论说，生产决定流通、决定分配、决定消费。但根据辩证法原则，陈瑜发现，在一定条件下，消费也会反作用于生产：消费者购买了商品，生产企业收回资本，在补偿了生产成本之后还有一块，这块新增加的资本在以前被当作生产者的利润完全算在生产者和工厂主那里。这种算法并不一定公平，因为其中也应该有消费者的利益。从经济学的角度来看，消费者是其所花的钱的所有者，当这部分钱注入到再生产再运营过程中，就不是普通的钱了，而是推动生产经营的一种资本力量。从这个意义上来说，消费者购买一个企业的产品达到一定的量，其消费资金就具有了资本的意义。

这一发现令陈瑜惊喜：“要恢复事情的本来面貌，要重新确认消费者作为消费资本载体、消费资本所有者的地位。”

在今天这个时代，经济学贵为显学。而在浮躁、功利的现实社会里，原创的经济学正渐行渐远。

有人曾对所谓“原创”作出过新的注解：将从别人那里搬过来的东西进行新的拼装，也是原创——一些人正在做着这样的尝试；将精美包装过的舶来品用符号进行推理，也是原创——另一些人正在做着这样的尝试。

类似这样的尝试很大程度上成为了当下经济学界的一种时尚。成为时尚的原因之一可能是，真正的原创实在是太难了。而陈瑜和他的消费资本化理论显然告诉我们：什么才是原创，怎样才能原创，中国需要原创。

有人作过这样的分析：在中国，被称为“经济学家”的人有 5000 名，能在国际主流学术刊物上发表论文的不超过 100 人，在国际上有知名度的不超过 10 人。

这样的统计虽然作不得数，但因为缺乏创见，中国经济学家在国际经济学界的影响力非常有限却是不争的事实。

手里捧着经典，嘴里忙着搞预测、下判断、开对策，心里惦记着经济效益和"社会效益"，于是丢失了学养、深刻和力度，只留下轻率、肤浅和不负责任。坊间流传的一则故事里这样说：一个经济研究机构有 100 名经济学家，有 99 个把他写的分析报告引起"上面"注意当作全部目的。还有一个在不断给报纸写文章，因为引起上面注意太难，先引起公众注意再说。

一些经济学家们的面孔已然模糊。

萨缪尔森的《经济学》第十六版在中国出版时，这位美国第一位诺贝尔经济学奖获得者说，希望他的书能对中国经济建设有所帮助，但他更希望中国经济学家能创造出完全适合于自己国家的经济学。

创建适合自己国家的经济学，这正是陈瑜这样的经济学家们正在努力的作为。

原创的理论，需要植根于原本的土壤

消费资本论基本成型之后，尤如一个虔诚的布道者，陈瑜开始以饱满的激情在国内外各种场合进行宣讲。有志于成为中国的兰德公司的世界新经济研究院成为了这一原创理论的孵化基地。

在卡塔尔，陈瑜对这一中国原创理论的演讲得到了各国领导人和企业界的关注。在北京、深圳，理论界关注的同时，企业界更是兴趣盎然。在陈瑜的办公桌上，摆放着好几份针对不同行业不同企业的运用消费资本化理论的具体解决方案。这些方案都是应企业的要求设计制作的。

"一招好棋能带活整个棋局。"对此，陈瑜始终坚信不移。"希望社会的每一个层面、每一个分子都能分享到这颗果实。"

在陈瑜的内心里，能够最终付诸于实践并开花结果，才是一个理论创造的最终目的，也才是理论创造者最大的愉悦。

他和他的同事们都坚信这一天很快就会到来，并为此每天不懈地工作着。他们的自信来自于，这一理论产生于实践生活，产生于对客观事实的研究，所以必然会对现实生活产生深刻影响。

当下的中国经济，正需要这种植根于本土的原创经济学研究。在从计划经济向市场经济过渡的史无前例的制度试验中，有大量的理论问题需要探讨，有大量的现实问题需要解决之道。与中国经济发展命运相连的中国经济学研究，就这样承载着使命和机遇。

陈瑜无疑在完成着他的使命。

他的老师陈岱孙先生说过，经济学应该永远与生活、实践的活水源相连，从实际经济生活的争辩与对策中提炼出人类思维能力尚能解决的问题。

这当是经济学研究的宗旨。它意味着，只有针对现实问题进行的经济学理论原创，才具有生命力。

一些经济学者在讲学中动不动就搬出西方经济学理论，搬出在美国在欧洲的经历夸夸其谈。陈瑜对此颇不以为然。"一个最简单的道理就是：在沙漠中长得很好的仙人掌，放到水里必然存活不下去。”

“被很多人顶礼膜拜的西方经济学理论，基本上都是成熟市场经济国家经济发展的理论总结，它们产生、发展在一个国家特定的体制背景、社会人文背景之下。抽掉这些特定的背景，把其不加分析地放置于一个体制背景、文化背景完全不同的国家，显然是不适合的。一个证明就是，就在我们的经济学者眼光向外的时候，北美、西欧的经济学家却把目光更多地投向了中国经济发展的实践。”

所以，陈瑜说：“经济学家要客观、要清醒。”他一直强调的一句话是：“从经济学来看，所有国家都不具备发展本国经济所必需的全部条件。”其潜在的意思是，每个国家都有自己特定的条件，看清自己，看到自己的优势，在此基础上发展自己，才是正确的。比较优势原理告诉人们，应当干自己最擅长的事情。解释中国的经济现象，解决中国的经济问题，显然只能依靠中国经济学家自己，通过深入实践，以严谨、客观的态度构建起中国自己的经济学理论。

二三十年前，没有哪一位西方经济学家会预见到中国在其后25年间创造出世界上最快的经济增长速度。因为在他们看来，中国并不具备西方经济学教科书上所列出的经济增长的必要条件：完备的市场、私有产权以及有效的法治。

然而，“奇迹”发生了。于是，中国学者在运用西方经济学理论解释中国特殊的经济现象时，出现麻烦是必然的。

两年前，60多位中国经济学家、政治学家和法学家在“走向新的政治经济学”高级研讨会上达成共识：西方经济学理论不足以解释当前中国的经济现象，中国需要“原创”的经济学。

英国皇家国际事务研究所亚洲项目负责人格林认为，无论最终结果如何，中国学者旗帜鲜明地提出创建中国原创经济学这一事件本身就说明，在经历了长期的经济快速增长之后，中国人对于自身发展模式已经充满自信。

而陈瑜和他的消费资本化理论告诉格林，这种自信现在已经有了结果。

泱泱大国，必然衍生泱泱宏论

有人曾这样解释“为何中国出不了诺贝尔经济学奖获得者”：经济学与经济的发展成正比关系，中国经济在世界经济中的非中心地位以及中国市场经济国家地位的未予认同，是中国经济学家的研究受到冷落、观点被边缘化的主要原因。

而陈瑜则说：消费资本论能够在中国产生并运用的一个现实背景是，中国拥有13亿人的巨大消费市场。换句话说，消费资本论就应该也只应该在拥有世界最大消费市场的中国产生。

或许，再也没有比中国更复杂的经济国情了。从中长期看，中国经济规模及潜在规模之大，虽美国亦不能比；中国不同地区的地理环境、语言文化、经济状况千差万别，这是排在世界经济前几名的国家所无法比拟的；中国的生产方式和所有制状况的复杂程度亦为世界之冠，既有18世纪的农业生产，也有现代新经济；社会主义市场经济既非现代经济学所能解释，也不符合传统马克思主义经济学。

由此，中国所进行的改革震荡也是前所未有的，同时处在从农业社会转向工业社会、从国有经济计划经济转向民营经济市场经济、从封闭社会走向开放社会这三大变革之中。

这样一个复杂多变的背景，能够成就中国，也能够成就中国的原创经济学。

社会贫富差距逐渐拉大；城市居民储蓄存款高居不下；企业受制于资金短缺；消费者与商品提供者之间摩擦不断；社会普失诚信……对震荡中必然出现的这些问题，经济学家争论了许久，作出了不少的诊断，但疗效始终不太明显。陈瑜相信，消费资本化这剂“土”方可以解决一些问题。而在此基础上，中国完全能够创建出本土的优秀经济学理论，并影响世界。

有人曾经断言：中国是世界上唯一可能提炼出对世界经济问题具有影响力的大问题的经济体。因为，中国经济学家深谙中国的历史、文化和社会制度，了解传统体制的弊端所在，能够体察和把握社会各个层面的心态。相当一部分中国经济学家置身于国际经济发展的大背景下，熟悉并掌握了相对前沿的经济学理论。

美国经济学家米尔顿·弗里德曼曾经说过：谁能正确解释中国的改革和发展，谁就能获得诺贝尔经济学奖。而最有资格解释中国改革和发展的，正是中国自己的经济学家。

林毅夫先生说：生活在这个时代的中国经济学家们是幸运的。

但是，幸运将最终落在谁的头上？或者说将首先落在谁的头上？

修成正果，需要学者的素质，需要广博的学识，更需要知识分子的现实责任。

民生思想，才能造就民生学说

促使陈瑜思考消费资本论的另一个思想诱因是：“我常常在想，在富人和知识分子之外，如何来保护最大多数公众的利益？货币资本所有者和知识资本所有者因为资本的力量，而使其地位和权益被放到最大。那么，在这两个圈子之外，更广大的社会民众拥有什么？他们的权益在哪里？”

一位大学教授曾开玩笑地说：在校园里，如果看到楼前停满汽车的，那一定是经济学系，里面的人在高谈阔论；楼前停满自行车的，一定是社会学系，里面的人在大声骂娘；楼前什么车都没有的，一定是哲学系，里面的人默默无声。

这些年来，经济学界的确是够热闹的，媒体不止一次地报道说：讲课可以讲出千万富翁。有人在网上义愤填膺地批评说：现在的经济学理论就是“富人理论”！

著名经济学家茅于轼先生说：“我们思考经济学的问题不能脱离一点，那就是：我们怎么能够为人民创造更多的福利？这就是经济学的最终目的，所有的研究都不能脱离这个目的。”他主张增加社会的幸福感，甚至说要建立一门“快乐学”的学问。

亚当·斯密在《国富论》里指出，有大部分成员陷于贫困悲惨状态的社会，决不能说是繁荣幸福的社会。

米瑟斯对学问的定义是：“为了大多数人的幸福，而不是为了特殊阶层服务的一种倾向。”

天下熙熙，皆为利来；天下攘攘，皆为利往。形形色色的世界里总有纷繁复杂的人。不少经济学家成名后，更多地关心自己的利益。而有追求的经济学家考虑的决不是一己私利。

茅于轼说：“即使在市场经济的社会也需要一些凭理想完成的事。我们很失败，但从未灰心。”

陈瑜显然是另一个始终凭理想做事并从未灰心的学者。

“消费资本论意在构建一个共赢的社会。这个共赢的社会，必然是一个和谐的社会，一个真正繁荣幸福的社会。”陈瑜说。

“消费资本论改变了利益单向分配的格局，不同的利益主体达成共赢，包括消费者、生产者在内的整个社会都将获得利益；它将改变人与人的关系，消费者同时也是投资者，从而改变了此前与生产者的关系，双方处于平等地位。”

陈瑜常常思考：在经济学的视角里，普通百姓的利益到底在哪里？富豪榜上的数字令人气短，而最广大的公众却没有多少改变自身现实的机会。

在社会学家的研究中，富人与穷人的格局已经定型。这是一个并不乐观的论断，但也许是一个事实。

陈瑜却想为此做出些努力，他希望最大多数人都能拥有自己的利益。当消费在他的研究舞台上成为一种资本的时候，他觉得找到了为大多数人谋利益的经济学途径。

“普通人没有进行资本增值和积累的平台，或者说平台非常稀少和狭窄。但是企业有，越大的品牌企业拥有的平台越大、越好。通过消费资本论，任何人都可以将他的消费行为同时转化为投资行为，将他的消费资本放到他自己选择的企业平台上进行增值和积累。而企业则可以在一年的时间里利用这些资本进行规模化再生产，获得更加丰厚的利益。这样，利益的多赢使得更大多数人获得了可观的收益。”

因此，有人说：陈瑜的消费资本论是真正现实可操作的“穷人经济学”。

从维护最大多数公众的利益出发，研究协调效率与公平，推动社会经济发展，这是穷人经济学的内核。依此评价，陈瑜无愧。

社会主义和谐社会的构建，正需要这样的学问。

为多数人谋幸福的学问，正需要这样的学者。

《大学》曰：古之欲明德于天下者，先治其国；欲治其国者，先齐其家；欲齐其家者，先修其身；欲修其身者，先正其心；欲正其心者，先诚其意；欲诚其意者，先致其知；致知在格物。

修身、齐家、治国、平天下，是儒者通向大儒的默默的脚步。

仁者爱人，一个悠远而古老的梦想。

消费资本化可以有效调动社会总资本

——《金融时报》2006 年 4 月 10 日第 8 版

记者　姜欣欣

针对经济发展过程中面临的资本和市场问题，世界新经济研究院院长陈瑜教授提出——消费资本化可以有效调动社会总资本

长期以来，城市和企业在经济发展过程中面临的资本和市场问题一直受到人们的高度关注，特别是当出现资本短缺时，这一问题显得尤为突出，严重影响着经济的发展。世界经济研究院院长陈瑜教授近年来一直在努力探讨产生这一问题的历史背景和原因，在积极寻求科学解决办法的过程中，他提出了自己的原创理论——消费资本化理论。

在他看来，消费者的消费行为可以通过一个奇妙的“转身动作”质变为投资行为：当消费者购买企业的产品时，生产厂家和商业企业应把消费者对本企业产品的采购视同是对本企业的投资，并按一定的时间间隔，把企业利润的一定比例返给消费者。此时，消费者的购买行为，已不再是单纯的消费，他的消费行为同时变成了一种储蓄行为和参与企业生产的投资行为。于是消费者同时又是投资者，消费转化为资本。

资本的第三种形态

陈瑜认为，在新的世纪里，消费资本将与知识资本、货币资本共同构成资本的三种形态。三种资本协调使用，可以提供推动经济发展的更大动力；三种资本互相制约，还可以使经济发展得更加平稳。

陈瑜向记者简要回顾和分析了资本形态的发展历程，他说：多年以来，货币资本始终是地区和企业经济发展的直接动力，在今后一个相当长的时期里，它依然会发挥着重要作用。我们可以将它称之为生产资本和金融混合成长模式，即地区和企业经济主要是依靠自身的资金积累和银行所提供的货币资本来发展。但是，随着科学技术的迅速发展和新的经济时代的到来，已经显示出这一传统的经济发展模式的局限性和不充分性，这主要表现在：单一停靠货币资本这一传统的发展模式，常常会出现资本短缺的现象，并形成地区和企业经济发展的瓶颈。

后来，人们认识到，当货币资本不能充分满足一个国家、一个地区、一个企业经济发展需要的时候，知识资本就起到一种点石成金的作用，它可以几倍、十几倍地扩大现有货币资本的实力，创造更大量的财富。这种货币资本联合知识资本推动经济发展的模式，在一些发达地区已经有了一段时期的尝试和实践，并收到很好的成效。

而随着市场经济的不断发展，人们开始认识到消费者才是市场经济真正的主人和竞争的最终决定性力量。因为他们既是市场的主人，又是给经济发展注入新的资本动力的源泉。因此，谁能赢得更多的消费者，谁就能拥有最大的市场和巨额的资本注入。消费资本由此产生，消费资本化理论的构建也以此为基础。

解决“怎么办”的问题

陈瑜指出，消费资本化理论的核心内容，是将消费向生产领域延伸。这实际上，是把消费者从产品链的末端以投资者的身份提升到前端，使消费者在购买产品时，既能分享企业成长的成果，同时也为企业发展注入新的动力，使消费和投资有机结合。从而使买卖双方在这种条件下合二为一，成为一体，完成消费转化为资本的过程。这样，消费作为一种资本，它同货币资本、知识资本一样，成为企业和地方经济发展的直接动力。

诺贝尔经济学奖得主哈耶克曾提出过消费者主权理论，而今天的消费资本化理论与其差别在哪？面对记者的疑问，陈瑜分析介绍说：所谓“消费者主权”，是诠释市场上消费者和生产者关系的一个概念，即消费者根据自己的意愿和偏好到市场上选购所需的商品，这样就把消费者的意愿和偏好通过市场传达给了生产者，于是所有生产者听从消费者的意见安排生产，提供消费者所需的商品。这就是说生产什么、生产多少，最终取决于消费者的意愿和偏好。

消费资本化理论与消费者主权理论一脉相承，但又突破了古典和新古典经济学的园囿以及哈耶克理论的局限，是通货和消费紧缩时代理论上的创新和发展。消费者主权理论仅阐明了消费者的重要性，仅解决了“是什么”的问题，没有解决“怎么办”的问题，即没有探讨生产者应在“消费者主权”的前提下，如何获得消费者支持；此外，在理论模型上，消费者主权理论认为生产者和消费者是对立的，消费者的主权对应的是生产者的服从，它没有认识到生产者与消费者可以在一定的机制下有机结合，在市场上实现消费的资本化。而消费资本化理论主要针对的问题是在新经济的条件下，如何实现生产者与消费者的有机结合，通过构建各种类型的市场制度，使生产和消费从对立走向统一，在使消费者的主权得到最大化满足的同时，通过消费的资本化，实现企业利润在更高层面上的最大化。就是说消费资本化理论将使企业、消费者、及整个社会的利益最大化，实现生产者、经营者、消费者和全社会的共赢。

金融实践中也有用武之地

陈瑜表示，消费资本化理论有很强的实践应用价值和多种实现形式，比如消费者投资、消费者参股、消费者期权、消费者选择权等等。消费资本化理论在实践中应用的最基本的形式是“消费者投资”，即生产者将单位销售收入的一定比例注入为消费者在本企业开设的个人投资账户，然后根据企业的盈利状况，将个人投资账户的累计额和企业利润的一定比例按一定比例按一定的时间间隔分期返还给消费者，是消费者参与企业投资、分享企业发展成果，从而达到吸引消费者，实现消费资本化的目的。消费者的购买行为，已经不再是单纯地为了获取商品从而满足偏好，他的消费行为同时变成了一种储蓄行为和参与企业生产的投资行为，这就可以再一定程度上消除买卖双方的对立，化解消费者和生产者之间的矛盾。

除了"消费者投资"这一最基本的形式之外，消费资本化理论在实践中的应用是多方面、多角度、多层次、高效益的，更高层次的消费资本化形式则对应着更广泛、深远的社会、经济、政治和文化效应。陈瑜认为，在现阶段，消费资本化理论对我国经济社会运行有着积极地意义和指导作用，是解决地方和企业经济发展中资本和市场问题的关键，是扩大内需的原动力，同时它有利于推动农村经济快速发展，有利于建立公平有序的消费。

当记者提出金融业是否也能应用这一创新理论时，陈瑜以保险业为例进行回应。他说，中国保险业在长期发展过程中已经形成这样一种思维定式，即每当谈到快速发展，就认为离不开增加保险经营主体、扩充人才队伍、增加新的产品供给以及提高人均效能，这固然正确，但实际上只是着眼于从生产者角度考虑问题，只强调发挥生产者的主动性和能动性。这必然忽略对消费者或消费资本的重视，压抑了消费者的积极性，导致保险业只能依赖传统的模式增长，无法实现质的飞跃。如果运用消费者的消费行为也是一直投资行为的全新思想，使消费者在购买产品时既获得了保障，也能不断分享企业成长的成果和收益，必将极大调动消费者的积极性和内在潜能，实现保险市场的跨越式发展。

消费资本化理论在保险业的应用推广，还可以缓解保险业存在的一些深层矛盾。恶性竞争是当前我国保险业发展过程中最为突出的问题之一，其中一个重要原因在于，消费者除了获得保险保障以外往往无法分享到保险企业的经营成果，企业只要不倒闭关门，消费者的利益基本得到保障即可，加之保险产品是一种事后验证的商品，消费者在购买保险前无法考核保险产品的质量，真实效用在使用后通过赔偿或给付这一过程才知道。因此消费者关心的只有保险价格，特别是当低廉价格易受市场追捧后，更使得保险竞争变得愈演愈烈。如果消费资本化理论得以推广，即意味着消费者将不再是单纯的消费者，消费资本化过程可以使消费者从企业长期获益，并分享企业的发展结果。届时，消费者出于关心自身利益和更高收益，那些品牌优秀、管理先进、成长性好、回报率高的保险企业将成为客户的首选，价格将不再成为消费者最为关键的因素，有助于保险业优胜劣汰机制的建立。

消费资本化理论提速经济创新

——《中国经济时报》2006 年 12 月 12 日

本报记者:张娜

随着生产力水平的不断提高和市场经济的不断发展,要求市场经济的理论要有重大突破,需要发现更多的资本形态和经济增长方式,才能适应多元化的现代市场经济发展的需要。

在 12 月 3 日举行的首届经济增长方式转型国际高峰论坛上,就有关经济增长方式和市场经济理论创新问题,世界新经济研究院院长、经济学家陈瑜教授接受了中国经济时报记者的采访。

什么是转型后的经济增长方式?

中国经济时报:究竟什么是新的经济增长方式?

陈瑜:经济增长方式是指国家、地区和企业经济发展的推动力构成及其发挥作用的形式。经济增长方式的转型,是指经济发展的推动力构成的改变及其发挥作用的形式的变化。只有转变经济增长方式,才能使国家和地区(包括企业)的经济有突破性的发展和质的飞跃,进入一个崭新的发展阶段。

在旧的传统的市场经济理论影响下,对于经济的发展,主要是从投入产出比、粗放到集约、产业结构调整的角度来思考。其实,仅仅做到这一步是不够的。这些,只是对产业的调整和优化,是在同一增长方式下的演进,是在同一增长方式下的经济数量增长的延续,还不是中央在"十一五"期间战略部署中,所期望的经济增长方式的转型。传统的市场经济理论已经影响了我们两个世纪之久。而至今还在继续影响着我们的思想、观念和经济发展。必须突破旧的传统的市场经济理论的束缚,在总结我国市场经济发展经验的基础上,进行理论创新,才能找到在新的经济条件下,经济发展的正确思路和途径。中央在"十一五"期间提出加强自主创新能力的意义也在于此。

中国经济时报:您认为转型后的经济增长方式是什么?

陈瑜:由单一的货币资本发展经济的传统增长方式,转化为货币资本和知识资本相结合的增长方式,再转化为"消费资本导向、知识资本创新、货币资本推动"的三种资本融合、联动的新型增长方式，这是全世界各市场经济国家经济发展实践所必然遵循的趋势，是市场经济一条非常重要的经济发展规律。

消费资本化理论的提出

中国经济时报:新旧两种市场经济理论有哪些不同?

陈瑜:传统的旧的市场经济理论认为推动经济发展的力量只有一种，即货币资本。旧的市场经济理论体系主要有两个特征:一是其资本构成是由单一货币资本构成;二是单一依靠货币资本支持经济发展的经济增长方式。

在这种传统的经济增长方式下，国家、地方和企业主要是依靠自身的原始资本积累和银行贷款来支持经济发展。这种增长方式虽然可使经济有一定程度的发展，但是随着社会经济和科学技术的进一步发展，已经显示出它的局限性和不充分性。这种局限性和不充分性主要表现为，依靠货币资本这一单一要素发展经济，会经常出现资本短缺、创新乏力和消费萎缩等问题，形成经济发展的瓶颈。

而新的市场经济理论具有两个最基本的特征:一是完整的市场经济是由货币资本、知识资本和消费资本三种资本构成;二是经济增长方式是由多种资本要素共同作用推动社会经济的发展。

中国经济时报:新的市场经济理论体系形成的标志是什么?

陈瑜:消费资本化理论的提出就是新的市场经济理论体系形成的标志。在新经济中，科技创新进一步成为企业的发展动力，风险投资应运而生，价格被“净化”，所有的产品一问世就处于最低的价格水平。在这种情况下，传统的货币资本理论已经难以描述经济增长的“秘密”，于是出现了知识资本的新概念，但知识资本的理论也只能解释部分新经济现象。

而以往的经济学家，包括获得诺贝尔奖的经济学家，他们在经济理论上一个共同的缺陷是只重视对生产的研究，而忽视对消费的研究。他们从资本的高度分析生产对社会经济发展的重要推动作用，而没有从资本的高度分析消费对社会经济发展的重大拉动作用，或者只是把消费作为整个社会经济运行的一个附属部分来看待。

其实，社会经济发展的最终目的是为了消费，生产和消费是一个问题的两个方面。只有从生产和消费两个角度分析社会经济发展的动力，才是全面、整体的分析。

消费资本化理论着眼于从生产和消费双向看问题，并形成消费者的消费行为同时也是一种投资行为的全新视角，即:消费者既是市场的主人，又给经济发展注入新的资本动力。

在产品短缺时代，消费者处于被动地位，它真正发挥作用是在产品相对过剩时代，因为这时候的消费者成为市场经济的主人，消费已成为市场的主导力量。消费决定着生产的成败和每一张货币选票的投向，关系到每一个家庭、个人和企业。每个社会细胞的经济行为的终极目标都可归结为消费，任何产品的最终指向也都是消费。因而一切的社会活动都在围绕消费而展开。消费也决定货币资本和知识资本能否实现其最终价值。

因此，消费已经不仅仅是一个过程，而是有足够的力量形成影响一切的、能够和货币资本、知识资本并驾齐驱的一种资本——消费资本。

消费资本化理论的核心与影响

中国经济时报:据我所知,消费资本化理论是您提出来的,核心内容是什么?

陈瑜:核心是将消费向生产领域和经营领域里延伸。当消费者购买企业的产品时,生产厂家和商业企业应把消费者对本企业产品的采购视同是对本企业的投资,并按一定的时间间隔,把企业利润的一定比例返给消费者。此时,消费者的购买行为,已不再是单纯的消费,他的消费行为同时变成了一种储蓄行为和参与企业生产的投资行为。实际上是把消费者从产品链的末端以投资者的身份提升到前端,使消费者在购买产品时,分享企业成长的成果,使消费和投资有机结合。从而使买卖双方在这种条件下合二为一,成为一体。于是消费者同时又是投资者,消费转化为资本。

中国经济时报:会给我国的经济发展带来哪些有利的影响?

陈瑜:它的产生将进一步完善市场经济发展的增长方式。它将同货币资本、知识资本一起联动,推动市场经济的发展。

在当前,尤其要重视和发挥消费资本对经济发展的拉动作用。因为,我国是有十三亿消费人口的大国,在地方和企业资金短缺的同时,银行城乡居民的存款却一直居高不下,目前已经突破十六万亿元大关。在消费资本化理论的作用下,我国消费资本的力量将得到最充分的释放,带来的推动力量是难以估量的。

此外,扩大内需已经成为我国经济发展战略的重要启动点。扩大内需需要从多方面入手,更需要从消费理论上给以引导,而中国的国情也决定了我们需要一种与社会主义市场经济相适应的本土化的新的资本理论体系。可以说消费资本化理论是扩大内需的理论支撑。

今后的经济发展应融合三种资本力量,三种资本联动,共同推动国家、地区和企业的发展。解决经济发展中资金问题总的思路应当是,在充实货币资本的同时,更要倚重知识资本,和开拓消费资本。消费资本导向、知识资本创新、货币资本推动将是国家、地区和企业今后经济增长的基本方式。

我国的市场经济已经进入新的发展阶段。我们应当用新的市场经济理论,尤其应当用自主创新的经济理论,作为规划今后经济发展的理论基础。

中国和世界各国的经济发展实践都已充分说明,以牺牲资源和环境为代价换取经济增长的方式,已经走到尽头。伴随这种经济增长方式所形成的工业经济时代的市场经济理论,也已进入终结时期。如果继续沿用过去的旧的市场经济理论来诠释今天的经济,分析今后的发展,并以此为基础规划今后的经济发展,显然是不适宜的。那将会使今后的经济运行走回头路、停滞不前,甚至会误导今后的经济发展。

消费资本化理论:诞生在中国的“穷人经济学”

——《新远见》2005 年 7 月第 14 期

记者:汪　侠

2005 年“两会”,温家宝总理在记者招待会上回答有关“三农”问题时说:“我想起了诺贝尔奖金获得者,一位叫舒尔茨的经济学家说过一句话,他说世界大多数是贫困人口,如果你懂得了穷人的经济学,那么你就会懂得经济学当中许多重要的原理。世界大多数贫穷人当中,又主要是以农业为生计的。如果你懂得了农业,那你就真正懂得了穷人的经济学…没有农村的小康,就不会有全国的小康。没有农村的现代化,就不会有全国的现代化。”

温家宝总理的的回答事实上给中国的经济理论研究提出了一个新的课题。“穷人”的价值在哪里?“穷人”的出路在哪里?——有着世界上最多农民和城市平民的中国呼唤自己的“穷人经济学”。

就在温家宝总理讲话的之前,著名经济学家、世界新经济研究院院长陈瑜教授业已提出了“消费资本化理论”,该理论被很多专家和媒体誉为诞生在中国的“穷人经济学”,为此本报专门采访了陈瑜教授,了解“消费资本化理论”。

陈瑜教授介绍说,“消费资本化理论”的核心内容,是将消费向生产领域延伸,当消费者购买企业产品时,生产厂家和商业企业应把消费者对本企业产品的采购视同是对本企业的投资,并按一定的时间间隔,把企业利润的一定比例返给消费者,因此消费者的购买行为已不再是单纯的消费,同时又变成了一种储蓄行为和参与企业生产的投资行为。于是,消费者同时又是投资者,消费转化为资本。这样,消费者在购买产品时,既能分享企业成长的成果,同时也为企业发展注入新的动力,使消费和投资有机结合,买卖双方合二为一,成为一体。

消费资本化理论甫一推出,即在中国的经济理论界和国家相关领导中引起强烈反响和重视,中央电视台、新华社等中国重要的媒体体竞相报道,很多城市和企业都相继邀请陈瑜教授做演讲和培训。今年 3 月,卡塔尔王国第一副首相专门邀请陈瑜教授参加当月在多哈举办的“第五届民主与贸易国际会议”,陈瑜教授在会上做了消费资本化理论的精彩演讲,受到了与会各界的广泛赞誉,发言稿也被收入到会议文集。各国有关院校和社团纷纷发来请陈瑜教授做报告的邀请函。

为什么说消费资本化理论是中国的“穷人经济学”呢?陈瑜教授说,当前中国社会正是从日用消费品往耐用消费品过度的时代,企业遇到的市场紧缩问题并不是生产绝对过剩,实际上是老百姓买不起耐用消费品，也就是我们说的大件，如家电产品、汽车、住房等，很多企业眼中只有2亿的大中城市的白领和少数富人，而漠视和遗忘了广大的“穷人”的需求和利益。所以很多的营销措施往往只为争夺这些少数人，造成很多恶性竞争，损害了企业正常的利益和发展后劲。同时政府为刺激消费，也一次次地降息并征收利息税，但这一切都可以说无济于事，为什么呢？因为都没有找到一种科学的方法来解决问题。“消费资本化理论”认为人人都是资本的所有者，中国有超过10亿以上的农民和城市平民，他们是很多企业眼中的穷人，但他们却是消费潜力最大的群体，是消费资本的真正的巨大载体，只有保障了他们作为资本拥有者的利益，只有老百姓能分享到消费带来的利益时，他们才有意愿扩大消费。使广大的农民和城市平民既享受到高品质的生活，也能分享消费带来的利益，从而成为国家改革发展的积极参与者和建设者——这就是“消费资本化理论”的重要目的。

目前“消费资本化理论”的在很多行业应用的数学模型已经推出，消费者通过消费所得回报可达到10%以上，企业通过消费资本化方式，不仅可以扩大市场，而且可以积蓄资本，壮大实力。陈瑜教授给记者算过一笔帐，他说，中国有10万亿以上的储蓄，如果动员其中的1%即是一千亿元，如果动员10%即是1万亿元，这是非常可观的数字，应用消费资本可以使国家总资本翻番，货币资本短缺情况也可以得到很大的缓解。

在中国，大部分农民主要依靠农业为生，解决好农业的问题，就解决了脱贫的问题，消除了贫困，也才有利于全面建设小康社会。如果农民富裕不了，全国的小康社会也就实现不了。

为了具体将“消费资本化理论”应用于改善农民的生存状况上，陈瑜教授考察研究和积极探索新的农业生产方式，提出了“中国农业硅谷实验区”的构想即真正以工业化的集约方式来改造目前的小农生产，组建各个农业经济联合体，应用“消费资本化理论”原理，让农民成为各个经济联合体的股东，以此带动中国“三农”问题的解决。“农业硅谷实验区”的构想一经出台，很快就得到中国很多县市的认同和响应，一些县的“农业硅谷实验区”已开始筹建。一些国际农业热切邀请陈瑜教授参加有关会议并做专题演讲。

陈瑜教授说，中国“三农”问题的本质是一个怎么认识农民的问题，要解决“三农”问题，首先要对农民真正尊重和信任起来，尊重他们的权益、智慧和作用，农民最知道自己要什么，最知道该怎么办，如果把9亿农民看成是消费资本的巨大载体，是智慧和创造力的巨大载体，“三农”问题就不会成为困绕我们今天的社会难题。

今年已65岁的陈瑜教授早年毕业于北京大学经济系，师从中国一代经济学大师陈岱孙先生，后在国家重要的经济主管部门工作。退下来之后的陈瑜先生将精力转到了治学与研究上，被北京大学、哈尔滨工业大学等中国著名高等学府聘为兼职教授。2003年8月陈瑜先生组建了世界新经济研究院，致力于建立中国民间的思想库。近年来，陈瑜先生经常马不停蹄地行走在中国的大江南北，落脚在田间地头，了解中国最底层农民的生活，将人生的悲悯投在了中国最弱势的人群上。他希望通过消费资本化理论和农业硅谷实验区能从源头上改善农民的地位和收入。

陈瑜教授的“消费资本化理论”实际上对当前中国农业人口众多之问题给出了一个新的视角和出路，具有化被动为主动，化腐朽为神奇的力量，可以说是诞生在中国社会的“穷人经济学”。

陈瑜:为消费立言

——《中国联合商报》2005 年 8 月 29 日

记者:安平、汪侠

北京西单,是首都乃至全国都著名的商业区,每天有上百万人创造了上亿元的消费,人们习以为常地拿出金钱购得自己需要的商品,以为从此和商家、厂家两讫,但是就在西单商业区的对面首都时代广场 609 室的世界新经济研究院里,著名经济学家陈瑜却在热忱地运筹着一场关于消费资本化的理论革命,即消费要作为资本,从而让全体消费者通过消费获得一个创富平台,达到全社会的共赢。

理论突破,痛并快乐的过程

陈瑜的"消费资本化理论"的一个简单的阐释是:消费者在购买了企业的商品之后,企业应把消费者的消费视同是对该企业的投资,并按一定的时间间隔,把该企业利润的一定比例返还给消费者。这意味着,消费者在消费的同时,成为一个投资者。而消费,则质变为资本。

这一看似简单的转化,却引起了媒体、经济学界和企业家们的高度评价和极大关注。一家著名的财经杂志以"一个可能改变世界的观点"为标题,做了 40 多个版的报道,一位国内的知名企业家认为这个观点是资本世界的又一里程碑,商务部的一位博士认为这一理论可以获诺贝尔经济学奖,因为它是源自于中国本土、适用于全世界的经济学理论创新。

当记者问到"消费资本化"理论如何诞生而来时,陈瑜现实的感慨多余欣喜。他说,一个经济学家的工作,是一个不断思考、不断求证的痛且快乐的过程。

上世纪八十年代,陈瑜曾经写过一篇名为《寂寞的哲学,活跃的经济学》的文章,引起了两个学界友好的论争。

在陈瑜看来,经济学必须是热闹的,经济学决不能寂寞。八十年代初,正是经济学打破了三个禁区:承认劳动力是商品、中国还存在着剥削、土地可以出租,从而使得中国的经济改革大潮奔涌向前。作为一名经济学者,他深深地自豪于自己钟爱的领域为国家发展进步所作出的重大贡献。

然而,近二十多年来经济学界的建树平平,却一直让他感到忧虑。"当下经济学界的两个主要问题,一是引进西方经济学的理论观点多,自身的理论创新少;二是经济学理论重复过多。特别是近十年来，中国还没有一种突破性的新的经济学理论出现。”

作为一名学者，当前中国经济发展中的诸多难以解决的问题困扰着他。他坚信，经济学理论上的突破一定会解决这些难题，这些难题也只有在经济学理论的突破下才能得到最根本性的解决。这种坚信继而化为了一种责任，这种责任让陈瑜潜下心来认真思考。

“我仔细回顾了市场经济发展最近两百年的历史。在第一个一百年，货币资本成为创造社会财富的主要源泉，社会的统治力量掌握在货币资本所有者手中。到了二十世纪九十年代初，知识资本和信息开始使财富转移到知识资源掌握者手中。知识资本的出现让我对资本的形态产生了兴趣，我开始思考：还有没有第三种形态抑或第四种形态的资本存在？”

在一般意义上，消费者付清货款取得其购买的商品的所有权之后，经济行为即告结束。但在这个人人司空见惯的经济行为里，陈瑜却看到了更丰富、更深层次的东西——资本。

一个虔诚的布道者

消费资本化理论基本成型之后，尤如一个虔诚的布道者，陈瑜开始以饱满的激情在国内外各种场合进行宣讲。有志于成为中国的兰德公司的世界新经济研究院成为了这一原创理论的孵化基地。

今年3月底应卡塔尔王国的首相邀请，陈瑜参加了在多哈召开的第五届世界经贸大会并在大会上做了消费资本化理论全文演讲，这一中国原创理论的演讲得到了各国领导人和企业界的关注。在北京、深圳，理论界关注的同时，企业界更是兴趣盎然。在陈瑜的办公桌上，摆放着好几份针对不同行业不同企业的运用消费资本化理论的具体解决方案。这些方案都是应企业的要求设计制作的。

“一招好棋能带活整个棋局。”对此，陈瑜始终坚信不移。“希望社会的每一个层面、每一个分子都能分享到这颗果实。”

在陈瑜的内心里，能够最终付诸于实践并开花结果，才是一个理论创造的最终目的，也才是理论创造者最大的愉悦。

他和他的同事们都坚信这一天很快就会到来，并为此每天不懈地工作着。他们的自信来自于，这一理论产生于实践生活，产生于对客观事实的研究，所以必然会对现实生活产生深刻影响。

天下熙熙，皆为利来；天下攘攘，皆为利往。形形色色的世界里总有纷繁复杂的人。不少经济学家成名后，更多地关心自己的利益。而有追求的经济学家考虑的决不是一己私利。

陈瑜显然是一个始终凭理想做事并从未灰心的学者。

“消费资本化理论意在构建一个共赢的社会。这个共赢的社会，必然是一个和谐的社会，一个真正繁荣幸福的社会。”陈瑜说。

“消费资本化理论改变了利益单向分配的格局，不同的利益主体达成共赢，包括消费者、生产者在内的整个社会都将获得利益；它将改变人与人的关系，消费者同时也是投资者，从而改变了此前与生产者的关系，双方处于平等地位。”

陈瑜常常思考：在经济学的视角里，普通百姓的利益到底在哪里？富豪榜上的数字令人气短，而最广大的公众却没有多少改变自身现实的机会。

在社会学家的研究中，富人与穷人的格局已经定型。这是一个并不乐观的论断，但也许是一个事实。

陈瑜却想为此做出些努力，他希望最大多数人都能拥有自己的利益。当消费在他的研究舞台上成为一种资本的时候，他觉得找到了为大多数人谋利益的经济学途径。

“普通人没有进行资本增值和积累的平台，或者说平台非常稀少和狭窄。但是企业有，越大的品牌企业拥有的平台越大、越好。通过消费资本化理论，任何人都可以将他的消费行为同时转化为投资行为，将他的消费资本放到他自己选择的企业平台上进行增值和积累。而企业则可以在一年的时间里利用这些资本进行规模化再生产，获得更加丰厚的利益。这样，利益的多赢使得更大多数人获得了可观的收益。”

“中国需要原创经济学”

或许，再也没有比中国更复杂的经济国情了。从中长期看，中国经济规模及潜在规模之大，虽美国亦不能比；中国不同地区的地理环境、语言文化、经济状况千差万别，这是排在世界经济前几名的国家所无法比拟的；中国的生产方式和所有制状况的复杂程度亦为世界之冠，既有18世纪的农业生产，也有现代新经济；既有市场经济和民营企业的体制和空间，又不具备西方经济学教科书上所列的经济增长的必然条件：完备的市场、私有产权以及有效的法治。可是就是这样一个矛盾体，却创造了25年经济以世界最快速度增长的奇迹。

如何对中国的经济增长想象作出科学的解释，这是摆在中国经济学界的一个重要课题。一些经济学者在讲学中动不动就搬出西方经济学理论，搬出在美国在欧洲的经历夸夸其谈。陈瑜对此颇不以为然。“一个最简单的道理就是：在沙漠中长得很好的仙人掌，放到水里必然存活不下去。”

“被很多人顶礼膜拜的西方经济学理论，基本上都是成熟市场经济国家经济发展的理论总结，它们产生、发展在一个国家特定的体制背景、社会人文背景之下。抽掉这些特定的背景，把其不加分析地放置于一个体制背景、文化背景完全不同的国家，显然是不适合的。一个证明就是，就在我们的经济学者眼光向外的时候，北美、西欧的经济学家却把目光更多地投向了中国经济发展的实践。”

一直以来我们的经济学理论引进的多，重复的多，而来自总结自身实践经验的理论几乎没有，这一大缺憾事实上即将或者说正在影响到未来中国经济增长，因为未来中国经济的增长是否能继续，取决于中国的经济学界能否提出科学的理论指导和有效的行动方案。中国需要源自我们自身实践经验的严肃的、正统的、庄重的经济学。

在今天这个时代，经济学成为显学。而在浮躁、功利的现实社会里，原创的经济学正渐行渐远。而陈瑜和他的消费资本化理论显然告诉我们：什么才是原创，怎样才能原创，陈瑜说：消费资本化理论能够在中国产生并运用的一个现实背景是，中国拥有13亿人的巨大消费市场。换句话说，消费资本化理论就应该也只应该在拥有世界最大消费市场的中国产生。

创建适合自己国家的经济学，这正是陈瑜这样的经济学家们正在努力的作为

社会贫富差距逐渐拉大；城市居民储蓄存款高居不下；企业受制于资金短缺；消费者

与商品提供者之间摩擦不断；社会普失诚信……对震荡中必然出现的这些问题，经济学家争论了许久，作出了不少的诊断，但疗效始终不太明显。陈瑜相信，消费资本化这剂“土”方可以解决一些问题。而在此基础上，中国完全能够创建出本土的优秀经济学理论，并影响世界。

陈瑜大话“消费资本论”

——《新财经》2007 年 12 月 7 日

记者:王 博

编者按

消费资本化理论,是突破西方传统经济学理论的局限而提出的新的资本理论。它的核心价值是,首次提出“消费行为资本化”,并科学地论证了消费转化为资本的过程,指出“消费即是投资”。

经济学家陈瑜,在世界经济学史上第一次提出“消费资本”这一新的资本形态,并以完整的理论和实践体系,把消费资本与未来的新经济形态之间的关系系统地揭示了出来。

本刊希望通过连续的深度专访,发现和弘扬源于本土的原创性实用经济学理论,推介出一批能切实影响和指导未来中国经济的经济学家。

“研究几十年了。”世界新经济研究院院长陈瑜终于出手了。

2007 年 10 月 12 日,陈瑜在美国麻省理工大学斯隆学院所作的“消费资本论”专题演讲,被誉为“给予世界的辉煌的礼物”。

这一天,中国人自己原创的经济理论走出国门,登上了世界最高学府的讲坛。

面对记者,陈瑜说:“他们行,我们也行。我们中国人也有创新理论的时候。”

每个历史时代都应有属于自己的经济理论

《新财经》:我知道您六十年代毕业于北大经济系,应该说您脑子里装的是传统经济学那一套。可今天为什么要颠覆它,大张旗鼓主张“消费资本论”?

陈瑜:(哈哈笑)我认为,已经流行了两个世纪之久的西方传统经济学的资本理论,已经滞后于现代社会经济的发展。以往的经济学大师们,他们理论上的一个共同缺陷,是重生产、轻消费。他们从资本的高度分析“生产”对人类社会经济发展的重大作用,但没有一位经济学家从资本的高度,分析“消费”对社会经济发展的重大作用。

其实,人类社会经济发展的最终目的是为了消费,只有从资本的高度并同时从生产和消费两个方面分析社会经济发展,才是全面的、科学的分析。

《新财经》:您的意思是,古典经济学理论也需要与时俱进、不断发展?

陈瑜:是的。新时期的经济发展,要求我们必须重建经济学资本理论。恩格斯都说过:

"一个国家,一个民族,一时一刻不能停止理论思维,才能跻身于世界文明之林。"我想一个民族如此,一个人也是如此。我们只有不断地思考和设计,才能成为一名国家的、民族的和世界的优秀人才。所以,我认为,每个历史时代都应有属于那个时代的自己的经济学理论。

《新财经》:您怎么会想到消费资本论呢?

陈瑜:这与历史渊源有关。新中国成立五十八年来,我国经济理论界曾出现过两个"一边倒"现象:一次是建国初期,我们向苏联一边倒,完全断绝了同西方的沟通和联系,在学术理论方面到处充斥着苏联学者的观点和计划经济理论。第二次是上个世纪 80 年代以后,特别是进入 90 年代,一些经济学者言必称欧美,数典忘祖,使西方传统经济学在中国到处盛行。

《新财经》:这不是顺应了时代发展的潮流吗?

陈瑜:其实,两种倾向都是不对的。市场经济理论研究的前提,应是"商品经济全过程",而不只是"商品的生产过程"。

消费资本论是源自中国本土的原创经济理论

《新财经》:您刚才提到"商品经济全过程",您怎么看待这一过程?

陈瑜:实际上,"商品经济全过程"表现为三个环节或者说三个阶段。首先是商品生产的准备过程,就是购买生产场地、原材料和零部件,这都属于生产资本;而后,工程师、科技人员和能工巧匠们,利用已有的生产场地把原材料和零部件转化为产品,这是知识资本发挥作用的过程,即生产过程;最后,当产品进入市场并由消费者购买之后,所有的价值和利润才能实现,这是商品的消费过程。而这后一过程往往被理论研究所忽略,它是由消费者完成的,所以说,它是消费资本的载体。

《新财经》:研究这一过程可以引申出哪些结论?

陈瑜:它至少可以说明:第一,市场经济的资本构成,应该包括生产资本、知识资本和消费资本三部分,而不是唯一的货币资本;第二,社会财富、当然也包括企业的利润,是由生产资本、知识资本和消费资本共同创造的;第三,三种资本的所有者,应当共同参与社会财富和企业利润的分配。

《新财经》:为什么传统经济学会忽视"消费资本"这个完成和实现了资本价值的重要环节?

陈瑜:这也是我想特别指出的,被传统经济理论一直称为"货币资本"的资本,它实际上就是生产资本。因为,当时人们只意识到有一种资本形态的存在,由于需要用货币来量化,所以就以为资本就是货币,货币就是资本。久而久之,人们就以为生产资本就是货币资本。

但是今天,当我发现了三种资本共同存在的形态后,货币就成为多种资本的价值尺度和量化手段,因而生产资本也就恢复到了它本来的名称。我认为我提出的消费资本论,既是对原计划经济理论的扬弃,也是对西方传统的市场经济理论所作的历史性和批判性的评估。

《新财经》:您觉得消费资本论具有什么样的价值?

陈瑜:它找到了一条符合大多数人利益的经济学途径,构筑了一个对富人、穷人都适用的、共赢的经济平台,因而它是一种"共富"的理论,也是新的资本理论体系形成的标志。

这一理论是中国市场经济发展实践的理论总结,是源自中国本土的原创的体系性理论创新。

消费资本论将确立新的经济增长模式

《新财经》:消费资本论与经济增长有怎样的关系?

陈瑜:旧的市场经济理论,是单一依靠货币资本支持经济发展。在这种方式下,企业家主要依靠自身的原始资本积累和银行贷款,来支持企业的经营活动并获得利益。随着社会发展,这种经济增长方式已显示出局限性和不充分性。这主要表现在,依靠货币资本的单一要素发展经济,会经常出现资本短缺、创新乏力和消费萎缩等问题。

而消费资本论认为,完整的市场经济,其经济发展方式是由"消费资本导向、知识资本创新、货币资本推动",三种资本联动的方式发展。

《新财经》:看来,旧的市场经济理论在您这里真的过时了。

陈瑜:如果继续沿用过去的旧的市场经济理论来诠释今天的经济,分析今后的发展,并且以此为基础规划未来的经济,就有可能导致未来的经济运行走回头路或停滞不前,甚至会误导未来的经济发展,会使我们犯时代错位和适用理论不当的错误。

《新财经》:在您的理论框架中,消费资本比货币资本更重要,这显然颠覆了传统的资本理论。

陈瑜:是的。我们应该意识到,今天的消费者既是市场的主人,又是为经济发展注入循环资本的动力源泉。可以说,谁能赢得最多的消费者,谁就能拥有巨额的资本注入。消费者的资本资源规模越来越大,这些资源如果能够进入生产和经营领域,必将引起资本的成倍增长。2006 年末,我国城乡居民存款已突破 16 万亿元人民币,这是一个巨大的消费资本存量。

《新财经》:按照您的观点,中国的消费资本存量是巨大的,但怎么做,才能让这个存量转化为资本呢?

陈瑜:实际上,"消费资本化"是把消费者从产品链的末端以投资者的身份提升到前端,使消费者在购买产品时,为企业发展注入新的动力,使消费与投资有机结合,从而使买卖双方在这种条件下合二为一,完成将消费转化为资本的过程。消费是一个可以计算或涵盖生产总量的经济概念。可以这样说:消费资本化理论实际上是一个调度社会总资本的武器,它所产生的作用远远超出了一个企业、一个地区、一个民族、一个国家。

《新财经》:您能否举例说明一下?

陈瑜:好。比如资本的沉淀效应吧。消费资本化的一个重要功能,就是为企业创造一个庞大的资本存量。当企业把消费者购买产品的消费额,以记账形式记入消费者在本企业的个人投资账户,过一段时间之后,比如一年,企业就可以按账户余额和盈利状况,按比例以资金或产品的形式返还给消费者。由于企业的收和支之间存在一个时间差,因而企业自始至终都保留了一定的资本存量。随着消费者消费规模的扩大,这个沉淀下来的资本存量将以几何级数递增,企业的发展也因此得到了另一个渠道的资金支持。

消费资本论是实现共同富裕的有效途径

《新财经》:在现实生活中,由于资本的力量,货币资本和知识资本拥有者的资本权益和社会地位已经得到了实现和有效放大。但消费资本的所有者,也就是大多数普通老百姓的资本权益在推动商品经济繁荣的同时,却被忽视或根本无法进入资本增值分配领域。对这一点,您怎么看?

陈瑜：过去，普通人没有进行资本增值和积累的平台，或者说平台非常稀少和狭窄。但是，通过消费资本化，只要进行消费，任何人都可以将消费转化为投资，将他的消费资本放到自己选择的企业平台上进行增值和积累。

消费资本论是全民共富理论，其出发点不是从富人那里拿一部分钱分给穷人，而是直接从经济机制上推动共同富裕。消费资本化理论的长期实践会产生“共富”的效果，这与邓小平理论所主张的让一部分人先富起来，最后达到全体人民的共同富裕是完全吻合的。

《新财经》：什么状态下，才能算得上实现全民共富？

陈瑜：我们不能只根据一个国家最上层的富裕程度来判断社会的富裕程度，而要根据社会最低层人的生活状况来判断。只有这部分人真正富裕起来，并在思想、文化、知识、能力、技术、住房、工资、收支、福利等方面，能和那些已富裕起来的人看齐的时候，我们才能说这个国家的人民是幸福安康的。

《新财经》：这与台湾的“均富”理论有什么区别？

陈瑜：在没有消费资本化以前，富人要富，你阻止不了，穷人要穷，你也帮不了。有了这个理论，富人仍然富他的，而穷人也可以逐渐富起来。这个理论是让富起来的人得到保护，而让没富起来的人得到帮助，这与台湾的“均富”理论有一定的区别。“均富”理论是对利益的平均分配，政府通过各种经济手段来干预一部分富人的经济学，如通过高税收来调节富人资本的增长。消费资本化是富人与穷人之间的经济学，政府在这个过程中没有过多的经济机制参与其中。

消费资本时代走出中国经济创新之路(对话)

《中国企业报》2010 年 5 月 28 日　种旻栩/文

《中国企业报》:经过长时间的探索和不断实践,消费资本论已经成为对中国经济和世界经济发展产生广泛影响的新的资本理论。如今,金融危机过去已有一年,根据消费资本论,您认为危机后的中国经济会走向哪个方向?对中国企业而言,需要从哪些方面着手调整,以取得发展先机?

陈瑜:从历史因素来看,金融危机的爆发绝非偶然,而是传统经济发展模式诸多重大弊端长期积累的必然结果,是一次总爆发。一直以来,西方经济发展方式存在牺牲资源、忽视消费资本等难以克服的硬伤。随着世界市场经济已经进入新的发展阶段,西方各国长期以来遵循的单纯依靠货币资本发展经济的传统市场经济理论,已经不再适应新历史时期经济发展的需要。在这种情景之下,我们提出,用新的市场经济理论,尤其用自主创新的经济理论,作为今后经济发展的理论导向。

改革开放后的 30 多年,经济迅猛发展,举世瞩目,所取得的成绩证明了我们所坚持道路的正确。改革开放伊始,我国就十分重视货币资本的作用。30 余年来,各行业投资规模迅速增长。从 1978 年到 2009 年,资本形成额从 1377.9 亿元增加到 62875.3 亿元,年平均增长率约为 15.8%,30 年中资本形成总额达 459401.3 亿元,有力地支持了国民经济的高速增长。在积极启动内资的同时,政府还通过实行各种优惠政策大规模吸引外资,在招商引资上取得了巨大成果。从 1984 年到 2009 年,外商直接投资从 14.2 亿美元迅速增长到 603.25 亿美元,年平均增长率达到 19.5%,实际占用外资金额名列世界前茅。在世界金融危机对西方经济强国造成毁灭性打击的同时,中国迅速上升成为世界经济发展新引擎,如此形势之下,从政府到企业,更应进行自我理论总结,走出自我创新之路。

中国经济发展的实践过程,始终体现着总设计师邓小平关于"解放思想、深化改革"的指导思想、胡锦涛总书记提出的科学发展观和党中央倡导的自主创新精神。这是中国经济高速增长最根本的原因,也是未来持续发展的根本基石。在此基础之上,企业应该在中央政策指导的前提下,不断调整和优化经济增长方式,走出兼具地区、行业、企业特色的创新型发展道路。

《中国企业报》:在 2009 年底召开的第二届亚洲财富论坛年会上,您提出,当今全球市场经济已经完成由卖方市场向买方市场的过渡,消费起主导作用的时代已经到来。在这个过程中,我们如何由单一货币资本发展经济的传统发展方式,向货币资本和知识资本相结合的

发展方式转化，并进一步向“消费资本导向、知识资本创新、货币资本推动”三种资本融合、联动的新型发展方式努力？政府和企业分别需要怎样来适应？

陈瑜：消费资本论的核心理论就是将消费向生产和经营的领域延伸，进而根据消费资本理论建立新的商业模式。总体而言，今后的经济发展应融合三种资本力量、三种资本联动，共同推动国家、地区和企业的发展。解决经济发展中资金问题总的思路应当是，在充实货币资本的同时，更要倚重知识资本和开拓消费资本。消费资本导向、知识资本创新、货币资本推动将是国家、地区和企业今后经济增长的基本方式。

在政府方面，首先要认清我们已经进入了以买方为主的经济发展阶段，消费与消费资本已经成为了关键资源与主导力量。这样就需要成立研究机构着手研究知识资本与消费资本。此外，还应培养消费资本分析师、管理师以及规划师，完成资源、人才的转变，以激活消费资本。

企业应当在消费者购买企业的产品时，把消费者对本企业产品的采购视同是对本企业的投资，把消费者从产品链的末端以投资者的身份提升到前端，使消费者在购买产品时，分享企业成长的成果，使消费和投资有机结合。这样消费者将不可避免地对其参与“投资”的企业投入更多的关注，企业也能培养更多的消费者。

《中国企业报》：随着市场经济进入新的发展阶段，您提出，“我们应当用新的市场经济理论，尤其应当用自主创新的经济理论，作为今后经济发展的理论导向”。而政府当前也已经就创新发展道路的探索做出了诸多努力，如战略性新兴产业和区域经济发展规划的出台。从理论角度考量，这些政策是否匹配“自主创新的经济理论”的定义？在您看来，这些政策将对未来社会经济迈向创新道路产生怎样的推动作用？

陈瑜：当今的经济发展方式应从动力构成方面进行改变，达到形式的变化、性质的突破。中国政府大力发展的战略性新兴产业以及区域经济发展规划的出台，正体现着自主经济创新的精神。其推动作用将是巨大的，它将使中国逐步完成促进经济增长由主要依靠投资、出口拉动向依靠消费、投资、出口协调拉动转变；由主要依靠第二产业带动向依靠第一、第二、第三产业协同带动转变；由主要依靠增加物质资源消耗向主要依靠科技进步、劳动者素质提高、管理创新转变，而且促进区域协调发展，实现主体功能定位清晰、公共服务和人民生活水平差距趋向缩小的区域协调发展格局。这些政策更加鼓励了企业的自主创新，为其提供了广阔的发展平台。政府勇于总结理论、开拓创新，这也正是中央多次强调自主创新的意义所在。

消费资本化理论引领中国经济创新之路

——《中国产经新闻》2010 年 12 月 10 日

本报记者 张慧报道

厂家生产产品，商家销售产品，消费者购买产品，厂家从产品价值和市场价格的差距之间分别获得利润。从经济学角度来讲，这是最简单最基本的一个经济行为。或许因为它的简单，所以多年来人们对这个经济行为的研究和实践鲜有突破。

当世界新经济研究院院长、著名经济学家陈瑜在世界经济学史上第一次提出“消费资本”这一存在于货币资本、知识资本之外的第三种资本形态，并以完整的理论和实践体系，把消费资本与未来新经济形态之间的关系系统的揭示出来。这一理论顷刻间引起世界各地专家、学者的广泛关注，尤其在经济学理论界引起巨大震动。

这一新的消费资本化理论，是突破西方传统经济学理论的局限而提出的新的资本理论。它的核心价值是，首次提出“消费行为资本化”，并科学地论证了消费转化为资本的过程，指出“消费即是投资”。

陈瑜教授作为首位在西方发达国家宣讲中国原创经济学理论的中国经济学家，在学术界拥有极高威望。带着有关经济增长方式和市场经济理论创新等问题，《中国产经新闻》记者对陈瑜教授进行了采访。

消费资本论是源自中国本土的原创经济理论

2007 年 10 月 12 日，陈瑜在美国麻省理工大学斯隆学院所作的“消费资本论”专题演讲，美国当地媒体把这一演讲誉为“给予世界的辉煌礼物”。

这一天，中国人自己原创的经济理论走出国门，登上了世界最高学府的讲坛。面对记者，陈瑜说：“他们行，我们也行。我们中国人也有创新理论的时候。”

当记者问及陈教授是如何进行理论创新时，他用一番极具专业性的学术语说道：流行了两个世纪之久的西方传统经济学的资本理论，已经滞后于现代社会经济的发展。以往的经济学大师们，理论上的一个共同缺陷就是重生产、轻消费，没有一位经济学家从资本的高度，分析“消费”对社会经济发展的重大作用。

人类社会经济发展的最终目的是为了消费，只有从资本的高度并同时从生产和消费两个方面分析社会经济发展，才是全面的、科学的分析。“消费资本化”是把消费者从产品链的末端以投资者的身份提升到前端，使消费者在购买产品时，为企业发展注入新的动力，使消费与投资有机结合，从而使买卖双方在这种条件下合二为一，完成将消费转化为资本的过程。可以这样说：消费资本化理论实际上是一个调度社会总资本的武器，它所产生的作用远远超出了一个企业、一个地区、一个民族、一个国家。新时期的经济发展，要求我们必须重建经济学资本理论。恩格斯说过：“一个国家，一个民族，一时一刻不能停止理论思维，才能跻身于世界文明之林。”“我想一个民族如此，一个人也是如此。我们只有不断地思考和设计，才能成为一名国家的、民族的和世界的优秀人才。所以，我认为，每个历史时代都应有属于那个时代的自己的经济学理论。”陈瑜教授这样对记者说。

消费资本论是顺应时代发展的新经济理论

消费资本化理论着眼于从生产和消费双向看问题，并形成消费者的消费行为同时也是一种投资行为的全新视角，即：消费者既是市场的主人，又给经济发展注入新的资本动力。

在产品短缺时代，消费者处于被动地位，真正发挥作用是在产品相对过剩时代，因为这时消费者成为市场经济的主人，消费成为市场的主导。消费决定着生产的成败和每一张货币选票的投向，关系到每一个家庭、个人和企业。消费已经不仅仅是一个过程，而是有足够的力量形成影响一切的、能够和货币资本、知识资本并驾齐驱的一种资本——消费资本。

消费资本化理论的核心是将消费向生产领域和经营领域里延伸。当消费者购买企业的产品时，生产厂家和商业企业应把消费者对本企业产品的采购视同是对本企业的投资，并按一定的时间间隔，把企业利润的一定比例返给消费者。由于企业的收和支之间存在一个时间差，因而企业自始至终都保留了一定的资本存量。随着消费者消费规模的扩大，这个沉淀下来的资本存量将以几何级数递增，企业的发展也因此得到了另一个渠道的资金支持。此时，消费者的购买行为，已不再是单纯的消费，他的消费行为同时变成了一种储蓄行为和参与企业生产的投资行为。实际上是把消费者从产品链的末端以投资者的身份提升到前端，使消费者在购买产品时，分享企业成长的成果，使消费和投资有机结合。从而使买卖双方在这种条件下合二为一，成为一体。于是消费者同时又是投资者，消费转化为资本。

消费资本论将确立新的经济增长模式

传统的旧的市场经济理论认为推动经济发展的力量只有一种，即货币资本。旧的市场经济理论体系主要有两个特征：一是其资本构成是由单一货币资本构成；二是单一依靠货币资本支持经济发展的经济增长方式。

在这种传统的经济增长方式下，国家、地方和企业主要是依靠自身的原始资本积累和银行贷款来支持经济发展。这种增长方式虽然可使经济有一定程度的发展，但是随着社会经济和科学技术的进一步发展，已经显示出它的局限性和不充分性。这种局限性和不充分性主要表现为，依靠货币资本这一单一要素发展经济，会经常出现资本短缺、创新乏力和消费萎缩等问题，形成经济发展的瓶颈。

而新的市场经济理论具有两个最基本的特征：一是完整的市场经济是由货币资本、知识资本和消费资本三种资本构成；二是经济增长方式是由多种资本要素共同作用推动社会经济的发展。市场经济理论研究的前提，应是“商品经济全过程”，而不只是“商品的生产过程”。

消费资本论认为，完整的市场经济，其经济发展方式是由“消费资本导向、知识资本创新、货币资本推动”，三种资本联动的方式发展。陈瑜说，如果继续沿用过去的旧的市场经济理论来诠释今天的经济，分析今后的发展，并且以此为基础规划未来的经济，就有可能导致未来的经济运行走回头路或停滞不前，甚至会误导未来的经济发展，会使我们犯时代错位和适用理论不当的错误。我们应该意识到，今天的消费者既是市场的主人，又是为经济发展注入循环资本的动力源泉。可以说，谁能赢得最多的消费者，谁就能拥有巨额的资本注入。消费者的资本资源规模越来越大，这些资源如果能够进入生产和经营领域，必将引起资本的成倍增长。

消费资本论提速中国经济创新

扩大内需已经成为我国经济发展战略的重要启动点。可以说，消费资本化理论是扩大内需的理论支撑。

陈瑜教授说，今后的经济发展应融合三种资本力量，三种资本联动，共同推动国家、地区和企业的发展。解决经济发展中资金问题总的思路应当是，在充实货币资本的同时，更要倚重知识资本，和开拓消费资本。消费资本导向、知识资本创新、货币资本推动将是国家、地区和企业今后经济增长的基本方式。

世界各国的经济发展实践都已充分说明，以牺牲资源和环境为代价换取经济增长的方式，已经走到尽头。伴随这种经济增长方式所形成的工业经济时代的市场经济理论，也已进入终结时期。如果继续沿用过去的旧的市场经济理论来诠释今天的经济，分析今后的发展，并以此为基础规划今后的经济发展，显然是不适宜的。我国的市场经济已经进入新的发展阶段，我们应当用新的市场经济理论，尤其应当用自主创新的经济理论，作为规划今后经济发展的理论基础。

将危机变成转折点和发展新起点

——《中华英才》2009年3月第5期

文/本刊记者　刘娜

【内容提要】 如果就金融谈金融，解决办法停留在技术操作层面，就等于是在金融泡沫链上下功夫，至多是只治标未治本。我们必须在治本方面下功夫。我们应该从扩大消费需求入手寻找解决危机的根本途径。

由美国始发、迅速向全球蔓延的世界性金融危机，引起了各国政府领导人、金融家、经济学家和全世界人民的高度关注。世界新经济研究院院长、著名经济学家陈瑜对此也进行了追踪和研究，并提出了自己的独特的解决之道。

己丑岁初，冬日暖阳铺满了陈瑜的办公室。记者面前的老人，穿着笔挺的棕褐色西服，里面配以灰格子衬衫和黑色的领带，一架金丝眼镜，一张略显清瘦的脸庞。老人安安静静地坐着，沉稳得像一座山。

在两个小时的对话中，陈瑜讲述与思考时上翘的嘴角总是保持着微笑的弧度。而今已是古稀高龄的陈瑜仍是身骨健朗、处世达观，他的语言清晰简明，论点条分缕析，趣味盎然，令人耳目一新。

从扩大消费需求角度入手解决金融危机

"这次百年一遇的金融危机并非是突发的，而是流行几个世纪之久的、传统的经济发展模式和金融发展模式诸多重大弊端长期积累的必然结果，是一次总爆发。"一开口，陈瑜就深刻揭示了这次金融危机的必然性。

"这次金融危机最深刻的原因，是由于在旧的、传统的经济发展模式和金融发展模式影响下，世界经济和金融在其长期发展过程中，消费资本一直处于缺失状态。消费需求不足和消费资本缺位，是这次世界性金融危机的重要原因。"

长期从事"资本"研究的陈瑜对此研究的十分透彻，传统的市场经济理论认为，推动经济发展的只有一种资本，即货币资本。但市场经济发展的实践说明，事实并非如此。人们通过对市场经济发展史的研究认识到：市场经济的资本构成应包括货币资本、知识资本和消费资本。换言之，是三种资本在拉动市场经济的发展，而不是单一的或者唯一的货币资本。

但多年以来，中国乃至整个市场经济一直是货币资本一枝独秀，它的作用受到人们的高度重视，货币资本所有者的权益也得到充分保证。而知识资本和消费资本的重要作用和权益，却长期处于被淡化、甚至缺位的状况，从而使二者长期处于被动的消极状态，形成单一地依靠货币资本发展经济的局面。

虽然，经济也能取得一定程度的发展，但是由于长期地依靠货币资本这一单一要素发展经济，资本短缺、创新乏力、消费萎缩问题不可避免。所以，知识资本、特别是消费资本缺位造成的市场萎缩和总需求不足，才是世界经济发展不协调、不稳定，不断发生周期性经济危机和金融危机最深刻的原因。

在分析这次世界性金融危机产生的原因时，一些金融家把美国次级贷款看成是这场金融危机多米诺骨牌的第一张，陈瑜认为这其实是不准确的。它容易掩饰金融危机产生的真实原因。因为次级贷款在有效需求充分的情况下，并不会造成房贷机构资产和财务收支状况恶化。只有在有效需求不足的情况下，次级贷款才会造成房贷机构资产和财务状况恶化并引发危机。因此，有效需求不足才是危机发生的真实原因。

他进一步解释说，房贷机构和保险公司、券商、银行联手，把房贷证券化并包装上市，推向全球金融市场，用虚构的高预期回报制造虚假需求，使金融衍生品无限制泛滥，形成一条长长的金融泡沫链。但最终由于实际的消费缺失，金融泡沫破裂，金融链断裂，造成银行体系的崩溃和资本市场的瘫痪，极大地加重了这次世界性金融危机的严重程度。

综上所述，我们看到：如果就金融谈金融，解决办法停留在技术操作层面，就等于是在金融泡沫链上下功夫，至多是只治标未治本。我们必须在治本方面下功夫。我们应该从扩大消费需求入手寻找解决危机的根本途径。

陈瑜清醒地认识到，造成消费需求不足的深刻原因是广大消费者至今还处于“相对贫困”状态。消费者“相对贫困”是由于分配不公所产生的“二、八”现象的直接结果。即80%的人只拥有20%的财富，而80%的人们购买住房的愿望十分殷切，但却无力购买而不能形成有效需求。因此，我们必须高度重视当今世界依然存在分配不公、贫富悬殊的状况，着力解决消费者“相对贫困”的问题。从此入手，才是解决金融危机的根本途径。

几个世纪以来，社会分配不公、广大消费者“相对贫困”问题，一直困扰着各国政府领导人和经济学家。这一问题，也是全世界人民共同关注的问题。因为它关系到他们的切身利益。分配不公并不只是在哪一个国家才存在的现象，而是全世界各市场经济国家普遍存在的现象，并且是各国政府和经济学家“久治不愈”的问题。

用消费资本化理论建设新的经济运行体系

为了寻找分配不公和消费者“相对贫困”的根本原因，陈瑜对分配制度本身进行了深入的剖析。

在现行分配制度所形成的分配格局下，货币资本所有者几乎独享企业所有利润；知识资本所有者只享有少许利润；而消费资本所有者长期以来甚至处于缺位状态，完全不参与分配，无利可获。这是社会分配不公的源头和始发原因，也是造成消费者“相对贫困”的根本原因。

以往的经济学家，包括一些获得诺贝尔奖的经济学家，他们理论上一个共同的缺陷，是重生产轻消费。他们从资本的高度分析生产对人类社会经济发展的重大作用，但却没有一位经济学家从资本的高度分析消费对社会经济发展的重大作用，更没有提出相应的理论把消费和消费资本的力量系统地揭示出来。到了20世纪末和21世纪初，人类终于探索出了一个划时代的伟大发现——人们发现了消费资本的存在。人们发现消费不仅决定货币资本和知识资本能否实现其最终价值，而且是给经济发展注入新的资本动力的源泉。正是由于其在生产过程中和社会经济发展过程中的巨大作用，而成为一种新的资本形态。消费资本化理论也应运而生。

对于这个发现，陈瑜充满了期待，消费资本化理论，是突破西方传统市场经济理论的局限，而提出的新的资本理论。它科学地论证了消费转化为资本的过程，指出消费即是投资。至此，人们认识到在市场经济发展的过程中存在着三种资本形态。

其实，三种资本形态在人类经济发展的初期就已经存在了，它是随着经济发展的不同阶段而依次呈现出来。陈瑜说，我的贡献在于，对已经呈现出的三种资本形态的内涵进行了界定，并根据三种资本的内在联系以及它们运行的特点和规律，对新的资本理论的结构和内容以完整的理论系统地揭示出来，重建了到目前为止完整的新的资本理论体系。消费资本化理论则是新的资本理论体系完成的标志。

消费资本化理论认为，消费资本同货币资本、知识资本共同推动着市场经济发展，共同创造了社会财富和企业利润。因此，消费资本的所有者——消费者也应和货币资本所有者和知识资本所有者一样，参与企业利润的分配。这种由三种资本共同推动市场经济发展和共同创造企业利润，因而应由三种资本所有者共同参与利润分配的理论，是确立新的公平分配制度的理论基础。这种新的公平分配制度，将从根本上打破流行已久的不公平的分配格局，而且是从国民收入第一次分配就予以解决，而不是从国民收入第二次、第三次分配那种带有恩赐性质的解决方法。

新的市场经济理论认为，市场经济的资本构成应包括三种资本，经济发展方式也应该是多元的。所以，解决国家、地区和企业——包括银行、保险公司等各金融企业经济发展所需要的资金问题，总的思路应当是继续充实货币资本，高度倚重知识资本，大力开拓消费资本。由单一货币资本发展经济的传统发展方式，转化为货币资本和知识资本相结合的发展方式，再转化为“消费资本导向、知识资本创新、货币资本推动”的三种资本融合、联动的新型发展方式，是世界各个市场经济国家经济发展所必然遵循的总的趋势，也是市场经济发展一条非常重要的经济规律。

新的市场经济理论实际上是提出一种新的经济运行体系。新的经济运行体系是以速度适宜、效益显著、可持续发展为特征，以实现社会全体成员共同富裕、建设和谐社会为目的的经济运行体系。新的经济运行体系包括：新的经济发展方式、新的商业模式、新的企业制度、新的管理模式、新的分配制度。

在这一理论基础上可以建立一种新型的、由三种资本参与的综合资本股份有限公司，作为支持新的公平分配格局的企业制度。这种新的企业制度是一种以人为本的企业制度，它将为我们构建一个共赢的社会。这个共赢的社会必然是一个和谐的社会，一个真正繁荣幸福的社会。我们认为，建立在消费资本化理论基础上的新的企业制度，使我们找到了一条真正符合大多数人利益的经济学途径。因此有人称之为“穷人经济学”。它将彻底根除广大消费者“相对贫困”的命运，这是真正能够扩大消费需求的实际有效的重大举措，从而也使人们找到解决这场世界性金融危机的根本途径。

陈瑜对此展望道，世界进入一个深刻的变革时期，我们必须摒弃流行已久的旧的传统的经济发展模式和金融发展模式。新时期需要新的市场经济理论——消费资本化理论，作为世界经济和金融发展的理论导向。

他说，如何解决这场世界性金融危机，是当前世界经济和金融发展的焦点。我希望我们能够将“焦点”变成转折点和发展的新起点。在全世界范围内实行新的经济运行体系，造福于人民，让世界经济和金融进入一个健康发展的新纪元。

中国特色社会主义是一种新经济运行体系

作为中国人自己原创的经济理论，陈瑜在经济学界第一次提出“消费资本”这一新的资本形态，并以完整的理论和实践体系，把消费资本与未来的新经济形态之间的关系系统地揭示了出来。

在消费资本化的研究当中，陈瑜花费了多年的心血，默默地实践着自己的设想。对于这样一项重大的经济理论研究课题，他在没有任何外援的情况下，独立完成了研究。

2003年是消费资本化理论成型之年。就在这一年年底，在我国著名社会学家费孝通和经济学家于光远的直接关心下，陈瑜发起创建了世界新经济研究院，组建了一支高水平的专家队伍。研究院主要从事国际、国家、地区之间的经济、科技、智力和社会等方面的综合研究，为各地区城市的经济发展战略以及企业的发展战略制定规划。研究院依托的主要经济理论正是消费资本化理论。在他的积极努力下，此理论已经被广泛了解和认同。

早年师从我国著名经济学家陈岱孙，恩师的谆谆教诲每每令陈瑜受益匪浅。他清楚地记得，老师曾经说过，经济学应该永远与生活、实践的活水源相连，从实际经济生活的争辩与对策中提炼出人类思维能力尚能解决的问题。这句话在陈瑜心里已经扎下了根。在他看来，能够最终付诸于实践并开花结果，才是理论创造的最终目的，也才是理论创造者最大的愉悦。在充实理论的基础上，现在陈瑜把工作重点放在了对于消费资本化理论的推广应用上，而这更是任重道远。

如今他把研究的角度延伸到了国家的层面上：“中国特色社会主义，是中国社会经济发展的一面旗帜；它是中国现代历史的主题，它是实践的主题，也是理论的主题。我们的理论创新和实践创新，都要围绕着这一主题展开，将此理论的应用变成了常态。我们认为从经济发展的角度看，中国特色社会主义实际上是一种新的经济运行体系。它是一种速度适宜、效益显著、可持续发展并且可以实现社会全体成员共同富裕的经济运行体系。

“换言之，它是以速度适度、效益显著、可持续发展为特征，以实现社会全体成员共同富裕、建设和谐社会为目的的经济运行体系。消费资本论，作为一种以人为本的‘全富’理论，必将为中国和全世界构建一个共赢的社会、一个和谐的社会、一个真正繁荣幸福的社会作出贡献。”

这段话看似简单，实则是陈瑜对消费资本化理论的高度概括。

对于中国经济的未来，陈瑜信心十足，“改革开放30年来，中国经济发展取得了举世瞩目的成就。目前依然处于平稳、较快发展状态，这是十分难能可贵的。中国经济高速增长，是迄今为止人类经济发展史上最成功的范例。它的经济成就是对世界经济发展作出的巨大贡献，而对它的理论总结以及所形成的新的市场经济理论，也将会对世界经济和金融的发展产生重大的影响。”

信心不但来源于陈瑜的勇气、智慧，更是他对今日中国综合国力的清醒认识。

将知识资本转化为企业财富

——《中国财经报》2008 年 5 月 23 日第 3606 期

本报记者:李存才

最近,东航云南分公司部分航线集体返航,青岛海尔集团部分高级管理人员集体请辞等事件接连发生。造成这些事情的原因错综复杂,但企业薪酬制度合理与否成为其中引人关注的话题。著名经济学家、世界新经济研究院院长陈瑜教授日前在接受本报记者专访时表示,由货币资本、知识资本和消费资本共同作用的新经济发展方式将逐步成为推动经济发展的主要方式。在知识经济时代,知识资本管理是企业管理科学的一次创新,量化知识资本,有利于引导企业管理变革,创新发展模式,促进企业和谐发展。

知识资本与货币资本共存

陈瑜认为,长期以来,企业面临货币资本和知识资本并存的局面,两种资本对企业发展都发挥了重大作用。但是,过去,很多企业只根据货币资本进行利润分配,对知识资本和消费资本的管理没有纳入到管理体系中,也没有针对知识资本和消费资本的分配政策,忽略了这两种资本所有者的合法权益。由于没有管理好知识资本,从而不利于知识资本充分发挥作用,并给企业带来了诸多问题。如:高级管理人员、科技人员跳槽现象十分普遍,造成人才流失,科技成果流失,顾客流失和市场流失,严重影响了企业组织结构的稳定;员工工作积极性不高,缺乏对企业的责任心和忠诚度,造成企业创新乏力并直接消弱企业竞争力。

他说,知识资本和货币资本互相交织,共同推动企业的经济发展。这种资本联动的方式不仅对企业所有制产生巨大影响,同时也对企业管理产生巨大影响。因此,企业应当加强对知识资本的管理,同时加强对与知识资本相关的分配的管理,从而建立知识资本量化长效激励机制,促进企业提高综合管理水平。

知识资本用货币量化

他说,知识资本有广义和狭义之分。广义的知识资本指凝结在人身上的知识总量,由 118 个因素组成;狭义的知识资本指人在企业工作期间,其个人知识总量释放出来的那部分现值,可用8个因素来概括。这8个因素是:学历因素、职称因素、职务因素、适应能力因素、学习能力因素、创新能力因素、技术能力因素和管理能力因素。学历因素是投入教育后转化而成的由人所承载的知识和技能。职称因素是员工在拥有职称等级水平时所具备的知识和技能。职务因素是员工在该岗位上具备的技术和能力。适应能力因素是员工对企业文化和工作氛围的适应能力,以及和同事之间的团结协作能力。学习能力因素是员工对新知识和新技术的接受能力和掌握能力。创新能力因素是员工在工作岗位上发挥的创造力。技术能力因素是员工在其工作岗位上发挥的技术能力。管理能力因素是员工在其工作岗位上发挥的管理能力。

他说,知识资本量化需要将抽象的知识资本具体化,用货币单位衡量出来。第一种方法是建立在薪酬制度基础上,根据企业中薪酬制度的相关规定,计算知识资本测评指标体系中的各个因素。第二种方法设定衡量因子来衡量各个因素,借助量表和衡量因子对知识资本进行测定。量化知识资本,可以用知识的投入代替物质资源的投入,所带来的经济效益是惊人的,它可以几倍、十几倍地扩大现有货币资本的使用价值。

建立知识资本量化考核机制

陈瑜介绍说,由世界经济研究院、中国科学院、中国航空航天大学等部门的优秀专家经过联合科技攻关,研发了世界第一套知识资本量化的实用软件,即知识资本量化长效激励机制管理系统。该系统成果经国家统计局和国家新闻出版总署的权威鉴定,最近正式面市。该项成果的运用,将引领知识资本在企业经济发展中广泛应用,促进地方经济迅速发展,提升企业综合管理水平,促进经济效益大幅度增长。

他说,在企业的发展过程中,测定资本总量、确定资本投入量和相应的队伍建设,都需要知识资本量化提供指导。通过知识资本量化可以准确地测定出企业现有的资本总量,从而通过调整资本比例来调节3种资本的投入比例,达到优化企业资本结构的目的,从根本上促进企业的发展。知识资本量化还使高级管理人员、高级科技人员、业务骨干和企业员工明确自己在企业中的实际价值,并获得相应的知识资本激励,满足他们实现自身价值的需求。由于广大员工在职业生涯的整个过程都得到应有的激励,从而大大提高了他们向企业投入知识资本的热情和积极性,为企业创造更多利润。知识资本量化长效激励机制为企业队伍建设、组织结构稳定、经济迅速发展和经济效果大幅度增长提供了切实的保证。

他分析说,由人才流失引发的技术成果流失、客户流失等问题,可以通过实行知识资本量化长效激励机制来解决。同时,企业现有股票期权激励机制在其执行过程中极易出现扭曲现象,奖金和分红的激励机制由于不能科学地、客观地测算员工对企业的实际价值,无法给予合理的激励。这些激励机制在实施过程中表现出的模糊性,使之收效甚微甚至无效果,而通过实行知识资本量化长效激励机制,可以破解这一问题。再者,《劳动合同法》提出了更为自由的流动原则,这将会在一定程度上弱化企业和员工之间由劳动合同结成的相互制约关系。就是说,单靠劳动合同尚不能完全保证队伍稳定和员工积极性的充分发挥。因此,企业需要新的激励机制和管理体制的整体革新,彻底改变原有激励机制的弊端。新的知识资本量化长效激励机制,是强化劳资双方关系的重要纽带,是解决劳资合同纠纷的有效措施,是《劳动合同法》实施的配套工具。它将发挥对企业员工强有力的激励作用,对企业今后的稳定和快速发展,具有十分重要的作用。

对话陈瑜:消费者为什么能成为资本家?

——《新商报》2011 年 11 月 21 日

记者:孙霞

厂家生产产品,商家销售产品,消费者购买产品,厂家从产品价值和市场价格的差距之间分别获得利润。从经济学角度来讲,这是最简单最基本的一个经济行为。或许因为它的简单,所以多年来人们对这个经济行为的研究和实践鲜有突破。

作为首位在西方发达国家宣讲中国原创经济学理论的中国经济学家,世界新经济研究院院长陈瑜在学术界拥有极高威望。他是商务部黄进博士口中"他可以获得诺贝尔奖"的那位经济学家;他的理论,曾经被美国媒体誉为"给予世界的辉煌礼物"……昨天,在大连参加首届消费资本论暨新商业模式论坛的陈瑜教授面对记者侃侃而谈,这位年逾古稀的经济学家有一个愿望,在他有生之年,能推动消费资本论的中国新商业模式的建立。

A. 源自中国的原创经济理论

"消费者在购买了企业的商品之后,企业应把消费者的消费视同是对该企业的投资,并按一定的时间间隔,把该企业利润的一定比例返还给消费者,这意味着,消费者在消费的同时,完成转身动作,成为一个投资者。而消费,则质变为资本。消费者,也可以成为资本家。这就是消费资本论的基本观点。"

2007 年 10 月 12 日,陈瑜在美国麻省理工大学斯隆学院所作的"消费资本论"专题演讲,美国当地媒体把这一演讲誉为"给予世界的辉煌礼物"。他在世界经济学史上第一次提出"消费资本"这一存在于货币资本、知识资本之外的第三种资本形态,并以完整的理论和实践体系,把消费资本与未来新经济形态之间的关系系统的揭示出来。这一天,中国人自己原创的经济理论走出国门,登上了世界最高学府的讲坛。就是这个突破,经常让年逾七旬的陈瑜兴奋不已,因为,在经济学领域,所有的基础理论都被西方经济学家垄断。

中国改革开放 30 多年,取得了举世瞩目的成就,如今,中国已经成为世界第二大经济体。中国经济发展速度之快,犹如高速行驶的列车,一路风光无限,让人充满期待,也让人难以置信。那么,中国经济高速增长的原因到底是什么?

这是海内外专家、学者很难从理论上说清楚的问题。西方经济学家普遍感到难以理解,认为这是一个谜。表现出百思不得其解的困惑，西方经济学家的困惑，实际上是西方经济学理论的困惑。这一问题，也检验着中国经济学家的理论水平和认识能力。

“其实，问题并不复杂，关键是应在中国经济高速发展的实践过程中寻找原因，并做出科学的理论说明。”陈瑜认为，传统的市场经济理论认为，推动经济发展的只有一种资本，即货币资本。经济增长方式也仅是单一的货币资本支持经济发展的增长方式。但是，市场经济发展的时间，尤其是中国市场经济的发展实践证明，发展中的市场应包括货币资本、知识资本和消费资本，而不是唯一的货币资本。经济增长方式也不是单一的，而是多元化的。基于上述认识，中国在市场经济发展过程中解决发展动力总的思路是，积极充实货币资本、注重倚重知识资本和大力开拓消费资本，同时，采用多元化增长方式推动和引导市场经济发展。

以往的经济学家，包括诺贝尔奖的经济学家们，他们在理论上一个共同的缺陷是重生产轻消费。他们从资本的高度分析生产对社会经济发展的重要作用，而没有一位经济学家从资本的高度分析消费对社会经济发展的重大作用。

从这个意义上说，消费资本论堪称人类社会经济发展观的一次革命。

B. 可操作的穷人经济学

“经济学必须是热闹的，经济学绝不能寂寞。当下经济学界的两个主要问题，一是引进西方经济学的理论观点多，自身的理论创新少；二是经济学理论重复过多。特别是近十年来，中国还没有一种突破性的新的经济学理论出现。”

茅于轼说，即使在市场经济的社会里也需要一些凭理想完成的事。我们很失败，但从未灰心。

陈瑜显然是另一个凭理想做事，并从未灰心的学者。

他常常思考，在经济学的视角里，普通百姓的利益到底在哪里？富豪榜上的数字令人气短，而最广大的公众却没有多少改变自身现实的机会。在社会学家的研究中，富人与穷人的格局已经定型。这是一个并不乐观的论断，但也许是一个事实。

陈瑜却想为此作出些努力，他希望大多数人都能拥有自己的利益。当消费在他的研究舞台上成为一种资本的时候，他觉得自己找到了为大多数人谋利益的经济学途径。“普通人没有进行资本增值和积累的平台，或者说平台非常稀少和狭窄。但企业有，越大的品牌企业拥有的平台越大、越好。通过消费资本论，任何人都可以将他的消费行为同时转化为投资行为，将他的消费资本放到他自己选择的企业平台上进行增值和积累。而企业则可以在一年的时间里利用这些资本进行规模化再生产，获得更加丰厚的利益。”因此，有人说，陈瑜的消费资本论是真正现实可操作的穷人经济学。

C. 提速新商业模式

“新商业模式的建立，还真的需要坐下来认真的研究。新商业模式必须具备四个特征，科学性、坚实的法律基础、与传统商业模式有本质区别、可操作性。这四个特征缺一不可。尽管很多人接受了这个理论，但现在我们的很多企业着重考虑其效益，而忽略了新商业模式其他的几个必备特征。新商业模式是一场深刻的革命，相对于传统商业模式，它不是改良，而是彻底推翻。”

无论是在国内，还是在世界各地，陈瑜的消费资本论有一批忠实的企业家拥趸。尤其是在全球金融危机之后，更多的企业开始探寻新商业模式。而在陈瑜的观点中，消费资本的微妙转身之间，世界已经呈现出完全不同的面目：我们一直在竭力嘶吼的消费者权益可以轻松地拥有了量化保障，“3·15”或许会变成“股东权益日”；我们一直在捶胸顿足的假冒伪劣市场整治可以从容地摆脱“围追堵截”的艰苦历程，在投资驱动下，百姓的消费资金会按照资本的规则有序自然地汇集到优质优品的厂家囊中，并相对透明公正地接受公众的监督；我们一直在扼腕叹息的中国企业的诚信缺失可以在很大层面上得到改进的内生动力，最广大的消费者群体会以投资者的身份，实现真正意义上的具备法律效应的“诚信审计”。

但陈瑜比较无奈的是，现在有一些别有用心的企业，利用消费资本论作为其非正规营销方式或商业模式的幌子。“现在我还没有发现任何一家将消费资本论进行了合理、完全实践的企业，我本人也没有在任何一家企业进行过实践。”在接受新商报记者采访时，陈瑜表示。同时，这位年逾古稀的经济学家也非常希望，在自己的有生之年，能够看到完全应用消费资本论的新商业模式企业。

附录二

部分专家评论

消费资本论为现代社会经济发展提供新动力

作者:高级金融分析师　杨瑾鸿

当我们纵观人类发展史时,可以看见这样一个规律:当历史发展到一定时期时,旧的生产关系已经不适应生产力的发展了,就会进入一个所谓的瓶颈,这就必然会产生一个新的生产关系取代旧的生产关系,比如,当奴隶制社会的生产关系不适应社会发展需要时,封建社会的新的生产关系便取代了它,当封建社会的生产关系不适应社会生产关系发展需要时,新生的资本主义社会生产关系便取代了它。当旧的社会结构、旧的社会制度、旧的经济秩序、旧的经济手段严重制约社会经济发展时,那么,一种新的社会结构、新的社会制度、新的经济秩序、新的经济手段也必定会取代旧有的一切。但这种取代不是一蹴而就的,它会面临许多的艰难曲折,面临社会舆论巨大的争议甚至非议,但真理就是在人们的争论甚至打压中顽强生长着,你可以不相信、你可以不认可,但它依然存在,并最终成长为一颗参天大树,仿佛如璀璨明珠虽然置沙粒之中,却难掩其耀眼光华。这是任何新生事物在诞生之初都会遭遇的旧传统、旧秩序的顽强抵抗,人类社会就是在这种不断自我扬弃的过程中一步步走来。

被公认是19世纪70—80年代"新新闻事业"的创始人的普利策曾有一句对新闻记者说的名言流传至今:倘若一个国家是一条航行在大海上的船,新闻记者就是船头的瞭望者,他要在一望无际的海面上观察一切,审视海上的不测风云和浅滩暗礁并及时发出警告。这说明了新闻在国家社会发展中的重要性,但用它来比喻一个国家优秀的经济学家未尝不是如此。

世界新经济研究院院长、著名经济学家陈瑜先生就是这样一位站在国家这艘经济大船船头的瞭望者,他发现了前方的暗礁同时为中国这艘巨轮明了新的航向。

从2006年春季开始,作为当今世界最发达的经济体美国的金融市场就出现了危机端倪,2007年8月,美国爆发次贷危机,其"蝴蝶效应"迅速横扫欧盟、日本等世界主要金融市场,中国也由于购进了3760亿美元的美国两房债券而深陷其中。据估计,全球股市市值一度损失超过10万亿美元。有西方经济学家开始对已经运行了二百多年历史的古典经济学和新古典经济学产生了怀疑:在二十一世纪,二十世纪最伟大的经济学家和思想家哈耶克的经济学理论还能继续带领人类继续往前走吗?

2008年的经济危机,对于经历过上世纪六十年代西方经济大萧条后,又在新古典经济学和宏观经济学带领下迅速恢复元气的西方发达国家的经济学家普遍感到难以理解,其实西方经济学家的困惑,实际上是西方经济学理论的困惑。

2007年10月12日,陈瑜先生在美国麻省理工大学斯隆学院所作的"消费资本论"专题演讲。在世界经济学史上第一次提出“消费资本”这一存在于货币资本、知识资本之外的第三种资本形态，并以完整的理论和实践体系把消费资本与未来新经济形态之间的关系系统的揭示出来。那么什么是消费资本理论呢？简而言之，消费资本理论的核心就是将消费向生产和经营领域延伸。当消费者购买企业的产品时，生产厂家和商家应当把消费者对本企业产品的采购视同是对本企业的投资，并按一定时间间隔，把企业利润的一定比例返还消费者。于是，这时消费者的购买行为，已不是单纯的消费，而变成了一种储蓄和参与企业的投资。因而消费者同时又是投资者，他的消费转化为资本。“消费者在购买了企业的商品之后，企业应把消费者的消费视同是对该企业的投资，并按一定的时间间隔，把该企业利润的一定比例返还给消费者，这意味着，消费者在消费的同时，完成转身动作，从消费者成为一个投资者。而消费资本则质变为投资的资本。消费者也就可以成为资本家。这就是消费资本论的基本观点。”

陈瑜先生在演讲中的这一观点被美国当地媒体盛赞为“给予世界的辉煌礼物。”其实在这之前的2005年至2006年，陈瑜先生的《消费者也能成为“资本家”》先后在广西人民出版社和广西科技出版社出版，随即在中国经济学界掀起了一股巨浪。有学界专家认为，该理论突破了古典经济学和以及新自由主义经济学大师弗里德里希·哈耶克新古典经济学经济理论的一次划时代的革命，是通胀和紧缩时期经济理论的大胆创新。

陈瑜先生1963年毕业于北京大学经济系，消费资本论是陈瑜先生数十年如一日孜孜不倦地在经济理论和实践活动中探索研究的成果。

2008年4月20日在北京召开的第四届中国金融（专家）年会是一个备受瞩目的国际会议，因为这正是美国爆发金融危机后的一次对金融危机这个“病人”的“专家会诊”。来自多个国家和地区的一千余名代表及专家在这里就“金融生态与城市竞争力、全球金融化与银行战略、次贷危机与中国金融开放、中小银行上市战略布局、人民币态势与发展、中国需要什么样的股市”等诸多话题进行了深入探讨。陈瑜先生消费资本化理论的新经济学理论在会上得到了强烈反响和热烈响应。北京大学萧灼基教授高度评价消费资本理论：“消费资本化开拓了经济科学的一个新的研究领域，是经济科学的重大创新，对研究消费、资本、市场和经济增长方式都具有重大意义。”人类社会经济发展史上曾有过两次革命，第一次革命是货币资本，第二次革命是知识资本，中国科学院高能物理研究所原所长、著名物理学家郑志鹏认为消费资本理论把消费和资本原本对立的两个概念结合在一起，完美地诠释了对立统一的哲学命题，可称得上是人类经济发展的第三次革命。而黄进博士更是惊呼“他可以获得诺贝尔奖”！

2009年，《消费者也能成为“资本家”——消费资本化理论与应用》一书的英文版也在美国和英国正式出版发行。中外学者认为，消费资本化理论是新的市场经济理论形成的重要标志。

陈瑜先生认为：以往的经济学家，包括诺贝尔奖得主的经济学家们在经济理论上一个共同的缺陷是重生产轻消费。他们从资本的高度详尽分析资本对社会经济发展的重要作用，从人性的高度详尽分析社会秩序对经济发展的促进作用，但没有一位经济学家从资本的高度分析消费对社会经济发展的重大促进作用。从这个意义上说，陈瑜先生独创的消费资本论完善和发展了市场经济理论，堪称人类社会经济发展的一次重大革命。

其实早在 2005 年，由全国政协教科文卫体委员会、中华全国工商联合会、中国企业联合会、中国工业经济联合会、中国人民对外友好协会、北京大学、中华英才半月刊社、中国教育电视台和联合国教科文组织共同主办的 2005 中国十大系列英才评选中，陈瑜先生就已经以自己原创的一个全新的经济学理论——消费资本论荣获“中国十大财智英才”。

进入二十一世纪，发达的空地交通和互联网早已把地球变成一个紧密相连的地球村，世界任何一国（特别是发达国家）的经济盛衰也直接或间接影响到他国的经济形势，2008 年在美国爆发的金融危机不但给美国造成惨重损失也给与美国经济紧密相连的其他国家造成了巨大的损失。目前，世界经济正处于一个大发展、大变革、大调整的历史发展时期的新起点。而作为第二大经济体的中国也正在经历社会的快速变革，经济的迅速发展以及资金需求的旺盛和资金来源的匮乏两者交织在一起，已经严重影响到中国的经济的发展。世界各国经济运行也处于通货紧缩和消费紧缩时期。因此，如何扩大内需、刺激消费成了世界各国普遍关注的问题。在世界性金融危机影响的形势下，各国都面临一个共同的任务，就是寻找一个新的经济增长极和新的经济发展方式。陈瑜先生未雨绸缪、高瞻远瞩地推出了他的新经济学理论，这无疑为全球经济复苏提供了一个崭新思路和模式。

陈瑜先生在接受媒体采访时和演讲时不断重复他的观点：“其实，问题并不复杂，关键是应在中国经济高速发展的实践过程中寻找原因，并做出科学的理论说明。传统的市场经济理论认为，推动经济发展的只有一种资本，即货币资本。经济增长方式也仅是单一的货币资本支持经济发展的增长方式。但是，市场经济发展的实践，尤其是中国市场经济的发展实践证明，发展中的市场经济构成包括货币资本、知识资本和消费资本，而不是唯一的货币资本。经济增长方式也不是单一的，而是多元化的。基于上述认识，中国在市场经济发展过程中解决发展动力总的思路是，继续充实货币资本、高度倚重知识资本和大力开拓消费资本，同时，采用多元化增长方式推动和引导市场经济发展。”

中国改革开放三十多年来，经济得到迅速发展，国家实力得到了空前加强，一跃成为世界第二大经济体。但我们常听到普通民众买不起房、看不起病、上不起学的抱怨。可以毫不夸张地说，一个国富民穷的国家不是一个有着现代理念的国家。

陈瑜先生希望大多数人都能富裕起来。每当看到富豪榜时，陈瑜先生都会陷入深深的思考：在这些垄断了大量资源的富豪的身后，普通百姓的利益到底在哪里？我们知道，在社会发展过程中起到重要推动作用的是掌握和拥有优质资源平台，包括资金资源、社会资源和生产原材料资源，通过资源平台进行资本增值。越大的品牌企业拥有的平台越大、越好。但普通人没有进行资本增值和积累的平台，或者说平台低矮、狭窄。而陈瑜先生的消费资本论，任何人都可以将他的消费行为同时转化为投资行为，将他的消费资本放到他自己选择的企业平台上进行增值和积累。而企业则可以在一年的时间里利用这些资本进行规模化再生产，获得更加丰厚的利益，同时将一部分利润分配给消费者，实现生产者和消费者共赢的模式。因此，陈瑜的消费资本论是真正现实可操作的穷人经济学。我国领导人习近平主席提出了中国梦的概念。其实我们每个人心里都有一个美好的梦想。那么怎么才能让每个中国人都能实现自己的梦想？可以说，在陈瑜先生的消费资本论的引导下，我们每个人都将有了可以实现自己梦想的机会。

2004 年，倡导和发展了理性预期与宏观经济学的经济学天才诺贝尔奖得主罗伯特·卢卡斯教授在访问武汉大学时被问及为什么美国、日本等发达国家不承认中国的完全市场经济地位？卢卡斯教授这样回答：“目前中国政府在经济中发挥的作用比美国、日本、韩国等其他国家要大得多。也许中国政府做的已经过多了。中国经济的市场特征还很弱，如果按照美国人的观点来看，它还不能算是真正的市场经济国家，它只能是在政府主导的计划经济里面有一些市场经济的特性而已。”中国改革开放30多年，经济建设取得了举世瞩目的成就，那么，中国经济高速增长的原因到底是什么？是因为中国政府对资源和资本的垄断使得改革红利中的大部分被国家拿走，当然我们不是说这是国家掠夺行为，因为中国的基础设施建设、环境保护建设、民生需求欠账太多，政府需要以一个大管家的身份来重新分配，但不可否认的是卢卡斯教授的观点直指中国市场经济的软肋。

今天，距罗伯特·卢克斯教授的点评已经过去了九年，中国新一届政府已经更深层次的认识到什么是真正的市场经济，也更加重视民生建设，让更多的普通人享受到改革红利，因为国富民穷不是我们要建设的社会主义，但真正达到这个目标我们要走的路还很长。

厂家生产产品，商家销售产品，消费者购买产品，厂家从产品成本中获取利润，商家从市场价格的差距中获取利润。这是经济学中一个最简单、最基本的经济行为并形成了一个固定的商业经济运行模式，所以在惯性的驱使下，人们在这个研究领域鲜有创新和突破，而西方经济学家如弗里德里希·哈耶克、罗伯特·卢卡斯等经济学天才也仅仅是在社会秩序和人性层面研究现代经济的特性。但随着社会在高科技推动下的快速发展，传统资源逐渐枯竭、劳动力成本快速上升。企业按照原有的模式已经不能随心所欲地获取利润，今天，陈瑜先生的新经济学理论已经有了一大批国内外经济学家和企业家的拥戴，尤其是在全球性金融危机之后，更多的经济学家和企业家也开始探寻新商业模式。而陈瑜先生原创的新经济学理论——消费资本论为世界经济未来的发展打开了一扇崭新的窗户，指明了一条崭新的道路。

陈瑜先生认为一个新的商业模式首先必须具备四个特征：科学性、坚实的法律基础、与传统商业模式有本质区别和可操作性。这四个特征缺一不可。尽管很多人接受了陈瑜的新经济理论，但很多企业依着传统商业模式的惯性，考虑其自身的经济效益多些，而忽略了新商业模式的几个必备特征。所以新商业模式是一场深刻的革命，相对于传统商业模式，它不是改良，而是彻底推翻。

本书以消费资本化理论为核心，深刻地阐述了它形成的社会经济背景、历史渊源、理论结构、核心内容，以及它的运作方法、理论意义和对当前经济发展的作用。通过消费作为纽带，把生产者、经营者和消费者密切联系起来，达到三方共赢、共同富裕的目的。

随着陈瑜先生消费资本理论被越来越多的人们所了解，我们相信消费资本将同货币资本和知识资本一样，对于市场经济的发展起到重要的推动作用，它将为我国今后的经济发展提供重要的、科学的理论导向，同时也助推动国家的经济体制深化改革，使中国经济向着更为完善的市场经济体制和更为优越的经济结构过渡。

消费资本论与中国经济学的千年进程

作者:北京大学哲学系　白家强

一、消费资本论的提出与中国经济学的现状

2006 年,陈瑜教授将其三年多的理论研究成果结集为《消费者也能成为资本家——消费资本论的理论与应用》(以下简称《消费资本论》),并正式出版。一石激起千层浪,书的出版在经济学以及社会各界引起了广泛的回响。短短三个月的时间,首次印刷的 2 万册即销售一空,到 2007 年 6 月,销量已达 8 万册,而盗版印量据不完全统计,大大小小各种版本约有四百多万册,这在经济学界是非常罕见的。可见,消费资本论已经远远超出了经济学界而对社会广大民众产生了深刻的影响,并得到了经济学专家和普通民众的普遍认同。陈瑜教授也因此获得了广泛的荣誉,2005 年,荣获"中国十大财智英才"奖,2006 年,获"中国当代思想成就奖",2006 年,获"世界杰出华人成就奖"并被评为"世界杰出华人"等。

这一切都是因为消费资本论的理论魅力所致。消费资本论立足于货币资本、知识资本、消费资本三种资本联动推动经济的发展,其核心内容,是将消费向生产领域延伸,当消费者购买企业的产品时,生产厂家和商业企业应把消费者对本企业产品的采购视同是对本企业的投资,并按一定的时间间隔,把企业利润的一定比例返给消费者。此时,消费者的购买行为,已不再是单纯的消费,他的消费行为同时变成了一种储蓄行为和参与企业生产的投资行为,于是消费者同时又是投资者,消费转化为资本。

这实际上,是把消费者从产品链的末端以投资者的身份提升到前端,使消费者在购买产品时,既能分享企业成长的成果,同时也为企业发展注入新的动力,使消费和投资有机结合。从而使买卖双方在这种条件下合二为一,成为一体,完成消费转化为资本的过程。这样,消费作为一种资本,它同货币资本、知识资本一样,成为企业和地方经济发展的直接动力。

消费资本论可以说是我国经济学理论上的第一次系统的理论原创。它是成体系的著作,而不是只言片语的策论;它直接思考经济学的核心内容,而不是对研究的研究;它综合考虑了经济运行中诸方面的内容,而不是仅将注意力集中于生产;它思考经济发展的基本议题,而不是只对暂时的现象进行描述与分析;它能够具体化为实践,而不仅是抽象的理论思维;它具有持久性的生命力,而不仅是暂时的问题解决之道。总之,消费资本论是中国经济学史上革命性的里程碑式的创新。

经济学(Economics)是源自西方的学科,它是西方学术体系不断分化的结果,为了对经

济运行现象进行科学的分析，经济学应运而生。公认的经济学产生于工业革命前后的17、18世纪，亚当·斯密在1776年出版的《对国民财富性质和原因的一个考察》是经济学产生的里程碑式的著作。到20世纪30年代，凯恩斯拓展了经济学的范围，开始研究宏观经济运行的机制，宏观经济学也应运而生。至此，经济学成为微观经济学和宏观经济学两分天下的局面。

经济学研究在资源稀缺的条件下如何达到资源的充分利用，得到最优的结果。亚当·斯密通过研究，认为分工能够使得效率大大提高而使得社会总体财富得到增加，个人的自利行为也不自觉地增加了社会福利，这些思想成为资本主义几百年来发展的指导思想，自由放任的资本主义顺畅运行了一百多年，在人类历史上创造了极大的生产力。

可见，经济学的理念对于一个有组织的文明社会是都有吸引力的，经济学作为一门科学，通过观察或数学的方法，试图科学解释人的经济行为和社会的经济运行，无论古今东西，有其普遍适用性。经济学本身也不分东西，东海西海，"其心同，其理同。"这和哲学不同，哲学来自西方，并有其特定的理念思维方式，而中国的思想注重伦理，注重人生的感悟，形式上多是散文和语录式的。因此哲学东来，导致"中国哲学"的合法性产生严重的危机，"中国哲学"的概念能否成立就成为一个绝大的问题。而经济学不同，经济学有确定的范围和方法，中国的经济学也只是经济学在中国而已。

经济学传入中国就经历了漫长的过程，并且已经是清末时期，而这时，经济学在西方已经经历了一百多年的发展了。19世纪后半期，西方国家的经济学说开始传入中国，先进的中国人借鉴西方资本主义经济学说，曾提出过各种使中国"富国裕民"的对策。20世纪初以后，中国出现最早的留学生，20—40年代，先后出国留学的人中间出现中国近代以来做早的一批专业化的经济学者、专家，并开始用专业化的经济学理论、方法研究探索中国的社会性质、中国的历史发展等问题。也是在这一时期，中国经济学的规模初见雏形，不过，经济学的发展还远远只是吸收和学习西方的阶段，中国本土的经济学家还有待发展。

建国以后，中国先后经历了三十年的计划经济时期和三十多年改革开放时期。计划经济时代，社会的生产和分配一切仰赖于国家，列宁提出的"超级国家公司"变为活生生的现实，此时的经济学家也处在为国家政策提供建议的阶段，经济学家本身没有独立的地位。资源的有效分配既已由国家控制，研究资源分配的经济学者们也只能做些修修补补的工作，对计划经济本身提不出、也不敢提出什么建设性的建议。

也因为意识形态方面的原因，1978年以前的经济学发展，一切以马克思主义的政治经济学为中心，一切以苏联为向导。这也严重阻碍了中国经济学的独立发展。马克思站在批判资本主义的立场，力图为人类社会找到幸福的良方，他的思想无疑是深刻的。可是，任何一种思想，一旦将其僵化地理解，一旦把它作为不可逾越的教条，它也就堕落成为一种可怕的意识形态。马克思主义在建国后的几十年中就是这样的命运。

同时，中国经济学家受苏联影响很大，一大批优秀的青年去苏联或东欧留学，归国后或成为大学里的学者，或成为政府部门的重要官员，他们将从苏联学会的一套知识体系带回中国，不仅将其运用到中国的经济发展和战略部署中去，也影响了后来的一批中国青年。苏联快速的工业化成就确实给人深刻的印象，但是，工业结构的严重不协调也引起了严重的后果，重工业和军事工业的过快发展导致了人民生活水平的低下，这也为后来苏联的解体埋下了伏笔。苏联的这种经济发展策略也通过其经济学传入中国，对中国产生了严重的不利影响。

可见，建国后中国经济学基本上只起到了传声筒的作用，一方面为国家政策进行考量论证，另一方面传达了苏联的发展模式，中国自身经济学的发展微乎其微。这当然不能怪罪我们的经济学家，一个社会是如此，个人又能奈何！不过，当我们回顾这段历史，我们确实觉得这一时期的经济学成果是太少，更多理论成果的出现还有待社会的继续前行和发展。

1978年十一届三中全会的召开，中国历史进入了一个新的纪元，改革开放成为这一时期的时代主题。改革风起云涌，经济发展如火如荼，这些社会的实践亟须理论的指导和论证，同时，社会和经济的实践又为经济学的发展提供了更广大的舞台。从此，伴随着中国的崛起，中国经济学也进入到了新的历史发展阶段。

整体看来，这一时期经济学专业机构不断建立，经济学刊物不断增多，经济学著述大量出现，经济学从业学者数量急剧攀升，经济学学科体系不断完善，经济学的社会影响力越来越大。这是经济学的大发展时期，经济学已不折不扣地成为"明星学问"，经济学成为社会科学里的皇冠，甚至有人称经济学为"经济学帝国主义"。可见，经济学确实已经到了繁荣的阶段。

不过，繁荣的同时，对经济学和经济学者的批评声却不绝于耳。2005年，香港学者丁学良一语惊人，提出"中国没有合格的经济学者"！因此引起了激烈的争论。近年以来，一些经济学家更是语不雷人死不休，厉以宁说过"我建议取消所谓的养老保险失业保险工伤保险等等福利，目的是保持大家的工作热情和能力。"茅于轼说过"道德能值多少钱？学雷锋就是鼓励他人做坏事，这是违背经济学规律的。"张维迎说过"中国目前为什么穷人上不起大学？是因为收费太低。"樊刚说过"经济学家就是为利益集团服务的。"此类的违反学者良知的雷人语录举不甚举。关于当今中国经济学的发展现状，我们在后文还将有更加细致的评述，我们希望能够透过现象看到本质，看到繁荣的背后隐藏的种种危机，并能因病施药，希望中国经济学能够有更加稳健的发展，并能为中国经济的腾飞贡献更多理智的力量。

因此，重新思考中国经济学的生态十分必要，我们也必须反思中国经济学的现状，希望经济学成为更加严谨的科学而不是哗众取宠，成为普通大众的经济学而不是"富人经济学"，成为立足中国本位的经济学而不是西方经济学的传声筒，成为有创造性的原创经济学而不是重复和滥竽充数的经济学。

中国经济学家能有自己独立的原创实属不易，能够有自己独立的原创而能得到普通大众的承认更属不易，能有得到普通大众的承认并能够得到国际的认同最为不易。细数中国经济学一百余年来的发展，能够满足上述条件的著述寥寥无几，而现今6000余位经济学家，能够成为合格的经济学家的也是屈指可数。

陈瑜教授和他的《消费资本论》屹立于经济学界，成为满足原创性和大众认同条件的为数不多的经济学家和经济学著作。消费资本论被业内称为"源自中国本土的少有的原创性经济理论体系"，黄进博士曾直言不讳地说："他（指陈瑜教授）可以获得诺贝尔经济学奖！"《消费资本论》获得了极大的阅读群体，陈瑜教授也因此获得了至高的荣誉，这一切，无不是因为消费资本论本身有着不可阻挡的魅力。

消费资本论的创立，是中国经济学史上第一次原创性的、系统性的、经济学核心理论的创新,《消费资本论》也因此是第一本系统的研究经济学核心问题的原创性著作,陈瑜教授也是第一个系统研究经济学核心问题并有极大创造性的经济学者。这一个个第一,是我们细读中国经济学的发展史,并用严谨而客观的眼光评价一部部经济学著述后,披沙拣金,得出的一个结论。

二、《消费资本论》是中国经济学史上第一次系统的原创性著述

上文第一部分粗略梳理了经济学传入中国一百余年来的发展过程,并在简单的回顾过程中看到了中国经济学发展的艰辛历程,从危机四伏的晚清到战乱频仍的民国,从计划经济的苏联模式到改革开放下的市场经济,中国经济学从未得到一个安稳的环境来细细反思其理论和实践,中国经济学也受到社会环境的强烈影响,少有直接深入探讨经济学的核心问题,这致使中国经济学的理论原创不足。

时至今日,经济学的发展不能再随波逐流,不能再充当政策的论证者,更不能再充当利益集团的代言人。我们到了关键时刻,必须得好好反思中国经济学的现状与问题,希望经济学能够更加稳健地发展,并能够为中国未来的经济发展提供更多理智上的力量。

同时,通过上文简单的回顾,我们也看到中国经济学也已经出现了少有的原创性著述,陈瑜教授的《消费资本论》就是一本非常具有启发意义的著作。在理论原创性方面,它远高于输入欧风美雨的经济学著述;在系统性方面,它远高于一些零碎的文章(如古代的策论、马寅初的《新人口论》)和对话式的著述(如吴敬琏、刘吉瑞的《论竞争性市场体制》);在问题意识上,它远高于一些经济思想的研究著述(如亚当·斯密或马克思经济思想的研究);在深度上,它远高于一些概论性的经济著作(如各类学科的概论性著述)。这一切,我们需要明了消费资本论的伟大意义,同时,我们也得看出以往经济学家遇到的困境。

(一)消费资本论的核心内容

本文开头即大致介绍了消费资本论的核心内容,消费资本论是把消费者对本企业产品的采购视同是对本企业的投资,并按一定的时间间隔,把企业利润的一定比例返给消费者,使消费者作为消费资本的股东参与企业的经营决策并获得企业的红利。这深刻改变了以往交易货款两清的模式,并使得消费者的地位得到了真正的实质性的改变,企业也因此能够掌握更多的消费者的信息,并以之作为营销的重要参考。这是一种双赢(win－win situation)的理论,一举两得,成为消费资本论的核心理念。

消费资本论也以其对消费的重视革新了传统经济学的思维方式,以往的经济学家——包括一些获得诺贝尔经济学奖的经济学家,他们理论上一个共同的缺陷,是重生产轻消费。他们从资本的高度分析生产对人类社会经济发展的重大作用。他们对生产和生产资本进行了十分深入地研究,详细地阐述了生产资本的属性、作用和意义。而从没有提出一种理论把消费和消费资本的力量系统地揭示出来。而消费资本论就弥补了这点不同。

消费资本论与哈耶克的"消费者主权理论"不同。诺贝尔经济学奖得住哈耶克曾提出"消费资本主权理论",所谓"消费者主权",是诠释市场上消费者和生产者关系的一个概念,即消费者根据自己的意愿和偏好到市场上选购所需的商品,这样就把消费者的意愿和偏好通过市场传达给了生产者,于是所有生产者听从消费者的意见安排生产,提供消费者所需的

商品。各个生产者就是通过消费者在市场上“投货币票”，了解到社会的消费趋势和消费者的动向，从而以此为依据，安排劳动力和生产资料，改进技术、降低成本，增加品类，以满足消费者的需求，从而最终达到利润最大化的目的。

消费资本化理论与消费者主权理论一脉相承，但又突破了古典和新古典经济学的园囿以及哈耶克理论的局限，是通货和消费紧缩时代理论上的创新和发展。消费者主权理论仅阐明了消费者的重要性，仅解决了“是什么”的问题，没有解决“怎么办”的问题，即没有探讨生产者应在“消费者主权”的前提下，如何获得消费者支持；此外，在理论模型上，消费者主权理论认为生产者和消费者是对立的，消费者的主权对应的是生产者的服从，它没有认识到生产者和消费者可以在一定的机制下有机结合，在市场上实现消费的资本化。而消费资本化理论主要针对的问题是在新经济的条件下，如何实现生产者和消费者的有机结合，通过构建各种类型的市场制度，使生产和消费从对立走向统一，在使消费者的主权得到最大化满足的同时，通过消费的资本化，实现企业利润在更高层面上的最大化。消费资本化理论具有与众不同和独树一帜的特点。它同迄今为止所有经营理念和营销方式不同，具有强烈的新鲜感和独特的魅力。

(二)消费资本论的特点——一个经济思想史的研究

上文已经指出，消费资本论的创立，是中国经济学史上第一次原创性的、系统性的、经济学核心理论的创新。我们通过第一部分简单回顾了百余年来中经济学的艰难历程得到了这一印象，同时，我们又细致描绘了消费资本论的理论内涵，更加坚信消费资本论不可动摇的原创地位。下面，我还将更加细致地考察中国经济学几千年来的发展及其著述，可以看到，不同时期，中国经济学都有其弱点，不同时期的著述都不可避免地有各种不足。

经济学学科(Economics)产生不过两百多年的历史，不过，我们却不能说，人们在两百年前，才开始思考经济的问题。作为有衣食之欲的人类，物质生活是其不可缺少的一部分，因此，从有人类之初，经济就成为人生活的重要一方面，对人产生着重要的影响。并且，越是社会发展的早期，经济对人的影响越大，人类越是为衣食等物质生活所控制。人类进入文明社会以来，经济问题依然占据着生活的重要部分，所以，从很早的时期，经济学的思想已经开始显现。

本文第一部分从经济学传入中国开始探讨中国经济学的百年发展史，这是从一门成熟的学科的角度来作为标准，中国经济学的百年发展史也经历了从输入西方经济学学科，到用西方经济学的观点来探讨和解决中国社会的问题，然后到有自己独立观点和成熟体系的阶段。不过，要理解中国经济思想的渊源，我们却不得不回到古代，从中国思想的源头来理解和探讨中国经济思想的发展。并且从比较的角度看出消费资本论经济学体系的重大意义。

西方经济学也有千年发展史和百年发展史之分，如果从经济思想的出现开始算起，古希腊已经开始有了用理智的角度来看待经济问题，所以，这一时期是西方经济思想的源头。古希腊在经济思想方面的主要贡献中，有色诺芬的《经济论》，柏拉图的社会分工论和亚里士多德的关于商品交换和货币的学说。从色诺芬到亚当·斯密，几千年间，零星的经济思想层出不穷，这些经济思想也深刻影响到了西方社会的发展，并且对近代以来成熟的经济学学科的发展有着重要影响。当今任何一本经济思想史的教材，都不会忽略自古希腊以来的经济思想的贡献。

中国经济学发展到现在，产生了消费资本论这样一种伟大的经济学体系，这个经济学体系的产生，不是毫无来由的，它一方面汲取了中国经济思想几千年来的优秀成果，同时，又避免了中国经济学的各种弱点和缺陷，它是中国经济学思想史上第一次系统性的、原创性的、直接关注经济学核心问题的、有着持久的生命力的经济学体系。

茫茫五千年，中国虽盛衰起伏，但是始终保持着经济的稳定和发展，除战乱和天灾，人民还能保持自己的丰衣足食。从中国经济总量来看，据经济史学家统计，在鸦片战争前，中国的 GDP 占世界 GDP 的比率达到 32%，远远高于现在美国的水平。在前工业社会，中国的农业生产率已经达到了顶峰，剑桥大学史学家 Mark Elvin 称其为“高水平均衡”，也正是因为如此，才导致了中国没有动力去突破农业，发展工业。总之，中国古代的经济已经达到了很高的水平。

1. 经济思想的系统性

中国古代的思想家们也得益于中国经济的高度发展，对中国经济发展的模式、可能的途径提出了自己独到的见解，为中国经济思想史贡献了自己的智慧。不过，我们也应看到，从古至今，中国的经济学家们也有其不可避免的局限性，古代的思想家对经济理论的贡献仅是只言片语，没有系统的著述，另有一些政府官员，用制订的政策影响了中国经济的发展，如王安石、张居正等。这些策论对国家政策有着经济学的涵义，却还远远缺乏系统性，这是中国经济学的一大缺点。

先秦时期，思想家门都有一致的倾向，都将注意力集中于农业发展，都认为商人不事生产，不能促进生产的发展，商人阶层是社会的寄生群体。同时，提倡节俭，不倡导过度的消费，这也是诸子们经济思想的共同点。

秦汉以后，经济思想已不如先秦诸子时代活跃，但是这一时期很多经济思想都成为了国家政策，对经济发展有着更深远的影响。这一时期很多经济思想，都是由国家的重要官员来体现，如王安石和张居正。这种实践主导下的经济学发展，和改革开放以来的“摸着石头过河”有着吻合之处，社会的实践能够促进理论的发展，不过，没有理论指导的实践却经常是盲目的，王安石变法最终以失败告终，这点是很值得深思的。

在晚清时期，传统的中国经济思想发展到顶峰，乾嘉时期洪亮吉的人口思想和英国马尔萨斯的人口论非常近似，被近代学者称为“中国的马尔萨斯”。从 18 世纪中叶到 1840 年这一时期内的经济论述甚多，大都是关于改革盐政、漕运、农田水利和货币方面的具体问题，包世臣、魏源等，都是这方面的专家。在货币方面，1830 年以前多系讨论铜钱贵贱及其与白银比价有关的问题。1831 年以来王鎏一再刊行的《钱币刍言》一书，引起了一次是否恢复钞币的长期争论。

整体看来，这些讨论了都有利于国家财政货币等政策的稳定和发展，但是，这些讨论又都没有跃出封建社会传统国家的范围和束缚。仍然站在国家统治政策的角度考虑经济发展的问题，而没有达到经济学的整体发展分析的水平。

可见，中国古代经济思想有着严重的弱点，一是经济学理论没有系统化，对经济现象的观察只有只言片语，没有成文的论文和著作，很多经济思想散见在士人的文集和官员的政论中。并且，经济学论述都停留在浅层次的经验层面上，理论性的论著还未出现。第二，很多经济思想有国家政策上的体现，却没有理论的论述。在明清时期，出现了很多讲求人口、财政、盐政等方面的著作，并且都达到了较高的水平，但是，他们也是站在国家政策的角度去论述问题，并且只对经济的一方面进行了论述，没有对经济运行做出整体的分析。这些都是中国古代经济学理论的缺陷和不足。

中国系统化的经济学著述要在西方经济学科输入之后才真正出现。清末时期中西开始交通，中国人开始接触到西方经济学科的体系，因此，这一时期中国经济学的发展，一方面是翻译西方经济需方面的著作，另一方面，是中国人自己协作的经济学概论著作，这些成型的著作已经超出了中国古代经济学思想零星发展的水平，变得具有体系性和系统性。不过，这个时期仍然是以引进和介绍为主，真正具有独立思想的中国经济学家还未出现。

2.经济思想的原创性

本文已经指出，消费资本论的原创性表现在消费资本论综合考虑经济运行的全过程，关注生产和消费的良性互动，矫正了以往经济学家只注重生产的缺陷。将消费者对本企业产品的采购视同是对本企业的投资，并按一定的时间间隔，把企业利润的一定比例返给消费者，使消费者作为消费资本的股东参与企业的经营决策并获得企业的红利。这是对消费者地位的极大重视，并且，积极刺激了消费，扩大了内需，对我国经济发展具有深远的影响。

从经济学引入中国的百余年来，成文的著述不断增多，但是原创性的思想却越来越少。百余年来，中国的经济学家们或是仍将注意力集中于西方经济学的引入介绍，或是侧重研究历史上的经济学家和经济学思想，或是为国家政策献计出力，或是为经济学体系的完善而探讨新的学科。总之，这百余年来，原创性的标准使得许多著作被历史长河所淘汰。

由上海财经大学教授谈敏主编的《中国经济学目录——1900－1949》收录了20世纪前半个世纪所有的中国人的经济学著述。它分门别类，对我们研究中国经济学的发展有着重要的参考价值，在书中的“经济理论”部分，可以看到，中国经济学家们仍是在做介绍性的工作，概论性的、普及型的著述仍然占据了主要篇目。而经济学是一门发展的学科，当年有影响力的概论性著作，在当今基本已经不再适用。而真正有原创性的经济学著作确实不会随着时代的发展而失去其价值的，如亚当·斯密的《国富论》和马克思的《资本论》等，可见，中国在20世纪前半期的经济学发展还停留在浅层次的发展阶段，真正的原创性的经济学著作还远未出现。

建国以后，中国经历了三十年的的计划经济时代，三十多年的市场经济时代，本文第一部分已对此段历史做过简要的介绍。总之，六十多年的发展，中国经济学也经历了两次“一边倒”，前三十年倒向苏联，介绍马克思主义的经济学理论，后三十年倒向欧美，介绍欧美经济学家的思想成果。这种环境下，中国经济学的理论原创性远远不足，虽然比民国时期简要翻译、介绍有了较大提高，不过，细究其理论渊源，却还是在欧美的思想土壤里生了根。

经济学是一门科学，它用客观的眼光研究人类社会的经济现象。欧美国家的西方经济学扎根于西方社会的土壤，它在细致观察和研究西方经济社会的基础上，提出了一系列的理论，并以此作为指导西方经济和社会发展的向导。我们中国的经济学家可以借鉴的是他们观察社会的问题意识和理论视角，但是我们不能采取整体移植的态度，不能将其研究前提和理论成果一并“拿来”，作为解决中国经济问题的良方。这点事我们必须记取的，但这也是当今许多中国经济学家最容易掉入的陷阱。

3.经济思想的问题意识

经济学是研究社会经济现象的一门学科，因此，确定一个经济学体系是否适合和恰当，也是看它是否正视了社会的经济现象，是否能恰当解决社会的经济问题。以此为标准，很多经济学著述又要被淘汰于有价值的经济学著述之列。

任何一个人，学习经济学开始于学习经济学的整体构架，还特别开始于学习历史上的经济学思想，更是需要学习一些伟大经济学家的经济学思想。我们只有先弄清经济学大家们是怎么说话的，他们说了什么，我们才有可能站在巨人的肩膀上，更上一层楼，做出新的创新和贡献。所以，我们需要学习经济学思想史，所以，我们也要学习亚当·斯密和马克思的经济学思想。

但是可悲的是，很多初学者，甚至经济学家，就止步于此，以了解清楚伟大经济学家怎么说为经济学学习的最高目的，而忘却了经济学应以解析社会经济现象为最终理想。手段最终变成了目的，经济学的意识已荡然无存。

中国人民大学教授姚开建主编了一本《中国经济学著作导读》，书中收录了中国最有影响力的的 210 本经济学著作，在前言中，作者说道："为了使读者较为全面地了解 20 世纪以来，特别是 20 世纪后半期以来中国经济学的发展，我们编撰了《中国经济学著作导读》一书。本书定名为《中国经济学著作导读》，是指中国人编撰的经济学著作，主要涉及理论经济学，也兼及部门经济学和应用经济学著作。全书介绍的著作，力求使所选书目能大体代表中国经济学发展总体状况。"因此，我们将很大程度上以本书所列的著作为依据，来分析中国经济学发展的现状，因为本书"所选书目能大体代表中国经济学发展的总状况。"

可以看到，书目之中，很多有影响力的著作都是经济思想史的研究，都是对伟大经济学家的研究，都是对研究的研究。如陈岱孙的《从古典经济学派到马克思》、《政治经济学史》，萧灼基的《恩格斯传》，郭大力的《关于马克思的＜资本论＞》，高鸿业的《评萨缪尔森＜经济学＞》等，他们对深化对经济学的认识、对了解经济学的方法有着重要的意义。不过，这些著述说到底，还是没脱离概论介绍性的范围，他们是对研究的研究，而不直接是对经济现象的研究，它们离一流的经济学著作还差的很远。

消费资本论直接深入到经济学的核心问题，直接探讨生产和消费这对经济学中最主要的矛盾，它不是对以往思想的介绍，而直接探讨消费的重要性及其地位，并提出了切实可行的办法来扩大消费。他颠覆了以往经济学只注重生产的片面性，将消费提高到一个新的高度，这是一个革命性的创造，他和上面讨论的对研究的研究有着质的区别，他直接正视社会的经济现象，并能够解决社会的经济问题，更为难得的是，它得到了实际生活的验证。

三、结语

通过上文仔细的考察和回顾，我们对中国经济思想千年发展的历程有了基本的印象，对百余年来中国经济学的引入和发展有了大致的了解，对六十余年来中国本土经济学的发展有了独立的判断。通过这些印象、了解和判断，我们有一个感慨：中国本土的经济学太缺乏原创了，太缺乏系统性的、独立的、直接关涉经济学核心问题的原创性著述了。

消费资本论是中国少有的符合上述条件的原创理论，这是很难得的，正是因为此，《消费资本论》的出版才能够引起本文开头描述的轰动效应，销量代表认同，《消费资本论》近 400

万册的销量体现了广大民众对这一学说的认同，人们期待原创性的学说已久，而《消费资本论》正是中国本土第一次系统的、原创性的、直接涉及经济学核心的经济理论。通过上文的论述，这一点不证自明。

同时，通过上文的描述，我们也看到中国经济学走过了艰辛的路程，一千余年来中国经济思想只有零星的论述，从未有一本系统的论著。经济学科的产生也是来自于西方的输入，在20世纪初，经济学科才在中国初步建立，而20世纪一大半时间，中国经济学家也仅满足于吸收输入西方的经济学思想(包括苏联)，真正立足于中国本土的的经济学思想还很罕见。

建国以后，中国经济学先后经历了"向苏联倒"和"向欧美倒"两个阶段，中国的学者视野更加开阔，对经济学的体系更加熟悉，他们吸收了西方的理论，在中国建立了比较完善的经济学体系。中国现在的经济学科分为经济学一级学科，和政治经济学、经济思想史、西方经济学、世界经济、人口资源与环境经济学等二级学科，这些都有赖中国经济学者的功劳。

特别是改革开放以后，中国经济学更是经历了迅猛的发展，并产生了"经济学帝国主义"，这点在本文第一部分已经有过大致的介绍。不过，改革开放三十余年来，中国经济学仍面临着严重的问题，这点我们需要正视。

除了上文提到过的中国经济学输入介绍多、理论原创少等问题外，中国经济学还有严重的问题，这主要表现在客观的冷静的科学研究少，而政策的提倡论证多。建国前三十年计划经济时代，经济学家主要是为国家政策出谋划策，而改革开放后，这一问题并没有好转。

改革开放一声炮响，中国进入了经济体制改革的时期，这也是在未有理论理论论证之前，中国社会"摸着石头过河"的实践之一。改革开放政策的形成也亟须理论的论证，因此，这一时期的经济学家主要任务还是为经济体制改革提供理论论证，为市场经济体制正名。

这一时期的经济学家也因此而成名。在1998年社会科学院经济研究所和广东经济出版社共同发起推荐对新中国经济建设有较大影响的10本经济学著作论证活动，最终选出10本经济学著作：孙冶方《社会主义经济论稿》；马寅初《新人口论》；薛暮桥《中国社会主义经济问题研究》；于光远：《中国社会主义初级阶段的经济》；王亚南《中国经济原论》(又名《中国半封建半殖民地经济研究》)；卓炯《论社会主义商品经济》；蒋一苇《论社会主义的企业模式》；刘国光《中国经济体制改革的模式研究》；厉以宁《非均衡的中国经济》；吴敬琏、刘吉瑞《论竞争性市场体制》。

可以看到，这一时期的经济学著述跟国家政策紧密相连，仍跟马克思的思想有着千丝万缕的联系，而刘国光、吴敬琏等人的著作就是在为改革开放提供理论上的论证，为市场经济体制正名。这样的著作不甚枚举，它们为中国市场经济体制的最终建立发挥了重要的作用，这点不可否认，但是同时我们也应看到，这样的著作还离科学的经济学研究还有几步之遥。

经济学是一门科学，真正的科学研究应该有恒久的生命力，而不仅是暂时的荣耀。中国的经济学家得益于中国特殊的国情与制度，使他们享受到了特殊的尊荣，不过时过境迁。还能有多少经济学家能为人所记住，还能有多少著作经得起时间的检验，而能屹立于著述之林？这个问题值得我们深思。

所以，真正的经济学应该不为任何势力左右，不为任何人的利益而代言，而仅是为真理而真理的学术追求。当今经济学家雷人语录不断，我们在第一部分已经做过举例，究其原因，还是因为他们与不同的利益集团有千丝万缕的联系，他们已经不是为学术而研究的科学态度，而变成了帮人摇旗呐喊的宣传家，这是中国经济学界的悲哀，更是中国社会的悲哀。

所幸，我们还有陈瑜教授和他的《消费资本论》,《消费资本论》直指经济学理论的核心问题，并纠正了以往经济学家只注重生产的偏见，重新调整了生产和消费的关系，重新摆正了货币资本、知识资本、消费资本三种资本的地位，是我国经济学界不可多得的优秀著作。说《消费资本论》是我国第一本系统性的、原创性的、研究经济学核心问题的经济学著作一点都不过分，而这一点也是我们历数中国几千年来经济思想的历程而得到的观点。

消费资本论——中西方经济思想交流与融合的结晶

刘俊峰:世界新经济研究院副研究员

中国古代真正有据可查的经济思想,应该是从春秋时期开始展现出来的。道、儒、墨、法各家及其他思想家在不同程度上提出了很多光辉的经济观点,成为中国古代经济思想的高峰。就个别学派而言,他们的经济观点多局限在某些经济领域,甚至只有一两个独特的观点。但如将他们的经济观点汇总考察,则在生产、分配、交换和消费以及财政、税收和货币思想方面均有原则性的论述,对我国随后的封建经济活动起到深远的影响。

汉代思想家也提出了不少对后世起着深远影响的经济观点。桑弘羊的平准、均输,统一货币发行和盐铁专卖等政策,在他生前的实施中已收到"民不益赋而天下用饶"的效果,后世理财家也屡屡沿用桑氏之措施。

自唐宋以来中国的经济思想就落后于西方,真正提出有特色经济观点的也只有王夫之和洪亮吉。洪亮吉的人口思想与英国马尔萨斯的人口论非常近似,被近代学者称为"中国的马尔萨斯"。

研究中国经济思想的学者普遍有一种感觉,中国古典经济思想越是往前追溯其成就越明显。中国古代经济思想对世界的影响主要体现在两个方面:一是儒家经济思想随着儒家思想在汉文化圈内的传播;二是先秦重农思想走入西欧,成为西欧重农学派的渊源。然而,很多在先秦出现的经济思想,后世竟未予发扬光大。

一、中国近现代没有出现系统经济学的原因

虽然中国先秦和古希腊在经济思想中都包含很浓的伦理因素,但是各自的后继者却走出两条路。西方学者把古希腊带有经济色彩的伦理观在经济板块上不断加以充实。最终形成了系统的经济学理论。而中国把先秦带有经济色彩的伦理全盘给移到政治板块上,最终充实了政治伦理的内容而使经济伦理枯萎在萌芽状态。这主要有三方面的原因:

1.社会经济发展状况的影响

中国在唐代就出现了行会组织,西欧最早的行会组织出现于10世纪的意大利。尽管唐代行会的形成在时间上早于西欧,但两者在本质上有着很大差别。首先,唐代城市中居民的

主体并非手工业者，而中世纪西欧城市中居民的主体是手工业者。唐代城市由封建政权严密控制，行会实为“官督”行会，完全失去了行会自治的本质。中世纪西欧城市拥有全部政治权利和经济自由，因此，由居民的主体手工业者共同建立的本行业的行会，也就能够体现出它的自治本质。

因此，中世纪西欧行会的存在具有进步性，在行会制度保护下，城市手工业有了进一步的发展。而唐代的“官督”行会，对城市手工业的进一步发展并没有起到实质作用。

从此，西欧的手工业得到了迅速发展，并最终爆发了工业革命。为西方经济的发展和系统经济学体系的建立提供了经济土壤。而中国此后至鸦片战争前夕，社会经济状况并没有发生根本性的变化，只是朝代的更替。再加上中国的贱商传统，使得中国在市场经济的发展上远远落后于西欧，反映在经济思想上，其差距已无须赘言。

2. 思想观念的影响

中国传统的贱商思想在经济思想领域占有重要位置。官僚们很少有人出来反叛传统经济教条。一些人尽管能够意识到应该重视商业，但是传统教条的压力迫使他们成为经济思想上的折中主义者。

西欧的重商主义正是在文艺复兴运动时期产生的。在文艺复兴时期，西方的经济思想才形成了系统的经济学说。早期的重商主义强调出口贸易，晚期的重商主义强调发展手工业。出口贸易带动国内的外向型经济，而外向型经济要求大力发展手工业，这种发展上的需要很有可能引发手工业中生产技术的革命。

而中国长期是官性论主导的社会，强调官本位的主体意识。这种以官性压抑人性的社会，与以神性压抑人性的中世纪西欧社会并无大的区别。西欧出现了以人性反神性的文艺复兴，古希腊经济思想得以发展为学说体系。中国先秦经济思想在汉唐有一定发展，但宋代以后官性越来越浓烈，中国一直未出现以人性反官性的“文艺复兴”，或者说是思想革命。在这种状态下，先秦经济思想的成就始终就没有可能被“复兴”的机会。

在产生配第经济学说和斯密经济学说的 17——18 世纪，中国仍处于古典经济思想阶段。明清之际直至清中叶，中国社会没有发生大的变化，经济思想未形成体系不足为奇。

3. 研究队伍的贫乏

配第之后，欧洲的大多经济学家都沿着配第的道路，继续探讨社会的经济规律。从配第到斯密大约 100 多年左右这段时间里，英法经济学者群体的存在是斯密能够集大成并形成经济学体系的一个重要前提条件。

17—18 世纪的中国，缺少配第和布阿吉尔贝尔式的人物。问题的根源在于社会没有给人提供产生思想的土壤。但除了王夫之、洪亮吉等人提出个别有特色的经济观点外，中国学者基本上没有提出什么新的经济观点。因为中国传统思想是“学而优则仕”，没人把先秦以来的经济思想做系统的整理。研究队伍的贫乏也是中国难以出现系统经济学理论的一个重要原因。

二、当代中国产生新经济理论的必然性

1. 社会经济状况

改革开放 30 年来，中国的经济发展取得了飞速进步。成为世界上经济发展最为迅速的

地区之一，为新的经济理论的构建和发展提供了现实土壤。

中国在经济理论上也取得了一定的突破。集中体现在对社会主义经济的三大基本特征——计划经济、生产资料公有制、按劳分配的重大突破上。党的十四大确定，把社会主义市场经济体制作为经济体制改革的目标模式。在所有制结构方面，突破了社会主义只能是单一公有制的传统观念，提出要发展多种经济成分，发展非国有经济特别是非公有制经济。分配理论的突破性进展主要反映在由否定按要素分配到确认按劳分配与生产要素按贡献参与分配相结合。为新经济理论的构建和发展提供了思想素材。

2.历史渊源

中国古代的经济思想包含丰富的伦理因素，只是我们把先秦带有经济色彩的伦理全盘给移到政治板块上，最终充实了政治伦理的内容而使经济伦理枯萎在萌芽状态。而经过五四革命、新中国的百花齐放、百家争鸣以及中共中央提出在“十一五”期间进一步解放思想，加强自主创新能力。使得我们能够更开阔、更理性的研究和分析我国古代的经济思想。我国古代思想强调生活法则同万物本性的统一。认为自我实现就是进入和睦状态或达到和谐；等等。以此为基础构建新的经济理论则对人类社会的发展进步以及构建和谐社会将是非常有益的。

3.国际环境

步入21世纪以来，世界经济发展的大环境发生了根本性的变化，主要体现在三个方面：一是市场经济由卖方市场完成向买方市场的过渡；二是国民经济的知识化程度越来越高，三是推动经济发展的源动力构成发生了变化。因此建立在生产本位基础上的西方传统的经济理论难以解释现实的经济现象，尤其是难以解释中国经济的高速增长。中国经济学家应该比西方经济学家们更了解中国的经济状况，这是中国经济学家对经济学的理论进行创新、对经济学的发展做出贡献的千载难逢的机会。如果我们能在理论上有所创新，随着中国经济发展，那么，很有可能像19世纪、20世纪初世界著名的经济学家大多出在英国，20世纪30年代一直到现在，世界著名的经济学家大部分出在美国那样，我们迎来世界上著名的经济学家大多出在中国的时代。

三、消费资本论的创建

西方思想有明显的个人主义倾向，东方思想有明显的整体主义倾向；西方思想认为自我实现就是在竞争中获胜，东方思想则认为自我实现就是进入和睦状态或达到和谐；西方思想强调征服自然，东方思想强调生活法则同万物本性的统一等等。如果能把东西方思想彼此综合起来，对人类社会的发展进步将是非常有益的。消费资本论正是在综合这两种思想，以新经济时代为背景而创建的。

由我国著名经济学家陈瑜教授提出的消费资本论，吸收和借鉴了中国传统的消费思想，摒弃了奢靡的消费观，重视和强调消费的力量，保护消费者的利益，利用消费对社会生产的影响，使消费作为一种社会资本的力量充分发挥出来，从经济学的角度挖掘消费作为一种资本的价值和在市场中实现其价值的路径。因此，消费资本论是对中国古代消费思想的继承、延伸和发展。

同时,陈瑜教授提出的消费资本论与西方经济学的消费者主权理论也是一脉相承的,但它又突破了西方古典经济学和新古典经济学以及哈耶克理论的局限,是通货紧缩和消费紧缩时代理论上的创新和发展。消费者主权理论仅仅阐明了消费者的重要性,仅仅解决了"是什么"的问题,没有解决"怎么办"的问题,即没有探讨生产者应在"消费者主权"的前提下,如何获得消费者的支持。此外,在理论模型上,消费者主权理论没有认识到生产者与消费者可以在一定的机制下有机结合,在市场上实现消费的资本化。而消费资本论主要针对的问题是在新经济条件下,如何实现生产者与消费者的有机结合,通过构建各种类型的市场制度,使生产和消费从对立走向统一,在使消费这的主权得到最大满足的同时,通过消费的资本化实现企业利润在更高层面上的最大化。因此,消费资本论是对西方消费主权理论的一种扬弃。

四、消费资本论创立的重大意义

1.它体现了当代中西方经济学的交流和碰撞

中西经济思想的碰撞是必然的,融合也是必然的。中国人对西方经济思想基本上是在鸦片战争后通过向西方学习的运动而逐渐了解的。中国人在认同了西方先进生产力的同时,也认同了西方的经济思想。中国古典经济思想随着落后的中国生产力被替代,基本上也被西方经济思想给替代了。中国经济思想在冲突融合中得到了发展,但是始终没有形成中国自己的经济学。

我国建国五十多年来,曾出现过两个一边倒。一是建国初期,我们向苏联一边倒,完全断绝了同西方的沟通和联系。在学术理论界到处充斥的是苏联学者的观点和计划经济理论。而近些年,在学术理论界,特别是经济学界,一些学者言必称欧美,数典忘祖,西方传统的经济学理论到处盛行。

因此,中国和西方经济学的碰撞和交流,是以中国全盘吸收外来的经济思想为主,而中国古典经济思想的精华也被外来经济思想所替代。从这个意义上说,中国和西方的经济思想的交流和碰撞并没有达到真正的融合。

我国著名经济学家陈瑜教授提出的消费资本论,是在继承和发展中国传统古典经济学以及对西方经济理论扬弃的基础上而创建的。因此,它的创建体现了当代中西方经济学的交流、碰撞和融合,是经济学史上的一次伟大创举。

2.它是构建和谐社会的经济学理论

传统的经济发展模式和收入分配模式暗藏了两种剥夺:一是人对自然的剥夺,一是人对人的剥夺。人对自然的剥夺体现在人类经济发展主要依靠资源的大量投入和高消耗来推到,以致于自然资源濒于耗竭。人对人的剥夺,则是知识资本所有者和消费资本所有者的应分享的利润被货币资本所有者侵吞,从而大大缩减了劳动者的生活水平和自我发展能力。这就造成了如下格局:一方面,人数众多的劳动者购买力不足,造成大量消费品滞销;另一方面,货币资本所有者不断进行资本积累,造成生产过剩危机。

广大的消费者不能成为生产和分配的真正主人,是因为他们作为消费资本所有者的地位得不到社会制度的承认。消费者无权索取消费资本所创的利润,是两极分化以致贫富悬殊的根本原因。消费者不能成为消费资本的产权主体，还使社会资本积累机制难以适应社会生产力进一步发展的需要。

陈瑜教授提出的消费资本论的根本目的就是确立以三种资本为基础的新的资本理论体系，从而确立以人为本的、持续协调发展的新经济运行体系，从而消灭人对自然的剥夺以及人对人的剥夺，让人与人的关系、人与自然的关系达到真正的和谐。因此，它是构建和谐社会的经济学理论。

3. 它是资本理论新的里程碑

消费资本论的核心内容，是将消费向生产领域和经营领域延伸，当消费者购买企业的产品时，生产厂家和商业企业应把消费者对本企业产品的采购视同是对本企业的投资，并按一定的时间间隔，把企业利润的一定比例返给消费者。此时消费者的购买行为，已不再是单纯的消费，他的消费行为同时变成了一种储蓄行为和参与企业生产的投资行为。从而完成消费消费转化为资本的过程。于是，消费作为一种资本，它同货币资本、知识资本一样，成为企业和地方经济发展的直接动力。

因此，消费资本的确立和消费资本论体系的建立，堪称是21世纪资本理论的又一重大突破，是资本理论的第三次革命，是资本理论史上的新的里程碑。

4. 它完善和发展了市场经济理论

消费资本论在对消费资本深入研究的同时，进一步分析了人力资本，把人力资本提升到知识资本，从而进一步完善了市场经济资本构成，这是对市场经济资本理论的重大突破，并据此提出三种资本相互结合，共同推动社会经济发展的新的经济发展方式，从而完成了新的市场经济理论体系的建设。

根据陈瑜教授提出的消费资本化理论构建的新市场经济理论具有两个基本特征：一是完整的市场经济是由货币资本、知识资本和消费资本三种资本构成；二是经济增长方式是由多种资本要素共同推动社会经济的发展。从而使市场经济的增长方式由单一的形式转化为多种增长方式，即货币资本和知识资本相结合的增长方式，以及“消费资本导向、知识资本创新、货币资本推动”的三种资本融合、三种资本联动的经济增长方式。这是全世界各个市场经济国家经济发展的必然趋势，也是市场经济一条非常重要的经济发展规律。因此，消费资本论完善和发展了市场经济理论。

任何经济改革和经济理论的创新，都要有强烈的时代感和现实感。亚当·斯密和凯恩斯都是西方经济学史上创立新体系、有巨大影响的经济学家。他们的理论体系和政策观点，都十分明显地反映了这一点。我国著名经济学家陈瑜教授提出的消费资本论亦如此。它是对建立在生产本位制上的传统经济学的一种颠覆，是经济学理论上的一次伟大革命和创新。

他可以获得诺贝尔奖

——《新远见》2005 年 7 月　第 14 期

访问者:国家商务部黄进博士

主持人:《新远见》杂志记者　王健

新远见:消费资本论是一个新的理论,有业界人士认为它是对经济学理论的创新和突破。您作为一个经济工作的实践者,怎么看待这一理论?

黄　进:我很看重这个理论创新。我的博士论文研究的是美国的社会经济运行模式,主要是罗斯福新政后美国社会经济的变化,其中很多问题我认为与消费资本化理论有很直接的关系。美国的资本主义并不神秘,不外乎就是一个资本积累的基本模式。马克思总结过,资本主义就是一个供给基本模式,只考虑生产者赚钱的愿望,不考虑消费者深层的需要。它强调供给,认为生产者把东西生产出来,自然而然就会有人买。所谓"供给能够创造自己的需求",这是著名的萨伊定理。它忽略了消费者的消费能力,没有考虑到消费者没有钱就不能购买商品。在这种认识下,产生了种种经济问题并导致经济危机,对生产力造成巨大破坏。罗斯福新政后,美国采用了很多崭新的市场观念甚至包括社会主义的一些观点,对经济进行一些计划管理,对老百姓进行一些救济。通过这样的改革,美国改变了资本积累的模式,把供给积累模式转变为需求积累模式,也就是说,不是供给产生需要,而是要刺激需求以发展生产。这样,资本主义阶级斗争的矛盾逐渐缓和。所以,消费对经济运行有着非常重要的作用,它甚至可以改变一些经济学已经揭示了的真理,从而产生新的经济规律。所以我很支持、赞同陈教授的这一理论创新。我觉得他可以获得诺贝尔经济学奖。

新远见:这是一个很高的高度。

黄　进:因为这个理论创新是世界级的理论创新。经过实践的检验,它的潜在价值将得到显示。

到 2004 年,诺贝尔经济学奖颁发了 36 届,55 人获奖。所有这 55 名经济学家,研究问题都是从生产这个角度来进行的。也有人涉及到了消费方面的一些重大问题,比如说哈耶克,但都是把消费作为整个社会经济运行体系的一部分来看待的,是从附属于生产这样的角度,用数理的方法、计量的方法、分析表的方法等等来进行研究的。有些从应用角度来讲,有些从管理角度来讲,有些从组织角度来讲,有些从行为角度来讲,讲来讲去,不外乎就是怎么赚钱。没有一个人以消费为主切入点来讲这个问题。从这个角度来说,陈瑜教授具有前面 55 个人所没有的创造性。一个社会生产的目的就是为了消费,只从生产的角度来研究经济就等于仅是用半个大脑在思考。夸张一点说，前 55 个诺贝尔经济学奖获得者，是用半个大脑思考的，评委也是用半个大脑思考的，而陈教授从消费的角度来思考问题，可以说其思考的大脑是完整的，是一个，不是半个。所以说他的理论创新是以前的诺贝尔经济学奖获得者所没有的。

新远见：目前我国经济学界的理论创新好像并不多见，这对中国经济的发展来说应该是很不利的。

黄　进：中国经济从改革开放以来持续增长了二十多年，这是前所未有的。面对这么巨大的经济成就，我们没有自己的经济学的解释是不可想象的。如此的经济成就要求我们必须有自己的理论创新，向世界解释中国经济之谜。没有这个经济学理论的突破，我们就是行动的巨人，思想的矮子。从这个意义上来说，陈教授的理论就适应了这样一种需要。

现在我们面临的现实是，物价稍微持续高一点就叫唤，经济稍微增长势头过猛就讲过热，人员稍微紧张一点就讲要调整、要宏观调控。怕物价高，怕经济增长速度快，怕人员紧张，一发生这些现象就交换，就调整，把本来好好的经济“啪”一下打下去，这就是没有理论创新的结果。新的可用的因素不能发挥，只能从传统的那些数量的、计量的、组织的角度看经济学，没有从人本主义的角度看经济学问题。

新远见：相比起理论创新来，简单地摹仿西方经济学的一些观点或者闭门造车当然更容易些。

黄　进：理论创新需要艰苦的劳动和广泛的合作。理论创新可以是小的原理的创新，可以是小的观点的创新，也包括一个体系的创新。我认为陈教授的创新是一个理论体系的创新。理论创新的过程很折磨人，同时也很锻炼人。如果陈教授的创新能够完成的话，我认为他本人也将达到一个很高的境界，成为我们这些后生晚辈学习的楷模。现阶段的理论创新不同于过去的闭门造车。从现阶段社会经济发展的速度来讲，闭门造车的方式进展太慢，被社会接受、产生效应的过程也会很漫长，所以说需要广泛的合作。

新远见：也曾有经济学家重视消费，像凯恩斯就注重需求，以需求拉动经济增长，但是没有将消费作为一种资本来看，消费资本论把消费资本化，意义何在？

黄　进：过去讲需求不是从消费者本人来讲的，而是以减少税收、增加贷款等手段来刺激需求，是外界对消费者的刺激，而不是消费者本人的动力。也就是说，消费者是被动而不是主动的，而且这种刺激的效用是有限的。而消费资本化理论则把消费变成了消费者内在的驱动。花了钱之后就会有更多的钱，而不是花了钱之后就没有钱了。为什么叫资本？就是因为它可以在运动中增值。花了钱会有更多的钱，为什么不花？干嘛还要存在银行里？这样就可以使躺在银行里的巨大存款发挥作用。这是促进中国经济发展的动力。

新远见：这样来看，广大的民众都将是受益者，也许正是在这个基础上，有人认为陈瑜的这个理论是“穷人的经济学”。

黄　进：这个理论是“全富”的理论，其意在全民富裕，这比台湾的“均富”理论要高很多。均富就好像是打土豪分田地，出发点是从富人那里拿一部分钱给穷人。而不是直接产生全富。而消费资本化理论会产生“全富”的效果。

新远见：这是一个令人期待的图景。但有人提出这样的担心，由于富人本身消费能力就比穷人强，现在他的消费同时又变成一种投资，可以增值，那么会不会又在一定程度上拉大贫富差距?

黄　进:但是在原来的体系中,富人还是会富,而穷人只会越来越穷。没有这个理论富人要富你阻止不了,穷人要穷你也帮不了他。有了这个理论,富人照样富他的,而穷人却可以富起来,这是两害相较取其轻,两利相较取其重。

新远见:再好的理论最终要应用于实践才有意义,而这个过程一般来说是很不易的。以您的实践经验,消费资本化理论要运作起来必须具备怎样的条件?

黄　进:我觉得要做到以下这三点:

其一,理论体系要完善。任何理论不可能一提出来就是完善的,是不能改变的。体系尽量要完善是指在逻辑上要严密,要能自圆其说。

其二,要提供一套可以操作的方案。我认为在这其中,银行的中介作用要得到大力的发挥。根据这个理论,消费者买商品时与生产厂家有个协议,根据每年投进企业的资本来结算消费者的利润。但是一个人每年要买很多东西,如果与每个厂家都定立一个协议单个结算,就太繁琐而难以操作,所以必须发挥银行的中介作用,由银行跟所有的厂家签订协议,然后消费者只要刷银行卡,那么消费的时候银行就直接登记了,最后一结算,什么都很清楚。尤其在现今货币虚拟化时代,货币成了磁卡上的数字,没有银行作用的发挥,这个理论的操作就很困难。

其三,要引起党和国家决策层的重视,使其得到大规模的运用。像发挥银行的中介作用这样的事,没有国家的参与是不可能实现的。为了让理论发挥作用,很多事情需要去做,所以这是一个庞大的社会经济工程。从这个意义上说,陈教授的这一理论不仅仅是个创新,同时也具有工程学意义。

附录三

《知识资本宣言》和《消费资本宣言》

知识资本宣言

2009年8月22日于北京《全球首届知识资本高峰论坛》通过

20世纪80年代以来,世界经济发生了日益深刻的变化:一种全新的经济形态——知识经济正疾步向我们走来。她以其独特的魅力登上了社会经济发展的历史舞台,成为推动各国经济发展的关键性资源和主导力量,并以不可阻挡的奔放势头向传统的经济发展模式发起挑战。由此激发了世界各大洲经济学家对知识经济以及知识资本量化和管理的研究热情。

2009年8月22日至23日,是一个具有里程碑意义的历史性时刻,全球首届知识资本高峰论坛在中华人民共和国首都——北京隆重召开。

这里云集了数百名来自各大洲不同国家研究知识经济、知识资本的顶尖级专家和中国知名学者、企业精英、国家政要。

从这样的背景和事实中可以得出以下结论:

人类从来没有像现在这样更加深切地感受到"知识就是力量"的真正涵义;知识的空前传播和知识资本的广泛应用,为新时代经济社会注入了强大的动力和无限的活力;人们越来越清晰地认识到:单一货币资本主宰世界经济发展的时代已经结束,货币资本、知识资本、消费资本共同发挥作用的复合资本时代正在到来!

知识经济、知识资本的研究已经成为全球范围内的世纪性课题了,她如巨大的磁铁,吸引着一切有识之士注目,凝聚着一切有志于此的经济学专家和学者聚焦。

面对全球性金融危机,更多的学者开始跳出传统经济学的藩篱,用一种崭新的、更加宽广的、更加科学的视野和方法,审视现实、规划未来,积极为自己的国家和全世界尽快化解危机难题寻找新的理论,探索新的方向和路径。

为了这一崇高责任和神圣使命,本届高峰论坛将专家们的交流成果,提出的理念、思想和达成的共识,凝练和提升,形成如下宣言,用中文、英文等多种语言公诸于世。

一、知识资本理论的发现和应用

知识资本的发现是人类历史上一次伟大的发现,知识资本的应用是人类历史上一次伟大的实践。

1969年，美国人加尔布雷斯第一次提出知识资本概念。他认为"知识资本是一种知识性的活动，是一种动态的资本，而非固定的资本形式。"此后，知识资本概念正式以理论形态被世人认可，并迅速燃起了世界各大洲经济学家的研究热情。

1980年，日本学者弘之伊丹出版了《发动无形资产》的专著，对知识资本与企业价值的关系，做了系统的开创性的研究。

1986年，卡尔·艾里克·斯维比出版了第一本探讨只有员工知识和创造力的知识公司的著作，对知识资本的本质进行了深入的分析，认为知识资本体现在公司员工的竞争力和公司的内外结构上。斯维比被称为知识管理的奠基人和开拓者，也是第一个认识到需要测量知识资本量的人。他率先为无形资产建立了会计制度，并在自己的公司里进行周密的测试。

20世纪90年代以来，有越来越多的经济学家和管理学家投入对知识资本的研究，不断为知识资本理论和实践的发展作出贡献。其中，美国《财富》杂志的编辑托马斯·斯图尔特等人是特别值得一提的卓越者。托马斯以其敏锐的历史洞见，推动着知识资本研究工作不断向深度和广度发展。1991年，他在其经典性论文《知识资本：如何成为美国最有价值的资产》中指出，知识资本已经成为美国最重要的资产；1994年，他又进一步论证了知识资本是企业最有价值的资产。Stewart Thomas A 将长期以来被大家忽视的知识资本及其重要性揭示出来，指出知识资本虽然常常以潜在的方式存在，但都是企业、组织和一个国家最重要的资产。另外两位权威的知识资本专家艾德文森(L. Edvinsson)和沙利文(P. Sullivin)则认为，知识资本是企业真正的市场价值与账面价值之间的差距，这就使知识资本的概念更加通俗易懂，同时为知识资本量化分析指明了方向。

中国经济学界对知识资本的关注和研究起步于世纪之交，世界新经济研究院院长陈瑜教授的研究成果代表着中国人对这一理论研究的高度。他的主要贡献：一是提出了新的资本理论，指出，完整的市场经济应该由货币资本、知识资本和消费资本三种资本构成，而且随着科技进步与发展，几乎每个经济元素包含的知识和科技含量越来越高，知识对社会经济发展的作用越来越大。二是率先开发出了知识资本量化长效激励机制管理系统，将定性与定量的方法相结合，建立了知识资本量化模型，为国家、地区和企业实施对知识资本管理和分配提供了具体可行的方法。三是提出了推动市场经济发展的总体思路和基本运行方式，即继续充实货币资本，高度倚重知识资本，大力开拓消费资本；由单一的货币资本发展经济的传统发展方式转化为"消费资本导引、知识资本助推、货币资本保障"的三种资本融合、联动的新型发展方式。这就科学地揭示了全世界一切市场经济国家经济发展必须遵循的铁律。

二、知识资本理论研究的问题和任务

人类认识的一般顺序是实践先于理论，理论是实践的观念反映。与蓬勃发展的知识经济相比，关于知识资本的研究相对滞后，总体上还处于初级阶段。从这样的基础前行，我们任重道远，也就是说，在当今和今后一个时期内，知识资本的理论研究和应用研究将面临着诸多问题和繁重任务。

一要进一步加强有关知识资本的基础性理论研究。要回答这样一些问题：什么是知识资本？知识资本理论的基本问题是什么？知识资本推动经济创新和发展的过程、特征和机制是什么？知识与科技、经济社会的关联怎么样？知识资本理论包含着哪些范畴和基本规律？知识资本理论体系应该如何建构等等。

回答这些问题，首先要对知识资本概念的内涵作出科学界定。因为知识资本是知识经济的细胞，是全部知识资本理论的逻辑起点。人们对知识资本内涵的认识和科学界定经历了一个从人力资源到人力资本，再到知识资本的不断深化过程。

学界最初的表达是人力资源是货币资本投入教育后转化而成的由人的个体所承载的知识和技能。人力资源作为资本投入到生产和流通领域创造价值，即转化为人力资本。20世纪60年代，西奥多·舒尔茨给人力资本的概念下了定义，即人力资本是指凝结于劳动者身上，通过投资费用转化而来的表现为劳动者技能和技巧的资本。莱斯特·瑟罗则进一步将人力资本定义为个人的生产技术、才能和知识。到了20世纪末，人们看了人力资本中知识技能的重要性越来越突出，知识资本的概念逐步取代了人力资本。2008年，中国学者陈瑜在他的《消费资本论》一书中，比较全面地揭示了知识资本的涵义，指出，知识资本是以知识形态表现的资本，它的外延应是包括在产品和服务的创造过程中所有知识性、技术性的投入。知识资本有广义和狭义之分。广义知识资本是指以人及其知识成果为载体所凝聚的知识总量，包括能力、管理、技术、经验及其成果等要素。狭义知识资本是人及其知识、技术成果为载体的知识总量在其工作过程中一定时期内释放出来的现值，它包括员工积累的知识、技术、能力和正确的价值观、兴趣、态度，以及正在创造的知识及其成员等。

无疑，这是我们目前对知识资本科学内涵的认识所达到的高度，也许还应发展和完善。但这些认识不仅为深入研究知识资本以及与之相关的基本概念和基本原理奠定了基础，而且为进一步构建科学的知识资本理论体系提供了前提。

二要进一步深化对知识资本量化方法的研究。相对于前者，这种研究更侧重于应用。知识资本量化研究，将有助于准确地量化国家、地区和企业在发展过程中运行着的知识资本在全部资本中所占有的比例，为国家、地区和企业经济增长从资本构成方面提供可靠的标准和精准的量化说明。这对于优化资本结构，提速经济发展，更充分地发挥知识资本在创造财富中的作用具有十分重要的作用。

因此，不少国家政府早就组织专家学者们着手于这方面的研究了，并相继提出了20多种知识资本量化方法。这些方法基本上是沿着宏观和微观两种思路展开的，存在着两点主要缺欠和不足：(1)因不是以知识资本单体量化为研究起点，所以计算结果多与企业实有知识资本总量不相符合，甚至相距很大；(2)在量化方法上遵循的不是统一的尺度和标准，所以计算结果在不同国家、地区和企业难有可比性。但是，这些探索是有益的，每种方法都有可取之处，对进一步寻找并建立统一的量化标准和方法具有一定的启迪和借鉴意义。正如密勒所说："曾经是正确的东西，虽然可能很渺小，但却好比种子，定会在另一些正确的东西中延续其生命。"

实际上，近年来在不断探索中，我们已经初步找到了知识资本量化的方向和路径，并成功地开发出了很有实用价值的软件。这就是以个人知识资本量化研究为出发点，将知识资本量化研究的目标分为个人、组织（机关、企业）、区域和国家四个层次；进而设定知识的指标体系，采用分层分析方法构建数学模型，最终求出每个单位的知识资本的含量。由于个人是知识资本的载体,所以只要求出单个人的知识资本含量,就可以比较准确地计算出企业、地区和国家的知识资本总量,就能够科学地建立起知识资本量化的方法和模型。

三要进一步加强对现代知识产权制度的研究。这种研究从一定意义上说,与知识资本量化研究互为因果,相互促进。为了尊重知识,发挥知识在经济发展中的作用,人们制订了现代知识产权制度,将知识的成果以货币资本的形式进行量化之后在市场上流通。但严格说来,在这阶段,知识还未能成为真正的资本。由于知识产权是知识资本的成果,而不是知识资本本身,所以知识资本的许多成果,无法完全用知识产权的方式表现,它所能表现的只不过是一部分,即可以购买和流通的那一部分。可见,在现代知识产权制度下,知识资本的职责在很大程度上是由货币资本代行和承担的,所以它的活力很难充分释放出来。这就要求我们必须在科学解决知识资本量化基础上,改革和完善现代知识产权体制,使之由知识产权体制转化为知识资本体制。只有这样,才能充分发挥知识资本的作用,才能推动经济社会更迅速更科学的发展。

四要进一步加强对经济伦理的研究。研究知识资本理论,建构知识资本理论体系必须与经济伦理相联系起来。知识资本与货币资本、消费资本共同推动经济社会发展,创造财富,而伦理必须确保发展和创造是正当进行的。

经济伦理包括三个层次:经济制度、企业和个人决策。我们应该关注的不仅仅是企业和个人,同时还应该关注发挥包括知识资本在内的各种资本发展经济,创造财富作用时,他们对经济制度、国家利益和人类的福祉带来什么样的影响。

知识资本价值如何实现,是由知识资本的拥有者和使用者的价值观决定的。运用知识资本发展经济和创造财富,动机可以是追求私利,也可是为了国家和民族的繁荣富强。另一方面,他们的理想信念、个人发展的乐趣以及服务于社会和他人的乐趣,也是至关重要的。我们的理论和研究更重要的是要考虑到动机和最终结果这两者之间的统一。如果研究知识资本推动经济发展时,脱离经济的充分基础而是一味地简单片面地空谈知识作用和技术意义,那就永远接近不了真理。从这个意义上说,我们应该把经济伦理放在知识资本及其知识经济的核心地位上,应该让伦理贯穿在知识资本推动经济社会发展过程的始终,要把可持续发展、生态文明建设、社会效益、公平分配作为不可或缺的理念,纳入我们的研究视野。我们的使命之一,就是帮助社会一切生产经营单位树立科学发展观念,引导其在经营战略和经济活动中,始终做到既考虑利润增值的需要,又考虑保护环境,着眼于长远发展和促进社会福祉目的的实现。

五要集中力量从知识资本角度加强对当前金融危机成因的研究。知识资本与金融资本具有很强的耦合关系。第一次工业革命以来的历史表明,随着知识、技术发展和新产业出现,利润和预期市场的扩大,货币资本会大量投入到新产业和新基础设施,逐取高额利润。但是,这种投入达到一定程度时,利润下降,人们的预期破灭,从而导致金融危机和经济危机。这是一条不可抗拒的规律。当前这场席卷全球的金融危机就是由知识资本积累和转化、信息技术变革和发展而引起的。我们记得,20 世纪 70 年代开始,金融资本快速进入对信息技术和网络技术的投资,进入产业范式构建阶段。到了 20 世纪 80 年代末期,投资大量扩张,纳斯达克一路上涨。但是,高投入并没带来预想的高回报,人们的预期受到一定程度的影响,金融资本开始寻找新的机会。它们把触角伸向了东南亚,从而引发了亚洲金融危机。不久，网络泡沫也彻底破灭了。

按理，当时美国经济就应该出现萧条，但危机为什么直到2008年才全面爆发？有两个原因：一方面，在知识爆炸时代，信息技术革命的脚步不会因网络泡沫的破灭而停止，尤其是无线通讯技术的革命，带来了网络基站等新的基础设施建设，手机等电子新产品如雨后春笋般涌现出来，知识资本、技术进步不断推动各种终端产品向小型化、功能化、实用化方向发展，创造了新的产品和市场。另一方面，为了避免经济衰退，美联储连续27次降息，增加了市场的流动性，贷款增多，投资过热，诱导不当消费，刺激房地产市场。但是，在弥补网络泡沫破灭带来损失时所生成的房地产市场泡沫，很快也破灭了。于是，次贷危机引发了金融危机，扩散至全球，演化为一场金融风暴，对实体经济产生了巨大的负面影响。

找到了原因，就明晰了化解和摆脱的办法。我们认为，当前金融危机属于技术变革周期中波动，是由于美国信息技术带来的金融资本和产业资本分离，过度虚拟化的结果。因此，只有通过根本性的调整，使金融资本和产业资本再次结合才能化解危机。我们相信，在货币资本和知识资本、消费资本三者结合和共同推动下，全球经济一定会走出危机低谷，实现新的复苏。

三、知识资本理论研究与实践的重大意义

近两个世纪以来，人类社会所创造的物质财富比之前所有时代财富的总和还要多，人类的生活水平与科学技术得到了空前的进步。但是，高投入，高消耗的传统经济发展模式，在世界各国人民创造物质财富的同时，也给我们赖以生存的自然环境留下了难以愈合的伤痕。资源枯竭，环境污染，动植物生存环境日益恶化，这种种问题都成为悬在世界各国人民头上的达摩克利斯之剑，迫使人们加快步伐，寻找全新的，可持续发展的经济增长模式。

在这样的历史大潮下，知识经济携着一阵春风，出现在我们的面前。知识资本理论研究与实践也随之如雨后春笋般在世界各国展开。

知识资本理论作为一种新兴的经济理论。它以高科技为主要特征，以无限知识为基础的，能够给企业带来利润的无形资产；人类社会的生产力开始进入这样的一个阶段，知识正在取代土地、物质资本等传统的资本日益在生产中起着主导作用；在新的世纪，只有以知识的投入代替资源的投入，经济才能持续长久的发展；知识资本的出现，使企业的所有制发生了变化，新型的以知识管理和知识分配为主要内容的企业制度开始出现并深刻影响未来社会的所有制结构。知识资本理论的兴起，丰富了生产资料的内涵，为认识所有制提供了新的视角，为全世界经济可持续发展提供了一条康庄大道。

未来的时代是知识经济时代，更是一个知识资本起主导作用的自由王国。研究知识资本理论，发展知识经济，为我们的子孙后代创造一个良好的物质与精神生活环境是我们共同的使命，让我们在不同的国度共同踏上通往知识资本自由王国的征程。各国专家们已经取得的研究成就，标志着我们已经叩开了自由王国的大门。当然，这是一个充满神奇的世界，还有数不清的必然的东西，等待着我们去触摸和认识。

经济全球化使我们成为“地球村”的邻居，也让我们告别了以往的孤立地单兵作战式的研究方法。为了更好地凝聚和优化稀有资源，早在2008年12月第四届中国——东盟企业

家交流研讨会上，世界新经济研究院院长陈瑜教授就正式发出了“成立一个由各国专家组成的关于知识资本量化研究的学术委员会，建立一个世界性的知识资本研究中心，搭建一个有利于彼此交流的平台”的倡议，当时，得到了与会者的一致赞同。于是，就有了2009年3月在香港成立的“知识资本国际联盟”，就有了这次在北京举办的“全球首届知识资本高峰论坛”。

近距离的接触让我们有了深切的了解，深切的了解锻造了“知识资本国际联盟”面向世界和未来的共同的理念和追求。

今天，我们比以往任何时候都更加懂得，面向世界，就意味着让我们更自觉地投入世界，与世界共忧，思人类所共思之题，创人类尚未创立之业，解人类仍未解之谜，让知识资本理论的参天巨树挺拔于世界知识之林；面向未来，不仅意味着时间的无限性，也意味着勃发的想象力和上下求索、众志成城的豪迈精神。未来不停地呼唤，自由王国的大门永远敞开着，迎纳所有涉过暗夜的来者。在未来的行进中，“必然”将一个个被征服，成为一个个“自由”。未来的天地如梦，我们的任务就是变梦想为现实。

朋友们，清晓的光已照亮崎岖的山路，走，便是当前的任务。让我们负重前行，毫不踌躇，肩并着肩，手拉着手，共同开辟知识资本理论的新境界，一道开创知识资本应用的新纪元，携手谱写知识经济时代的新篇章！

2009年8月8日于北京

消费资本宣言

2009年12月19日于北京《全球首届消费资本高峰论坛》通过

消费资本犹如一只无形的大手，无时无刻不在影响着市场经济的发展。消费不再仅仅是市场经济的一个过程，她已经成为市场经济发展最主要、最直接的动力。在世界经济大发展、大变革的历史时期，消费资本论的提出是21世纪市场经济理论最重要的突破，是人类社会经济发展观的一次重大革命；而召开"全球首届消费资本高峰论坛"，则标志着消费资本论已经进入到推广和应用的阶段。这是一项伟大的发现，也是一场伟大的实践。它标志着广大消费者、政府官员和企业家的觉醒，也标志着消费资本引领世界的时代已经到来。我们在此集聚一堂，共同发表《消费资本北京宣言》，具有里程碑的意义。

一、消费资本主导世界经济发展的时代已经到来

进入新世纪，世界经济形势发生了深刻变化。国家、地区和企业发展的经济背景较之以前有了本质的不同。最重要的区别是市场经济已经完成了由卖方市场向买方市场的过渡，市场经济已经进入一个新的发展阶段。在以买方为主的市场经济发展阶段里，消费资本以其独特的魅力和强势的姿态，登上了人类社会经济发展的历史舞台。消费资本成为推动各国经济发展的关键资源和主导力量。它一经出现，就显示出它对社会经济发展的巨大威力，并立即向传统的经济发展方式发起挑战，引起各国政府领导人、企业家的高度关注，也激发了世界各国专家学者对消费和消费资本的研究热情，并且事实上已经成为各国研究经济发展的焦点。消费资本论至今已经成为对中国经济和世界经济发展产生广泛影响的新的资本理论，为所有市场经济国家提供了新时期经济发展的理论导向，她将引导人们寻找到新的经济增长极和新的经济发展方式。

消费资本论认为，完整的市场经济资本构成应包括货币资本、知识资本和消费资本三种资本，而不是唯一的货币资本。因此，解决国家、地区和企业经济发展所需要的资金问题，总的思路应当是：继续充实货币资本，高度倚重知识资本，大力开拓消费资本。同时，经济发展方式也应该是多元的，由单一的货币资本发展经济的传统发展方式，转化为货币资本和知识

资本相结合的发展方式，再转化为“消费资本导向、知识资本创新、货币资本推动”的三种资本融合、联动的新型发展方式，是全世界各个市场经济国家经济发展所遵循的法则，也是市场经济一条非常重要的经济发展规律。这标志着货币资本主宰世界的时代已经结束，消费资本主导世界经济发展的时代已经到来。

二、消费资本论标志着新经济运行体系的建立

复合资本时代的到来，冲击和影响着市场经济的各个领域和环节，昭示着一个新的经济运行体系的诞生。从市场经济发展史来看，到目前为止依次出现过两种经济运行体系，一是以亚当·斯密经济学为理论基础的“自由放任”的经济运行体系；一是以凯恩斯经济学为理论基础的经济运行体系，强调政府在经济运行中的作用。

但是从本质上看，这两种经济运行体系都是建立在生产本位理论基础上的经济运行体系，前者强调自由放任发展；后者则强调调控，以使生产处于有序的发展状态。二者在经济发展方式、商业模式、企业制度以及分配制度上并没有本质区别。

而以消费资本论为基础建立起的经济运行体系，它的各个组成部分都是以消费资本论为基础构建起来的，无论是经济发展方式、商业模式、企业制度，还是分配制度都同旧的经济运行体系有着本质的区别。因此，它是一种全新的经济运行体系。而消费资本论是贯穿整个新经济运行体系的一条红线。

新经济运行体系是一种速度适宜、效益显著、可持续发展并且可以实现社会全体成员共同富裕的经济运行体系。换言之，它是以三种资本为动力，以速度适度、效益显著、可持续发展为特征，以实现社会全体成员共同富裕、构建和谐社会为目的的经济运行体系。

新的经济运行体系包括新的经济发展方式、新的商业模式、新的企业制度和新的分配制度。新经济运行体系不仅对当前我国经济发展升级具有重大现实意义，而且对中国和世界经济长期发展也具有重大的理论导向意义。

三、消费资本理论是社会经济发展观的重大革命

消费资本论的提出，是社会经济发展的重大革命。它以崭新的视角和思维模式，分析了消费同生产一样，是推动社会经济发展的动力。

以往的经济学家，包括获得诺贝尔经济学奖的经济学大师们，他们理论上一个共同的缺陷，是重生产轻消费。这种缺陷是由于历史的局限及其理论研究前提的失衡双重原因而形成的必然结果。

其实，人类社会经济发展的最终目的是为了消费。消费是生产的动力，消费是生产的市场，消费是生产的目的。生产和消费是一个问题的两个方面。只从生产的角度分析社会经济的发展，是单方面的、局部的分析。只有从资本的高度并同时从生产和消费两个方面分析社会经济发展，才是全面的、科学的分析。

消费资本论，从时代变化和理论发展两个方面突破西方传统经济学理论的局限，而提出的新的资本理论体系。它引领了一种新颖的创新思维方式，着眼于从生产和消费双向看问

题。把消费向生产领域和经营领域里延伸，科学地论证了消费转化为资本的过程，提出消费即是投资。从而在世界经济学说史上第一次提出消费资本这一新的资本形态，并以完整的理论体系把社会经济发展中消费和消费资本的力量系统的揭示出来。说明消费作为一种资本，它同货币资本、知识资本一样，成为经济发展的直接动力。

继货币资本、知识资本之后，消费资本的确立和消费资本理论体系的建立，是21世纪资本理论的又一重大突破，是资本理论的第三次革命，是资本理论史上新的里程碑，也是社会经济发展观的一次重大革命。

四、消费资本论开创公平分配的新纪元

几个世纪以来，在传统的市场经济理论影响下，我们的市场经济一直是货币资本一枝独秀。它的作用一直受到高度重视，货币资本所有者的权益也得到最充分的保证。而知识资本的作用和知识资本所有者的权益，尤其是消费资本的作用和消费资本所有者的权益，却长期处于被淡化甚至缺位的状态。传统的市场经济资本理论这种失衡，是形成不公平分配制度的深刻的理论根源。

消费资本论认为由三种资本共同创造企业利润，因而应由三种资本所有者共同参与利润分配的理论，将是确立新的公平分配制度的理论基础。这种新的公平分配制度，将从根本上打破流行已久的不公平的分配格局，而从源头上解决分配不公的问题，将结束几个世纪以来企业不公平分配制度的历史，开创企业利润公平分配的新纪元。

五、消费资本论开启新企业制度的新时代

新企业制度是由三种资本组成的，融合三种资本力量，并保护三种资本所有者权益的"综合资本股份有限公司"。

在"综合资本股份有限责任公司"中，三种股东——原始股东、员工股东、消费者股东分别代表了货币资本、知识资本和消费资本。具体作法是，根据我国现在市场经济的发育程度和我国企业发展的实际情况，实施知识资本股东价值测评制和消费资本股东预留制。"综合资本股份有限责任公司"将充分发挥三种资本的重要作用，真正实现了三种资本融合、联动推动企业经济的发展。

新企业制度的建立，需要对企业原有的组织结构进行调整，除了企业原有的董事会、总经理、市场部等职能部门外，特别要在企业中建立的消费资本管理部和知识资本管理部，有效地将企业知识资本和消费资本的积极性和能动性调动起来，共同为企业的发展服务。

"综合资本股份有限公司"作为全新的企业制度，从根本上改造了传统的从1602年由荷兰开始建立并流行至今的单一货币资本股份制模式。从而，开启了新企业制度创新发展的新时代。

六、消费资本论是新商业模式伟大实践的理论基础

新商业模式是以消费资本论为理论基础，以全新的电子商务平台为运作载体，应用崭新的地面商铺经营理念，使地网（地面商铺）和天网（电子商务平台）有机结合；联合生产厂家、供应商和物流企业，并引入虚拟经济（订单经济）和增值服务理念，同银行和保险公司密切合作，使企业的信息流、价值流和物流，三流合一；使实行新商业模式的企业在获得规模优势的同时，兼具中小型企业灵敏的反应和创新能力。因此，新商业模式具备以往传统企业运营模式难以比拟的强大竞争优势。

新商业模式的核心特征是消费者与商家共同分享利润。新商业模式在实际运作过程中，将形成一个长期的、深层次合作的，甚至是互为股东、利润共享的、紧密型的利益共同体。企业在这一利益共同体中发挥核心作用，为各合作单位提供卓有成效的服务，给合作者带来显著的经济效益，同时也给本企业带来巨大的利润。

这种新的商业模式是世纪之交更新换代、具有划时代意义的新模式。一方面，消费者在购买商品的过程中有回报预期，从而深受广大消费者的欢迎；另一方面，又由于把大批规模订单交给供应商，使供应商扩大了市场，从而深受广大供应商的欢迎。它一改以往旧运营模式的诸多弊端，更加方便、快捷，效率更高的为消费者服务。它从根本上改变了完全无视消费者利益的旧的商业模式，是在世纪之交提出的一个科学的、严谨的、具有更新换代和划时代意义的新商业模式。

七、消费资本理论是中国的，也是世界的

由我国著名经济学家陈瑜教授提出的消费资本论是中国市场经济发展的理论总结，是中国本土化、体系性的理论创新，一经推出就引起了世界各地的广泛关注和热烈反响。作为以人为本的创新理论，消费资本论为最广大的消费者立言，被称为中国的“穷人经济学”；同时，它作为一种“全富”理论，也将为中国和全世界构建一个共赢的社会、一个和谐的社会、一个真正繁荣的社会作出贡献。

消费资本论在不断的发展、传播和实践的过程中，已经由一人之论转变成为一派之论，也必将成为一国之论和普世宏论。陈瑜教授提出的消费资本论为全世界消费者送来了一份辉煌的礼物，同时也触动了经济学界几个世纪以来的盲区，其意义不亚于发现元素周期表，是世界经济未来几十年发展的一把金钥匙，必将造福全世界数十亿消费者。因此，研究、宣传和践行消费资本论，不仅是经济学家的责任，而且也是广大消费者、企业和广大企业员工的责任，同时也是全世界各国人民共同的责任。为此，我们呼吁：全世界消费者联合起来，为开辟消费资本论研究的新境界，开创消费资本理论实践的新纪元而共同奋斗！

（2009 年 12 月 20 日于北京）